Incoterms® 2020 반영

전정2판

국제무역 보험론

해상보험을 비롯한 무역관련 보험의 법리와 실무

한상현 저

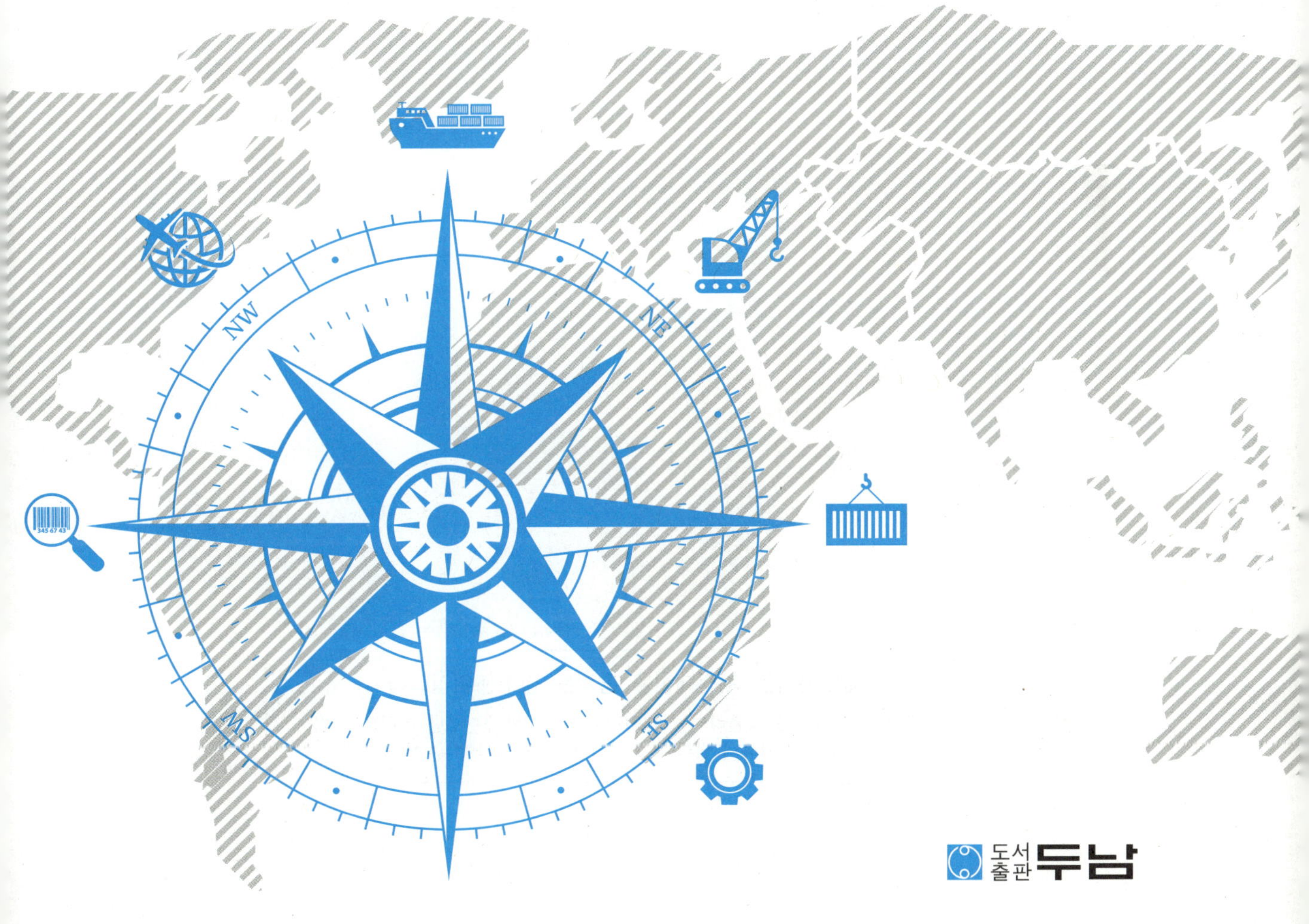

도서출판 두남

Preface

전정2판을 내면서

영국을 준거법으로 하는 해상보험은 1906년 영국 해상보험법(MIA)이 제정된 이후 약 110년 이상 특별한 변화 없이 유지되어 왔다. 그러나 여타 다른 산업과 같이 해상보험도 약자인 피보험자의 권익을 반영하는 시대 변화의 상황을 맞이하게 되었다.

특히, 일부 조항들은 피보험자에게 너무나 불리하도록 규정되어 있을 뿐 아니라 피보험자에게 지나치게 엄격하고 시대착오적인 규정도 있다는 비판들이 지속적으로 제기되었다.

이러한 비판을 받아들여 피보험자(보험계약자)와 보험자 간의 이해 상충을 조정하기 위해 2012년에는 개인이 가입하는 보험을 위해 영국 소비자보험법(Consumer Insurance Act 2012)을 제정하였고, 2015년에는 이 법에서 다루고 있지 않는 비소비자 보험계약을 다루기 위해 Insurance Act 2015(2015년 영국보험법)를 제정하였다.

2015년 영국보험법은 1906년 MIA(영국 해상보험법)의 기본 원칙은 훼손하지 않으면서도 일부 규정 내용들을 개정한 특별법이기 때문에 MIA의 규정에 우선하여 적용된다.

이로써 보험계약의 핵심 내용인 고지의무의 경우 MIA 제18조 내지 제20조에 규정되어 있는 내용들이 본 법이 제정되므로 인해 이제 모두 효력을 잃게 되었다. 본 법의 시행에 따라 MIA를 준거법으로 하는 국내 해상보험계약 등에도 큰 변화가 예상된다.

2015년 영국보험법의 신설로 인해 MIA상 가장 큰 변화가 예상되는 부분은 최대 선의 의무와 고지의무, 담보(warranty), 사기적인 보험금 청구에 관한 규정 등이다.

이러한 상황을 인식하여 본 전정2판에서는 제2부 해상보험계약의 고지의무와 담보 부분 등에서 이를 추가하여 설명하였으며, 부록에도 Insurance Act 2015를 수록하여 본문의 내용을 공부할 때 원문도 함께 이해하도록 하였다.

이와 더불어 보다 완성도가 높도록 잘못되었거나 어색한 문장들도 올바르게 수정하였다. 그럼에도 시간의 제약과 저자의 짧은 지식 등으로 미비한 부분이 많이 있음이 발견된다. 이는 지속적인 수정을 통해 보완할 것을 약속드린다.

2020년 2월

저 자

Preface

전정판을 내면서

정말로 좋은 교재, 훌륭한 책을 만들겠다고 다짐하고 출판하였던 본서가 무역학이나 국제통상학을 공부하는 학생들과 무역관련 보험업무를 담당하는 법률가나 실무자들 앞에 출판 된지 벌써 1년이라는 시간이 흘러갔다.

짧은 시간이었지만 이 교재의 출판을 통해 참으로 많은 것들을 느끼고 많은 것들을 경험한 시간이었다. 그중에서도 가장 감사한 것은 요즘 학력인구의 절대감소 등 여러 대내외 요인들로 대학에서 교재로 활용되는 책들의 수요가 급감하고 있는 현실에서 양장판 초판이 1년 만에 모두 소진되었다는 소식을 접한 것이었다.

새 학기를 맞이하여 일부 오류들을 정정하는 수준에서 개정판을 낼까 하다가 마침 급히 출판하느라 세밀하고 면밀하게 서술하지 못했던 부분들에 대한 수정을 하다 보니 수정판이 아니라 본문 전체를 전부 다시 쓴 전정판으로 출판하게 되었다.

이번 전정판에서는 기존 판보다 분량이 100여 쪽 이상 줄어들었는데, 이것은 불필요하고 중복된 부분을 과감히 삭제한 결과이다. 특히 해상보험의 역사와 피보험이익과 보험료 등 해상보험계약의 기초이론, 무역거래와 해상보험 및 부록을 축소하거나 삭제하였다.

이러한 의도는 간결하고 핵심적인 사항들만을 담고 있는 교재를 만들고자 한 저자의 의지도 반영된 것이지만, 무엇보다도 본 교재를 참조자료로 활용하여 주신 독자들과 본서를 수업교재로 활용하여 주신 교수님들의 조언을 대폭적으로 반영한 것이기도 하다.

개정작업은 수월할 것으로 판단되었으나 여러 부분을 수정하다보니 많은 시간이 소요되는 힘든 작업이었으며, 저자의 능력부족도 새삼 느끼게 되었던 귀중한 시간이었다.

아직도 부족한 부분들이 많지만, 이것은 학계 선후배님들과 독자들의 비판과 질책을 토대로 향후 지속적으로 수정과 보완을 계속 해나갈 것을 약속드린다.

어려운 출판환경에도 불구하고 전정판을 기꺼이 출간해 주신 도서출판 두남의 전두표 사장님과 성의를 다해 편집을 해 주신 직원 여러분에게 깊은 감사를 드린다.

2018년 8월

저 자

차 례

제1부 보험과 해상보험의 기초

제 1 장 보험의 기초 ······ 15

제1절 위험과 보험의 관계 ······ 15

1. 위험의 본질 / 15
2. 위험의 정의 / 15
3. 위험의 분류 / 17
4. 위험의 관리방법 / 18
5. 무역거래와 위험 / 21

제2절 보험의 기초이론 ······ 23

1. 보험의 의의 / 23
2. 보험의 정의 / 23
3. 보험의 요건 / 25
4. 보험의 기본원리 / 26
5. 보험의 효용성 / 28
6. 보험의 사회적 비용 / 30
7. 보험과 유사한 제도 / 31
8. 보험의 주요 당사자 / 33

제3절 보험의 분류 ······ 37

1. 일반적인 분류 / 37
2. 상법상의 분류 / 40
3. 해상보험의 대상에 따른 분류 / 42
4. 보험기간을 기준으로 한 분류 / 43

제 2 장 해상보험의 기초 ······ 45

제1절 해상보험의 의의와 특징 ······ 45

1. 해상보험의 의의 / 45
2. 해상보험의 특징 / 46

제2절 해상보험의 기능 ······ 47

1. 해난사고의 예방 / 47
2. 물품가격의 안정화 / 47
3. 국제수지의 개선 / 48
4. 자금의 공급 / 48
5. 국제물류의 촉진 / 48
6. 신용증대 및 무역거래의 원활화 / 48

제3절 해상보험의 관련 법규 ······ 49

1. 영국 해상보험법 / 49
2. 우리나라 상법과 보험업법 / 52
3. 요크-앤트워프 규칙(YAR) / 54

제3장 해상보험의 역사 ···· 57

제1절 해상보험의 기원과 발전 ···· 57

1. 해상보험의 기원 / 57　2. 해상보험의 생성과 발전 / 59

제2절 영국의 해상보험 ···· 60

1. 로이즈의 태동 / 60　2. 로이즈의 발전 / 61
3. 로이즈의 조직 / 62　4. 로이즈의 위상 / 63

제3절 우리나라의 해상보험 ···· 64

1. 해방 전의 해상보험 / 64　2. 해방 후의 해상보험 / 65
3. 우리나라 해상보험의 특징 / 66

제2부 해상보험계약

제4장 해상보험계약의 성립과 종료 ···· 69

제1절 해상보험계약의 개요 ···· 69

1. 해상보험계약의 의의 / 69　2. 해상보험계약의 당사자 / 70
3. 해상보험계약의 형태 / 71　4. 해상보험계약의 주요 원칙 / 76
5. 해상보험계약의 법적 성질 / 77

제2절 해상보험계약의 성립과 효과 ···· 80

1. 해상보험계약의 성립 / 80　2. 해상보험계약의 체결방식과 청약서 / 81
3. 해상보험계약에서 보험조건 / 85　4. 해상보험계약의 효과 / 92

제3절 해상보험계약의 종료 ···· 96

1. 해상보험계약종료의 의의와 무효 / 96　2. 해상보험계약의 소멸 / 98

제4절 해상보험계약과 보험금 구상 ···· 103

1. 피보험자의 보험구 청구 / 103　2. 보험자의 사고처리 절차 / 103
3. 구상절차 / 103　4. 보험사고 발생시 피보험자의 의무 / 105
5. 보험금 청구시 구비서류 / 104　6. 보험금의 지급 / 110

제5장 피보험이익 ···· 111

제1절 피보험이익의 의의와 대상 ···· 111

1. 피보험이익의 의의 / 111　2. 피보험이익의 대상 / 112

제2절 피보험이익의 존재시기 ···· 114

1. 일반적 시기 / 114　2. 소급보상 경우의 시기 / 114

제3절 피보험이익의 요건 ···· 116

1. 적법성 / 116　2. 확정성 / 117　3. 경제성 / 118

제4절 피보험이익의 평가 ······119
1. 보험가액 / 119 2. 보험금액 / 119
3. 보험가액과 보험금액의 관계 / 120

제6장 보험료 ······121

제1절 보험료의 의의와 구성 및 종류 ······121
1. 보험료의 의의와 구성 / 121 2. 보험료의 종류 / 122
제2절 보험료율의 종류와 산정 ······123
1. 보험요율의 의의 / 123 2. 보험요율의 종류 / 123
3. 보험료율 산정의 기본원칙 / 125 4. 보험료율 산정의 요인 / 127

제7장 고지의무 ······131

제1절 고지의무의 성질과 당사자 ······131
1. 고지의무의 의의 / 131 2. 고지의무의 성질과 당사자 / 132
제2절 고지사항과 불고지사항 ······133
1. 고지사항 / 133 2. 불고지사항 / 134
제3절 고지의 시기와 방법 ······135
1. 고지의 시기 / 135 2. 고지의 방법 / 135
제4절 고지의무의 위반과 효과 ······136
1. 고지의무 위반의 요건 / 136 2. 고지의무 위반의 입증책임 / 138
3. 고지의무 위반의 효과 / 138
제5절 영국보험법(2015)과 고지의무의 개정 ······139
1. 개정 배경과 목적 / 139 2. 개정 내용 / 140

제8장 담보(warranty) ······141

제1절 담보의 의의와 필요성 ······141
1. 담보의 의의 / 141 2. 담보의 필요성 / 142
제2절 담보의 종류 ······143
1. 명시담보 / 143 2. 묵시담보 / 146
제3절 담보의 위반 ······149
1. 담보위반의 의의 / 149 2. 담보위반의 입증책임 / 149
3. 담보위반의 효과 / 149 4. 담보위반의 허용 / 150
제4절 담보와 고지의 관계 ······151
1. 담보와 고지의 차이 / 151 2. 담보위반과 고지의무위반의 차이 / 152
제5절 영국보험법(2015)과 담보의 개정 ······153
1. 의의와 개정 배경 / 153 2. 개정 내용 / 153

제3부 해상위험과 해상손해

제9장 해상위험 ·····157

제1절 해상위험의 개념과 요건 ·····157
1. 해상위험의 개념 / 157　　2. 해상위험의 요건 / 158

제2절 해상위험의 범위 ·····160

제3절 해상위험의 종류와 부담원칙 ·····161
1. 해상위험의 종류 / 161　　2. 해상위험의 부담원칙 / 168

제4절 담보위험 ·····170
1. 담보위험의 의의 / 170
2. Lloyd's S.G. 보험증권상의 담보위험 / 170
3. 구협회적하약관상의 담보위험 / 171
4. 신협회적하약관상의 담보위험 / 171
5. 개정 협회적하약관상의 담보위험 / 172

제5절 면책위험 ·····179
1. 면책위험의 개요 / 179
2. 영국 해상보험법(MIA)상의 면책위험 / 181
3. 구협회적하약관상의 면책위험 / 184
4. 신협회적하약관상의 면책위험 / 184
5. 개정 협회적하약관상의 면책위험 / 193
6. 협회기간약관상의 면책위험 / 195

제6절 해상위험의 변동 ·····197
1. 해상위험의 변경 / 197　　2. 해상위험의 변혁 / 202

제7절 인과관계와 근인주의 ·····204
1. 인과관계 / 204　　2. 근인주의 / 205

제10장 해상손해 ·····207

제1절 해상손해의 의의와 종류 ·····207
1. 해상손해의 의의 / 207　　2. 해상손해의 종류 / 208

제2절 물적손해 ·····209
1. 전손 / 209　　2. 위부와 대위 / 212　　3. 분손 / 217

제3절 비용손해 ·····222
1. 구조료 / 222　　2. 손해방지비용 / 223　　3. 특별비용 / 224

제4절 손해배상책임 ·····226
1. 손해배상책임의 의의 / 226　　2. 충돌손해배상책임 / 226

제4부 해상보험증권과 협회약관

제 11 장 해상보험증권 ······ 229

제1절 해상보험증권의 의의와 특징 ······ 229

1. 해상보험증권의 의의 / 229
2. 해상보험증권의 특징 / 229

제2절 해상보험증권의 법적 성질 ······ 230

1. 증거증권성 / 230
2. 상환증권성 / 230
3. 요인증권성 / 230
4. 요식증권성 / 231
5. 유인증권성 / 231
6. 면책증권성 / 231

제3절 해상보험증권의 해석원칙과 기재사항 ······ 232

1. 해상보험증권의 해석원칙 / 232
2. 해상보험증권의 기재사항 / 234

제4절 Lloyd's S.G. 보험증권 ······ 239

1. Lloyd's S.G. 보험증권의 의의 / 239
2. Lloyd's S.G. 보험증권의 내용 / 239

제5절 신해상보험증권 ······ 250

1. 신해상보험증권의 의의 / 250
2. 신해상보험증권의 특징 / 250
3. 신해상보험증권의 구성 / 251

제 12 장 협회약관 ······ 257

제1절 구협회적하약관 ······ 257

1. 협회약관과 구협회적하약관의 의의 / 257
2. 구협회적하약관의 구성 / 257
3. 구협회적하약관의 내용 / 258

제2절 신협회적하약관 ······ 270

1. 신협회적하약관의 의의 / 270
2. 신협회적하약관의 종류 / 270
3. 신협회적하약관의 구성 / 272
4. 신·구협회적하약관의 비교 / 274

제3절 개정 협회적하약관 ······ 277

1. 개정약관의 제정 경위와 사용 / 277
2. 개정약관의 특징 / 278
3. 개정약관의 내용 / 280

제4절 개정 협회전쟁약관 ······ 312

1. 개정 협회전쟁약관의 개요 / 312
2. 개정 협회전쟁약관의 구성 / 312
3. 개정 협회전쟁약관의 주요 내용 / 314

제5절 개정 협회동맹파업약관 ······ 322

1. 개정 협회농맹파업약관의 개요 / 322
2. 개정 협회동맹파업약관의 구성과 내용 / 323

제5부 무역관련 보험

제 13 장 항공화물보험과 컨테이너보험 ······ 329

제1절 항공화물보험 ······ 329

1. 항공화물보험의 개요 / 329
2. 항공화물보험의 계약체결 형태 / 330
3. 항공화물보험의 적용약관 / 331

제2절 컨테이너보험 ······ 334

1. 컨테이너의 의의 / 334
2. 컨테이너운송의 경제성 / 334
3. 컨테이너운송의 위험 / 335
4. 컨테이너보험의 의의와 특징 / 336
5. 컨테이너보험의 종류 / 337

제 14 장 선박보험과 P&I 보험 ······ 339

제1절 선박보험 ······ 339

1. 선박보험의 개요 / 339
2. 선박보험의 종류 / 339
3. 선박보험과 협회기간약관 / 342

제2절 P&I 보험 ······ 343

1. P&I 보험과 P&I 클럽 / 343
2. P&I 클럽의 구성과 한국의 P&I 클럽 / 344

제 15 장 무역보험 ······ 345

제1절 무역보험제도의 개요 ······ 345

1. 무역보험제도의 의의 / 345
2. 무역보험의 특징 / 346
3. 무역보험의 기능 / 348

제2절 무역보험의 담보위험과 계약 ······ 349

1. 무역보험의 담보위험 / 349
2. 무역보험의 계약방법 / 350

제3절 무역보험의 종류 ······ 351

1. 단기성 종목 / 351
2. 신용보증 / 353
3. 수입보험 / 354
4. 중장기성 보험 / 355
5. 환변동보험 / 360
6. 기타 보험종목과 서비스 / 360

제6부 무역거래와 해상보험

제 16 장 정형거래조건과 해상보험 ······ 363

제1절 무역거래조건과 해상보험의 관계 ······ 363

제2절 정형거래조건과 국제규칙 ······ 364

1. 정형거래조건의 통일화 / 364
2. INCOTERMS / 365

제3절 인코텀즈 2020과 해상보험 ······ 366

1. 모든 운송방식에 적용되는 규칙 / 366
2. 해상운송이나 내수로 운송에 적용되는 규칙 / 369
3. 인코텀스 2020상 매도인의 부보의무 규칙 / 371

제 17 장 신용장통일규칙과 해상보험 ······ 373

제1절 신용장과 해상보험 ······ 373

1. 화환어음과 신용장 / 373
2. 보험서류의 의의와 종류 / 373

제2절 신용장통일규칙과 보험서류 ······ 375

1. UCP 600에서 보험서류의 규정 내용 / 375
2. 신용장상의 보험서류 요건의 예 / 382
3. 신용장에서 요구하는 보험서류의 요건 / 382

제 18 장 국제운송과 해상보험 ······ 385

제1절 해상운송과 해상보험 ······ 385

1. 해상운송과 해상보험계약 및 국제협약 / 385
2. 해상운송의 국제협약과 운송인의 책임 / 386

제2절 항공운송과 해상보험 ······ 391

1. 항공운송과 해상보험계약 / 391
2. 항공운송인의 책임과 국제협약 / 391

제3절 복합운송과 해상보험 ······ 393

1. 의의 / 393
2. 필요성 / 393
3. 복합운송인의 책임원칙과 체계 / 394

부 록 ······ 397

1. The Insurance Act 2015 / 399

참고문헌 ······ 407

찾아보기 ······ 409

제1부 보험과 해상보험의 기초

제1장 보험의 기초

제2장 해상보험의 기초

제3장 해상보험의 역사

제 1 장 보험의 기초

제 1 절 위험과 보험의 관계

1. 위험의 본질

영어의 Risk, Hazard, Peril, Danger는 우리말로 모두 '위험'으로 번역된다. 그러나 위험이라는 용어의 의미와 해석은 학문이나 전공분야 뿐 아니라 처해 있는 상황이나 사람들의 관점에 따라 달라질 수 있다.

2. 위험의 정의

우리가 보험에 가입하는 이유는 어떤 우연한 사고의 발생으로 손해를 입을 가능성에 미리 대비하기 위함이다. 이와 같이 손해를 입을 가능성을 위험이라고 하는데, 이를 반영하여 '위험이 없으면 보험이 없다(No Risk, No Insurance)'라는 말이 있다.

이 말은 위험이 존재하지 않으면 손해도 존재하지 않고, 손해가 없으면 당연히 보험도 존재하지 않게 된다는 의미이다. 여기에서 말하는 위험은 이러한 사고발생의 가능성을 말한다. 그러한 의미에서 사고가 발생하지 않을 것이 명백하게 확정적이라면 위험은 존재하지 않는 것이기 때문에 보험도 성립되지 않게 된다.

우리가 사용하고 있는 Risk, Peril, Hazard의 구체적인 의미는 다음과 같다.

1) Risk

Risk는 사고발생의 가능성이나 불확실성을 말하는데, 예를 들어 화재나 폭발 등이 발생할 가능성을 위험으로 인식하는 것이다. '위험을 부담하다.'라는 말에서 위험의 의미는 이러한 사고발생의 가능성을 의미하는 것이다.

2) Peril

Peril은 손해의 원인이 되는 일정한 사고 그 자체를 말한다. '위험이 발생하였다'라는 말에서 이러한 위험은 사고가 발생하였다는 것을 의미한다.

이것을 우리말로는 손인(損因) 또는 위인(危因)이라고 한다. 화재, 자동차나 비행기의 충돌, 태풍, 홍수, 사람의 사망 등과 같은 우발적인 재해나 사건이 여기에 해당된다.

Peril은 그 발생 원인에 따라 다음과 같이 구분된다.

첫째, 태풍이나 홍수, 우박과 같은 자연적 손인(natural peril)이 있다. 이것은 그 발생 여부를 인간의 힘으로 통제하기 어렵거나 불가능한 위험이다.

둘째, 인간의 과실이나 태만, 부주의, 자살, 절도, 전쟁과 같은 인위적인 손인(human peril)이 있다. 이것은 손실의 발생이 개인의 통제권 내에 있기 때문에 인간의 힘으로 어느 정도 통제가 가능하므로 보험의 대상이 되지 못한다.

셋째, 불황이나 동맹파업 등과 같은 경제적 손인(economic peril)이 있다. 이것도 인간의 힘으로 통제가 가능하므로 보험의 대상이 되지 못한다.

결국 자연적 손인은 부보(付保)가 가능한 손인인데 반하여, 인위적인 손인과 경제적 손인은 원칙적으로는 부보가 불가능한 손인이다.

3) Hazard

Hazard는 어떠한 손인으로 인하여 발생할 수 있는 손해의 발생가능성을 새로이 만들어 내거나 증가시키는 구체적인 상태, 정황, 사정, 조건, 환경 등을 말하며 우리말로는 위태(危態)라고 부른다. 위태에는 물리적 위태, 도덕적 위태, 태도적 위태가 있다.

첫째, 물리적 위태(physical hazard)는 물리적 실체에 의해 손해가 증가되는 상태를 말하며 실체적 위태라고도 한다. 건물구조나 위치 등에 따른 화재위험의 증가, 주유소 근처에 인화물질을 방치하는 행위, 고혈압이나 과비만 상태의 지속에 의한 질병 발생이나 사망 위험률의 증가 등이 여기에 해당한다.

둘째, 도덕적 위태(moral hazard)는 거짓말, 도벽, 방화벽, 사기, 횡령성향 등으로 손해가 증가되는 상태를 말한다. 이 위태는 개인의 도덕적 결여로만 치부될 수 없는 일종의 범죄행위로, 타인과 사회에 심각한 손해를 끼치는 행위가 된다.

셋째, 태도적 위태(moral hazard)는 개인의 부주의나 무관심, 생활태도나 습관 때문에 손해가 증가되는 것을 말하며 심리적 해이나 정신적 위태라고도 한다. 음주운전이나 흡연, 불규칙한 생활로 인한 손해의 증가 등이 여기에 해당한다.

3. 위험의 분류

1) 순수위험

순수위험(pure risk)은 인위적 위험이 아닌 이미 존재하고 있는 위험을 말한다. 이 경우는 손실이냐 손실이 아니냐의 기회만이 존재한다. 따라서 순수위험의 경우 사고가 발생하게 되면 손실이 발생하게 되고 사고가 발생하지 않으면 손실은 발생하지 않게 된다. 순수위험은 그 범위를 한정할 수 없을 뿐 아니라 제어가 불가능한 성격을 가지고 있다. 공장에서 발생할 수 있는 화재위험 등이 여기에 해당한다.

2) 투기위험

투기위험(speculative risk)은 사람의 의사나 작용의 개입에 의해 발생하는 위험을 말하며 투기적 위험이라고도 한다.

이 경우는 이득의 가능성과 손실의 기회 쌍방이 존재하기 때문에 어떤 일이 일어난 경우 그 주체에 이익이나 손실의 어느 하나를 반드시 초래하게 된다.

투기위험은 사람의 의사나 작용의 개입에 의해 발생하므로 그 범위를 한정할 수 있을 뿐 아니라 얼마든지 본인의 의사나 의지 등을 통해 제어도 가능하다.

3) 공통점과 차이점

순수위험과 투기위험은 모두 불확실성을 가지고 있는 공통점이 있다. 그러나 순수위험은 회피하는데 주력하지만, 투기위험은 고의적으로 야기 시킨다는 차이가 있다.

또한 순수위험은 자연적으로 발생하는 것이지만, 투기위험은 인위적으로 조성이 가능하다는 차이가 있다. 그리고 순수위험은 우발적으로 발생함에 따라 손해발생의 예측이나 손해의 측정 및 관리가 가능하지만, 투기위험은 원인과 결과가 다양하여 사실상 예측이 불가능하다는 차이가 있다.

또한 순수위험은 보험의 대상이 되는데 반하여, 투기위험은 보험의 대상이 될 수 없다. 즉, 순수위험은 대수의 법칙 등 통계적 방법을 통해 손실을 예측할 수 있기 때문에 보험의 대상이 될 수 있다. 그러나 투기위험은 통계적 방법을 적용하기 힘들고 보험의 원칙 중 하나인 이득금지의 원칙에 위반되기 때문에 보험의 대상이 되지 못한다.

게다가, 투기위험은 도박의 성격을 가지고 있기 때문에 이러한 위험을 보장해주는 것은 풍미양속의 의미에서도 바람직하지 않다.

4. 위험의 관리방법

위험의 관리(management of risk)는 개인이나 가계, 기업, 정부 등 경제주체가 노출되어 있는 위험을 효과적으로 처리하거나 조절하는 방법을 말한다.

위험을 관리하는 방법은 크게 위험통제의 방법과 위험재무의 방법으로 구분된다.

위험통제는 손해의 발생가능성 및 손실을 제거하거나 최소화하는 방법을 말하는데 여기에는 위험의 회피와 위험의 예방이 해당한다.

위험재무는 발생한 손실을 금전으로 대처하는 방법을 말하는데 여기에는 위험의 보유, 타인의 힘을 빌리는 방법, 저축, 위험의 전가 등이 해당한다.

1) 위험의 회피

위험의 회피(avoidance of risk)는 손실의 발생가능성이 있는 재산이나 인간관계, 활동 등을 회피하거나 기존에 존재해 온 위험을 제거하는 방식으로 위험을 관리하는 방법을 말한다. 이러한 의미에서 이것을 위험의 배재(elimination of risk)라고도 한다.

이 관리방법은 위험을 회피하여 위험 자체를 제거하는 방법이기 때문에 위험의 발생가능성을 원천적으로 봉쇄할 수 있고, 그로 인해 다른 위험관리 기법을 동원할 필요가 없는 장점이 있다.

그러나 실행하는 측면에서 현실적인 한계가 있는 단점이 있다. 예를 들어 페인트 공장에서 페인트 생산과정이 매우 위험하다고 하여 페인트의 생산 자체를 중단하면 회사 자체가 문을 닫게 된다.

상품이나 서비스를 제공할 때에는 그 상품이나 서비스 속에 어느 정도의 위험 속성은 내재될 수밖에 없기 때문에 위험의 회피는 현실적으로 채택하기가 불가능할 경우가 대부분이며 회피수단이 존재하더라도 위험이 완전히 배제되기는 어려울 수 있다.

따라서 이러한 위험관리방법은 현실적인 방법이 되지 못하는 한계가 있다.

2) 위험의 예방

위험의 예방(prevention of risk)은 사고의 발생을 미연에 방지하는 노력 즉, 사고 발생의 원인을 탐구하고 그것을 근본적으로 배제함으로써 사고발생을 근절하거나 축소하도록 하는 방법을 말한다. 여기에 해당하는 관리방법에는 질병예방조치, 상해예방, 재해방지시설, 기계안전장치, 교통사고 예방 및 교통안전대책 등이 있다.

3) 위험의 보유

위험의 보유(retention of risk)는 손실을 입을 소지가 있음을 알면서도 회피하지 않고 스스로 감당하거나 예상되는 손실을 당사자가 스스로 떠맡는 방법을 말한다.

이 관리방법은 손해의 위험이 매우 낮거나 낮은 위험이 자주 발생하는 경우, 충격과 손실이 그렇게 심각하지 않은 경우, 마땅한 별도의 다른 위험관리방법이 존재하지 않는 경우에 주로 사용될 수 있다.

이 관리방법은 위험을 본인이 직접 떠맡는 것이기 때문에 보험료 납부 등의 비용이 절감되고 자금을 효율적으로 운용할 수 있는 이점이 있다. 그러나 기대 이상의 큰 손실이 발생하면 재정적으로 큰 고통을 받을 가능성이 있다.

위험을 보유하는 방식으로는 첫째, 해당 사업 년도의 소득으로 충당하는 방법 둘째, 별도로 사전에 비축한 저축이나 준비금으로 충당하는 방법 셋째, 외부의 차입금 등으로 충당하는 방법 등이 있다.

대기업의 경우에는 모기업이 보험 자회사를 설립하고 보험 자회사는 그룹의 위험을 인수하는 형태인 캡티브 보험회사(captive insurance company)를 설립하는 방식을 이용하기도 한다. 그러나 이 방식은 모기업만을 대상으로 사업을 한다는 점에서 일반적인 보험과는 차이가 있다.

4) 타인의 힘을 빌리는 방법

타인의 힘을 빌리는 방법(assistance of others)은 개인, 단체 또는 자치단체에 의한 부조, 구제, 기부 등을 통해 위험을 관리하는 방법을 말한다.

부조(扶助, aid)는 돈이나 물건으로 도와주거나 남을 거들어서 도움을 주는 것을 말하며, 구제(help)는 자연적인 재해나 사회적인 피해를 당하여 어려운 처지에 있는 사람을 도와주는 행위를 말한다. 기부(donation)는 자선사업이나 공공사업을 지원하기 위해 돈이나 물건 따위를 대가 없이 내놓는 것을 말한다.

여기에서 부조는 상호부조(mutual aid)의 의미로 정의(justice)의 관계 속에서 나오는 개념이며, 기부는 자선의 의미로 개인의 자비, 긍휼, 불쌍히 여기는 마음의 감정에 기초한 개인적인 개념이다.

따라서 일시적인 부조나 기부는 순간적이며 단편적인 해결책에 불과할 뿐 아니라 특정한 사람들만을 대상으로 하는 것이기 때문에 모든 사람에 대한 대응책은 될 수 없는 한계가 있다.

5) 저축

저축(savings)은 소득 중에서 소비로 지출되지 않는 부분을 말한다. 이 관리방법도 위험을 관리하는 유용한 방법이 될 수 있다. 그러나 필요한 자금을 축적하기 이전에 사고가 발생하는 경우에는 목적을 달성하기 곤란한 한계가 있다.

6) 위험의 전가

위험의 전가(transfer of risk)는 손해를 타인에게 전가시키는 방식을 말하며 가장 널리 이용되고 있는 위험의 전가에 의한 관리방법이 보험(insurance)이다.

물론 보험을 통하여도 모든 위험이 완벽하게 해결될 수 있는 것은 아니다. 더욱이 이론적으로는 보험으로 대처할 수 있는 위험도 실제로는 보험으로 대처할 수 없는 한계가 있는 것도 있다.

그것은 보험도 모든 문제를 해결하는 데는 다음과 같은 일정한 한계를 가지고 있기 때문이다. 우선은 보험이 가지는 기술적 한계이다.

이것은 위험발생 확률의 측정이 불가능하거나 곤란한 경우에 발생한다. 예를 들어 전쟁이나 폭풍우와 같은 위험, 동맹파업, 수출입 제한이나 금지명령의 발동 등의 비상위험, 방화와 같은 도덕적 위험, 환율변동에 따른 투기적 위험 등이 여기에 속한다.

그러나 수입자나 신용장(L/C) 거래에서 발행은행이 도산하여 수출자가 대금회수를 못하게 되는 경우와 같이, 위험발생 확률의 측정이 곤란한 위험의 경우에도 재보험이나 산업정책의 일환으로 정부의 원조에 의해 보험화된 위험들도 있다.

다음은 보험이 가지는 경제적 한계이다. 이것은 보험의 필요성이 거의 없거나 보험료 부담이 지나치게 큰 경우에 발생한다.

전자는 위험발생으로 인해 발생하는 경제적 불이익이 매우 작거나 기업이 충분한 준비금의 적립을 행하는 경우이며, 후자는 사고발생 확률이 매우 높아서 보험료가 비싼 경우이다. 이러한 경우에는 보험으로 대처하기가 어렵게 된다.

보험을 통한 위험관리의 방법으로 국내에서 널리 활용되고 있는 것은 해상보험제도와 무역보험제도(trade insurance system)이다.

특히 무역보험제도는 수출입진흥을 목적으로 하는 비영리의 정책보험이며, 민영보험에서 구제할 수 없는 위험을 국영보험의 형식으로 운영되는 보험이다. 우리나라는 무역지원사업으로 크게 수출보험 및 수입보험을 운영하고 있는데 그 운영을 전담하는 정부출연기관은 한국무역보험공사(Korea Trade Insurance Corporation)이다.

5. 무역거래와 위험

무역거래는 상이한 주권 국가에 있는 당사자 간에 물품이나 서비스가 국제적으로 이동하는 것이다. 따라서 국내거래와 달리 무역거래에서 매매당사자들은 여러 가지 위험에 직면하게 한다.

무역거래에서 발생할 수 있는 위험들은 거래형태나 성격에 따라 다양하지만 대표적인 것으로는 신용위험, 비상위험, 상업위험, 환위험, 운송위험이 있다.

1) 신용위험

신용위험(credit risk)은 무역계약에서 채무자가 채무조건을 이행하지 못하여 발생하는 위험을 총칭하는 개념으로, 보다 구체적으로는 수출입거래에서 채권자인 수출업자의 지위에 대해 발생할 수 있는 위험을 말한다.

즉, 수출입대금을 결제함에 있어 계약상의 궁극적인 채무자인 수입자의 지급불능, 지급거절(repudiation), 지급지체(protracted-default) 등으로 인해 수출자가 인도상품에 대한 수출대금을 회수할 수 없게 되는 위험이 신용위험이다.

이 위험은 거래를 개시하기 이전에 거래상대방에 대한 신용조사를 철저히 하고, 대금결제방식으로서 은행이 지급을 보증하는 신용장(L/C)에 의한 결제방식을 이용함으로써 어느 정도는 예방할 수 있다.

2) 비상위험

비상위험(emergency risk)은 계약당사자가 책임질 수 없는 불가항력적인 사유 때문에 계약을 이행하기가 불가능해지는 위험을 말한다. 즉, 비상위험은 전쟁, 내란, 천재지변, 수입국의 수입금지 및 수입제한 조치, 동맹파업 등과 같이 계약당사자에게 책임 지울 수 없는 불가항력적인 사유로 계약이행이 불가능하게 되거나 대금을 회수 혹은 지불할 수 없게 되는 일종의 정치적인 위험(political risk)을 말한다.

비상위험은 사전에 그 발생을 예측하기가 매우 어려울 뿐 아니라 발생하면 그 손해도 매우 크기 때문에 사전에 적정한 보험료율을 산정하는 것이 매우 어렵다.

따라서 무역거래 당사자들로 하여금 이러한 위험들을 보상받을 수 있도록 우리나라를 포함하여 대부분의 국가들은 정부가 직·간접적으로 그 운영에 개입하는 무역보험제도를 운영하고 있다.

3) 상업위험

상업위험(commercial risk)은 신용위험과 반대로, 무역거래에서 채무자인 수입자의 지위에 대해 발생할 수 있는 위험을 말한다.

전신환송금(T/T)이나 우편환송금(M/T) 등 선불로 수출자에게 수입대금을 미리 결제하였음에도 불구하고 당초 계약된 인도날짜에 약속한 물품을 인도받지 못하게 될 수입자의 위험이 상업위험이다.

이러한 위험도 사전에 거래상대방에 대한 신용조사를 철저히 하고 신용장(L/C)에 의한 결제방식을 이용하게 되면 어느 정도는 예방할 수 있다.

4) 환위험

환위험(exchange risk)은 환율변동에 의해 발생하게 되는 위험을 말하며 환 리스크라고도 한다. 즉, 기업이 환율변동 이전에 체결한 계약을 환율변동 이후에 실행함으로써 최종적으로 지급하거나 수취할 금액이 불리하게 실현될 위험이 환위험이다.

예를 들어 환율이 미국 통화로 1달러 당 1,000원일 때 어떤 상품 100개를 개당 1달러에 수입하기로 계약한 경우, 계약을 체결할 당시에는 100,000원의 비용을 예상했으나 이후 결제시점에 환율이 올라 1,500원이 되었다면 예상과 달리 수입기업은 환차손으로 150,000원의 비용을 부담해야 하는 것이 환위험이다.

이러한 위험은 환계약에 의해 예방할 수 있다. 환계약은 환의 매매당사자간에 거래외환의 종류, 금액, 환율, 매매의 실행시기 등의 조건을 미리 결정하고, 이 조건에 따라 장차 매매를 실행할 것을 약속하는 것으로 선물환계약이라고도 한다.

5) 운송위험

운송위험(transportation risk)은 거래물품이 운송 중에 해난이나 기타 사고에 의해 물리적으로 손해를 입을 위험을 말한다. 물품이 운송되는 한 이러한 운송위험의 발생은 어쩌면 숙명적인 것이라 할 수 있다.

이러한 요구에 부응하여 만들어진 제도가 바로 해상보험(marine insurance)이며 실무에서는 이러한 해상보험을 떠나 무역을 수행하기란 거의 불가능한 상황이다.

그러나 해상보험이라 하더라도 면책약관 등에 의해 보험자가 책임지지 않는 위험들도 많이 있기 때문에 운송 중에 발생하는 모든 위험과 손해를 해상보험을 통해 보상받을 수 있는 것은 아니다.

제2절 보험의 기초이론

1. 보험의 의의

인간생활은 사전에 예측하거나 예견하는 것이 어려운 많은 위험에 직면하게 된다. 이러한 위험에 대해 아무런 대비책이 마련되어 있지 않다면 위험이 가계나 기업 등 경제주체에 끼치는 손실은 매우 클 것이다.

이러한 인식하에 사람들이 미래의 우연한 재해나 불행한 사태의 발생을 사전적으로 대처하거나 미래에 발생 가능한 사고나 사건에 대한 구제방법을 스스로 강구하여 만든 것이 바로 보험제도(insurance system)이다.

보험은 우발적 위험의 발생가능성을 기초로 대량의 보험계약자에게 보험료를 각출하여 단체기금을 미리 마련하고 실제로 발생된 사고에 대하여 이를 지급함으로써, 개인이 드는 저축이나 소수 인원으로만 형성되는 상호부조 방식의 계(契) 등이 충족시켜 주지 못하는 약점을 보완하는 현대사회의 가장 발달한 경제적 준비수단이다.

2. 보험의 정의

1) 다양한 관점의 정의

보험에 관한 정의는 관점에 따라 많은 차이가 있다. 우선 우리가 흔히 말하는 보험은 경제적 측면에서의 정의를 말하는데, 이 정의에 따르면 보험은 재무적 손실에 대한 위험을 감소시킬 목적의 경제적 제도이다.

이에 반해, 사회적 측면에서 보험은 사회구성원 중 소수에게 발생한 손실을 다수가 부담하는 것을 목적으로 하는 사회제도라 정의할 수 있다. 또한 법적 측면에서 보험은 보험회사와 보험계약자 사이에 맺어진 재무적 손실의 전보(塡補)를 목적으로 하는 법적 계약으로 정의할 수 있다.

수리적 측면에서 보험은 특정 손인과 관련된 미래의 손실을 예측하여 모든 보험계약자가 부담해야 할 몫을 공평하게 배분하는 제도라 정의할 수 있다.

이 외에도 최근에는 상해 및 후유장애의 판정을 위해 의학적 측면에서 보험, 그리고 각종 산업시설과 관련된 기술적 측면에서 보험도 점점 중요해지고 있다.

2) 경제적 측면의 정의

경제적 측면에서 보험은 미래의 우연한 사고와 관련되는 경제상의 불안정을 제거하거나 경감하기 위해 동일한 위험에 처해있는 다수의 경제주체가 결합하여 통계적 기초에 의해 산출된 일정금액을 내고 미래에 우연한 사고를 당한 사람에게 재산적 지원을 하고자 계획적으로 공동의 준비재산을 형성하여 두는 경제제도라고 할 수 있다.

◉ 보험의 정의(definition of insurance)

보험이란 미래의 우연적 사고에 의한 경제불안의 가능성을 제거하기 위해 다수의 경제주체가 결합하고 합리적으로 계산된 금전의 각출에 의해 공동준비금을 형성하여 경제상의 안정을 도모하는 경제제도이다.

☞ 우연한 사고의 발생가능성
☞ 경제상의 불안정을 제거하거나 경감
☞ 동일한 위험에 처해 있는 다수의 경제주체가 참여
☞ 합리적으로 계산된 금전의 갹출(chip in)
☞ 공동준비금의 형성

보다 쉽게 정의하면, 보험은 보험자(혹은 보험회사)가 피보험자(혹은 보험계약자)에게 보험약관에 명시된 위험에 의해 발생한 경제적 손실을 보상해주는 경제제도이다.

보험제도에서 피보험자는 미래에 발생할 수 있는 위험을 보험자로부터 보상받기 위해 일정하게 약정된 금액을 지불해야 하며 이러한 방법에 의해 피보험자는 미래에 발생할 수 있는 잠재적인 경제적 위험을 보험회사에 이전시키게 된다.

그러므로 발생이 불확실한 손실의 위험을 피보험자가 보험자에게 이전시킨 경제제도가 보험인 것이다.

보통 보험에서는 피보험자 가운데 극히 일부 소수만이 손실을 입게 되며 이들의 손실은 보험회사가 피보험자 전체로부터 징수한 보험료에서 충당된다.

보험자는 해당 보험에서 발생할 수 있는 위험의 정도를 산정하고 이에 따라 발생하는 비용을 상회하는 보험료를 피보험자들로부터 징수한다.

피보험자 전체가 불운한 일부 피보험자를 보상해주고 보험자의 수익까지도 보장해주는 경제제도가 바로 보험인 것이다.

3. 보험의 요건

1) 우연한 사고발생의 가능성

보험은 특정한 사건이나 사고가 미래에 우연히 발생할 가능성을 대상으로 한다. 그러므로 보험의 대상이 되는 사고발생의 시기나 발생여부는 불확실하다.

이것은 사고가 발생할 것인가 아니면 발생하지 않을 것인가, 그리고 발생한다면 그 사고가 언제 발생할 것인가 등이 불확실하다는 것을 의미한다.

2) 경제적 필요의 충족

보험계약의 궁극적인 목적은 미래에 발생하는 우연적인 사고로 인하여 발생하는 경제상의 불안정이나 손해를 제거하거나 경감시키는데 있다.

따라서 보험은 미래에 우연한 사고가 발생할 경우에 보험자가 일정한 보험금을 피보험자에게 지급함으로써 경제상의 불안을 없애거나 감소시키려는 경제적 필요나 수요를 충족시켜주는 제도이다.

3) 다수경제주체의 참여

보험이 성립되기 위해서는 반드시 보험자, 피보험자, 보험계약자 등 다수의 경제주체들이 상호 결합되거나 참여하여야 한다. 이것은 위험의 동질성을 전제로 통계적인 기초 위에서 위험단체 안에서 그 위험을 전가시키고 분산시키기 위한 것이다.

4) 합리적으로 계산된 금전의 갹출

보험에서는 합리적 계산을 통한 보험료의 갹출(donation, contribution)이 필요하며 보험료의 산정에는 다양한 요인들이 반영된다. 해상보험의 경우에는 화물의 종류와 성질, 포장상태, 운송수단(적재 선박), 운송구간, 화물의 적재방식과 상태, 환적 여부, 기존의 사고율 등이 보험료를 산정하는데 특별히 중요한 요소가 된다.

5) 공동재산의 형성

보험은 단체구성원이 계획적으로 통계적 기초에 의해 산출된 일정한 공동의 준비재산을 금진직으로 형성하여 경제상의 인정을 꾀하는 경제제도이다.

4. 보험의 기본원리

1) 위험부담의 원칙

위험부담(risk bearing)의 원칙은 보험은 많은 사람들이 적은 분담금액을 내고 예기치 못한 불행을 당한 사람에게 도움을 주는 상부상조제도로 개별적인 위험을 다수가 분담하는 것을 말한다. 보험은 많은 사람들이 위험에 비례하여 공평하게 보험료를 부담하여 만일의 경우 혜택을 받게 되는 제도이며, 언제 발생할지 모르는 위험을 피보험자들이 경제적으로 분담하여 미리 대비하는 일종의 '품앗이' 성격을 가지고 있다.

2) 대수의 법칙

대수의 법칙(the law of large numbers)은 관찰하는 대상이 많으면 많을수록 확률의 정확성이 커지게 된다는 원리이다. 보험사고는 개개인의 입장에서는 아주 우연한 사고이지만 단체로 묶어서 볼 때는 일정한 확률로 나타난다는 이론이다.

개인의 사망사고와 같이 우연한 사고는 그 발생 유무나 발생 시기 등이 매우 불확실하지만, 다수의 경제주체가 집단을 이루는 경우에는 대수의 법칙에 의해 확률적으로 우연한 사고의 발생(사망률 등)을 예측할 수 있게 된다.

3) 수지상등의 원칙

수지상등(the balance of earning and expenditure)의 원칙은 보험계약에 의해 피보험자가 납부하는 보험료 총액과 보험사고 발생시 보험회사가 지급하는 보험금, 그리고 그 보험의 운용에 필요한 보험회사 경비의 총액은 동일한 금액이 되도록 보험료가 결정되어야 한다는 원칙을 말한다. 이 원칙은 보험회사 입장에서 바라본 개념이다.

즉, 피보험자 개개인은 납입한 보험료와 지급받은 보험금에 차이가 나지만 보험료가 너무 비싸면 시장형성이 안되고 너무 싸면 제도 자체가 존립되지 않기 때문에 통계적으로 전체적으로 보면 피보험자가 납입하는 보험료 총액과 보험회사가 지급하는 보험금 및 경비의 총액은 동일한 금액이 되도록 보험료가 결정되어야 한다는 것이다.

따라서 보험회사는 각별히 위험이 높은 사람(위험한 직업, 건강이 나쁜 사람 등)에 대해서는 보험가입을 제한하거나 높은 보험료를 받게 된다. 그 이유는 그렇지 않게 되면 일반적 위험도를 가진 피보험자들로부터 받은 보험료보다 지급하는 보험금이 커져서 결국 지급할 보험금이 모자라는 결과가 초래될 수도 있기 때문이다.

4) 이득금지의 원칙

이득금지의 원칙(the principle of the prohibition of gains)은 사고 발생으로 인하여 실제 발생한 손해 이상의 이익이 피보험자에게 돌아가지 않도록 하여야 한다는 원칙을 말한다. 이를 '실손보상의 원칙'이라고도 한다.

실손보상은 실제로 발생한 손해만큼을 보상하는 것을 말한다. 이 원칙은 손해를 입은 피보험자가 손해발생 이전의 상태로 회복할 수 있도록 보험금이 지급되어야 한다는 것으로 손해보험 보상원칙의 근간이 되는 개념이다.

그런데 이 원칙은 손해보험에만 적용되는 원칙이다. 왜냐하면 손해보험은 일정 위험에 따라 발생한 손해의 보상을 목적으로 하는 보험이므로 정액보험과 달리 실제로 입은 손해 이상으로는 보상을 받을 수 없기 때문이다.

이 원칙을 적용하는 이유는 만일 보험에 가입한 피보험자가 보험사고로 인하여 사고발생 전의 경제 상태보다 더 좋은 상태가 되는 이익을 얻는다면 보험가입에 의한 사고유발이 증가하는 등의 부작용이 발생할 수 있기 때문이다.

결국, 손해보험이 실손보상의 원칙을 채택한 근본취지는 사고로부터 피보험자의 경제력을 유지하고 보험계약의 도박화를 방지하기 위함에 있다.

5) 급부와 반대급부 균등의 원칙

전술한 수지상등의 원칙은 보험회사의 입장에서 본 개념이지만, 급부와 반대급부 균등(equal of benefit and benefit in return)의 원칙은 위험집단 구성원 개개인 입장에서 본 개념으로, 각자가 내는 보험료와 기대되는 보험금은 같아야 한다는 원칙이다.

이 원칙에서 피보험자는 자신의 위험에 상응하는 보험료를 납부해야 하기 때문에, 보험료를 산정하는 입장에서 해석하면 이를 '공평성의 원칙'이라고도 부른다.

이 원칙에 따르면 개별적인 위험발생 가능성에 맞게 보험료가 납부되기 때문에 인보험의 경우 20세의 남성과 80세의 남성이 내는 보험료는 당연히 차등이 발생하게 되는 것이다.

손해보험도 각 위험의 특성과 분류된 위험의 등급에 따라 보험료가 차이가 나게 되는데, 이 보험료 차이의 근거가 바로 급부와 반대급부 균등의 원칙이다.

예를 들어 선원이 직업인 사람은 선원이 가지고 있는 위험에 걸맞은 보험료를 부담하는 것이 공평하며, 목수인 사람은 목수라는 직업이 지닌 위험에 걸맞은 보험료를 부담하는 것이 공평한 것이다.

5. 보험의 효용성

1) 안정성의 제공

보험이 존재하지 않는다면 우리 사회의 많은 가정과 기업들이 불의의 사고에 직면한 경우에도 원상을 회복하는데 상당한 어려움을 겪을 것이고, 이것은 곧바로 사회적 불안과 비용으로 연결될 수 있다.

그런데 발생될 수 있는 손실을 보험을 통해 보상받을 수 있게 된다면 가계와 기업의 안정성은 크게 향상될 것이다. 가계나 기업의 안정적 유지는 사회의 안정과 발전에 초석이 된다. 이와 같이 보험은 바로 경제주체들의 안정된 경제활동을 지원해주는 중요한 역할을 수행하게 된다.

2) 불안의 제거와 경감

보험은 미래의 불확실성을 제거하거나 감소시켜 줌으로써 가계나 기업 등 경제주체들의 근심과 두려움을 제거해주는 역할을 한다.

보험은 피보험자가 납입한 보험료를 모아 두었다가 예기치 못한 손해를 보험금으로 보상해주기 때문에 보험에 가입하면 미래에 발생하는 손실을 보장받을 수 있다는 믿음이 생김으로써 불안, 근심, 두려움 등이 제거되거나 경감될 수 있다.

3) 재무적 안정성의 제고

보험은 손실이 발생한 후에도 개인이나 기업을 손실 발생 이전의 재무적 상태로 되돌려 놓음으로써 이전의 재무적 안정성을 유지할 수 있도록 도와준다. 피보험자가 손실이 발생한 후에도 보험을 통해 부분적 또는 전체적으로 회복받게 되면 국가의 복지나 공공단체 지원을 신청하거나 지인 등에게 재무적 도움을 요구하지 않아도 된다.

4) 자금의 공급기능

보험료는 보험사고 이전에 징수되며 보험금 지급이나 보험회사의 비용지출에 소요되지 않는 보험료 중 상당부분은 일반기업들에게 투입되게 된다.

즉, 보험회사는 보험료 수입과 보험금 지출과의 기간적 차이에서 발생하는 각종 준비금의 운용으로 기업들에 대한 산업자금이나 가계에 대한 일반대출에 의한 자금 등을 공급함으로써 국민경제의 발전에 이바지하게 된다.

5) 손실방지 활동을 통한 손해발생의 경감

보험은 손실방지 활동을 조직화하여 손해발생을 예방하거나 경감시켜 주는 역할을 하며 손실방지 활동의 조직화는 손실발생의 빈도와 규모를 감소시켜 준다.

보험회사는 화재, 전문직업, 의료, 제조물 배상책임 등에 대한 안전요원이나 전문가를 고용하여 손실방지 활동을 전개한다.

손해보험의 경우도 보험회사들은 고속도로 안전점검, 산업재해 예방, 자동차 도난 방지, 방화예방 및 방화범 추적, 고객에게 치명적인 해를 끼치는 상품의 생산억제, 손실방지를 위한 교육활동과 손실방지 활동을 전개하고 있다.

6) 사회보험이나 사회보장의 보완

보험이 가지는 속성 중의 하나는 공익성이 매우 높다는 점이다. 현재 대부분의 국가에서는 비영리로 공영(국영)의 형태로 사회보험제도를 도입하여 국민을 빈곤에서 구제하고 복지증진을 도모하고 있다.

그러나 그 자체가 완벽한 것이 되는 것은 아니므로 오늘날 민영보험(private insurance)은 사회보험(social insurance)이나 사회보장 측면을 보완하는 역할을 수행하고 있다.

민영보험은 가입을 희망하는 자만 참여하게 되는 임의보험이며, 사회보험은 정부가 일정조건을 갖춘 자를 모두 강제로 가입시켜 보편적 복지를 달성하기 위한 강제보험의 성격을 가지고 있다. 우리나라에서 실시되고 있는 사회보장제도로는 산업재해보상보험, 국민연금, 의료보험, 고용보험 등이 있고, 그 밖에 특수직의 연금보험제도(공무원, 군인, 사립학교 교직원 등)와 퇴직연금보험 제도 등이 있다.

7) 신용의 증진

보험은 신용을 증진시켜 준다. 예를 들어 주택자금을 대출해 줄 때 금융기관들은 개인에게 주택에 대한 화재보험 가입 등을 요구한다.

주택화재보험의 가입은 주택이 화재로 손상되거나 파괴되었을 때 담보물인 주택의 가치를 원상회복시켜 담보가치를 보전할 수 있게 해 준다. 물론 과도한 보험가입 요구는 또 다른 부담으로 작용하는 경우도 있다.

기업들도 금융기관으로부터 자금을 대출받기 위해서는 신용대출이 아닌 이상 담보물을 제공하게 되는데, 이러한 담보물은 만일을 대비하기 위해 보험에 가입하도록 요구한다. 이 경우 보험에 가입된 것 자체가 신용도를 증가시키는 요인이 된다.

6. 보험의 사회적 비용

1) 비용 발생

보험자가 보험을 운영하기 위해서는 사업상 많은 비용들이 소요된다. 여기에는 보험 모집인의 수수료와 경상경비 등이 포함되는데 이러한 비용들은 피보험자가 납부하는 보험료에 포함되어 있다.

2) 보험사기

보험사기로 보험금이 지급되면 원래 내야 할 보험료보다 더 많은 보험료를 피보험자들이 부담하게 되고 그 비용은 결국 사회가 부담하는 결과를 초래한다.

이것은 한탕주의를 낳기도 하고 선량한 피보험자가 납입한 보험료를 갈취하는 행위이기 때문에 매우 엄한 범죄가 된다. 현재 보험사기는 광범위한 분야에서 이루어지고 있고 그 방법도 더욱 고도화, 지능화, 조직화되고 있다.

3) 도덕적 해이

도적적 해이(解弛)는 계약체결 후 보험계약 당사자가 사고발생의 방지를 위한 노력을 게을리 하거나 보험금 수령을 목적으로 고의적으로 사고를 발생시키거나 그 피해의 정도를 더욱 확대시키는 것을 말한다. 도덕적 해이를 줄이기 위해 보험회사는 실손보험계약에 공제조항을 적용하여 손실의 일부를 피보험자에게 부담시키거나 위험관리가 잘되는 위험집단에 할인을 적용하는 등의 제도를 마련하고 있다.

4) 역선택의 문제

역선택(adverse selection)은 팔지 말아야 할 보험상품을 판매하거나 더 높은 보험료를 받고 팔았어야 하는 보험상품을 낮은 보험료만 받고 판매함으로써 보험회사에게 영업 손실을 가져오는 것을 말한다.

건강보험의 경우 건강한 사람들은 보험가입을 회피하고 오히려 병약한 사람들만 넘치는 것이 역선택의 문제이다. 이것은 예상손실 금액보다 더 많은 보험금이 지급되어 보험사업의 경영을 악화시킬 뿐 아니라 피보험자의 보험료 인상으로 이어져 다수의 선의계약자에게 경제적 부담을 가중시키게 된다. 이것은 완전히 제어될 수는 없지만 주의 깊은 계약심사를 실행함으로써 어느 정도 통제될 수 있다.

7. 보험과 유사한 제도

1) 저축

저축(savings)은 소득 중에서 소비로 지출되지 않는 부분을 말한다. 저축을 하면 가정 살림은 안정되고 기업들은 금융기관을 통해 돈을 차입할 수 있게 되기 때문에 저축도 유용한 위험관리 방법이 될 수 있다.

그러나 필요한 자금을 충분히 축적하기 이전에 사고가 발생하면 본래의 목적을 달성할 수 없는 단점이 있다.

보통 보험은 미래의 불확실한 위험의 발생으로부터 손실을 회복받기 위한 경제적 필요를 충족하고자 하는 대책인 반면, 저축은 확정사고에 대비하는 성격이 강하다.

저축은 개인이 금전 등을 모아두는 방법과 금융기관을 통한 저축의 방법이 있으며 금융기관을 통한 저축은 크게 정기예금과 정기적금으로 구분된다.

정기예금은 일정한 양의 돈을 일정한 기간 동안 은행에 맡겨 두었다가 만기가 되면 이자와 함께 찾는 것이고, 정기적금은 정해진 기간 동안 다달이 돈을 입금하여 만기가 되면 이자와 함께 찾는 것이다.

2) 공제

공제(cooperative, mutual aid system)는 공통의 이익관계를 갖는 다수인의 집단이 결합하여 특정한 우발적 사건으로 인하여 발생하는 경제적 불안을 제거하기 위해 공동준비재산을 형성하는 제도를 말한다.

공제는 과학적인 기초가 결여되었다는 것이 일반적인 보험과 구별되는 점이다. 즉, 공제도 유사보험의 형태이지만 일정한 직종, 직업, 직장 등에게만 한정되어 가입하기 때문에 불특정 다수를 대상으로 하는 보험과 차이가 있다.

우리나라의 대표적인 공제제도는 농협과 수협에서 취급하고 있는 생명공제가 있다.

3) 도박

도박(gambling)은 돈이나 재물 등을 걸고 주사위, 마작, 화투, 트럼프 따위를 이용하여 내기를 하는 노름으로 요행수를 바라고 불가능하거나 위험한 일에 손을 대는 행위를 말한다. 도박은 종종 보험과 혼동되기도 하는데 그 이유는 도박과 보험은 다음과 같은 공통점을 가지고 있기 때문이다.

첫째, 도박과 보험은 모두 계약의 결과가 불확실한 사행계약의 특징을 가지고 있다. 즉, 도박과 보험 모두 미래의 불확실한 결과를 대상으로 하고 있다.

둘째, 도박과 보험은 모두 손실을 분담한다는 특성이 있다. 즉, 도박은 소수의 승자가 획득하는 커다란 이익을 다수의 패자가 분담하며, 보험은 소수의 피보험자가 입은 커다란 손실을 많은 수의 피보험자들이 보험료를 통해 분담하게 된다.

셋째, 도박과 보험은 모두 확률의 원리와 대수의 법칙이 그 근간을 이루고 있다. 즉, 도박과 보험 모두 '사건이 발생할 확률이론'과 '횟수가 반복되면 결과치에 가깝게 되는 대수의 법칙'을 기반으로 하고 있다.

그러나 도박과 보험은 다음과 같은 중요한 차이점이 있다.

첫째, 도박은 투기적 수익을 목적으로 참여하지만, 보험은 위험의 회피를 목적으로 참여한다. 따라서 도박은 새로운 투기적 위험을 조장하는 반면, 보험은 이미 존재하는 순수위험을 다루는 것이다.

만일 경마에 10만 원을 베팅한 경우에는 새로운 투기적 위험이 만들어지는 반면, 보험회사에 화재보험에 가입한 대가로 보험료 10만 원을 납부한 경우에는 화재의 위험은 현존하지만 보험계약에 의해 자신의 위험이 보험회사로 이전되게 된다.

둘째, 도박은 승자의 이득이 패자의 손해로부터 나오기 때문에 사회적으로 비생산적인 것이지만, 보험은 보험회사나 피보험자 모두 타인의 손해로부터 이득을 획득하는 것이 아니기 때문에 사회적이며 생산적인 것이다.

셋째, 도박은 패자를 이전의 재무상태로 되돌려 놓지 않지만, 보험은 피보험자를 손실발생 이전의 재무상태로 전부 또는 일부를 되돌려 놓는다.

4) 자가보험

자가보험(self-insurance)은 위험을 자기 자신이 직접 인수하는 것으로 기업 등이 뜻하지 않은 손해나 지출에 대비하여 자체적으로 미리 일정한 금액을 적립해 두는 것을 말한다. 일반적인 의미의 자가보험은 가옥, 차량, 선박 등을 다수 보유하는 기업이 그 가옥, 차량, 선박의 손해사고에 대하여 보험에 들지 않고 우발적으로 발생하는 손해를 대비할 목적으로 준비금을 모아두는 것이다.

기업이 본래 보험에 들어야 할 설비 등을 보험에 들지 않고 자사 내에서 보험료에 상당하는 금액을 이익 중에서 적립하는 돈이라는 의미에서 자보험 혹은 자가보험 적립금(self-insurance reserve)이라고도 부른다. 이것은 다수의 경제주체가 참여하여 위험을 분산시키는 것이 아니라는 점에서 보험과 차이가 있다.

8. 보험의 주요 당사자

1) 보험자

보험자(insurer, assurer, underwriter)는 보험계약의 당사자로서 보험사고가 발생한 경우에 보험금의 지급의무가 있는 자를 말하며 보험계약을 인수하는 주체이다. 여기에는 보험회사나 개인보험업자(underwriter)가 있다.

2) 보험계약자

보험계약자(policy holder)는 보험자의 상대방이 되어 보험계약을 체결하는 자를 말하며, 자기명의로 보험자에게 보험계약을 신청하고 보험료(premium)를 납입할 의무를 부담하는 주체이다.

보험계약자의 자격은 법률상 특별한 조건을 두고 있지 않는 것이 보통이므로 개인, 법인이나 다수인도 보험계약자가 될 수도 있다. 보험계약자는 보험자에 대하여 고지의무, 위험의 변경과 증가에 따른 통지의무 등을 부담하게 된다.

3) 피보험자

피보험자(insured, assured)는 보험사고가 발생한 경우 보험금의 지급을 받을 자를 말하며, 인보험의 경우에는 보험사고의 객체가 되는 자를 말한다.

4) 보험수익자

보험수익자(beneficiary)는 인보험에 의한 생명보험계약에서 보험금의 청구권을 가지는 사람을 말한다. 손해보험의 피보험자와 동일한 개념이다. 보험계약자와 보험수익자가 같을 경우를 '자기를 위한 생명보험'이라고 하고, 반대로 보험계약자와 보험수익자가 서로 같지 않을 경우를 '타인을 위한 생명보험'이라고 한다.

5) 보험의

보험의(health insurance doctor)는 생명보험의 경우 보험계약을 체결함에 있어서 피보험자의 신체를 검사하여 생명의 위험측정에 관한 전문적인 의견을 제공하는 의사를 말하며 보험사의 사용인이다. 이들은 보험계약의 체결권은 없지만 이들의 고의나 중과실은 보험자의 그것과 같은 효력을 가진다.

6) 보험대리점

보험대리점(insurance agent)은 보험회사를 위해 보험계약의 체결을 대리하거나 중개하는 자를 말한다. 그러므로 보험대리점은 특정 보험회사에 소속되어 있지 않은 보험중개인과 구별된다. 또한 보험회사로부터 위임을 받아 대리하거나 중개를 업으로 하는 독립된 상인이라는 점에서 보험회사의 단순한 사용자인 보험설계사와도 구별된다.

우리나라의 경우 보험대리점을 영위하고자 하는 자는 보험회사와 보험대리 업무에 관한 위임계약을 체결하고 등록요건을 갖추어 금융위원회에 등록해야 한다.

보험대리점은 업종별로는 생명보험·손해보험·제3보험 대리점으로 구분된다. 제3보험은 사람이 질병에 걸리거나 재해로 인해 상해를 당했을 때나 간병이 필요한 상태를 보장하는 보험이다. 손해보험과 생명보험 두 가지 성격을 모두 갖추고 있고 어느 한 분야로 분류하기가 곤란하여 제3보험이라는 명칭으로 분류하고 있다.

보험대리점이 영업을 하려면 보험회사에 영업보증금(개인 1억 원, 법인 3억 원의 한도 내에서 보험회사와 협의)을 예탁해야 한다. 이것은 보험대리점이 보험계약을 모집하는 과정에서 보험료 횡령 등으로 보험계약자에게 손해를 끼치게 될 경우를 대비하기 위한 것이다. 보험대리점은 보험회사의 전속 여부에 따라 다음과 같이 구분된다.

(1) 전속대리점

전속대리점은 보험계약의 체결대리권이 있는 대리점을 말하며 체약대리점이라고도 한다. 전속대리점은 보험자 명의로 보험계약을 체결하거나 보험계약의 변경, 해지, 통지 및 보험료를 받을 수 있는 권한이 있다. 그러나 피보험자의 보험금 청구를 승인 또는 거절하거나 손해액의 결정행위 및 소송상의 대리인은 될 수 없다.

(2) 비전속대리점

비전속대리점은 여러 보험회사와 계약을 하고 다양한 보험상품을 파는 일종의 보험양판점으로, 보험계약체결을 위한 대리권은 없고 보험계약의 체결을 중개만 할 수 있는 대리점이다. 이를 독립대리점 또는 중개대리점이라고도 한다.

비전속대리점은 보험대리점 계약을 체결하고 그 계약내용에 따라 보험 모집업무를 수행하며 이 대가로 보험회사로부터 일정한 수수료를 지급받는다.

비전속대리점은 한 회사의 보험상품만을 파는 전속대리점과 달리 각 회사의 다양한 상품정보를 제공하므로 이용하는 고객의 상품 선택이 보다 수월한 장점이 있다.

7) 보험중개인

(1) 의의

보험중개인(insurance broker)은 보험회사와 보험계약자 사이에서 보험계약의 체결을 중개하는 것을 업으로 하는 독립의 상인을 말하며 보험중개사라고도 한다.

이들은 보험회사의 사용인이나 대리인이 아니며, 주요 역할은 보험계약 체결의 중개, 보험금 청구에 대한 자문, 보험상품의 개발과 위험관리 등이다.

(2) 구별

보험중개인은 보험계약자(피보험자)를 위해 활동하는 독립된 조직인데 반해, 보험대리점은 보험회사를 대리하거나 대표하는 조직이다.

보험중개인은 보험회사별로 상이한 보험상품의 요율이나 조건을 비교하여 보험계약자에게 정확한 상품 정보를 전달하고 독립적으로 보험회사와 보험계약자 사이에서 보험계약 체결을 중개한다는 점에서 일정한 보험회사를 위해 계속하여 보험계약 체결을 대리하거나 중개하는 보험대리점과 구별된다.

보험중개인과 유사한 제도로 보험계리사와 손해사정사가 있다. 전자는 보험회사의 위험을 분석, 평가, 진단하며 보험료 등을 산출하고 새로운 보험상품을 개발하는 보험 전문가이고, 후자는 보험계약에서 손해액과 보험금을 산정하는 전문가이다. 이들은 주로 보험회사에 소속되어 있지만 보험중개인은 보험회사와 독립되어 있다.

(3) 우리나라의 보험중개인제도

우리나라는 1977년 12월에 보험중개인제도를 도입하였다. 그러나 모집질서의 현실 여건상 시행되지 못하다가 1997년 4월과 1998년 4월에 각각 손해보험과 생명보험의 중개인 제도가 다시 시행되었다.

현재 국내에는 한국자동차손해보험중개인㈜ 등 10여 개 정도의 보험중개인이 있는데, 아직까지 보험중개인 제도가 크게 활성화되지 않음으로 인하여 자동차보험의 경우 취급액이 전체 자동차보험의 0.002%인 10억 원 정도에 불과한 실정이다.

한편, 보험중개인은 생명, 손해, 제3보험 보험중개인으로 구분되는데 금융감독원장이 실시하는 시험에 합격해야 한다. 응시에는 학력, 성별, 연령, 경력 등에 제한이 없다.

손해보험의 경우 보험관계법령, 회계원리, 위험관리론, 손해보험 1부와 손해보험 2부가 시험과목이며 문제는 객관식 4지 선택형이다.

8) 보험설계사

(1) 의의

보험설계사는 특정한 보험회사에게 소속되어 그 보험회사를 위해 보험계약의 체결을 중개하는 자로서 보험회사의 사용인이다. 과거에는 보험모집인이라 불렀으나 2003년 5월 개정된 보험업법부터 보험설계사 또는 생활설계사(life planner)로 칭하고 있다.

오늘날 보험설계사의 업무는 단순한 보험계약의 모집을 넘어 재무상담이나 생활설계 및 대출상담 등 가정의 금융설계 영역까지 확대되고 있고 각종 보험에 관한 지식과 아울러 전문적인 금융지식을 겸비한 전문인으로 변하고 있다.

이에 최근에는 RC(risk consultant), FC(financial consultant), RFC(risk financial consultant), FP(financial planner) 등 전문성을 반영한 호칭들을 많이 사용하고 있다.

(2) 종류와 자격

보험설계사는 크게 생명보험설계사, 손해보험설계사 및 제3보험설계사가 있다. 보험설계사가 되려면 생명보험협회와 손해보험협회가 매달 1회 주관하는 보험설계사 자격시험에 합격해야 하며 금융위원회가 정하는 일정한 연수과정을 이수해야 한다.

현행법상 금치산자나 한정치산자, 파산자로서 복권되지 않은 자, 보험업법을 위반하여 벌금 이상의 형을 선고받고 그 집행이 종료나 면제된 날로부터 2년이 경과하지 않은 자 등은 보험설계사로 등록할 수 없다.

(3) 보험대리점과의 차이

보험대리점은 보험회사로부터 위임을 받아 대리 또는 중개를 업으로 하는 독립된 상인이라는 점에서 보험회사의 단순한 사용자인 보험설계사와 구별된다.

또한 보험설계사는 보험대리점(전속대리점)과 달리, 보험계약의 체결대리권이 없는 단순한 중개인이며 보험료 수령권과 고지의무 수령권도 없다.

(4) 보험중개인과의 차이

보험중개인과 보험설계사는 대리권이 없다는 점에서 공통점이 있다. 그러나 보험중개인은 보험대리점과 같이 독립된 상인이지만, 보험설계사는 독립된 상인이 아니다.

또한 보험중개인은 불특정 다수의 보험자를 위해 계약체결을 중개하지만, 보험설계사는 특정 보험회사를 위해서만 계약체결을 중개한다.

제3절 보험의 분류

1. 일반적인 분류

1) 인보험과 물보험

인(人)보험과 물(物)보험은 보험을 분류하는 가장 일반적인 기준이다. 이것은 보험사고 발생의 객체 혹은 대상이 사람인가 물건인가에 따른 분류이다.

인보험은 사람의 생명이나 신체에 발생하는 사고에 관한 보험으로 생명보험, 상해보험, 질병보험이 여기에 속한다.

이에 반해 물보험은 물건이나 기타의 재산에 발생하는 사고에 관한 보험으로 화재보험·자동차보험·해상보험·운송보험 등이 여기에 속한다. 이를 물건보험 또는 재산보험이라고도 한다.

2) 임의보험과 강제보험

임의보험(voluntary insurance)과 강제보험(compulsory insurance)은 보험가입의 선택이 자유로운지 여부에 따른 분류이다.

임의보험은 보험계약자의 자유의사에 따라 보험가입 여부가 결정되는 보험이고 강제보험은 보험계약자의 의사와 관계없이 보험가입이 강제되어 있는 보험이다.

의료보험이나 자동차보험과 같은 사회공공을 위한 책임보험은 해상보험과 같은 임의보험과 달리, 그 실효를 거두기 위해 법령으로 강제가입을 의무화하고 있다.

3) 영리보험과 비영리보험

영리보험(profit insurance)과 비영리보험(nonprofit insurance)은 보험회사(보험자)의 경영동기에 따른 분류이다. 영리보험은 보험회사의 보험경영이 영리를 목적으로 하는 보험이고 비영리보험은 영리 이외의 목적으로 운영되는 보험이다. 해상보험 등 대부분의 손해보험은 영리보험이다.

비영리보험은 대부분 상호부조를 목적으로 하고 있기 때문에 공동경제적 보험 또는 상호보험(mutual insurance)이라고도 한다. 비영리보험의 경영형태로는 국민보험, 의료보험, 조합보험 등이 있다.

4) 기업보험과 가계보험

기업보험(commercial insurance)과 가계보험(personal insurance)은 보험에 가입하는 주체에 따른 분류이다.

기업보험은 보험에 가입하는 주체가 기업인 보험이고 가계보험은 그 주체가 소비경제(가계)인 보험이다. 이 구분은 기업경제의 안정을 위해 이용하는 것인지 가정경제의 안정을 위해 보험을 이용하는 것인지에 따라 구분한 것이다.

5) 단기보험과 장기보험

단기보험(short-term insurance)과 장기보험(long-term insurance)은 보험기술상의 분류이다. 여기에서 기술은 기간을 의미하며, 단기보험은 보험기간이 1년 미만인 보험으로 적하보험이 해당되고 장기보험은 통상 1년을 초과하는 것으로 생명보험이 해당된다.

6) 사보험과 공보험

사보험(private insurance)과 공보험(public insurance)은 보험정책에 의거한 분류이다. 정책적으로 보험제도의 운영 주체가 사법상의 단체이면 사보험이 되는 것이고 공공단체이면 공보험이 되는 것이다.

사보험은 민영보험이라고도 하고 공보험은 공영보험이라고도 한다. 사보험은 보험관계자 개인의 경제적 견지에서 운영되는 보험이기 때문에 보험가입이 계약자의 자유의사에 따라 결정되는 임의보험이라는 점에 특징이 있다.

이에 반해 공보험은 의료보험(medical insurance)과 같이 국민·경제적 입장에서 국가나 기타 공공단체가 공공정책을 실현할 목적으로 운영되는 것이기 때문에 강제보험의 성격을 가지고 있다.

7) 해상보험과 육상보험

해상보험(marine insurance)과 육상보험(land insurance)은 보험사고가 발생하는 주된 장소에 따른 분류이다.

사고발생 장소를 기준으로 분류하면 해상보험과 육상보험으로 분류할 수 있지만 역사적인 관점에서는 해상보험과 그 밖의 보험으로 양분하고 있다.

해상보험은 그 국제적 성격을 반영하여 각국 공통의 내용으로 통일되는 경향이 강하나 육상보험은 각국의 특수사정에 따라 그 내용이 독자적으로 결정되고 있다.

8) 손해보험과 정액보험

손해보험(property insurance)과 정액보험(fixed return insurance)은 보험금의 급부방식에 따른 분류이다.

손해보험은 피보험자가 실제로 입은 구체적 손해를 보상하는 보험이며, 정액보험은 보험사고가 발생할 때에 실제 손해의 정도를 불문하고 미리 약정한 일정액의 보험금이 지급되는 보험이다. 손해보험의 대표적인 예는 실손보험이며 정액보험의 대표적인 예는 생명보험이다.

9) 실손보험과 정액보험

실손보험(indemnity insurance)과 정액보험은 보험금의 지급방식에 따른 분류이다. 실손보험은 보험사고 발생시 입은 손실만큼만 보상해주는 보험이며, 정액보험은 보험사고가 발생한 때에 실손해의 정도를 불문하고 미리 약정한 일정액의 보험금이 지급되는 보험이다.

보험회사 입장에서 실손보상은 보험사고 발생시 마다 손해발생금을 산출해야 하므로 손해사정 비용이 들고 지급과정이 복잡하여 보험금의 지급이 지연되는 경우가 있다.

그러나 실손보상을 하기 때문에 보험계약자는 사고로 인해 이득을 볼 수 없고 이로 인해 보험사기도 줄어들게 된다.

10) 원수보험과 재보험

원수보험(original insurance)과 재보험(reinsurance)은 보험계약 체결관계에 따른 분류이다. 원수(原受)보험은 보험자와 보험계약자간에 최초로 체결되는 직접 계약의 보험이며, 재보험은 최초의 보험자(원수보험자)가 보험계약상의 책임을 다른 보험자(재보험자)로 인수시킨 보험이다.

11) 공동보험과 중복보험

공동보험(co-insurance)과 중복보험(double insurance)은 보험책임관계에 따른 분류이다. 공동보험과 중복보험 모두 동일한 피보험목적물에 두 가지 이상의 보험관계가 성립한 것이다. 이중에서 보험금액의 합계가 보험가액을 초과하지 않는 것을 공동보험이라 하고 보험금액의 합계가 보험가액을 초과하는 것을 중복보험이라 한다. 악용 소지 때문에 중복보험의 초과액은 법적으로 무효로 하고 있다.

2. 상법상의 분류

우리나라 상법 제4편에서는 제1장 통칙에서 보험계약을 정의하고 제2장은 손해보험, 제3장은 인보험을 규정하고 있다.

손해보험에는 화재보험, 운송보험, 해상보험, 책임보험, 자동차보험, 보증보험을 규정하고 있고, 인보험에는 생명보험, 상해보험, 질병보험을 규정하고 있다.

◉ 상법상 손해보험과 인보험의 분류

손해보험 : 화재보험, 운송보험, 해상보험, 책임보험, 자동차보험, 보증보험
인 보 험 : 생명보험, 상해보험, 질병보험

1) 화재보험

화재보험(fire insurance)은 보험계약자가 보험료를 지급하고 보험자는 피보험목적물에 화재라는 보험사고가 발생함으로써 피보험자가 입은 재산상의 손해를 보상하는 것을 내용으로 하는 손해보험의 일종이다.

2) 운송보험

운송보험(transportation insurance)은 보험계약자가 보험료를 지급하고 보험자는 운송물의 운송에 관한 사고로 피보험자가 입은 재산상의 손해를 보상하는 것을 내용으로 하는 손해보험의 일종이다.

운송보험은 육상운송뿐 아니라 해상운송이나 항공운송도 포함하지만 상법상 물건운송은 육상이나 호천(湖川) 및 항만을 통한 운송물의 운송에 국한시키고 있기 때문에 해상운송이나 항공운송은 제외된다. 따라서 일반적인 의미에서 운송보험은 육상이나 호천 및 항만에서의 물건운송에 관한 위험을 담보하는 것을 말한다.

3) 해상보험

해상보험(marine insurance)은 항해 중에 사고로 발생하는 화물이나 선박의 피해를 보상하는 손해보험으로 크게 적하보험과 선박보험으로 구분된다.

4) 책임보험

책임보험(liability insurance)은 피보험자가 사고로 제3자에게 손해를 배상할 책임을 진 경우에 보험자가 그 손해를 보상하는 손해보험의 일종으로 자동차 손해배상책임보험과 산업재해보상보험이 대표적이다.

책임보험은 피보험자가 재산상의 손해를 직접 보상하는 것이 아니고, 제3자에 대한 손해배상책임을 부담함으로써 입은 이른바 간접손해를 보상한다는 점에서 일반 손해보험과 구별된다.

5) 자동차보험

자동차보험(auto insurance)은 자동차를 소유, 사용, 관리하는 동안에 발생하는 사고로 인해 피보험자가 입은 손해를 보험자가 보상하는 손해보험의 일종이다.

6) 보증보험

보증보험(surety insurance)은 매매·고용·도급계약에서 채무불이행에 의해 채권자가 입게 되는 손해를 보상하는 보험으로 성질상 손해보험 중 책임보험에 속한다.

7) 생명보험

생명보험(life insurance)은 피보험자의 사망이나 생존에 관한 보험사고가 발생할 경우에 보험자가 약정한 보험금을 지급하는 인보험의 일종으로, 일반적으로 이들은 저축의 기능과 보장의 기능을 동시에 가지고 있다.

8) 상해보험

상해보험(accident insurance)은 피보험자가 외부적인 원인으로 발생한 우발적인 사고로 피보험자가 입게 된 신체의 상해에 대해 보험금을 지급하는 인보험의 일종이다. 상해보험은 사망을 보험사고로 하지 않는다는 점에서 생명보험과 구별된다.

9) 질병보험

질병보험(sickness insurance)은 피보험자가 질병에 걸렸을 경우 치료비, 입원비, 수술비, 휴업으로 인한 소득상실비를 지급하는 인보험의 일종이다.

3. 해상보험의 대상에 따른 분류

1) 적하보험

적하보험(cargo insurance)은 해상사업 중에 발생하는 위험으로부터 화물이 손상을 입는 경우를 대비하여 하주가 보험료를 부담하고 사고의 발생에 따른 재산적 손해를 보험자로부터 보상받는 보험이며 화물보험이라고도 한다.

적하보험은 원활한 무역거래를 위해 운송, 금융과 함께 매우 중요한 위치를 점하고 있다. FOB나 CIF 등 무역조건(trade terms)이 무엇이냐에 따라 누가 적하보험에 가입해야 하며 보험사고시 누가 보험금을 지급받게 되는지 등이 결정된다.

2) 선박보험

선박보험(hull insurance)은 해상보험의 주요 대상인 선박이 건조·항해·수리·정박 중에 입는 손해를 보상하는 보험이며 선체보험이라고도 한다.

선체는 물론 선박의 주요 구성부분인 기관, 조타기, 돛대, 추진기, 나침반, 돛, 로프, 닻 등 선박의 속구나 비품 등 선박운항에 항상 이용되는 것도 선박보험의 대상이 된다.

그런데 연료나 식료품 등 항해 중 소비를 목적으로 하는 선박의 소모품은 선박의 구성부분이 아니므로 선박보험의 대상에서 제외된다.

3) 운임보험

운임보험(freight insurance)은 운송인(carrier)이나 선박소유자(shipowner, 선주)가 사고로 인하여 받지 못하게 될 운임에 대해 가입하는 보험이다.

예를 들어 FOB계약은 운임이 후불(freight collect)이므로 사고발생시 운임을 못 받는 경우가 발생할 수가 있기 때문에 운송인이 운임보험에 별도로 가입하게 된다.

4) 희망이익보험

희망이익은 수입자가 상품을 수입하여 국내에서 판매함으로써 얻을 수 있는 이익을 말한다. 통상 상업송장 금액은 수입 원가만 포함되어 있고 희망이익은 포함되어 있지 않기 때문에 보험자가 송장금액만을 보상하게 되면 희망이익을 잃어버리게 된다.

이를 대비하여 별도로 희망이익보험(insurance on expected profits)을 가입하는 경우도 있다. 무역거래에서는 보통 송장금액의 10%를 희망이익으로 간주한다.

4. 보험기간에 따른 분류

1) 항해보험

항해보험(voyage insurance)은 항해단위를 표준으로 보험기간(period of insurance)을 설정하는 보험으로 주로 적하보험에 이용된다.

예컨대 부산~런던 1 항해 또는 왕복 항해, 부산~런던~뉴욕~부산의 일주항로와 같이, 1 항해 또는 몇 항해를 단위로 하여 보험기간을 정하는 방식이다.

항해보험에서 보험자의 책임은 원칙적으로 화물이 본선에 적재된 때에 개시하며 도착항에 양륙한 때에 종료한다. 이와 같은 보험계약을 통하여 발행되는 증권을 항해보험증권(voyage policy) 또는 해상보험증권이라고 한다.

2) 기간보험

기간보험(time insurance)은 항해보험과 달리 보험기간을 1년이나 2년과 같이 일정 시일의 기간(period of time)이나 시간(time)을 표준으로 설정하는 보험으로, 보험기간을 특정된 단 한 번의 항해기간으로 정하는 항해보험에 대응되는 개념이다.

예컨대, '2020년 3월 1일부터 2021년 3월 1일 정오까지'로 약정하는 방식으로 주로 선체보험이나 기관보험, 자동차보험, 전쟁 및 동맹파업보험, 선박건조보험 등에서 널리 이용되고 있다.

항해보험은 일반적으로 선적항에서 도착항에 이르는 1회의 수송을 대상으로 하는 데 비하여, 기간보험은 부보기간 중에는 항해의 횟수를 불문하고 사전에 계획된 일정기간에서 일정기간까지의 전체 항해를 담보받게 된다.

선박보험은 1항해 마다 보험에 들어야 하는 불편을 제거하기 위해 기간보험으로 가입하며 기간보험인 경우 부보기간 중에는 항해의 횟수를 불문하고 전 항해를 커버하게 된다. 이러한 보험계약하에서 발행되는 증권을 기간보험증권(time policy)이라고 한다.

3) 혼합보험

혼합보험(mixed insurance)은 보험기간을 일정한 항해와 일정한 기간 양자를 혼합하여 표준으로 정한 보험이다.

이것은 선박보험에서 주로 사용되어 왔으나 오늘날에는 거의 이용되지 않고 있다. 이러한 보험계약하에서 발행되는 증권을 혼합보험증권(mixed policy)이라고 한다.

제 2 장 해상보험의 기초

제 1 절 해상보험의 의의와 특징

1. 해상보험의 의의

해상보험(marine insurance)은 해상사업에 관한 사고에 직면할 수 있는 재산권을 가진 다수의 경제주체가 각자의 위험 징도에 따라 합리적인 기금을 부담하여 공동준비자산을 형성한 후 해상위험의 발생으로 손해를 입은 자에게 보상함으로써 그 경제상의 불안을 제거하거나 경감하는 손해보험제도이다.

즉, 해상사업과 관련하여 발생하는 손해의 보상을 목적으로 보험자는 손해를 보상하여 줄 것을 약속하고 피보험자는 그 대가로서 보험료를 지급할 것을 약속한 경제제도가 해상보험이다.

영국 해상보험법(Marine Insurance Act, 1906 : MIA) 제1조도 해상보험계약은 보험자가 「해상사업에 수반되는 손해」의 보상을 약속하는 계약이라고 정의하고 있다.

◉ MIA 제1조 : Marine insurance defined

A contract of marine insurance is a contract whereby the insurer undertakes to indemnify the assured, in manner and to the extent thereby agreed, against marine losses, that is to say, the losses incident to marine adventure.

해상보험계약은 그 계약에 의해 합의한 방법과 범위 내에서 해상손해, 즉 해상사업에 수반하는 손해를 보험자가 피보험자에게 보상할 것을 약속하는 계약이다.

한편, 해상보험에서는 해상사업에 부수 또는 접속하는 육상, 내륙수로 또는 항공위험을 담보하는 경우에는 해상위험 이외의 위험도 해상보험의 규정이 그대로 준용된다.

2. 해상보험의 특징

1) 국제성

해상보험은 상이한 국적의 기업들이 참여하는 국제적 성격을 가지고 있다. 그런데 각국의 보험약관이나 법률 규정이 국가마다 상이하기 때문에 오해나 분쟁이 발생할 가능성이 높다. 이에 해상보험 관련 규정의 국제적 통일을 기하기 위해 각국마다 해상보험증권에 영국법을 준거법으로 삽입하고 있다.

그러나 해상보험에서 영국의 법과 관습이 아무리 중요하다고 하여도 이것은 보험자의 책임과 보험금 결제에 한정되어 적용된다. 따라서 보험회사의 설립이나 이를 운영하는 방법 등은 해당 국가의 상법이나 보험업법이 적용되게 된다.

2) 육상과 해상 혼합보험성

해상보험은 육상과 해상의 혼합보험 성격을 가지고 있다. 즉, 해상보험은 원칙적으로 해상위험을 담보하는 보험이지만, 특약이나 상관습에 따라 담보하는 범위를 확장하여 항해에 부수하는 내수 또는 육상위험을 포함하여 담보하고 있다.

3) 위험담보의 종합보험성

화재보험이나 도난보험은 원칙적으로 화재나 도난과 같은 단일위험을 담보하지만 해상보험은 다양한 위험을 종합적으로 담보하는 종합보험의 성격을 가지고 있다.

즉, 원래 해상보험은 생성초기에는 선박의 좌초나 침몰, 전복, 해난, 해적 등 일체의 해상위험만을 담보하여 왔지만, 오늘날의 해상보험에서는 육상보험과 항공보험도 하나의 해상보험으로 일괄 담보하고 있다.

4) 기업보험성

오늘날 선박보험의 주된 이용자는 선박회사나 해운업자이며 적하보험의 경우는 대부분 수출입기업들이 이용하고 있기 때문에 해상보험은 가계보험이 아니라 기업보험적 성격이 강한 보험의 성격을 가지고 있다.

그러나, 개인 선주가 자기 선박을 선박보험에 가입하거나 해외출장이나 근무시 가재도구나 소지품 등을 해상으로 운송할 때 해상보험에 가입하는 경우도 있다. 이것은 해상보험이 가계보험적 성격도 가지고 있다는 것을 의미한다.

제 2 절 해상보험의 기능

무역거래에서는 운송, 금융, 보험 등 3요소가 필연적으로 개입된다. 운송은 선박회사나 항공회사 등 운송회사가 담당하며 금융은 은행이 담당하고 운송에 수반하는 우발적 사고의 보상은 보험회사가 담당하므로, 이 세 가지의 기능이 종합되어야만 비로소 무역거래의 원활한 이행이 가능하게 된다.

해상운송에는 해상위험이 필연적으로 수반되기 때문에 우연한 사고에 의한 손해를 보상받을 수 없다면 해상을 무대로 한 무역거래는 모험에 불과할 수밖에 없다.

이러한 면에서 해상보험은 다음과 같은 기능을 통해 해운업과 무역거래의 원활한 발전과 이들 기업의 안전성을 보장해 주고 있다.

1. 해난사고의 예방

해상보험은 해난사고의 예방과 손해경감을 위해 해사(maritime affairs)에 관한 조사연구뿐 아니라 해난 구조시설의 설치와 정비, 해운기업에 대한 조언 등을 통해 재난이나 사고를 사전에 예방하는 기능을 수행하고 있다.

영국 해상보험법(MIA)과 우리나라 상법 및 해상보험약관에도 손해의 방지와 손해의 경감에 대한 의무를 부과하고 있기 때문에 보험자와 피보험자 또는 보험계약자들은 해난사고(marine accident)의 예방과 손해방지 경감을 위해 여러 활동을 전개함으로써 해난사고의 예방기능을 수행하고 있다.

2. 물품가격의 안정화

해상보험은 소비자들에게 상품의 안정적 가격을 제공하는 기능을 수행하고 있다.

만일 해상보험이 존재하지 않거나 이용할 수 없다면 무역, 해운 및 금융 등의 기업들은 각각의 해상위험에 대해 자의적인 계산으로 최종적으로는 상품의 소비자들에게 불안정한 가격을 강요하게 될 것이다.

그러나 해상보험의 이용을 통해 위험의 비용화가 실현되며 확정적인 보험료가 각각의 가격 중에 포함되면 상품 소비자에게 안정적인 가격을 제공할 수 있게 된다.

3. 국제수지의 개선

해상보험은 수출입기업이나 운송회사의 경제적 손실에 대한 안정성을 보장해 주는 제도이기 때문에, 해상보험료 수입은 무역거래의 형태에 따라서는 국제수지 항목 중 무역외수지의 주요 구성항목에 커다란 영향을 미치게 된다.

예를 들어 인코텀즈상 CIF계약이나 CIP계약에 의한 매매계약의 경우 수출자 입장에서는 보험료 수입을 통해 외화획득을 가져오지만, FOB계약이나 FCA계약으로 수출하는 경우에는 외화유출을 가져온다.

왜냐 하면 CIF계약이나 CIP계약은 수출자가 부보하는 것이 의무이므로 수출국내에서 보험계약이 체결됨으로써 수입자 측에서는 수출단가(export unit price)에 보험료가 포함되어 외화의 유출이 발생하기 때문이다.

반면, FOB계약이나 FCA계약의 경우는 수입자가 수입국내에서 보험계약을 체결함으로써 외화의 유출이 발생하지 않게 된다.

4. 자금의 공급

해상보험은 보험료 수입과 보험금 지출과의 기간적 차이에서 발생하는 각종 준비금의 운용으로 기업들에 대한 산업자금이나 가계에 대한 일반대출 등을 통해 자금을 공급함으로써 국민경제의 발전에 이바지하고 있다.

5. 국제물류의 촉진

해상보험은 화물의 수출입에 수반하는 사고를 보험회사에게 전가시킴으로써 수출입자가 신뢰감과 안정감을 바탕으로 거래를 할 수 있도록 도와주는 기능을 가지고 있다. 이와 같은 기능을 통해 국제물류(international logistics)는 촉진하게 된다.

6. 신용증대 및 무역거래의 원활화

해상보험은 국가간 수출입에 수반하여 발생하는 위험을 보험자에게 이전시킴으로써 무역당사자간의 신용을 증대시키고 무역거래의 원활화에 도움을 주고 있다.

제 3 절 해상보험의 관련 법규

1. 영국 해상보험법

1) 의의

해상보험은 본질적인 성격상 2개국 이상이 관여하는 국제성이 매우 강한 보험이다.

그러므로 보험거래에서 발생할 수 있는 분쟁을 미연에 방지하고 이를 해결하기 위해서는 준거법(governing law)이 반드시 필요하다.

그런데 해상보험은 영국을 중심으로 발전하여 왔기 때문에 영국의 법률과 관습이 해상보험에 그대로 적용되어 오고 있다.

이에 따라 오늘날에 사용되고 있는 해상보험증권에도 손해보상청구에 대한 책임이나 보험금(claim)의 지급은 영국의 법률과 관례에 따라 해결한다는 준거법약관(governing laws clause)이 본문약관(body clause) 속에 인쇄되어 있다.

해상보험과 관련된 가장 대표적인 법규는 영국의 해상보험법(Marine Insurance Act, 1906 : MIA)이다. 이 법은 해상보험에 관한 영국의 성문법으로 1906년에 제정된 것이며 그 동안 해상보험과 관련하여 법원에서 내려졌던 각종 판례들을 정리한 것이다.

영국의 해상보험법은 해상보험에 관한 관습이나 원리들을 거의 수용하고 있기 때문에 대부분의 국가들도 영국의 해상보험법을 자국 법률의 모체로 삼고 있다.

2) 제정 배경과 구성

(1) 제정 배경

해상보험은 영국을 중심으로 발전되어 왔지만 1906년 이전까지는 해상보험에 관한 영국의 법률은 대부분이 관행의 형태로 존재하여 왔던 관습법(common law)으로 산재되어 있었다. 그런데 관습법은 성문법이 아니고 불문법이기 때문에 해상보험과 관련된 관습을 체계화하려는 노력들이 시도되어 왔다.

1800년대에 들어 해상보험에 관한 판례가 2,000개가 넘었고 이를 정리하여 체계화하고 법전화한 것이 영국의 해상보험법(MIA)이다. 영국의 해상보험법은 Chalmers경(卿)에 의해 기초가 된 해상보험법안이 1894년 영국 상원에 처음으로 제안된 후, 1900년 상원을 통과하여 1906년 12월 21일에 제정되었고 1907년 1월부터 실시되었다.

이 법은 영국의 국내법이다. 그러나 오늘날 모든 국가들이 보험거래에서 사용하는 해상보험증권상의 준거법약관에는 일체의 손해보상책임의 유무와 보험금 지급은 영국의 법률과 관습에 따른다는 규정을 두고 있다. 그러므로 영국 해상보험법(MIA)는 해상보험에 있어 가장 중요한 준거법의 역할을 하고 있다.

(2) 구성

MIA는 총 94개 조와 부칙인 보험증권해석에 관한 규칙(Rules for Construction of Policy : RCP)으로 구성되어 있다. RCP에는 해상보험에서 많이 사용되고 있는 용어들의 정의가 명확하게 규정되어 있다.

◉ 영국 해상보험법(MIA)의 구성

- 해상보험(Marine Insurance) ⇒ 제1조~제3조
- 피보험이익(Insurable Interest) ⇒ 제4조~제15조
- 보험가액(Insurable Values) ⇒ 제16조
- 고지와 표시(Disclosure and Representations) ⇒ 제17조~제21조
- 보험증권(The Policy) ⇒ 제22조~제31조
- 중복보험(Double Insurance) ⇒ 제32조
- 담보 및 기타(Warranties Etc) ⇒ 제33조~제41조
- 항해(The Voyage) ⇒ 제42조~49조
- 보험증권의 양도(Assignment of Policy) ⇒ 제50조~제51조
- 보험료(The Premium) ⇒ 제52조~제54조
- 손해와 위부(Loss and Abandonment) ⇒ 제55조~제63조
- 분손(Partial Losses) ⇒ 제64조~제66조
- 손해보상의 한도(Measure of Indemnity) ⇒ 제67조~제78조
- 보험금의 지급에 관한 보험자 권리(Rights of Insurer on Payment) ⇒ 제79조~제81조
- 보험료의 환급(Return of Premium) ⇒ 제82조~제84조
- 상호보험(Mutual Insurance) ⇒ 제85조
- 보칙(Supplemental) ⇒ 제86조~제94조

3) 영국보험법(2015)의 제정

(1) 제정 배경

제정 당시 완벽한 법률로 간주되었던 1906년 영국 해상보험법(MIA)도 보험환경이 변화됨에 따라 시대에 맞지 않는 규정들은 개정되어야 한다는 의견들이 지속적으로 제기되었다. 특히 MIA는 1906년에 제정되어 110년 이상 동안의 보험관행을 제대로 반영하지 못한 부분들이 있고 몇몇 규정들은 피보험자 또는 보험계약자에게 너무나 불리하도록 규정되어 있다는 비판들이 제기되었다.

이러한 상황을 반영하여 영국 법률위원회, 법조계와 보험업계 관련 위원, 법관, 전문가, 변호사 등 관련자의 변론과 여러 번의 검토를 걸친 결과, 영국 해상보험법의 일부 개정에 해당하는 영국보험법(Insurance Act, 2015, 약칭하여 IA라 부름)이 영국의회를 통과하여 2016년 8월 1일에 시행되고 있다.

(2) 주요 내용과 영향

2015년 영국보험법의 신설로 인해 MIA상 가장 큰 변화가 예상되는 부분은 최대선의 의무와 고지의무, 담보(warranty), 사기적인 보험금 청구에 관한 규정 등이다.

우선 최대선의 의무와 고지의무와 관련해서는 최대선의에 의한 보험계약의 취소를 제한하고 고지의무를 완화하도록 개정하였다. 또한 담보와 관련해서는 MIA는 담보위반에 대한 보험자의 면책정도가 너무 과도하다는 판단하에 이를 대폭 완화하였다.

사기적인 보험금 청구에 대한 규정은 1906년 MIA에서는 존재하지 않았던 규정인데, 본 규정에서는 피보험자의 고의적인 손해발생 행위 등을 보험사기의 유형으로 제시하고, 사기적인 보험금 청구의 경우 보험자는 보험금 지급의무가 없으며 이미 지급한 보험금도 회수하고 해당 위반일로부터 보험계약을 종료시킬 수 있는 권한을 부여하였다.

이러한 부분들에 대한 개정내용들은 본서의 제2부 해상보험계약의 고지의무와 담보 부분에서 상세하게 다루어질 것이다.

한편, 1906년 해상보험법(MIA)을 일부 개정한 2015년 영국보험법은 MIA의 핵심조항이 개정된 것이며 비소비자(사업자)용의 보험계약을 대상으로 하여 제정된 것이기 때문에 MIA 중 본 법률과 모순되는 조항들은 효력을 잃게 된다.

본 법률은 우리나라의 해상보험 관련 법률에도 직접 적용되는 경우가 많기 때문에 그 개정내용을 검토할 필요가 있다. 특히 우리나라 해상보험시장의 경우에도 1906년 영국 해상보험법에 근거하여 많은 판결을 내리고 있기 때문에 본 법률의 신설은 향후 우리나라 해상보험 관련 법규에도 큰 영향을 미칠 것으로 보인다.

2. 우리나라 상법과 보험업법

1) 의의

보험산업은 공공성이 매우 강하고 국민경제 전반에 미치는 영향이 대단히 큰 금융사업이다. 따라서 대부분의 국가들은 상법이나 보험업법을 통해 보험사업을 엄격히 관리, 감독하고 있다.

해상보험도 손해보험의 일종이기 때문에 당국의 행정규제를 받을 뿐 아니라 해상보험에 관련되는 제반 법규의 제한을 받게 된다. 이에 각 국가들은 보험사업을 엄격히 감독하기 위하여 상법이나 보험업법 등을 제정하고 있다. 우리나라도 상법, 보험업법, 보험업법 시행령 등을 통해 정부가 보험사업을 관리, 감독하고 있다.

2) 상법의 적용과 예외

우리나라 상법은 상기업(商企業)을 중심으로 전개되는 생활관계를 규율하는 특별사법으로 기업들의 영리활동을 활발하게 하며 그 거래의 안전을 보호함으로써 국민경제에 이바지하도록 함을 이념으로 하고 있다.

전술과 같이, 우리나라는 상법 제4편에 보험일반에 관한 규정을 두고 있는 외에, 보험업법과 보험업법 시행령을 별도로 제정하고 있다.

해상보험은 상법에 규정된 손해보험의 일종이므로 당연히 우리나라 상법의 적용을 받으며 해상보험사업을 영위하고자 하는 자는 보험업법과 그 시행령을 준수해야 한다.

그러나 해상보험은 국제성이 강한 보험이기 때문에 보험의 주요 내용은 상법을 적용하기보다는 국제적으로 관례화된 영국의 법과 관습에 따르고 있다.

이것은 해상보험의 역사가 가장 오래되었을 뿐 아니라, 무역관례상 영국에서 제정된 영국 해상보험법(MIA)에 준하여 보험금 지급 등의 클레임 처리가 이루어지도록 되어 있기 때문이다. 현재 우리나라에서도 적하보험의 경우에도 국내 상법이 적용되지 않고 대부분 판례의 기준이 되는 영국 해상보험법에 준하여 처리되고 있다.

그러나 해상보험에서 영국의 법과 관습이 아무리 중요하다고 하여도 그 법은 보험자의 책임과 보험금 지급에 한정되어 적용된다.

즉, 영국의 법과 관습은 주로 보험자와 피보험자간의 보험계약관계에 적용되는 것이지, 우리나라에서 보험회사의 설립이나 이의 운영까지 영국의 법과 관습을 적용해야 하는 것은 아니다. 따라서 우리나라 내에서의 보험사업의 궁극적 목적과 운영 등은 우리나라 상법과 보험업법이 적용된다.

3) 상법의 구성

상법 제4편은 제1장 통칙, 제2장 손해보험, 제3장에는 인보험을 규정하고 있고, 제2장 손해보험에서는 화재보험, 운송보험, 해상보험, 책임보험, 자동차보험, 보증보험을, 제3장 인보험에서는 생명보험, 상해보험, 질병보험을 자세하게 규정하고 있다.

상법 제4편 보험편은 각종 보험계약에 대한 규정을 담고 있기 때문에 흔히 보험계약법이라 부르기도 한다. 특히 상법 제693조로부터 제718조까지는 해상보험에 관한 상세한 내용들이 규정되어 있다.

◉ 우리나라 상법 제4편의 구성

- 제1장 통 칙 ⇒ 제638조~제664조
- 제2장 손해보험
  - 제1절 통 칙 ⇒ 제665조~제682조
  - 제2절 화재보험 ⇒ 제683조~제687조
  - 제3절 운송보험 ⇒ 제688조~제692조
  - 제4절 해상보험 ⇒ 제693조~제718조
  - 제5절 책임보험 ⇒ 제719조~제726조
  - 제6절 자동차보험 ⇒ 제726조의2~제726조의4
  - 제7절 보증보험 ⇒ 제726조의5~제726조의7
- 제3장 인보험
  - 제1절 통 칙 ⇒ 제727조~제729조
  - 제2절 생명보험 ⇒ 제730조~제736조
  - 제3절 상해보험 ⇒ 제737조~제739조
  - 제4절 질병보험 ⇒ 제737조의2~제739조의3

4) 보험업법

보험업법은 보험업의 영위에 관한 법률로 보험회사의 면허, 자본, 조직, 관리, 감독, 해산 등을 규정한 법이다. 즉, 보험회사를 설립하려면 어떤 요건을 갖추어야 하는지, 금융당국은 어떻게 감독하는지 등을 담고 있는 법이 보험업법이다.

이 법은 보험사업을 효율적으로 지도 및 감독하고, 보험가입자의 권익보호와 보험자의 건전한 경영을 추구하여 보험업의 발전을 도모하기 위해 제정되었다.

3. 요크-앤트워프 규칙(YAR)

1) YAR의 의의와 제정

해상운송 과정에는 예측이 불가능한 다양한 해상위험(maritime perils)들이 존재하기 때문에 오래 전부터 항해 관계자들은 이러한 위험의 발생으로부터 보상받을 수 있는 제도의 마련에 노력해 왔다.

그 중 가장 대표적인 완성물이 공동해손(General Average : G/A) 제도의 탄생이다. 이 제도는 보다 큰 경제적 이익을 살리기 위해 보다 적은 경제적 희생(공동해손 행위)을 하고, 그로 인한 손해를 이해관계자에게 분담시킴으로써 공동해손으로 인해 혜택을 입은 자와 피해를 입은 자를 경제적으로 평등한 지위에 두게 한 것이다.

예를 들어, 선박이 화물을 적재하고 항해하던 중 태풍으로 가라앉고 있는 경우, 선장이 선박을 가볍게 하기 위하여 적재화물을 바다에 버리게 될 때, 바다에 버려진 화물손해는 그 화물의 주인 혼자 부담하는 것이 아니라 선주와 하주, 보험자 등 이해관계자가 공동으로 손해를 부담하도록 하는 것이 공동해손의 기본 개념이다.

이때 공동의 위험을 피하기 위해 화물의 일부를 선외로 버리는 투하(jettison)와 같은 물질적 손해를 '공동해손 희생손해(general average sacrifice)'라고 하고, 선박이 위험한 장소에 좌초한 경우 선박을 구하기 위해 예선을 사용함으로써 발생하는 비용손해 등을 '공동해손 비용손해(general average expenditure)'라고 한다.

각국의 공동해손제도에 관한 근본 개념은 대략적으로 일치하였다. 그러나 공동해손의 구체적인 내용에 관한 각국의 법률 및 관습은 매우 다른 상황이었다.

이로 인해 공동해손의 정산에 많은 지장이 초래되었기 때문에 이를 해결하기 위하여 공동해손에 관한 법률 및 관습의 국제적인 통일을 시도하게 되었고, 그 결과로 제정된 것이 요크-앤트워프 규칙(York-Antwerp Rules, YAR)이다.

YAR은 공동해손을 구성하는 손해 및 비용의 정산에 관한 국제통일규칙이다. 1860년부터 공동해손의 취급과 해석의 통일을 기하기 위한 운동이 전개되었고 1864년에 요크(York)에서 개최된 국제회의에서 11개조의 York Rules가 공식 채택되었다.

이후 1877년 앤트워프(Antwerp) 회의에서 범선에 대한 공동해손 정산을 주제로 한 12개 조항의 규칙이 새로이 제정되었는데, 이것이 York-Antwerp Rules(1877)이다.

이 규칙은 무역환경의 변화에 따라 1890년, 1924년, 1950년, 1974년, 1994년, 2004년에 각각 개정되었고, 현행 규칙은 국제해사위원회(CMI)가 2016년에 개정한 York-Antwerp Rules(2016)이다.

2) YAR의 적용

공동해손과 해상보험은 원래 별개의 제도였다. 그러나 선박보험이나 적하보험은 대부분 해상보험계약의 체결을 통해 보상받을 수 있기 때문에 공동해손이 보험자의 손해보상범위에 속하는 한, 해상보험과 공동해손은 밀접한 관계를 갖게 된다.

YAR은 법령이 아니므로 강제성이 없기 때문에 YAR을 채택하지 않는 경우나 각국의 법률과 상충되는 경우에는 그 적용에 어려움이 따르게 된다.

또한 공동해손의 정산은 손해의 특성과 다수의 관련 당사자들이 개입되기 때문에 정산절차가 어렵고 복잡하여 정산시간이 상당히 오래 소요된다. 특히 오늘날의 운송체계와 같이 위험공동체의 구성원이 다수의 하주로 구성되어 있는 경우에는 정산기간이 더욱 길어지게 된다.

따라서 공동해손이 발생하는 경우에 적용되는 명확한 적용 및 해석기준이 필요한데, YAR이 그 해석기준으로 적용되기 위해서는 계약서에 '공동해손과 관련되는 사항은 YAR에 따른다.'는 별도의 조항이 삽입되어야만 효력이 발생하게 된다.

그런데 오늘날 세계 각국에서 일반적으로 사용되고 있는 선하증권이나 용선계약서 및 해상보험약관에는 모두 '공동해손은 YAR을 적용한다.'는 규정들이 삽입되어 있다.

특히 1963년 협회적하약관(ICC)의 전위험담보(A/R), 분손담보(WA), 분손부담보(FPA) 약관 중의 각 제7조에도 이와 같은 공동해손약관(general average clause)이 규정되어 있고, 1982년 협회적하약관(A, B, C)과 2009년의 개정약관 각 제2조에도 공동해손약관이 동일하게 규정되어 있다.

3) YAR의 구성

현재 사용되고 있는 YAR 2004는 해석규정인 A조부터 G조에 이르는 7개의 문자규정(Lettered Rules)과 23개의 숫자규정(Numbered Rules)으로 구성되어 있다.

공동해손을 정산할 때에는 숫자규정이 우선되며 숫자규정에 명시되지 아니한 문제는 문자규정에 따라 해결하도록 되어 있다.

따라서 공동해손의 규칙적용 우선순위는 YAR 숫자규정, YAR 문자규정, 그리고 타 법률 및 관습의 순서가 된다.

2004년과 2016년 YAR은 1994년 규칙에 비해 해석규정과 최우선규정은 변화하지 않았고, 문자규정의 내용은 admitted를 allowed로 변경한 것 외에 다른 수정은 이루어지지 않았다. 그러나 제11조, 제14조, 제16조, 제17조, 제20조, 제21조는 상당한 변화가 있었으며 제23조는 신설되었다.

제 3 장 해상보험의 역사

제 1 절 해상보험의 기원과 발전

1. 해상보험의 기원

해상보험은 영리보험 중 역사가 가장 오래되었으나 그 기원은 정확하지 않은 상태이다. 해상보험은 모험대차설, 코멘다(Commenda)설, 가족단체설, 공동해손설 등에 기원을 두고 있다고 주장되고 있는데, 이 중 정설로 인정되고 있는 학설은 모험대차설이다.

1) 모험대차설

모험대차(bottomry, 冒險貸借)는 선주나 하주가 항해를 시작하기 전에 금융업자로부터 자금의 전대(前貸)를 받고, 만일 선박이나 화물이 항해 중에 해난에 직면하면 그 손해의 정도에 따라 채무의 일부나 전부가 면제되지만 무사히 목적지에 도착하게 되면 원금과 고율의 이자를 상환하게 되는 일종의 조건부 소비대차계약이다.

이를 소비대차 또는 해상대차라고도 부른다. 이 제도는 고대 바빌로니아와 페니키아 시대인 기원전 400년경부터 실시되어 기원전 200년경에 널리 이용되었으며, 해상보험계약이 만들어졌던 13~14세기까지 계승, 발전되었다.

(1) 금융업자에게 모험대차

금융업자 입장에서 모험대차는 위험부담(보험업)과 융자라는 기능을 가지고 있다.

(2) 무역업자나 해운업자에게 모험대차

무역업자나 해운업자 입장에서 모험대차는 항해가 성공할 때에는 원금과 고율의 이자(보험료)를 지급하고 사고가 발생할 경우에는 그 손해를 금융업자에게 전가시키는 제도이기 때문에 현대의 보험제도와 유사한 기능을 가지고 있다.

2) 코멘다(Commenda)설

코멘다(Commenda)는 10세기부터 이탈리아 등 지중해 연안에서 성행하였던 자본가와 기업가의 결합 형태를 말한다.

이것은 자본가는 상품이나 금전을 투자하고 기업자는 대외적으로 자기의 책임과 이름으로 수출입거래를 수행하여 이로부터 발생하는 순이익을 사전에 합의된 비율에 따라 양자 사이에 배분하는 형태이다. 이 설은 코멘다계약이 해상보험의 기원이 되었다는 것이지만 엄밀히 말하면 이것은 모험대차를 변형한 하나의 형태에 해당하는 것이다.

3) 가족단체설

가족단체설은 15~16세기경 유럽에 존재하였던 가족단체제도가 발전하여 현대의 해상보험제도가 되었다는 학설로 일종의 상호구제 제도를 말한다.

그런데 해상보험은 역사가 가장 오래된 대표적인 손해보험이며 기업들의 이윤추구가 목적인 영리보험에 해당하는 보험이기 때문에 이 학설로 해상보험을 모두 설명하는 것은 무리가 있다.

4) 공동해손설

공동해손(general average)은 선박이나 적하가 해난에 직면하게 된 경우, 이를 위험으로부터 구조하기 위하여 선장이 합리적이며 또 고의적으로 선박이나 화물의 일부분을 희생시키는 것으로써 이때 선박이나 화물에 입은 손해는 이해관계자가 공동으로 부담하는 것을 말한다.

일반적으로 화물의 운송 중에 선박과 화물 모두에 공동의 위험이 발생한 경우에 그러한 위험을 제거하거나 경감시키기 위해 선체나 화물을 희생시키거나 필요한 경비를 지출하는 행위를 공동해손행위라고 하며 그에 의한 손해와 경비가 공동해손이 되는 것이다(상법 제865조 내지 제867조).

공동해손을 분담하도록 하는 것은 공동의 안전을 위한 손해를 공동위험단체를 구성하는 모든 당사자들이 적정한 비율에 따라 상호 분담하는 것이 합리적이라는 데에 그 근거를 두고 있다.

그런데 공동해손은 손해의 공동부담이라는 개념이지만, 해상보험은 손해보험의 일종으로서 손해를 보상이라는 개념이기 때문에 이 학설로 해상보험의 기원을 설명하기에는 부족한 면이 있다.

2. 해상보험의 생성과 발전

1) 해상보험의 생성

운송위험을 회피하기 위한 적극적인 수단으로서 해상보험의 기원은 고대문명 초기에 이집트인들이 선박을 재해로부터 보호하기 위해 이용하였다고 전해지고 있다.

또한 기원전 2250년경에는 바빌론 왕조의 함무라비 법전에 상호구제의 성격을 가진 단체가 존재하였음이 문헌에 나타나 있다고 한다.

그리고 기원전 1000년경에는 이스라엘의 솔로몬 왕이 자국의 해상무역을 보호하기 위하여 수출세와 같은 세금을 납부시키고 해난을 당한 자에게는 손해를 보상을 해주었다는 기록도 있다. 그러나 이와 같은 역사적 사실들이 실제로 현재의 해상보험제도와 직접적 관련이 있었는지는 명확하지 않은 상태이다.

해상보험은 해상과 관련하여 발생할 수 있는 각종 사고를 보상하는 보험이기 때문에 무역인이나 운송인들을 제외한 일반인들이 가입하는 일은 많지 않은 보험이다.

그러나 분명한 사실은 해상보험이 다른 보험의 역사보다 오래되었다는 점이며 최초의 보험상품도 유럽의 중세시대에 등장했던 해상보험이었다는 점이다.

2) 해상보험의 발전

14세기 르네상스 시대의 유럽은 문화예술과 항해술이 꽃을 피운 시기였다. 이 시기에는 항해용 컴퍼스가 만들어지고 지도학과 천문학이 급격히 발전한 덕분에 해상무역도 활발하게 전개되었다.

그러나 발달한 해상무역만큼이나 해상에서의 사고 또한 급증하였다. 선원들이 항해 중 사고를 당할 경우 남겨진 식구들의 생활은 막막해지기 마련이었고, 이와 같은 분위기 속에 오늘날 해상보험제도의 기원이라 할 수 있는 형태가 자구책으로 만들어졌다.

14C 후반 이탈리아에서 성립된 해상보험제도는 해상무역의 중심지가 이동함에 따라 스페인과 포르투갈을 거쳐 16C 초에는 네덜란드, 독일, 영국 등으로 전파되었다.

현재의 로이즈 보험증권에서도 이탈리아 문언을 발견할 수 있다. 즉, Policy라는 용어 자체가 이탈리아어의 Polizza, 즉, Promise(약속) 또는 Uundertake(보증)에서 온 것이고 영국 최초의 해상보험증권이라 할 수 있는 1547년의 'Santa Maria di Vinetia'호 보험증권도 이탈리아어로 작성되어 있다. 따라서 초기 영국의 해상보험은 이탈리아인에 의해 녹점적으로 영위되고 있었음을 알 수 있다.

제2절 영국의 해상보험

1. 로이즈의 태동

오늘날 해상보험제도뿐만 아니라 거의 모든 보험의 대명사가 되고 있는 영국의 로이즈(Lloyd's)는 대략 17세기경부터 발전되어 왔다.

로이즈는 런던 타워가(tower street)에 위치한 조그만 커피전문점에서 시작되었다.

런던에 커피점이 최초로 생겨난 것은 1652년이었으며 런던 대화재가 발생한 1666년 이후에는 런던 시내에 수많은 커피점들이 등장하였다. 커피점이 점차 일상의 생활화가 되자 신분이나 직업이 비슷한 사람들이 한 커피전문점으로 모이게 되었다.

해상보험에 특히 관심이 있는 사람들이 많이 모였던 커피전문점 중 하나가 1688년 에드워드 로이즈가 운영하였던 커피전문점(Edward Lloyd's Coffee House)이었다.

로이즈 커피전문점은 템즈강(River Thames)의 선착장 인근에 위치한 특성 때문에 개점 초기부터 선장이나 상인, 선주나 해외무역에 관심이 있는 사람들의 출입이 많았다.

당시에는 신문이나 잡지가 발달하지 않았기 때문에 로이즈 커피전문점은 해상사업에 필요한 정보를 얻고 교환하는 최적의 장소로 발전하였다.

로이즈 커피숍에서 로이즈는 손님들의 편의를 위해 화물선의 출발 날짜 등 해상운송과 관련된 상세한 정보들을 칠판에 적어 놓았고 나중에는 '로이즈 뉴스(Lloyd's News)'라는 신문도 발간하였다.

로이즈가 제공하는 해사정보는 가장 신뢰할 수 있는 것으로 평판을 얻게 되었고 로이즈 커피전문점은 해상보험을 부보하기 위한 최적의 장소가 되었다.

해상보험거래가 더욱 활발하게 이루어지자 로이즈 커피전문점은 공간이 너무 좁아 1691년 롬바드가(Lombard Street) 16번지로 이주하게 되었다.

커피맨이자 정보맨이었던 로이즈는 죽을 때까지 보험인수에는 직접 관여하지 않았다.

다만, 고객이 쾌적하게 일을 할 수 있도록 장소와 설비를 제공하는데 만족하였고 1713년에 단순한 커피전문점 주인으로서 일생을 마쳤다.

이후 1720년에 최초로 보험기업의 회사형태를 갖춘 영국의 런던보험회사와 관련된 법률이 영국 국회에서 제정되었는데, 그것이 로이즈 커피전문점을 해상보험의 중심지가 되도록 한 중요한 계기가 되었다. 이때부터 로이즈는 보험증권의 내용에 인수자가 책임진다는 의미로 보험증권 하단에 서명을 하게 되었다.

2. 로이즈의 발전

1769년까지는 누구라도 로이즈 커피전문점에 들어가서 보험을 인수할 수가 있었다. 독일을 중심으로 전투가 벌어졌던 7년 전쟁의 와중에서도 높은 전쟁보험료로 전쟁보험을 인수하여 단시일에 막대한 부를 축적할 수 있었던 보험자들은 전후에는 보험료가 하락하게 되자 해상보험과는 전혀 상관없는 도박보험으로 눈을 돌리게 되었다.

선박에 도박보험을 부보하는 행위는 1746년 법률의 제정을 통해 금지되었지만, 이후에도 저명인사의 생명에 도박보험을 부보하는 형태들이 널리 이루어지고 있었다.

로이즈 커피전문점에서는 이러한 도박보험을 금지하는 내용을 게시하였음에도 도박보험은 공공연히 행해졌다. 이에 따라 로이즈에서 보험거래를 하려는 저명한 상인이나 Underwriter들은 근본적인 해결을 강구해야 한다고 판단하여 그들 자신이 새로운 로이즈 커피전문점(New Lloyd's Coffee House)을 설립하였다.

이후 수년간 신·구 로이즈 커피전문점 간의 경쟁은 계속되었지만 결국 구 로이즈 커피전문점은 쇠퇴한 반면, 신 로이즈 커피전문점은 전문가들이 회합하는 장소로서 멤버쉽제(membership system)로 운영되었다.

Member들은 자신들이 회합을 가지는데 보다 쾌적하고 편리한 장소로 옮길 필요성을 느끼기 시작하였고, 동시에 자주적인 조직과 규약을 만들 필요가 있었다.

그래서 1771년에 79인의 상인과 중개인들이 로이즈 역사 중에서 가장 중요한 '우리 Underwriter는 신 로이즈 커피전문점의 건물을 인수하기 위해 선발된 위원회의 이름으로 영국은행에 각출금을 납입하는 것에 동의한다.'는 문서를 작성하였다.

이 문서에 따라 79인은 각각 100파운드씩 각출하여 로이즈협회(Lloyd's Society)를 탄생시켰으며 이 협회를 규제하고 관리하기 위한 기구로 로이즈위원회(Lloyd's Committee)를 만들었다. 이 위원회는 협회회원 중에서 선입한 9명의 위원들로 구성되었다.

로이즈의 아버지(Father of Lloyd's)로 불리던 어거스틴(Angerstein)이 1790년에 로이즈 협회의 위원장이 되었는데, 그는 조합의 활동을 당시의 상황에 맞도록 조직을 진취적으로 개혁하였을 뿐 아니라 정치경제적인 측면에서 동 협회의 진전을 이룩하였다.

로이즈는 1824년경에는 1,000인 이상의 개인보험업자로 구성된 큰 조직으로 확대되었으며 해상보험 외에 각종 손해보험 및 생명보험까지도 인수하는 명실상부한 세계최대의 보험업자로서 세계보험시장의 중심이 되었다.

오늘날에도 보험인수와 관련하여 사용되고 있는 Slip, Policy Underwrite, Underwriting, Underwriter 등이 유래한 곳을 영국인들은 바로 Lloyd's Coffee House에 두고 있다.

3. 로이즈의 조직

런던의 작은 커피전문점에서 시작한 로이즈이지만 과거나 현재나 변하지 않는 사실 중의 하나는 로이즈는 개인보험업자(underwriter)들이 모여 만든 보험조합이자 보험거래가 이뤄지는 보험거래소일 뿐 보험회사가 아니라는 점이다.

로이즈는 이들 개인보험업자 멤버가 보험인수 업무를 수행할 수 있도록 시설과 관리를 위한 스텝 및 서비스를 제공하고 있다.

그런데 1871년 로이즈법(Lloyd's Act) 입법에 의해 조직된 로이즈 조합(Corporation of Lloyd's) 그 자체는 보험을 인수하지도 않고 로이즈에 가입한 개인 멤버들이 인수한 보험에 대해 책임을 지지도 않고 있다. 그렇기 때문에 로이즈 구성원이 되기 위해서는 상당액의 보증금을 납부해야 하며 매우 엄격한 재력조사도 받아야 한다.

현재 로이즈의 조직은 영업회원(underwriting members)으로 스스로의 위험으로 보험을 인수하는 조합원과 비영업회원(non-underwriting members)으로서 스스로 보험을 인수하지 않는 조합원으로 구성되어 있다.

영업회원들은 인수하는 보험의 종류에 따라 수인 또는 수십 인이 모여 하나의 신디케이트(syndicate)를 조직하고 공동 활동을 하고 있다.

신디케이트제도는 20세기에 들어와 대폭적으로 증가한 보험금액을 다루기 위해 개발된 제도이다. 이 제도의 도입으로 보험가입자들은 위험부담을 여러 사람들에게 분산시킬 수 있게 되었다.

신디케이트의 영업회원(underwriting member)을 네임(name)이라고 부르고 있다. 신디케이트의 보험업무는 보험대리점(underwriting agent)의 수중에 있는데, 일반적으로 이들을 보험자라고 부른다. 신디케이트의 회원 수는 몇 명에서 몇 백 명에 이르기까지 보험 규모에 따라 다르게 구성되어 있다.

비영업회원 중에는 브로커(broker)라 불리는 보험중개인이 있는데 로이즈의 보험거래는 반드시 이 브로커를 거쳐서 이루어지도록 하고 있다.

보험대리점이 보험회사를 위하여 보험회사의 대리권을 행사하는데 반하여, 보험중개인(broker)들은 피보험자를 위해 보험자로부터 유리한 보험조건, 보험료율을 취득하기 위한 활동들을 수행한다.

보험중개인의 주요 업무는 위험을 인수할 적절한 보험자(underwriter)들을 물색하여 그중 가장 좋은 조건을 제시하는 Underwriter와 보험계약을 체결하는 것이다. 우리나라에서는 주로 해상보험회사의 영업 담당사원이 직접 계약모집 활동을 하고 있다.

4. 로이즈의 위상

로이즈는 커피전문점 시기를 감안하면 330여 년의 전통을 이어오고 있다. 로이즈는 보험자들을 위한 조합이다. 즉, 개별 보험자들이 체결한 보험계약을 책임지는 조직이 아니라 그 회원이 체결하는 보험계약의 조건을 감독하는 조직인 것이다.

현재 로이즈는 약 2만 5,000명 이상의 개별 보험업자들로 이루어져 있는데, 이들은 130개 이상의 신디케이트를 형성하고 있으며 각 신디케이트는 몇 명에서 수백 명의 회원들로 구성되어 있다. 이 신디케이트들이 보험대리점으로 로이즈를 대표하여 보험 인수업무를 담당하고 있다.

로이즈는 규모면에서 2023 회계년도를 기준으로 전 세계 해상보험료 시장에서 16.45%(36억 달러)의 비중을 차지하고 있다. 같은 년도에 전 세계의 해상보험료 규모가 220억 달러이고 이중에서 미국이 21억 달러를 기록한 것을 감안하면 로이즈의 위상은 로이즈 보험시장의 크기를 통해서도 가늠할 수 있다.

로이즈는 위험도가 높은 피보험물, 전문 선박, 전문 자동차, 항공기 및 비해상분야에도 보험서비스를 제공하고 있다. 보험계약상 책임은 독립되어 있기 때문에 저마다 자신의 인수분에 대해서만 책임을 지며, 법인인 로이즈나 신디케이트가 일체가 되어 책임지는 일은 없다. 따라서 로이즈회원은 자기 자산과 신용만으로 보험인수를 하게 되며, 이러한 이유 때문에 회원자격이 매우 엄격하다.

또한 로이즈의 영업량은 영국 보험시장의 약 3분의 1을 차지하고 있기 때문에 영국 전체의 해상보험시장에서도 강력한 영향력을 미치고 있다.

게다가 로이즈 조합이 발행하는 각종 회사자료, 해사 자료, 뉴스, 통계 및 해사재판 기록 등은 세계적으로 권위 있는 것으로 널리 이용되고 있다.

로이즈의 관련조직들도 세계적으로 높은 권위를 인정받고 있다. 특히 로이즈검정인(Lloyd's Surveyor)은 선급 검사와 선체의 손해발생을 검사하고 검정보고서를 작성하는 해상검정인을 말하는데 이들의 검정보고서는 보험회사나 선박회사에 대해 손해의 원인이나 상태를 설명하는 유력한 정보로 국제적으로 인정받고 있다.

또한 로이즈가 제정한 보험증권(Lloyd's SG Policy)은 세계적으로 널리 사용되고 있는 해상보험증권의 기초가 되고 있으며, 로이즈 양식은 크게 선박보험양식(Hull Form)과 적하보험양식(Cargo Form)이 사용되고 있다.

현재 로이즈는 발전의 토대가 되었고 지금도 상당한 비중을 차지하고 있는 해상보험 외에도 재산과 관련된 거의 모든 보험업무를 처리하는 거대 조직이 되어 있다.

제3절 우리나라의 해상보험

1. 해방 전의 해상보험

해방 전 우리나라는 유교사상이 지배하여 상공업을 천시하는 경향이 있었기 때문에 해상운송이나 해상보험이 발달하지 못하였다. 우리나라의 해상보험은 조선왕조 말의 개국과정에서 영국과 일본의 보험회사 대리점들이 진출하면서부터 시작되었다.

근대적 보험회사가 국내에 처음 들어온 시기는 1876년(고종 13년) 강화도 조약의 체결 이후이다. 강화도 조약의 체결을 계기로 부산과 인천, 원산 등의 항구가 개항함에 따라 일본 및 서구 은행과 무역상사 등이 진출하여 업무를 개시하였다.

이러한 상황에서 외국과 무역이 시작되자 우리나라에서도 화재보험과 해상보험을 중심으로 한 손해보험이 필요하게 되었다. 우리나라에서 해상보험의 판매개시는 우리나라에 진출한 기업들이 한국에 대리점을 개설하여 판매하는 방식이었다.

이와 같이 개항 이래 1900년 전후까지 우리나라에서 외국보험기관의 활동은 영국을 중심으로 한 일부 서구 및 미국계의 회사가 주류를 이루었기 때문에, 그 당시 이들은 일본계 보험회사들보다 활발하게 활동하였다.

일본의 보험회사가 한국에 대리점을 설치한 것은 1880년 1월 동경해상이 최초이다. 그 이후 신호(神戶)해상과 일본해상 등이 개설되어 해상적하보험을 인수하였다.

1910년 국권침탈 후에는 일본 보험회사의 지점들이 대거 우리나라에 진출하여 화재보험과 자동차보험을 판매하기 시작하였다.

역사적인 의미에서 우리나라 해상보험의 시초는 1921년에 일본인들이 세운 '조선화재해상보험주식회사'이었다. 이 회사는 1950년 5월 동양화재해상보험㈜으로 상호를 변경하였고, 1967년 7월에는 한진그룹에 편입되었다. 이후 2005년 3월 한진그룹에서 분리되어 현재와 같은 메리츠화재해상보험㈜로 상호가 변경되었다.

그러나 초창기 조선화재해상보험주식회사는 본점만을 국내에 두고 있을 뿐 실질적으로는 일본인에 의해 설립되고 운영되었다. 발기인도 일본인 금융 및 실업가가 중심이 되었고 대주주도 일본인 중심의 법인과 개인으로 구성되었다.

또한 그 당시 조선화재해상보험주식회사는 화재보험에만 주력하였고 해상보험에 참여할 능력은 부족한 상태였다. 그러므로 해방 전의 우리나라 해상보험은 일본계 보험회사들의 독점무대가 되었다.

2. 해방 후의 해상보험

해방 후 극심한 사회변동과 경제혼란이 지속됨에 따라 우리나라 보험사업은 안팎으로 시련과 혼란을 겪는 시기에 접어들었다.

미군정하에서 해상보험은 국내 보험회사가 취급하지 않았고 모두 상대국의 무역상사에 의뢰하거나 국내에 있는 외국보험회사의 대리점을 이용하였다. 그 뒤 1947년부터 군정청 손해보험 고문관 스탠턴(Stanton, C.J.E.)의 지시에 의해 일본의 보험업법이 도입되었다. 조선은행을 비롯한 국내의 금융기관이 영업을 개시함에 따라 1945년 12월 조선화재보험주식회사는 우리나라 사람으로 진용을 갖추어 처음으로 화재보험의 영업활동을 시작하였다.

그 뒤 화재보험회사의 증설이 더욱 필요하게 되자 1946년부터 1948년 사이에 8개의 회사가 새롭게 신설되었다.

1949년에는 조선화재해상보험주식회사, 신동아손해보험㈜을 비롯하여 10개의 손해보험회사가 설립되었다. 그러나 선박과 무역거래의 부재와 해상보험의 까다로운 실무로 인하여 취급업무는 여전히 화재보험에 국한되었고 해상보험에서 적하보험의 취급은 주로 국내에서 영업하고 있던 외국보험회사의 대리점을 이용하였다.

우리나라에서 해상보험을 처음 취급한 것은 1953년 해상보험준비위원회의 집행기관으로 손해보험사의 공동체인 대한해상운송보험공동사무소가 설립되면서 부터이다.

그러나 1964년 대한해상운송보험공동사무소가 해체되면서부터 우리나라에서는 개별보험회사들이 단독으로 해상보험 영업활동을 취급하기 시작하였다.

무역규모가 급속히 확대되면서 동방해상보험㈜, 범한해상보험㈜, 대한, 국제, 한국, 고려, 제일, 안국 등 해상보험만을 전문으로 취급하는 보험회사들이 설립되었다.

이후 많은 수의 손해보험회사들이 설립되어 과당경쟁에 휘말리는 사태가 발생하자 당국은 강력한 행정조치를 통하여 10개 회사로 이들을 강제 통폐합하였다.

이상과 같이 우리나라에서 해상보험을 포함한 손해보험이 보험상품의 구색을 갖추게 된 것은 1962년 이후의 국민경제가 고도의 성장을 보인 때부터이며, 이에 따라 국내 해상보험회사들의 성장도 1960년대 초반부터 본격적으로 이루어졌다.

이러한 발전과정을 거친 결과 2023년 현재 우리나라에서 해상보험을 취급하고 있는 손해보험회사는 메리츠화재, 한화손해보험, 대한화재, 그린화재, 흥국쌍용화재, 제일화재, 교보자동차화재, 삼성화재, 현대해상, LIG손해보험, DB손해보험(구 동부화재), 코리안리, 서울보증보험, 롯데손해보험 등이 있으며, 별도로 외국손해보험사로서 CIGNA(미국) 등이 영업 중에 있다.

3. 우리나라 해상보험의 특징

첫째, 보험계약자인 선주들은 우리나라에서 해상보험시장이 본격적으로 형성되기 이전부터 런던시장에 직접 부보하여 왔기 때문에, 선주가 우리나라 보험자들보다 먼저 런던시장에서 선박보험을 배워온 측면이 있다. 이러한 현상은 비단 선박보험 부문에만 국한되는 것은 아니었다.

둘째, 우리나라의 해상보험은 그 기술과 체제를 전적으로 런던시장에서 도입하였다. 런던보험시장은 방대한 조직과 오랜 경험에서 얻은 지식을 통해 강력한 경쟁력을 가지고 있기 때문에 해상보험에 관한 한, 명실상부한 세계중심지가 되고 있다.

우리나라 적하보험이나 선박보험의 요율서도 런던시장의 그것과 동일한 것을 사용하고 있으며 규모가 큰 선박보험의 경우는 런던에 거의 모두 다시 출재하고 있다.

셋째, 해상보험회사를 포함한 지금까지 우리나라 손해보험회사의 조직과 경영방식은 일본 보험회사의 그것과 차이가 없고, 우리의 보험관계법 역시 일본의 법과 근본적인 차이가 없다. 즉, 보험제도는 영국에서 도입하였으나 보험회사의 조직과 경영방식은 영국식이 아니라 일본식이라는데 특색이 있다.

우리나라 보험회사의 조직과 운영과 관련된 제도로는 보험계리사, 손해사정사, 보험설계사, 보험중개사제도 등이 있다.

보험계리사(actuary)는 보험수요자와 보험회사에게 경제적인 이익을 주는 보험상품을 창출하고 그와 관련한 보험업무를 검증하고 확인하는 전문가이다.

손해사정사(claim adjuster)는 보험사고의 조사와 정산(adjustment) 업무를 수행하는 전문직으로 손해사정인이라고도 부른다. 보험설계사는 특정 보험자에게 소속되어 그 보험자를 위해 보험계약체결을 중개하는 자이며, 보험중개인은 특정회사에 소속되지 않고 여러 보험사의 상품을 자유롭게 취급하는 브로커이다.

보험설계사와 보험중개인(insurance broker)은 대리점이 없다는 점에서 공통점이 있다. 그러나 보험설계사는 특정 보험자에게 소속되어 있기 때문에 독립된 상인이 아니지만, 보험중개인은 보험대리점과 같이 독립된 상인이다.

넷째, 우리나라의 경우 500톤 미만의 어선과 일반선박으로서 국내연안이나 근해를 항해하는 선박, 그리고 원양어선에서는 우리나라의 국문약관을 사용하고 있다.

그러나 이에 적용되지 않는 선박과 수출입화물의 경우에는 영국의 런던보험업자협회가 제정한 협회약관을 사용하고 있기 때문에 우리나라 독자의 해상보험약관은 가지고 있지 못한 상태이다.

제 2 부 해상보험계약

제4장 해상보험계약의 성립과 종료

제5장 피보험이익

제6장 보험료

제7장 고지의무

제8장 담보(warranty)

제 4 장 해상보험계약의 성립과 종료

제 1 절 해상보험계약의 개요

1. 해상보험계약의 의의

해상보험(marine insurance)은 항해 사업에 부수하여 발생하는 손해를 보상하는 손해보험의 일종이다. 해상보험에서 보험자는 물품의 운송 중에 자기가 책임져야 할 손해가 발생한 경우 피보험자에게 그 손해액을 보상할 것을 약속하고 피보험자는 그 대가로 보험료(premium)를 지불할 것을 약속하게 된다.

그런데 해상보험은 손해보험이기 때문에 보험사고가 발생한 경우, 보험자는 생명보험과 달리 피보험자가 입은 손해액의 범위 내에서 보험금을 지급한다.

이러한 의미에서 해상보험계약(contract of marine insurance contract)은 첫째, 해상사업에 관한 사고(해상위험)가 존재해야 하고 둘째, 그 사고의 발생대상인 피보험목적물에 피보험자가 이해관계(피보험이익)를 가져야 하며 셋째, 피보험자가 그 피보험이익에 대하여 손해를 입어야 하며 넷째, 보험자가 피보험자에게 손해를 보상하는 대가로 피보험자는 보험료를 납부해야 한다는 해상보험의 주요 구성요소들을 포함하고 있다.

◉ MIA 제1조 : Marine insurance defined

A contract of marine insurance is a contract whereby the insurer undertakes to indemnify the assured, in manner and to the extent thereby agreed, against marine losses, that is to say, the losses incident to marine adventure.

해상보험계약은 그 계약에 의해 합의된 방법과 범위 내에서 해상손해 즉, 해상사업에 수반하는 손해를 보험자가 피보험자에게 보상할 것을 확약하는 계약이다.

2. 해상보험계약의 당사자

1) 보험자

보험자(insurer, assurer, underwriter)는 보험사고가 발생한 경우 피보험자에게 보험금(claim)을 지급해야 할 의무를 부담하는 자 및 보험계약의 당사자로 보험계약을 인수하는 주체자이다. 보통 보험회사나 개인보험업자(underwriter)를 말한다.

보험자는 대개 보험대리점과 보험모집인을 조직으로 두고 있으며, 피보험자에게 보험금을 지급할 것을 계약하는 대가로 피보험자로부터 보험료를 수취한다.

2) 보험계약자

보험계약자(policy holder)는 보험자인 보험회사와 보험계약을 체결하고 그 대가로 보험료(insurance premium)를 납부하는 자를 말한다.

보험계약자는 보험자에 대해 고지의무, 위험의 변경과 증가의 통지의무 등을 부담하며 자연인이든 법인이든 상관없고, 여러 사람이 공동으로 보험계약자가 되어도 관계없다. 영국 해상보험법(MIA)는 타인을 위한 보험계약을 인정하지 않기 때문에 보험계약자라는 개념은 존재하지 않는다.

3) 피보험자

피보험자(assured, insured)는 해상보험에 의한 피보험이익(insurance interest)을 가지는 자이며 손해를 보상받을 권리를 가지고 있는 자를 말한다.

해상보험계약에서 보험계약자와 피보험자는 항상 일치하는 것은 아니다. 즉, FOB나 CFR계약에서는 수입자가 보험계약자이면서 자신을 피보험자로 보험계약을 체결하므로 보험계약자와 피보험자가 수입자 자신으로 동일하다. 그러나 CIF나 CIP계약은 보험계약자와 피보험자는 동일인이 아니기 때문에 타인을 위한 보험계약이라 할 수 있다.

CIF나 CIP계약에서는 이론적으로 수출자가 보험계약자가 되고 수입자가 피보험자가 되지만, 실제로는 수출자가 자신을 피보험자로 하여 보험계약을 체결하고 이후 입수한 보험증권에 배서하여 수입자에게 이를 양도하게 된다.

따라서 CIF수출의 경우 수입자에게 위험이 전가되는 시점인 선적 전까지는 수출자가 피보험자가 되며, 선적 후부터는 수입자나 이해당사자(피보험이익 소유자)가 피보험자가 된다.

3. 해상보험계약의 형태

1) 예정보험과 확정보험

일반적으로 보험계약의 청약은 위험이 개시되기 이전에 이루어지는 것이 원칙이다. 그러나 보험실무에서는 위험이 개시되기 이전에 청약을 하려고 해도 보험금액, 적재선박, 기타 보험계약의 내용들을 알 수 없거나 알려지지 않은 경우가 있다.

이때에는 나중에 내용이 구체적으로 확정되는 대로 지체 없이 보험자에게 통지할 것을 조건으로 하여 보험계약이 체결된다.

이와 같이 보험증권에 기재할 보험계약 사항의 일부가 보험계약체결 당시에 확정되어 있지 않거나 당사자에게 알려져 있지 않은 상태에서 보험계약이 체결되는 것을 예정보험(floating insurance)이라고 한다.

이것은 보험계약을 체결할 때 보험계약 내용의 주요 명세가 구체적으로 확정되어 있는 확정보험(definite policy)과 반대되는 개념이다.

확정보험은 적하보험에서 화물의 수량·가액·적재선박 등 보험회사가 화물의 위험정도를 측정할 수 있는 제반사항을 명확히 하여 계약을 체결하는 것을 말한다.

이에 반해, 특정항로에 연속적으로 운송되는 다수의 화물에 대하여 일일이 보험계약을 체결하는 번거로움을 없애기 위하여, 선박명이나 적하의 보험가액이 미정(未定)인 채 후일 확정하기로 하고 계약을 체결하는 것이 예정보험이다.

그런데 유의해야 할 점은 예정보험은 보험계약 그 자체를 의미하는 것이지 '보험계약의 예약'이 아니라는 점이다.

즉, 보험계약의 예약(reservation)은 아직 보험계약이 성립한 것은 아니고 후일 보험계약을 체결할 것을 약정하는 계약이지만, 예정보험은 보험계약 그 자체는 이미 성립된 것이고 다만 그 계약내용의 일부가 미확정인 것에 불과한 것이라는 점이다. 따라서 예정보험과 보험계약의 예약은 명백히 구별되어야 하는 별개의 개념인 것이다.

예정보험계약에 있어서는 미확정인 부분이 확정된 때 보험계약자(피보험자)는 보험자에게 이를 통지할 의무를 부담하며, 그 통지로 계약내용이 확정되는 것이지만 통지에 의해 비로소 계약이 성립되는 것은 아니다.

예정보험은 신속한 보험계약체결의 편의나 대량적이며 계속적으로 거래되는 상품 및 이에 수반하는 운송에 관한 포괄적 보험계약의 방법으로서 이용된다.

따라서 해상보험에 한정되지 않고 모든 보험계약에 있는 것이지만 주로 해상적하보험에서 예정보험이 많이 이용되고 있다.

2) 개별 예정보험계약과 포괄 예정보험계약

예정보험은 크게 개별 예정보험계약과 포괄 예정보험계약으로 구분된다. 즉, 수출화물의 수량이나 적재선박 등 보험계약 체결에 필요한 사항들이 미리 상세하게 확정된 상태인 확정보험이 아니라 미확정 상태에서 계약이 체결되는 예정보험계약에서는 개별 예정보험계약이나 포괄 예정보험계약이 있다.

영국 해상보험법(MIA)에서는 예정보험계약을 전부 Floating Policy라고 부르고 있으나, 보험실무에서는 개별예정보험계약은 Provisional Policy라고 부르고 있으며 포괄예정보험계약은 Open Cover, Open Policy 또는 Open Contract라고 부르고 있다.

(1) 개별 예정보험계약

개별 예정보험계약(provisional policy)은 FOB계약 등으로 수입화물을 부보하는 경우 수출자로부터 선적완료 통지를 받은 후에야 보험계약 체결에 필요한 모든 사항들이 확정되기 때문에 수량이나 금액 등 개괄적인 사항은 신용장이나 계약금액으로 하고 선박명은 미상인 채로 하여 보험계약을 체결하는 방식이다.

개개의 선적마다 보험계약을 별도로 체결하는 것도 가능하지만, 여러 번을 분할하여 선적되는 계약의 경우에는 그 여러 선적분을 하나의 개별예정보험계약으로 체결하는 것도 가능하다.

보험계약자가 청약을 할 때 보험자에게 개별예정보험계약을 희망할 때는 개별예정보험증권(provisional policy)이 발행되는데 이 증권은 통상 적재선박명이 미상인 채로 발행되므로 선명미상보험증권(floating policy)이라고 부른다.

(2) 포괄 예정보험계약

포괄 예정보험계약(open cover)은 화물을 선적할 때마다 매 건별로 개별적으로 보험계약을 체결하지 않고 일정 화물에 대해 포괄적으로 보험계약을 체결하는 방식이며 Open Contract라고도 한다.

포괄 예정보험계약은 담보기간이 보통 1년으로 제한되어 있고 보험자의 총 책임한도액도 보험계약을 체결할 때에 정해져 있지 않다.

이 보험계약하에서 개개의 화물이 부보되어 있음을 증명하여 보험자가 보험계약자에게 발행하는 약식서류를 보험증명서(insurance certificate)라고 부른다. 보험증명서는 법적 효력 면에서 보험증권(insurance policy)과 동일하다.

3) 소급보험계약

보험자는 보험계약체결 이후에 발생하는 불확실한 사고에 의한 손해를 보상하는 것이 원칙이다.

그러나 대부분의 손해보험제도에서는 보험계약체결 이전에 사고가 이미 발생하였다 하더라도 보험자와 피보험자가 그 보험사고를 모르고 있는 경우에는 그 보험계약은 유효한 것으로 간주하고 있다.

예를 들어 선박에 관한 보험계약을 체결할 당시 이미 선박이 파손되었더라도 그 사실을 몰랐다면 그 계약은 유효하다는 것이 소급보험계약의 원칙이다.

여기에서 소급보험(retroactive insurance)은 보험계약을 체결할 때 이전의 어느 시기까지 소급되는 보험을 말하며 주로 운송보험이나 해상보험 등에 적용된다.

소급보험계약은 통신시설이나 교통시설이 발달하지 못했던 시대에 적절했던 계약의 형태이지만, 실제 이런 일이 발생하게 되면 보험금을 지급받으려는 피보험자들은 보험계약 체결 당시는 자신이 그 일에 대해 몰랐다고 주장하게 되어 반대의 근거를 찾으려는 보험자와 대립하는 경우가 많다.

우리나라 상법(제654조)도 적하보험에서 사고가 이미 발생하였다 하더라도 계약당사자가 이를 모르고 있었다면 소급보험으로 이를 보상하도록 하고 있다.

또한 영국 해상보험법(MIA)의 제1부칙인 보험증권의 해석규칙에서도 소급보험계약의 내용을 아래와 같이 규정하고 있다. 이 규정의 핵심은 보험계약을 체결할 때 보험자와 피보험자 모두가 보험사고의 발생 사실을 알지 못했을 때에는 이미 손해가 발생되었다 하더라도 보험자는 보상책임을 부담한다는 것이다.

◉ MIA 제6조 1항 : Lost or not Lost

Where the subject-matter is insured "lost or not lost" and the loss has occurred before the contract is concluded, the risk attached unless, at such time, the assured was aware of the loss, and the insurer was not.

피보험목적물이 "멸실 여부를 불문하고"라는 조건으로 부보된 경우, 손해가 계약성립 전에 발생하였을 때에는 계약성립 당시 피보험자가 손해 발생의 사실을 알고 보험자는 그렇지 못한 경우를 제외하고 보험자는 이에 대한 책임을 진다.

4) 원수보험계약과 재보험계약

원수(原受)보험(original insurance)계약은 보험자와 피보험자간에 최초로 체결된 직접 계약을 말하며, 재보험(re-insurance)계약은 원수보험자가 부담하는 보험계약상의 전부 또는 일부를 다시 다른 보험회사인 재보험자에게 전가시키는 보험을 말한다.

원수보험이 개인이나 기업이 불의의 사고로 입게 되는 경제적 손실을 보상해 주는 제도라면, 재보험은 통상 보험회사의 보상책임을 분담해주는 제도이다. 그러므로 재보험은 '보험을 위한 보험'의 성격을 가지고 있다.

원수보험회사가 재보험에 내놓은 행위를 출재보험이라고 하며, 재보험회사가 재보험을 받아들이는 행위를 수재보험이라고 한다.

영국 해상보험법(MIA) 제9조 제1항은 재보험을 다음과 같이 규정하고 있다.

◉ Re-insurance

(1) The insurer under a contract of marine insurance has an insurable interest in his risk, and may re-insure in respect of it.

(1) 보험자는 보험계약상 자기의 책임에 대해 피보험이익을 가지며 이것을 보험에 다시 부보할 수 있다.

영국 해상보험법(MIA) 제9조 제2항은 재보험도 해상보험계약의 일종이지만 원수보험계약과 재보험계약은 전혀 다른 별개의 것으로, 원수보험계약의 피보험자는 재보험계약에 대해 어떠한 권리나 이익을 갖지 못하고 오로지 재보험자만이 그 권리와 이익을 가진다고 규정하고 있다.

◉ Re-insurance

Unless the policy otherwise provides, the original assured has no right or interest in respect of such re-insurance.

보험증권이 달리 규정하고 있지 않는 한, 원수보험계약의 피보험자는 그러한 재보험계약에 대해 어떠한 권리나 이익을 갖지 못한다.

5) 공동보험계약

공동보험(coinsurance)계약은 두 사람 이상의 보험자가 동일한 피보험자의 위험에 대해 공동으로 보상책임을 부담하는 보험을 말한다.

즉, 동일한 피보험이익에 대해 보험기간이 서로 동일하고 2인 이상의 복수 보험자와 복수의 보험계약이 체결되며 보험금액의 합계액이 보험가액을 초과하지 않는 보험계약을 공동보험계약이라고 한다. 이 경우 보험계약은 각각 별개의 독립된 계약이고, 보험자의 보상책임은 각각의 인수부담액으로 제한된다.

그러나 각 보험자가 담당한 보험금액의 합계가 보험가격을 초과할 경우에는 중복보험이 되며 그 초과부분은 당연히 무효가 된다. 영국 해상보험법(MIA) 제24조 제2항은 공동보험계약에 대해 다음과 같이 규정하고 있다.

◉ MIA 제24조 2항 : Signature of insurer

(2) Where a policy is subscribed by or on behalf of two or more insurers, each subscription, unless the contrary be expressed, constitutes a distinct contract with the assured.

(2) 보험계약이 2명 이상의 보험자 또는 2명 이상의 대리인을 위해 서명되는 경우에는 반대의 표시가 없는 한 각각의 서명은 피보험자와 개별적인 보험계약을 구성한다.

공동보험은 원래 여객기 사고나 선박의 침몰과 같이, 한 회사가 전체 위험을 인수하기에는 보험금의 규모가 너무 큰 경우 위험을 다른 회사와 공유하는 것을 의미한다.

실제 대형사고가 발생한 경우 하나의 보험회사가 전체 손해를 떠맡게 되면 회사 존립 자체가 위협받게 될 가능성이 매우 크기 때문에 이것을 대비하여 마련된 보험제도가 공동보험제도인 것이다.

공동보험제도와 재보험제도의 공통점은 공동보험은 재보험과 마찬가지로 다수 보험자에게 위험을 분산하는 방법이며, 개인이나 회사가 대형재해를 극복하기 위한 금융기법이라는 점이다. 그러나 재보험이 종적인 위험의 분산인데 반해, 공동보험은 횡적인 위험의 분산이라는 점에서 차이가 있다.

4. 해상보험계약의 주요 원칙

1) 최대선의의 원칙

보험자는 해상보험계약을 체결할 때 화물의 성격이나 포장상태 등 중요한 사항을 미리 검토할 수 없는 불리한 입장에 처해 있다.

그러므로 피보험자로부터 화물에 대한 구체적인 사실을 통보받아야만 보험자는 화물에 관한 중요한 정보들을 알 수 있게 된다.

따라서 해상보험계약에서는 피보험목적물에 대한 위험사정을 잘 알고 있는 피보험자로 하여금 보험자가 사고발생의 가능성을 추정하는데 도움이 되도록 중요한 사항을 보험계약이 체결되기 전에 최대선의로 보험자에게 고지(표시)하도록 의무화하고 있다.

이를 최대선의의 원칙(principle of utmost good faith)이라고 한다. 최대선의는 신의성실의 의무(duty of good faith obligation)보다 높은 정도의 의무를 말한다.

해상보험계약은 사행계약성과 정보의 비대칭성이 존재하기 때문에 최대선의의 의무가 계약당사자간에 요구되고 있는 것이다.

2) 실손보상의 원칙

손해보험계약은 보험자가 보험사고에 의해 발생하는 피보험자의 재산상 손해를 보상하는 것을 약정하는 계약을 말한다(상법 제665조).

여기에서 손해보상(indemnity)은 피보험자가 우연한 사고로 말미암아 손해를 입었을 경우에 계약에 의거하여 보험자가 보험금을 지급하는 행위를 말한다.

손해보험하에서 실제 손해액을 보상하는 손해보험계약의 원칙을 실손보상의 원칙이라고 한다. 이것을 손해보상의 원칙 또는 이득금지의 원칙이라고도 부른다.

실손보상의 원칙은 손해보험에만 적용되는 고유의 개념이다. 왜냐하면 사람의 생명은 경제적으로 환산하기 어려운 반면, 재물은 그 경제적인 손해를 정확하게 평가할 수 있기 때문이다.

또한, 손해보험은 경제적 손실의 회복이라는 경제적 관점에 입각해 있는 반면, 생명보험은 유가족 등의 생활보장이라는 사회복지적 관점이 우선시되기 때문이다.

실손보상의 원칙에서 손해보상액은 보험금액을 한도로 이루어지게 된다. 이에 따라 해상보험계약에서는 보험사고가 발생한 경우 전손(total loss)의 경우를 제외하고는 보험금 전액이 지급되는 것이 아니라 보험금액의 범위 내에서 실제로 생긴 손해액만을 보상받게 된다.

5. 해상보험계약의 법적 성질

1) 낙성계약

낙성계약(consensual contract)은 당사자 쌍방의 의사표시 즉, 피보험자의 청약(offer)과 보험자의 승낙(acceptance)의 합치로 성립되는 계약을 말한다. 따라서 피보험자가 보험료를 납부해야만 계약이 성립되는 것은 아니다.

2) 불요식계약

불요식계약(informal contract)은 계약자유의 원칙에 따라 아무런 형식을 요하지 않는 계약을 말한다. 보험계약은 청약과 승낙에 특별한 요식행위를 요하지 않기 때문에 그 행위는 구두, 서면, 일부서면, 일부구두 어느 것으로도 가능하다.

그러나 보험실무에서는 보험계약을 체결할 때에 보험자가 사전에 인쇄해 눈 보험청약서(application, slip)를 이용하며, 보험계약의 성립과 동시에 보험증권을 교부하여 보험계약 성립의 추정적 증거역할을 하도록 하고 있다. 그러나 이러한 것들이 보험계약 성립의 전제조건이 되는 것은 아니다.

3) 유상계약

유상계약(contract for consideration)은 계약의 각 당사자가 서로 대가적(對價的) 의미가 있는 재산상의 출연(出捐)을 하는 계약을 말하며 무상계약에 대응하는 개념이다.

쌍무계약은 보통 유상계약이고 증여나 사용임차 등은 무상계약이다. 해상보험계약은 보험자의 보상약속에 대해 피보험자가 이에 대한 대가인 보험료를 납부하게 되므로 당사자의 채무내용이 서로 대가관계에 있는 유상계약이다.

4) 쌍무계약

쌍무계약(bilateral contract)은 계약의 각 당사자가 서로 대가적 의미를 가지는 채무를 부담하는 계약을 말한다.

해상보험계약에서 보험자는 피보험목적물에 보험사고가 발생하면 그 손해를 보상하고 피보험자는 그 대가로 보험료를 지급하게 되므로 쌍무계약의 성격을 가진다.

물론, 쌍무계약이라 하더라도 보험사고가 발생하지 않으면 보험자의 보험금 지급의무는 존재하지 않게 된다. 따라서 보험자의 보험금 지급의무는 불확정한 의무이다.

5) 부합계약

부합계약(adhesive contract)은 계약의 형식에서는 상대방이 서로 계약을 체결하는 형태를 취하고 있으나, 실질적인 내용은 미리 당사자의 일방이 결정하고 상대방은 이에 따를 수밖에 없는 계약의 형태를 말한다.

해상보험계약은 보험자와 피보험자가 세부사항 하나하나를 합의하여 체결하는 것이 원칙이다. 그러나 보험계약의 내용이 복잡하고 어려우며 보험자는 다수의 피보험자를 상대하기 때문에 보험자가 미리 보험약관을 작성해 놓은 상태에서 피보험자가 원할 때 이 약관을 선택함으로써 보험계약을 성립시키도록 정형화하고 있다.

자본주의가 고도화하고 기업의 독점화가 증가됨에 따라 부합계약의 형태는 더욱 확대되고 있다. 일반인들로서는 계약내용은 물론 계약체결 여부의 자유도 충분히 가지지 못한 상태에서 계약을 체결하기 때문에, 부합계약으로 인해 계약자유의 원칙은 그 적용범위가 더욱 좁아지고 있다. 대표적인 부합계약의 형태로는 일반인이 대기업들과 체결하는 운송계약, 보험계약, 전기공급계약, 고용계약 등이 있다.

6) 유인계약

유인계약(causal contract)은 당사자 간의 계약에 의해 발생하는 채무가 그 원인사실과 결부되어 그 원인사실이 없다면 채무도 성립하지 않는다는 성질의 계약을 말한다.

유인계약은 계약을 성립시키는 원인으로 된 사실이 법률상 존재하지 않을 경우에도 효력이 없어지지 않는 무인계약에 대응하는 개념이다.

해상보험은 피보험자의 청약에 따른 보험료 납입과 보험자의 손해보상과 보험금 지급이 서로 맞물려 원인관계를 이루고 있다. 따라서 청약에 따른 보험료 납입이 없으면 보험자의 손해보상과 보험금 지급이 없는 것이며 보험자의 손해보상과 보험금 지급이 없으면 당연히 청약에 따른 보험료 납입도 이루질 필요가 없는 것이다.

7) 유한책임계약

유한책임계약(limited liability contract)은 채무자의 일정한 재산 또는 일정액을 한도로 하여 채무가 이루어지는 계약을 말하며 채무자의 전재산이 채무의 담보가 되어 있는 무한책임에 대응하는 개념이다.

해상보험계약에서 보험자는 보험금액을 한도로 피보험자에게 보험금을 지급하게 된다. 따라서 보험자가 부담하는 책임은 유한책임을 내용으로 한다.

8) 최대선의계약

최대선의계약(utmost good faith contract)은 일반적인 신의성실보다 높은 정도의 성실의무로 보험계약이 체결되어야 한다는 것을 의미한다.

보험자는 보험계약을 체결할 때 중요한 사항을 미리 검토하기가 불가능할 뿐만 아니라 구체적인 사실을 피보험자로부터 통보 받지 않으면 모든 정보를 모르게 된다.

따라서 위험사정을 잘 알고 있는 피보험자로 하여금 중요한 사항을 보험계약체결 전에 최대의 선의로 보험자에게 고지하도록 하고 있다.

9) 상행위계약

상행위계약(contract for commercial activity)은 그 행위가 실질적으로 영리에 관한 행위를 말하며 비 상행위계약에 대응하는 개념이다. 해상보험계약도 다른 기타 계약과 같이 보험자가 영리를 목적으로 하는 계약이다.

10) 사행계약

사행계약(aleatory contract, 射倖契約)은 경마나 복권과 같이 요행을 노려서 우연한 이득을 얻으려는 계약을 말한다. 해상보험계약은 장래의 우연한 사고의 발생에 따라 보험금 지급 여부가 달려 있다는 점에서 사행계약일 수밖에 없다.

또한 보험자의 보험금 지급의무는 미리 보험료를 수령하였음에도 불구하고 미래에 우연한 보험사고가 생긴 때에만 발생하게 되므로 사행계약의 성격을 가지고 있다.

그러나 해상보험은 우연한 사고로 인한 경제적 손실을 보상받는 것이지 우연한 사건에 의해 일방적인 이득을 보는 것은 아니므로 전형적인 사행계약의 형태인 도박과는 그 성격을 달리하고 있다.

11) 계속계약

계속계약(continuous contract)은 전세 등 임대차와 같이 채무의 내용이 되는 급부의 실현이 시간적 계속성을 갖는 계약을 말한다. 해상보험계약에서 보험자는 보험사고가 발생한 경우 손해보상 또는 보험금의 지급책임을 부담하는데 이것은 보험기간 내에 발생한 것이어야 한다.

이와 같이 해상보험계약에서 보험자의 책임은 이 보험기간 중 계속해서 존재하는 것이고 보험계약관계도 그 기간 동안 계속 유지되는 것이다.

제2절 해상보험계약의 성립과 효과

1. 해상보험계약의 성립

1) 해상보험계약의 청약

해상보험계약은 낙성계약의 성질을 가지고 있기 때문에 당사자 간의 합의 즉, 피보험자의 청약과 보험자의 승낙에 의해 성립된다. 이 중에서 피보험자가 보험자에게 보험가입의 의사를 밝히는 것을 보험계약의 청약(offer)이라 한다.

청약은 일정한 방식이 요구되지 않으며, 법률적으로 청약의 의사표시는 보험청약서를 기재하여 보험자에게 정식으로 교부한 때가 된다.

실무거래에서는 보험자가 사전에 보험계약 청약서(application, slip)를 만들어놓기 때문에 이를 피보험자가 작성하여 보험자에게 제시하는 행위가 청약이 된다.

2) 해상보험계약의 승낙

해상보험계약에서 승낙(acceptance)은 보험자가 특정한 보험계약의 청약에 대해 계약을 성립시킬 목적으로 하는 확정적 의사표시이다.

계약자유의 원칙에 따라 승낙의 방식에는 제한이 없기 때문에 명시적으로든 묵시적으로든 가능하다. 법률적으로 승낙의 시점은 보험자에 의해 보험청약서가 인수·확인되어 서명되는 시점이 된다. 보험실무에서는 보험계약의 성립과 동시에 적하나 선박의 보험증권을 발행함으로써 승낙의 의사표시를 대신하고 있다.

◉ MIA 제21조

A contract of marine insurance is deemed to be concluded when the proposal of the assured is accepted by the insurer, whether the policy be then issued or not.

해상보험계약은 보험증권의 발행 여부에 관계없이, 피보험자의 청약이 보험자에 의해 승낙된 때 성립한 것으로 간주한다.

2. 해상보험계약의 체결방식과 청약서

1) 직접 체결

해상보험계약도 일반적인 계약의 형태와 마찬가지로, 법리적으로는 불요식의 낙성계약이기 때문에 특별히 정해진 형식이 없고 피보험자가 보험에 가입하고 싶다고 청약을 하고 이를 보험자가 승낙하면 성립하게 된다.

실무에서는 긴급한 경우에는 구두나 전화로 청약하는 경우도 있지만, 보통은 보험자에 의해 작성된 정형화된 서식인 보험계약 청약서에 담보조건과 보험자가 요청하는 사항들을 고지하고 이를 보험자가 승낙함으로써 보험계약 체결을 확정시키고 있다.

2) 보험중개인을 통한 체결

우리나라는 아직까지 보험중개인(insurance broker)의 활동이 적은 편이지만, 로이즈와 보험계약을 체결하는 경우에는 반드시 보험중개인이나 그 대리점을 통해야 하므로 피보험자는 보험중개인에게 청약서를 제출해야 한다. 이 경우에는 청약서에 해당하는 슬립(slip, 부전지)이나 부보각서 등 보험중개인이 발행하는 서류가 사용된다.

보통 피보험자가 보험의 세부사항을 결정하면 보험중개인은 슬립에 주요 내용을 기재하여 보험자에게 제시하여 보험의 인수 여부를 결정하도록 하고, 보험자는 그 조건을 받아들이면 이에 서명하는데 이것이 법적으로 승낙행위가 된다.

보험중개인은 보험료를 받았다는 사실을 확인하기 위해 피보험자에게 그 증거서류로 부보각서(cover note)를 발행한다.

이 서류는 피보험자가 직접 보험자를 상대하지 않고 보험중개인을 통해 보험에 가입할 경우 보험중개인이 보험료의 수령 사실과 보험자와 보험계약을 체결하겠다는 각서로서 발급하는 서류로 보험승인서 또는 보험승낙서라고도 한다.

〈그림 II-1〉 해상보험에서 청약과 계약관계

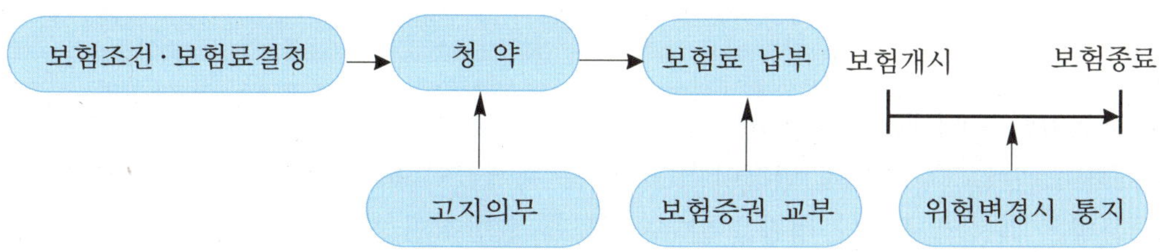

3) 해상보험계약 청약서의 기재사항

해상보험계약 청약서는 해상보험계약을 체결하기 위해 작성하는 서류로, 보험금액이나 보험조건 등의 계약사항과 계약당사자의 인적 사항들이 기재된다.

(1) 피보험자

피보험자(assured)란에는 피보험자의 정식 표기 회사명이 기재된다. 피보험자와 보험계약자가 동일인인 경우에는 별 문제가 없지만 양자가 서로 다른 경우에는 보험계약자명을 해당란에 별도로 기재해야 한다.

(2) 보험청약자

보험청약자(applicant)는 보험계약을 청약하고 보험료를 납입하는 자로서 피보험자명과 상이한 경우(타인을 위한 보험계약)에만 기재된다.

(3) 발행장소 및 발행일

발행장소 및 발행일은 보험증권이 발행된 장소와 일자를 기재한다. 보통은 보험증권이 발행되는 국가와 도시명이 기재된다.

(4) 보험조건

보험청약서에 미리 A/R, WA, FPA 또는 ICC(A), ICC(B), ICC(C)의 기본조건이 약호로 인쇄되어 있기 때문에 보험계약자는 그중에서 필요한 보험조건(condition)을 선택하면 된다.

인코텀즈는 CIF수출의 경우는 최소한 FPA이나 ICC(C) 조건으로 가입하도록 하고 있으나, 보통은 신용장의 보험조항과 일치하게 기재된다.

(5) 보험금액

보험금액(amount insured)은 손해가 발생한 경우 보험자가 보상하는 금액의 최고한도로, 상업송장 가액에 10%의 희망이익을 가산한 금액이 기재된다.

(6) 피보험화물의 명세

피보험화물의 명세(description of goods)는 상업송장이나 신용장상의 내용과 일치하여야 하며, 만일 그 내용에 변경이 있을 때는 지체없이 보험자에게 통지해야 한다.

상품명은 화물의 종류나 성질을 알 수 있도록 일반적인 상품명이 기재되고 포장상태와 수량도 기재되어야 한다.

(7) 수송구간 및 수송방법

수송구간 및 수송방법은 선적지, 양륙지, 환적항, 최종목적지, 적재하는 본선의 선박명, 선박의 출항예정일, 육상 수송용구 등이 기재된다.

최종목적지가 내륙지방에 있어 목적지와 상이한 경우, 운송약관에 따라 양륙항에서 최종목적지까지의 운송화물에 대해 부보할 때 최종목적지와 운송용구가 기재된다.

(8) 상업송장 번호

보험증권이나 보험증명서에는 피보험목적물의 하인과 번호기재는 생략되지만 청약서에는 해당 화물의 송장번호(invoice number)가 반드시 기재되어야 한다.

(9) 보험금 지급지

보험금 지급지(claims payable at)는 피보험목적물의 최종양륙항 또는 최종목적에 따라 지급받기가 용이한 대리점을 기재하는데 통상은 수입지가 기재된다.

특히 CIF계약에서 보험금의 청구권자는 보험계약지(수출국)가 아닌 수입국에 소재하는 발행은행이나 수입상이 되므로, 사고발생시 청구의 편의를 위해 신용장에 보험금 지급지를 수입국으로 기재하게 된다.

수입국에서 보험금을 청구할 경우, 업무상의 편의를 위해 보험청구 업무를 대행해 줄 보험금 결제대리인도 지정해 두는데 이를 Claims Setting Agent라고 한다.

(10) 보험사고 통지처

보험사고 통지처는 피보험목적물에 손해가 발생하였을 때 통지하여야 할 곳이 기재된다. 보통 수출의 경우에는 최종목적항에 있는 보험자 대리점의 상호와 주소가 기재되고 수입의 경우에는 보험자명이 기재된다.

(11) 서명

보험증권은 계약내용에 대해 보험회사가 책임진다는 서명(signature)이 따르게 된다.

이때 서명은 보험회사나 보험회사의 대리인에 의하여 이루어지게 되는데 보험회사의 서명은 인장(corporate seal)으로도 가능하다.

보통은 보험증권의 하단에 보험증권의 발행일자와 작성지 등이 기재되고 그 아래에 보험자가 서명을 하도록 되어 있나. 우리나라에서는 보험회사의 해상보험 책임자가 서명하는 것이 일반적인데 이것은 보험자가 직접 확인·작성하였다는 것을 의미한다.

SAMSUNG FIRE & MARINE INSURANCE

Samsung Insurance Bldg.
14 Seocho-daero 74-gil, Seocho-gu,
Seoul 06620, Korea

Claim, if any,
Please visit our website :
http://globalportal.samsungfire.com

ORIGINAL
DUPLICATE UNPAID

Policy No.

MARINE CARGO INSURANCE POLICY

Assured(s), etc.

Claim, if any, payable at (Website: http://globalportal.samsungfire.com)
INTERTEK HONG KONG
6/F., Garment Centre, 576 Castle Peak Rd., Kowloon, Hong Kong

TEL : 852--2197-1600
FAX : 852--2310-4350
Claims are payable in the US DOLLAR

Survey should be approved by :
INTERTEK HONG KONG
6/F., Garment Centre, 576 Castle Peak Rd., Kowloon, Hong Kong

TEL : 852--2197-1600
FAX : 852--2310-4350

Ref. No L/C No.:M16NC
INVOICE No.:

Amount insured
EXCH:@1,134.40000
US DOLLAR ************55,000.00
CARGO : USD ************55,000.00
<USD************50,000.00X110.00%>

Conditions : Subject to the following Clauses as per back hereof
INSTITUTE CARGO CLAUSES(ALL RISKS)
SPECIAL REPLACEMENT CLAUSE

Local Vessel or Conveyance
Ship or Vessel called the
Sailing on or about
at and from WEIHAI, CHINA
transhipped at
arrived at INCHEON, KOREA, REPUBLIC OF
thence to

Goods and Merchandises
DC MOTOR 5,000SET

- TRANSIT TERMINATION CLAUSE (30 DAYS) (A)/(B)
  applicable only for cargoes imported to Korea
- Institute Classification Clause
- On-Deck Clause (A) / (B)
- Special Replacement Clause (applying to machinery)
- Replacement Clause for Secondhand Machinery (applying to used machinery)
- Label Clause (applying to labeled goods)
- Other Insurance Clause (Cargo)
- Institute Extended Radioactive Contamination Exclusion Clause
- Institute Chemical, Biological, Bio-Chemical, Electromagnetic Weapons and Cyer Attack Exclusion Clause
- Termination of Transit Clause (Terrorism)
- Currency Clause
- Sanction Limitation and Exclusion Clause

대한민국정부
인지세
100원
남대문세무서장
후납승인 2002년 8호

※ The Korea Deposit Insurance Corporation does not protect this insurance product under the Depositor Protection Act

Place and Date signed in SEOUL, KOREA ON 16 JUL. 2018

Numbers of Policies issued TWO

For the use only with the New Marine Policy Form

Notwithstanding anything contained herein or attached hereto to the contrary, this insurance is understood and agreed to be subject to English law and practice only as to liability for and settlement of any and all claims.

This insurance does not cover any loss or damage to the property which at the time of the happening of such loss or damage is insured by or would but for the existence of this Policy be insured by any fie or other insurance policy or policies except in respect of any excess beyond the amount which would have been payable under the fire or other insurance policy or policies had this insurance not been effected.

We, SAMSUNG FIRE & MARINE INSURANCE CO., LTD., hereby agree, in consideration of the payment to us by or on behalf of the Assured or the premium as arranged, to insure against loss damage liability or expense to the extent and in the manner herein provided.

In witness whereof, *I the Undersigned of* SAMSUNG FIRE & MARINE INSURANCE CO., LTD. on behalf of the said Company have subscribed My Name in the place specified as below to the policies, the issued numbers there of being specified as above, of the same tenor and date, one of which being accomplished, the others to be void, as of the date specified as above.

For the use only with the Old Marine Policy Form attachment

1. Warranted free of capture, seizure, arrest restraint or detainment and the consequences thereof or of any attempt thereat ; also from the consequences of hostilities or warlike operations, whether there be a declaration of war or not; but this warranty shall not exclude collision, contact with any fixed or floating object (other than a mine or torpedo), stranding, heavy weather or fire unless caused directly (and independently of the nature of the voyage or service which the vessel concerned or, in the case if a collision, any other vessel involved therein, is performing) by a hostile act by or against a belligerent power ; and for the purpose of this warranty "power" includes any authority maintaining naval, military or air forces in association with a power. Further warranted free from the consequences of civil war, revolution, rebellion, insurrection, or civil strife arising there from, or piracy.

2. Warranted free of loss or damage
(a) caused by strikers, locked-out workmen, or persons taking part in labour disturbances, riots or civil commotions;
(b) resulting from strikes, lock-outs, labour disturbances, riots or civil commotions.

3. (a) Should the risks excluded by Clause (F.C.&S.Clause) be reinstated in this Policy by deletion of the said Clause, or should the risks or any of them mentioned in that clause or the risks of mines, torpedoes, bombs or other engines of war be insured under this Policy, Clause (b) below shall become operative and anything contained in this contract which is inconsistent with Clause (b) or which affords more extensive protection against the aforesaid risks than that afforded by the Institute War Clauses relevant to the particular form of transit covered by this insurance is null and void.
(b) This Policy is warranted free of any claim based upon loss of, or frustration of, the insured voyage or adventure caused by arrests restraints or detainments of Kings Princes People Usurpers or persons attempting to usurp power.

The descriptions to be inserted in the following clauses are shown as above

Be it known that Assured, as specified above

as well in his or their own Name, as for and in the Name and Names of all and every other Person or Persons to whom the same doth, may, or shall appertain, in part or in all, doth make Assurance, and cause himself or themselves and them and every of them, to be Assured, lost or not lost, at and from as specified above upon any kind of Goods and Merchandises in the good Ship or Vessel called the as specified above whereof is Master, for this present Voyage, or whosoever else shall go for Master in the said Ship, or by whatsoever other Name or Names the said Ship, or the Master thereof, is or shall be named or called, beginning the Adventure upon the said Goods and Merchandises from the loading thereof aboard the said Ship as above, and shall so continue and endure during her abode there, upon the said Ship, &c., ; and further, until the said Ship with all her Goods and Merchandises whatsoever, shall be arrived at as specified above and upon the Goods and Merchandises until the same be there discharged and safely landed; and it shall be lawful for the said Ship, &c., in this Voyage to proceed and sail to and touch and stay at any Ports or Places whatsoever without Prejudice to this Assurance. The said Goods and Merchandises, &s., for so much as concerns the Assured by Agreement between the Assured and Assurers in this Policy, are and shall be valued at TOUCHING the Adventures and Perils which the said Company are contented to bear and do take upon themselves in this Voyage, they are, of the Seas Men-of-War, Fire, Enemies, Pirates, Rovers, Thieves, Jettisons, Letters of Mart and Countermart, Surprisals, Takings at Sea Arrests, Restraints and Detainments of all Kings, Princes and People, of What Nation, Condition or Quality soever, Barratry of the Master and Mariners, and of all other Perils, Losses and Misfortunes that have or shall come to the Hurt, Detriment or Damage of the said Goods and Merchandises, or any Part thereof; and in case of any Loss or Misfortune, it shall be lawful to the Assured, his or their Factors, Servants and Assigns, to sue, labour and travel for, in and about the Defence, Safeguard and Recovery of the said Goods and Merchandises, or any part thereof, without Prejudice to this Assurance : to the Charges whereof the said Company will contribute. And it is especially declared and agreed that no acts of the Assurer or Assured in recovering saving, or preserving the property assured, shall be considered as a waiver or acceptance of abandonment. And it is agreed that this writing or Policy of Assurance shall be of as much Force and Effect as the surest Writing or Policy of Assurance made in London. And so the said Company are contented, and do hereby promise and bind themselves to the Assured, his or their Executors, Administrators, or Assigns, for the true Performance of the Premises : confessing themselves paid the Consideration due unto them for this Assurance, at and after the rate of *as arranged Per Cent.*
N.B.-Corn, Fish, Salt, Fruit, Flour and Seed are warranted free from Average, unless general, or the Ship be stranded : Sugar, Tobacco, Nemp, Flax, Hides and Skins are warranted free from Average, under Five Pounds per cent : and all other Goods, also the Ship are warranted free from Average, under Three Pounds per cent., unless general, or the Ship be stranded, sunk or burnt.
All questions of liability arising under this policy are to be governed by the laws and customs of England.
IN WITNESS whereof, I the Undersigned of SAMSUNG FIRE & MARINE INSURANCE CO.,LTD.,on behalf of the said Company, have subscribed my Name in the place specified as below to Policies of the same tenor date, one of which being accomplished, the others to be void *as of the date specified as above.*

☞ In the event of loss or damage arising under this Policy, no claims will be admitted unless a survey has been held with the approval of this Company's office or Agents specified in this policy.
In case of loss or damage, please follow the "IMPORTANT" clause printed on the back hereof.

For SAMSUNG FIRE & MARINE INSURANCE CO., LTD.

AUTHORIZED SIGNATORY

10956289

3. 해상보험계약에서 보험조건

해상보험계약에서 보험조건(conditions of insurance)은 보험자의 보상범위를 말한다. 보험조건은 크게 기본조건, 추가위험 담보조건, 확장담보조건, 그리고 특수화물에 대한 특별약관(또는 특별조건)으로 구분된다.

1) 기본조건

(1) 구협회적하약관상의 기본조건

구협회적하약관(이하 구약관이라고 함)의 기본조건에는 다음의 조건들이 있다.

분손부담보조건(Free from Particular Average : FPA)은 '단독해손부담보조건'이라고도 하며, 담보되는 위험에 의해 발생한 전손과 공동해손은 보상되지만 단독해손인 분손은 원칙적으로 보상되지 않는 조건이다.

분손담보조건(With Average : WA)은 '단독해손담보조건'이라고도 하며, 전손과 공동해손은 물론 단독해손인 분손도 보험증권에 열거된 일반적으로 담보하는 위험에 의한 손해는 모두 보상해 주는 조건이다.

전위험담보조건(All Risks : A/R)은 보통 특약에 의해 담보하는 위험을 제외하고는 원칙적으로 모든 위험이 담보되는 조건이다.

(2) 신협회적하약관상의 기본조건

신협회적하약관은 예전의 ICC(All Risks, A/R), ICC(WA), ICC(FPA) 조건과 대응되는 것으로 ICC(A), ICC(B), ICC(C) 조건이 있다. 보험자가 보상하는 담보범위는 ICC(A/R) 또는 ICC(A) 조건이 가장 넓으며 ICC(FPA) 또는 ICC(C) 조건이 가장 좁다.

2) 추가위험 담보조건

ICC(A) 조건은 포괄책임주의를 채택하고 있기 때문에 각종 부가위험이 포괄적으로 담보된다. 그러나 ICC(B)와 ICC(C) 조건은 열거책임주의를 채택하고 있기 때문에 보험계약의 기본조건에 열거된 담보위험으로 발생한 손해에 대해서만 보상받을 수 있다.

따라서 열거된 담보위험 이외의 위험을 보상받으려면 특약이 필요하다. 이러한 특약에 의해 추가보험료를 지급하고 가입하는 위험을 추가위험(extraneous risks)이라 하며 이들 하나 하나의 위험들을 추가위험(또는 부가위험) 담보조건이라고 한다.

(1) 도난·발하·불착(Theft, Pilferage and Non-Delivery : TPND)

TPND는 ICC(A/R)와 ICC(A) 조건에서는 보상되지만, WA와 ICC(B) 조건, 그리고 FPA와 ICC(C) 조건에서는 보상되지 않기 때문에 이러한 위험을 보상받기 위해 특약하는 것이다.

여기에서 Theft는 도난을 의미하고, Pilferage는 좀도둑에 의해 포장내용물의 일부가 없어지는 발하(拔荷)를 의미하며, Non-Delivery는 다른 항구에서 양하(揚荷)되었거나 분실 등을 원인으로 포장단위의 화물이 송두리째 도착항이나 목적지에 도착하지 않는 불착을 의미한다.

불착(Non-Delivery) 손해는 포장은 도착했지만 일부가 파손되었거나 기타의 사유로 인해 내용물의 일부나 전부가 분실 또는 유실된 상태인 부족(shortage)과는 구별되는 것이며, 위험약관(perils clause)상의 강도(thieves)와도 성격이 다른 위험이다.

(2) 우담수에 의한 손해(Rain and/or Fresh Water Damage : RFWD)

RFWD는 바닷물 이외에 염분이 섞여 있지 않은 빗물이나 담수 등으로 젖은 손해를 보상받기 위해 특약하는 조건으로 해수침손(sea water damage)에 대응하는 것이다.

이중에서 화물이 운송중, 장치중, 보관중, 하역중 빗물에 의해 발생한 손해를 우손(rain water damage)이라고 한다. 이 조건은 섬유제품이나 잡화 등 젖기 쉬운 화물에 주로 비가 오는 날 하역시에 발생하는 위험을 보상받기 위해 특약한다.

(3) 투하 및 갑판유실(Jettison & Washing Over-Board : JWOB)

JWOB는 운송 중에 해난사고가 발생하는 경우 갑판에 적재된 화물을 투하하거나 풍랑으로 인해 유실되는 손해를 담보받기 위해 특약하는 조건이다.

투하(jettison)는 비상시에 선박을 가볍게 하거나 선박의 복원성을 확보하기 위해 적하나 선박의 일부, 선박의 부속품, 의장품 등을 일부러 바다에 버리는 것을 말한다.

해상운송 화물은 선창 내에 적재되어 운송되는 것이 원칙이나 원목이나 차량 및 살아 있는 동물 등 일부 품목 등은 갑판적재가 허용되는데, 이때 파도 등의 해수와 악천후에 의해 갑판유실이 발생된다.

갑판유실은 갑판적재 화물이나 선박의 속구, 비품 등이 파도에 의해 선외로 유실되는 것을 말한다. 갑판 위에는 파도에 의해 씻겨 내려가는 위험이 발생하기 때문에 보통 화물의 적재에서는 갑판적재는 사용되지 않지만, 유손에 무관한 원목이나 선창 내에 적재하는데 위험이 많은 화약 등의 갑판적재는 관습적으로 이루어지고 있다.

(4) 유류나 타 화물과 접촉(Contract with Oil and/or Other Cargo : COOC)

COOC는 주로 기름이나 산(acid)을 선내에서 충분하게 청소하지 않음으로 인해 발생하는 오손이나 다른 화물과 접촉하여 오염되었을 때 발생하는 손해를 보상받기 위해 특약하는 조건이다.

(5) 누손 및 중량부족(Leakage and/or Shortage : LS)

LS는 액체화물의 누손이나 수량 및 중량 부족으로 인한 손해를 추가적으로 보상받기 위해 특약하는 조건이다.

(6) 한습손 및 열손(Sweat &/or Heating : SH)

SH는 선창의 천정이나 내벽에 응결한 수분에 접촉함으로써 발생하는 습기와 열기에 의한 손해를 보상받기 위해 특약하는 조건이다.

보다 구체적으로 이 조건은 첫째, 선창이나 컨테이너 내벽에 응결된 수분에 접촉함으로써 발생하는 손해(ship's sweat) 둘째, 직접 화물의 표면에 응결한 수분에 의한 발생하는 손해(cargo sweat) 셋째, 이상온도의 급격한 상승에 의해 화물이 입게 되는 손해(heat damage) 등을 보상해 준다.

(7) 파손(Breakage)

Breakage는 유리나 도자기 제품, 정밀기기 등 파손이나 깨지기 쉬운 화물에 추가적으로 특약하는 조건이다. 통상 적하보험에서는 파손위험이 담보위험에 포함되어 있지 않기 때문에 이 위험이 특약되어야만 보상받을 수 있다.

(8) 쥐 및 벌레손해(Rate &/or Vermin)

Rate &/or Vermin은 곡물, 소맥분, 죽제품 등의 화물이 운송 도중에 쥐나 곤충에 의해서 발생하는 손해를 보상받기 위해 특약하는 조건이다.

(9) 곰팡이손(Mildew and Mould)

Mildew and Mould는 함유수분이나 습도의 증가로 곰팡이나 기타 미생물에 의한 피해를 받기 쉬운 식료품, 섬유품 등을 보상받기 위해 특약하는 조건이다. 이 손해는 대부분이 물품고유의 하자나 성질에 의한 손실이지만 이러한 특약에 의해서도 담보된다.

(10) 갈고리에 의한 손해(Hook & Hole : HH)

HH는 화물을 선적하고 양하할 때 인부가 사용하는 갈고리로 인해 화물에 구멍이 생기는 손해를 보상받기 위해 특약하는 조건으로 섬유제품이나 잡화 등에 사용된다.

갈고리에 의한 손해는 주로 Bale 포장의 섬유제품 등에 대해 취급부주의로 발생하게 되며 특약에 의해서만 보상받을 수 있다.

(11) 녹손(Rust)

Rust는 기계류나 철물 등의 화물이 해수, 담수, 빗물 등으로 녹이 스는 경우에 발생하는 손해를 보상받기 위해 특약하는 조건이다.

(12) 곡손(Denting &/or Bending : DB)

DB는 곡손을 보상받기 위해 특약하는 조건이다. 여기에서 Denting은 움푹 들어가거나 우그러지는 것이고 Bending은 적하품이 눌려서 들어가거나 구부러지는 것을 말하는데, 이러한 손해들은 보통 강판이나 기계류에서 발생하기 쉽다.

그런데 기계류는 부분적인 파손이나 일부의 곡손이 발생했음에도 불구하고 그 전체의 사용이 불가능하게 되거나 크고 중대한 손해가 발생할 염려가 있기 때문에 협회대체약관(Institute Replacement Clause)을 삽입하여 손해부분의 수선비나 교체비용 및 그 부대비용을 보상받을 수 있도록 하고 있다.

(13) 오손(Contamination)

Contamination은 액체의 화학약품이나 유류 등이 해수나 담수 등의 혼입으로 입게 되는 품질저하의 손해를 보상받기 위해 특약하는 조건이다.

(14) 자연발화(Spontaneous Combustion)

Spontaneous Combustion은 석탄, 성냥, 화약 등 항해 중 화물자체의 화학적 변화에 의한 자연발화로 인한 손해를 보상받기 위해 특약하는 조건이다.

자연발화는 화물고유의 하자나 성질이기 때문에 원래 보험자가 부담하지 않는 것이지만, 전혀 우연성이 없는 사고는 아니며 화재원인의 확인이 곤란한 경우도 있으므로 특약에 의해서는 담보받을 수 있다. 그러나, 특약이 없는 경우에도 선박이 충돌하고 그 결과로서 석탄 등이 발화된 것은 보험자가 책임을 부담한다.

3) 확장담보조건

(1) 내륙운송 확장담보조건(Inland Transit Extension : ITE)

내륙운송 확장담보조건은 송하인의 창고나 보관장소에서 선적항까지, 또는 목적항구에서 내륙의 수하인의 창고까지 내륙운송 중의 위험을 확장 담보하는 조건이다.

원래 협회적하약관(ICC)에 있는 운송약관(transit clause)상 보험기간은 창고간(warehouse to warehouse) 담보가 원칙이다. 그러나 우리나라 해상적하보험 요율은 항구간(port to port) 담보조건의 요율이 적용되기 때문에 육상운송을 담보 받으려면 추가보험료를 지불하고 ITE를 특약해야 했다. 그러나 1998년부터는 이것이 창고간 요율체계로 변경됨에 따라 특약이 없이도 자동으로 담보받게 되었다.

(2) 내륙보관 확장담보조건(Inland Storage Extension : ISE)

내륙보관 확장담보조건은 통상적인 운송과정에서 중간창고의 보관 등을 위해 보험증권에 명시된 기간 이상으로 보험기간을 연장할 경우 그 연장기간을 담보하는 조건이다.

예를 들어 최종 양하항에서 본선에서 하역완료 후 60일이 경과하면 보험자의 책임은 종료하므로 추가보험료를 지불하고 ISE(30 days)를 부보하면 30일이 더 연장 담보되어 본선하역 후 90일까지 담보받을 수 있다. 이외에도 ISE(60 days), ISE(90 days) 등이 있는데, 이 조건은 장기간 장치가 필요할 경우에 발생하는 위험을 담보받기 위한 것이다.

4) 특수화물에 대한 특별약관

(1) 갑판적약관(On-deck Clause)

갑판적약관은 화물이 선창 내에 적재하기로 예정된 상태로 보험계약이 체결되었으나 결과적으로 갑판 위에 적재되면 보험자가 부담하는 위험이 더 증가되므로 보험자의 책임이 시작되는 시점부터 보험조건이 FPA including Jettison & Washing Overboard 즉, FPA+JWOB 조건으로 변경된다는 것을 규정하고 있는 약관이다.

(2) 관세담보약관(Duty Clause)

관세담보약관은 운송 중에 입은 손해가 있었음에도 정품과 동일한 비율로 손상화물에 대해 관세가 부과되었거나 통관 후에 화물의 손상이 발견되었음에도 이미 지급한 관세가 환급되지 않음에 따라 피보험자가 입게 되는 손실을 보상하는 특별약관이다.

(3) 통관거부위험담보약관(Rejection Clause)

통관거부위험담보약관은 수입국 정부나 대행기관이 행한 품질검사에서 수입이 불합격 판정을 받음에 따라 수입통관을 할 수 없게 됨으로써 피보험자가 입게 되는 손실을 보상해 주는 조건의 특별약관으로 식품류 등에 첨부되어 사용된다.

(4) 원산지손해약관(Country Damage Clause)

원산지손해약관은 면화 등이 원산지에서 포장된 후 선적되기까지의 사이에 먼지, 진흙, 비 등에 젖거나 오염되어 발생한 손해를 보상해 주는 조건의 특별약관이다.

이러한 손해는 원칙적으로 수출업자가 부담해야 하지만 특약을 통해 보험자가 특별히 승인하면 손해발생시 이러한 손해도 보상받을 수 있게 된다.

(5) 협회대체약관(Institute Replacement Clause)

협회대체약관은 중장비나 수입기계류 등이 손상될 경우 보험금액을 한도로 수리비나 대체비용을 보상해 주는 조건의 특별약관으로 협회기계수선약관이라고도 한다.

이 약관에서는 손상부분에 대한 수리비나 대체비용으로 책임이 제한되어 있다. 따라서 보험자는 피보험자가 부당하게 강제 매각하려는 것을 방지할 수 있고 피보험자는 원래의 기능을 발휘하지 못한다는 이유로 전손보험금을 청구하지 않아도 된다.

(6) 상표약관(Label Clause)

상표약관은 깡통이나 병의 상표가 운송 중 손상을 입었을 때 내부 상품의 질이 이상이 없다면 그 상표의 교체비용을 보상해주는 조건의 특별약관이다. 상표만 손상되었을 경우에는 원상회복에 필요한 비용과 신상표 및 상표 재부착 비용이 보상된다.

(7) 냉동창고보관특별약관(Refrigerating Cargo/Machinery Clauses)

냉동제품의 변질이나 부패 등은 손해원인이 협회적하약관으로 담보가 되지 않는 원인이기 때문에 이러한 냉동기계의 고장으로 인한 식품류의 변질과 같은 손해가 발생한 경우에는 이 특별약관을 첨부해야만 보상을 받을 수 있다.

이 약관에서 Refrigerated Cargo Clauses는 냉동기계의 24시간 이상 고장으로 발생한 화물의 손해만 보상되는 조건이며, Refrigerating Machinery Clauses는 손해의 원인이 단순히 냉동기계의 고장이라고 판명될 경우에도 보상되는 조건이다.

5) 소손해면책

(1) 의의

무역화물의 종류에 따라서는 수송 중 어느 정도의 소손해(小損害, petty claim)를 입는 것이 불가피한 상품들도 있다.

피보험자 입장에서는 소손해가 개인이나 기업에 별다른 영향을 주지 않는다고 판단될 때는 소손해에 대한 위험을 자기가 부담하고, 일정액 혹은 일정률의 손해를 초과하는 부분에 대해서만 보험자에게 전가함으로써 보험료의 절감을 꾀할 수 있다.

또한 보험자 입장에서는 소액의 손해나 비용을 모두 보상해야 한다면 손해의 조사나 보험금 지급에 소요되는 비용이 오히려 더 많이 발생될 수 있다. 이렇게 되면 피보험자가 부담하는 보험료는 고액이 되지 않을 수 없으며 이것은 결과적으로는 피보험자에게 불이익이 될 수도 있다.

따라서 이러한 것을 회피하기 위해 해상보험에서는 소손해면책제도가 이용되고 있다.

이 제도는 담보위험으로 말미암아 손해가 발생하여도 일정률 또는 일정액에 이르지 않는 적은 손해는 보험자가 보상책임을 부담하지 않거나 일정부분 이상이 되어야만 보상해 주는 것을 말한다.

(2) 종류

소손해면책은 프랜차이즈(franchise)와 엑세스(excess)로 구분되는데 전자를 소손해면책이라 하고 후자를 소손해공제라고 부른다.

여기에서 Franchise는 손해가 일정비율 또는 일정액에 이르지 않는 경우에는 전혀 보상하지 않으나 이것을 초과하면 손해액 전체를 보상하는 방식인 반면, Excess는 소손해 면책금액 혹은 비율을 공제한 후 잔액인 초과액만을 보상하는 방식이다.

예를 들어 만일 화물이 Franchise of 5%로 부보되었는데 7%의 손해가 발생하였다면 소손해 면책비율 5%를 초과하므로 피보험자는 7% 전액에 대해서 보상받을 수 있는 방식이 Franchise이다. 손해가 일정비율 또는 일정액에 이르지 않는 경우는 전혀 보상하지 않으나, 이것을 초과했을 경우에는 손해를 전액 보상하는 방식인 것이다.

이에 반하여, 화물이 Excess of 5%로 부보되었다면 7%에서 5%를 공제한 2%에 대해서만 보상받을 수 있는 방식이 Excess이다. 이것은 손해가 일정비율 또는 일정액을 초과하지 않는 경우에는 전혀 보상하지 않는 것은 전자와 마찬가지이지만 이것을 넘었을 경우에는 면책률(금액)을 공제하고 초과액만을 보상하는 방식이다.

4. 해상보험계약의 효과

1) 의의

해상보험계약이 체결되면 보험계약의 직접 당사자인 보험자와 보험계약자(피보험자)에게 그 계약의 효력으로서 법률상의 일정한 권리와 의무가 발생한다.

가장 기본적인 의무는 보험자의 보험금 지급의무와 보험계약자의 보험료 납부의무이다. 즉, 해상보험계약이 체결되면 그 효과로서 보험자는 해상사업에 관한 사고에 의해 발생하는 손해의 보상으로 보험금을 지급해야 하며 보험계약자는 보험료를 납부해야 할 의무를 부담하게 된다.

2) 보험자의 의무

(1) 손해보상의 의무

보험자의 가장 중요한 의무는 보험사고가 발생하면 그 손해를 보상해 주는 것이다. 이것은 피보험자가 보험료를 납부하는 의무를 부담하는 대신에 보험자가 부담하는 가장 기본적인 쌍무적인 의무이다.

손해배상(indemnity)은 피보험자가 소정의 우연한 사고로 말미암아 손해를 입었을 경우에 계약에 의하여 보험자가 보험금을 지급하는 행위를 말한다.

물론, 운송 중에 손해가 발생하지 않았거나 사고 없이 보험기간이 경과하였다면 보험자는 이러한 의무를 부담할 필요가 없다. 그 이유는 보험자는 이미 위험부담이라는 급부를 이행하였기 때문이다.

(2) 보험증권교부의 의무

보험증권(insurance policy)은 보험계약의 성립과 내용의 증명을 위해 보험자가 기명날인하여 피보험자에게 교부하는 증권이다. 보험자는 보험계약이 성립하면 보험증권을 발행하여 피보험자에게 교부해야 할 의무가 있다.

그런데 보험계약이 성립되었다 하더라도 피보험자가 보험료의 전부 또는 최초의 보험료를 납부하지 않을 때에는 보험자는 보험증권을 교부할 의무가 없다.

기존의 보험계약을 연장하거나 변경하는 경우에는 그 사실을 그 보험증권에 기재함으로써 보험증권의 교부에 갈음할 수 있다. 보험증권의 교부방법은 직접 전달 또는 우편에 의한 송달이 일반적이며, 송달비용과 위험은 보험자가 부담한다.

(3) 보험금 지급의무

전술한 손해보상의 의무에 따라, 보험기간 내에 보험사고가 발생한 경우 보험자는 약정한 보험금을 지급할 의무를 부담한다. 이는 손해보상의 의무와 더불어 보험자의 가장 기본적인 의무이다.

그러나 보험기간 중에 사고가 발생함이 없이 그 기간이 경과하게 되면 보험자는 잠재적으로 위험부담을 이미 부담한 것이므로 보험금을 지급할 의무를 지지 않는다.

보험자의 보험금 지급의무는 원칙적으로 최초 보험료의 지급을 받은 때로부터 이후 보험기간이 종료할 때까지 발생한 보험사고에 대해서만 부담한다. 그러나 소급보험의 경우에는 그 계약 전에 발생한 사고라도 보험자가 책임을 부담하게 된다.

(4) 보험료 반환의무

보험료 반환(return of premium)의 의무는 보험계약이 무효인 경우와 보험사고 발생 전에 보험계약이 해지된 경우로 나누어 살펴볼 수 있다.

첫째, 보험계약의 전부나 일부가 무효인 경우, 보험자는 보험료의 전부나 일부를 반환할 의무가 있다. 다만, 보험자가 이러한 의무를 부담하는 것은 보험계약이 선의로 이루어진 경우와 보험계약자와 보험자에게 중대한 과실이 없는 경우를 조건으로 한다.

우리나라 상법 제648조에도 피보험자는 '보험계약의 전부 또는 일부가 무효인 경우에 보험계약자와 피보험자가 선의이며 중대한 과실이 없는 때에는 보험자에 대하여 보험료의 전부 또는 일부의 반환을 청구할 수 있다.'고 규정하고 있다.

둘째, 피보험자가 보험사고가 발생하기 이전에 보험계약을 해지한 경우에는 다른 별도의 약정이 없으면 보험자는 미경과 보험료(unearned premium)를 피보험자에게 반환해 줄 의무가 있다.

보험계약에서 당사자 의무는 일회적인 것이 아니고 보험계약기간 중에 계속된다는 계속성을 가지고 있는데, 해지(cancellation)는 이러한 계속적 채무관계를 장래에 대하여 소멸시키려는 당사자 일방의 의사표시를 말한다.

또한 미경과 보험료는 보험자가 보험계약자로부터 받은 순보험료 중에서 아직 당해 보험료기간이 경과하지 않은 보험료 즉, 보험자의 보험책임이 남아있는 기간에 상응하는 보험료를 말한다.

예를 들어 1월에 연간 1백 20만 원의 보험료를 냈는데 8월에 중도 해약하면 7개월 동안은 경과기간이 되고 남은 5개월은 미경과기간이 되어 50만 원만 미경과 보험료로 돌려받게 된다.

3) 보험계약자 또는 피보험자의 의무

(1) 보험료 납부의무

보험자의 손해보상에 대한 쌍무적 의무로서 보험계약자 또는 피보험자는 보험료를 납부해야 할 당연한 의무를 부담한다.

보험료의 납부의무자는 원칙적으로 자신을 위한 보험계약이나 타인을 위한 보험계약 모두 다 보험계약자가 되지만, 보험계약자가 파산선고를 받았거나 납부를 지체할 경우에 보험자는 피보험자에게 이를 청구할 수 있다.

납부방법은 일시 납부방식과 분할 납부방식이 많이 이용되며, 보험료 납부는 보험자가 보험증권을 발행하여 교부할 때까지는 이행되어야 한다.

(2) 고지의무

보험계약을 체결할 때 피보험자 등은 보험자에게 보험계약의 인수 여부나 보험계약 내용을 결정하는데 영향을 줄 수 있는 모든 중요한 사실을 고지해야 한다.

피보험자 등에게 고지의무를 부여하는 이유는 보험자 자신이 화물의 상태나 성질을 잘 알지 못할 뿐 아니라, 보험자가 모든 중요한 사항을 일일이 점검하는 부담을 덜어주기 위한 것이다. 고지의무는 보험계약을 체결하기 이전의 의무이지 계약이 체결됨으로 인하여 발생하는 의무가 아니다. 고지의무는 사람의 생명을 다루는 생명보험의 경우에 특히 중요한 의미를 가진다.

(3) 통지의무

전술과 같이 보험계약을 체결할 경우 보험계약자 또는 피보험자가 알고 있는 화물의 상태 등을 보험자에 알려야 하는 의무를 고지의무(duty of disclosure)라고 한다.

이에 반해 보험기간 중에 위험의 변경이나 손해의 발생 등 보험계약자 또는 피보험자의 위험에 대한 조건이 당초의 내용에서 변경되는 경우 보험자에게 이를 알려야 하는 의무를 통지의무(duty of notice)라고 한다.

고지의무는 계약체결 이전에 보험계약자 등이 보험자에게 알려야 하는 의무이다. 따라서 보험계약이 성립된 이후에 보험계약자 등이 보험사고의 발생이나 위험의 현저한 변경 증가의 경우에 부담해야 하는 통지의무와는 그 성격이 전혀 다른 것이다.

최근 보험실무에서는 보다 쉽게 이해할 수 있도록 고지의무를 '계약 전 알릴의무'라고 부르고 통지의무를 '계약 후 알릴의무'라고 부르고 있다.

① 위험의 변경과 증가의 통지의무

보험기간 중에 피보험자나 보험자에게 책임을 돌릴 수 없는 사유로, 보험계약 체결 시에 불변으로 예측하여 계약된 위험이 이후에 변동하거나 증가되었다면 피보험자는 이를 지체 없이 보험자에게 통지할 의무를 부담한다.

만일 통지의무를 태만히 할 경우, 상법상의 보험자는 그 사실을 안 날로부터 1개월 내에 보험계약의 해지도 가능하다. 그러나 보험자가 그 사실을 알고도 해지하지 않을 때에는 보험자가 증가된 위험 및 변경된 위험을 인수한 것으로 간주된다.

② 손해발생의 통지의무

피보험자는 운송 중에 보험사고가 발생하면 그 손해사실을 지체 없이 보험자에게 통지해야 할 의무를 부담한다.

그러나 손해가 발생하였다 하더라도 보험자가 부담하는 보험사고로 인한 사고발생의 경우에만 통지의무가 있고, 보험자의 면책사유로 인한 사고의 손해는 통지하지 않아도 된다.

피보험자에게 통지의무를 부과하는 목적은 사고사실에 대한 통지가 없는 한, 보험자는 그 사실을 알지 못할 뿐 아니라 이를 통지함으로써 보험자에게 손해의 방지나 경감조치를 강구할 기회를 부여하거나 손해보상을 준비하도록 하기 위함이다.

만일 피보험자가 이러한 통지의무를 위반하여 보험자에게 오히려 손해를 끼쳤을 경우에는 보험자는 이에 대한 손해배상을 청구할 수도 있고 보험금에서 그 부분을 공제할 수도 있다.

(4) 손해방지와 손해경감의 의무

피보험자는 화물의 손해를 가장 잘 보호해야 할 입장에 있기 때문에 피보험이익의 보호에 상당한 주의와 신의성실의 원칙 및 공익적 차원에 입각하여 그 손해를 방지하거나 경감하기 위한 합리적인 조치를 강구하여야 할 의무를 부담한다.

사고가 발생했을 때 손해방지나 경감에 노력하지 않으면 손해가 더욱 확대될 가능성이 높기 때문에, 사행계약성과 도덕적 위험을 고려하고 공익보호의 필요에 의해 손해방지와 경감의무가 존재하는 것이다.

여기에서 손해의 방지의무는 피보험자가 손해발생을 방지하는데 적극적으로 노력하여야 하는 의무를 말하며, 손해의 경감의무는 이미 발생한 손해를 줄이려고 노력하는 것을 말한다.

제3절 해상보험계약의 종료

1. 해상보험계약종료의 의의와 무효

1) 의의

보험계약은 계속계약이기 때문에 그 성질상 일정기간 동안 계속되는 것이 원칙이다. 그러나 보험계약을 체결할 때에 이미 보험사고가 확정된 것과 같이 보험계약이 성립된 때부터 그 효력이 발생하지 않는 경우가 있다.

2) 해상보험계약의 무효

(1) 개념

무효(invalidity)는 법적으로 보험계약이 그 효력을 발생시키기 위한 요건에 어떠한 하자가 있어 보험계약이 성립한 때로부터 법률상 효력이 발생하지 않는 것을 말한다.

일단 보험계약이 성립한 것처럼 보이지만 어떤 사항이 무효의 사유에 해당하여 보험계약의 효력이 전혀 발생하지 않는 것이 무효이다.

(2) 사유

① 보험계약이 취소된 경우

보험자가 보험계약을 체결할 때 피보험자에게 보험약관을 교부하고 그 약관의 중요한 내용을 알려주는 것을 게을리 한 때에 피보험자는 보험계약이 성립된 날로부터 1개월 이내에 그 계약을 취소할 수 있다(상법 제638조). 또한 보험자는 피보험자가 고의로 보험금 지급사유를 발생시키면 보험계약을 취소할 수 있는데 보험계약이 취소되면 보험계약은 당연히 무효가 된다.

② 피보험자의 사기로 인한 보험계약

피보험자의 사기(fraud)로 보험계약이 체결된 경우에는 보험계약이 효력을 발휘하지 않는 것이 당연한 것이며 오히려 정의로운 것이다. 2015년 영국보험법은 피보험자의 고의적인 손해발생 행위와 과다한 보험금의 청구행위 등을 대표적인 보험사기 유형으로 규정하고 있다.

③ 보험계약체결 당시 불확실성의 결여

보험계약을 체결할 당시에 보험사고가 이미 발생하였거나 발생할 수 없는 것과 같이, 보험사고의 불확실성이 완전히 결여된 때에는 보험계약은 무효가 된다.

그러나 계약당사자가 보험계약을 소급한 소급보험계약의 경우에는 보험사고가 이미 발생한 것이라도 보험계약은 유효하게 성립한다.

④ 초과보험에서 초과부분과 초과보험이 보험계약자의 사기에 의한 경우

보험금액이 보험가액(insured amount)을 초과하는 초과보험(over insurance)에서 초과부분의 보험계약은 무효이다. 게다가 초과보험이 피보험자의 사기에 의해 체결된 경우에는 그 보험계약 전체가 무효가 된다.

초과보험은 시가 5,000만 원의 화물을 보험금액 8,000만 원으로 정하여 체결한 것과 같다. 각국의 법률에서 초과보험을 제한하는 취지는 보험의 도박화와 고의적인 보험사고의 유발을 방지하고 사기성 피보험자를 응징하려는데 있다.

⑤ 위임결여의 불고지

보험계약자가 정당한 위임을 받지 않고 타인을 위해 보험계약을 체결한 경우에 그 뜻을 보험자에게 고지하지 않았을 때에도 그 계약은 무효가 된다.

⑥ 위법손해의 부보

적법하지 못한 손해의 보상을 목적으로 보험계약을 체결할 경우 그 계약은 당연히 무효가 된다. 대표적인 예를 들면 적국인과 보험계약의 체결, 자국의 수출입 금지규정에 위반하는 항해에 대한 위험의 담보를 목적으로 하는 보험계약의 체결 등이다.

⑦ 피보험이익의 결여

피보험이익은 손해보험에서 보험사고의 발생에 의해 손해를 입을 우려가 있는 피보험자의 경제적 이익을 말한다.

손해보험은 피보험목적물(재물)에 대한 손해를 피보험자에게 보상하는 것이기 때문에 계약이 성립하기 위해서는 손해를 입을 우려가 있는 이익의 존재가 필요하다.

이때 피보험목적물에 손해가 발생함으로써 피보험자에게도 손해가 발생하는 이해관계를 가리켜 피보험이익이라고 하며 해상보험계약은 손해보험계약의 일종이기 때문에 항상 피보험이익의 존재를 요건으로 한다. 따라서 피보험이익의 결여 상태로 보험계약이 체결되었다면 그 계약은 당연히 무효가 된다.

2. 해상보험계약의 소멸

소멸(discharge)은 계약 당사자 간의 계약관계가 종료되는 것이다. 그러한 의미에서 보험계약의 소멸은 피보험자와 보험자 간에 체결되었던 보험계약에 따른 권리와 의무 관계가 종료되는 것을 말한다.

보험계약의 소멸사유에는 보험계약의 고유의 성질이나 법률적 규정에 의해 특정의 사실이 발생함으로써 당사자의 의사표시를 기다리지 않고 당연히 그 시점에서 보험계약이 종료되는 것과 당사자 일방의 의사표시에 의해 종료되는 것이 있다.

전자를 실효(losing)라고 부르고 후자를 해지(cancellation)라고 부른다.

1) 해상보험계약의 실효

(1) 해상보험실효의 의의

보험계약의 실효는 당사자의 의사에 의하지 않고 보험계약이 효력을 잃는 것을 말한다. 이것은 보험계약이 당연히 소멸한다고 하여 효력상실 또는 당연실효라고도 한다.

대표적인 실효사유로는 보험자가 부담해야 할 보험사고 이외의 사유에 의해 보험계약의 목적(피보험이익)이 소멸한 경우, 보험기간이 만료된 경우, 보험에 붙여진 위험이 소멸되는 경우 등이 해당된다.

생명보험계약의 경우에는 보험료 납입의 유예기간이 지났음에도 유예기간 내에 보험료가 납입되지 않았을 때 등이 실효사유가 된다.

(2) 해상보험실효의 사유

① 보험계약 목적의 소멸

손해보험은 보험사고의 발생으로 입은 손해를 보상할 것을 목적으로 하는 보험이므로 그의 전제요건으로 손해를 입을 만한 이익이 존재해야 한다. 이 이익을 피보험이익이라고 하고 상법은 이것을 '보험계약의 목적'이라 부르고 있다.

보험자가 부담하는 보험사고 이외의 사유로 보험계약의 목적(피보험이익)이 소멸한 경우에는 그 원인 여하와 피보험자의 귀책사유에 관계없이 또 보험자의 책임개시 전후를 불문하고 보험계약은 그 때로부터 효력을 상실한다.

이러한 피보험이익의 소멸은 보험적 보호의 목적과 그 존재 이유를 상실하는 것이기 때문에 보험계약 실효의 원인이 되는 것이며, 대표적인 것으로는 예정된 운송의 취소 등이 해당한다.

② 보험기간의 만료

보험자는 보험계약에 따라 일정한 기간 내에 발생한 보험사고에 대해 보험금을 지급하게 되는데, 그 일정기간을 보험기간(period of insurance), 위험기간(duration of risk) 또는 책임기간이라고 부른다.

보험계약 당사자 사이에 분쟁을 방지하기 위해서는 보험기간을 명확히 정하는 것이 필요하다. 보험기간에는 일정한 시간을 표준으로 하는 기간보험(time insurance)과 일정한 항해구역을 표준으로 하는 항해보험(voyage insurance)이 있다. 일반적으로 선박보험에서는 기간보험을 적용하고 적하보험에서는 항해보험을 적용한다.

보험사고의 발생 없이 보험기간이 만료하면 그 시점부터 보험계약은 소멸된다. 왜냐하면 보험계약은 일반적으로 보험기간 동안만 유효하고 그 기간이 종료되면 보험계약도 종료되기 때문이다.

그러나 보험실무에서는 보험기간을 연장하는 약관으로 계약을 연장시키는 경우도 있다. 즉, 보험계약이 여러 가지 사정으로 목적지 이외의 항구 또는 지역에서 종료되거나 운송이 중단된 경우에는 보험계약도 거기에서 종료하게 된다. 이 때 이 사실을 지체 없이 보험자에게 통지하고 담보의 계속을 요청하는 경우에 보험자로부터 승낙이 있으면 추가보험료를 지급하는 조건으로 보험계약을 최종목적지까지 연장할 수 있다.

③ 위험의 소멸

보험계약의 소멸은 피보험자와 보험자 간에 체결되었던 보험계약에 따른 권리와 의무관계가 종료되는 것이며, 보험계약의 주요 소멸사유는 보험사고 발생, 해약, 효력상실, 만료, 무효 등이 있다.

보험에 붙여진 위험이 소멸하게 되면 보험계약의 존재 의의가 없어지게 되므로 그 시점에서 보험계약은 효력을 상실한다. 즉, 보험사고의 발생가능성이 소멸하면 보험존속의 이유 자체가 상실되기 때문에 그 시점부터 보험계약은 효력을 상실하게 된다.

우리나라 상법에서는 위험의 소멸이 발생하는 경우로 항해의 변경(change of voyage)에 대한 규정을 두고 있다.

즉, 상법은 항해의 변경이 보험자의 책임이 개시하기 전에 발생한 경우에는 보험계약은 그 효력을 잃으며, 항해의 변경이 보험자의 책임이 개시한 이후에 발생한 경우에는 보험자는 그 변경 후의 사고에 대하여 책임을 지지 않으나 그 변경이 보험계약자 또는 피보험자의 귀책사유가 될 수 없는 사유에 의해 발생한 것일 때에는 그러하지 않다고 규정하고 있다.

2) 해상보험계약의 해지

(1) 해지의 개념

보험계약이 유효하게 성립하려면 계약의 요건이 충족되어야 하고 성립된 계약은 합의된 계약 내용대로 당사자가 성실하게 이행해야 한다.

그러나 계약이 진행되는 도중에 계약을 파기해야 할 경우가 발생하거나 계약의 내용대로 이행할 수 없는 경우도 발생할 수 있다. 이러한 경우 남은 계약기간에 대해 계약효력을 중지할 필요성이 생기게 된다.

이와 같이 보험계약에서 장래에 대해서 보험계약의 효력을 소멸시킬 필요성이 발생하게 되는 경우에 당사자의 계약소멸 의사표시를 해지(解止)라고 부른다.

보험계약을 계속해서 유지할 수 없는 사건이 발생할 경우 피보험자나 보험자는 보험계약을 해지할 수 있다. 이러한 경우 지금까지 진행되어 왔던 양당사자간의 보험계약은 유효하지만 장래의 남은 기간에 대한 보험계약은 그 효력을 잃게 된다.

보험계약이 해지되면 장래에 대해 보험계약이 종료되므로 보험자는 잔여기간분에 대한 보험료(해약 환급금)를 반환하게 된다.

(2) 유사용어들의 구분

보험계약의 종료와 관련하여 사용되는 용어들 중 혼동되는 경우가 많다. 특히 보험계약의 해지에 대한 의미를 더욱 명확하게 이해하기 위해서는 아래와 같은 보험용어의 의미를 함께 이해할 필요가 있다.

첫째, 보험계약의 해지(cancellation)는 현재까지의 보험계약은 유효하지만 장래는 효력을 상실하는 것이다. 즉, 장래에 대해 효력이 소멸시키는 것이 보험계약의 해지이며 이것은 계약 당사자들의 의사표시로 가능하다.

둘째, 보험계약의 해제(termination)는 이미 성립된 계약의 효력을 소급하여 소멸시켜 처음부터 그 계약을 하지 않은 것과 동일한 법률적 효과를 발생시키는 것이다.

따라서 보험계약해제의 효과는 보험계약의 해지와는 다르게, 처음부터 그 보험계약을 하지 않은 상태 또는 보험계약이 존재하지 않은 상태로 돌아가게 하는 것이다.

이 경우 보험계약에 의해 발생했던 채권과 채무는 모두 소멸하게 된다. 예를 들어, 팔기로 했던 상품이 갑작스런 화재로 소실된 경우는 보험계약의 해제사유가 된다.

우리나라 상법 제650조에서는 초회보험료를 보험계약 성립 후 2개월이 경과하도록 미납하면 보험계약이 해제되도록 규정하고 있다.

셋째, 취소(revocation)는 일단 성립한 계약에 법률이 정한 취소의 원인이 존재하여 취소권자의 의사표시에 의해 계약이 처음부터 없었던 것으로 되는 것이다.

예를 들어, 착오나 사기·강박에 의해 계약을 체결하는 등 의사표시 과정에서 문제가 발생하거나 미성년자, 한정치산자, 금치산자와 같이 의사표시 당사자에게 문제가 발생한 경우에는 의사표시 당사자가 계약을 취소할 수 있다.

그러한 의미에서 보험계약의 취소는 일단 유효하게 성립한 보험계약을 법률의 취소요건에 따라 계약을 성립한 시점으로 소급하여 소멸시키는 것이며, 취소가 되면 무효와 마찬가지로 소급적으로 법률관계가 소멸하지만 취소 전까지의 법률효과는 유효하다.

넷째, 무효(invalidity)는 계약은 성립하였으나 효력의 발생요건을 충족하지 못하여 법률상 효력이 발생하지 않는 것이다. 즉, 법률효과가 전혀 없는 것으로, 일단 무효가 되면 모든 법률관계는 그 법률관계가 형성되기 이전의 상태로 원상 복귀된다. 따라서 무효는 소급적 효력이 있는 것이다.

보험계약의 무효는 법률효과를 처음부터 발생시키지 않는다는 점에서 일단 보험계약의 효력이 발생하였다가 처음으로 돌아가 효력이 없었던 것으로 간주되는 보험계약의 취소와 구별되는 개념이다.

(3) 피보험자가 해지하는 경우

① 보험사고 발생 전 임의해지된 경우

보험사고가 발생하기 이전의 임의해지는 보험사고 발생 전에는 언제든지 피보험자가 보험계약을 해지할 수 있는 것을 말한다.

이것은 보험계약은 계속계약으로서 일정한 기간 동안 존속하는 것이므로, 피보험자가 위험담보를 필요로 하지 않을 때에는 언제든지 그 계약을 해지할 수 있도록 함으로써 피보험자의 이익을 보호하고자 한 것이다. 이 경우 보험자는 피보험자에게 미경과보험료를 반환해야 한다.

② 보험자가 파산한 경우

보험자가 파산선고를 받은 때에는 피보험자는 보험자의 책임이 개시된 이후일지라도 보험계약을 해지할 수 있다. 그러나 만일 해지하지 않은 보험계약은 파산 선고 후 3개월이 경과하면 보험계약 그 자체가 효력을 자동 상실한다(상법 제654조).

보험자의 파산(bankruptcy)으로 보험계약이 해지가 되더라도 해지 전에 유효한 상태에서 발생한 보험금 지급사유는 보험자가 책임을 부담해야 한다.

(4) 보험자가 해지하는 경우

보험자에게는 기본적으로 보험계약의 임의해지권이 없다. 그러나 제한적인 사유가 있는 경우에는 그 해지권이 인정되고 있다.

보험계약이 해지되면 그 계약의 효력은 장래에 대하여 실효가 된다. 특히 아래의 사유에 의해 해지되면 보험자에게는 보험금 지급책임도 없고 이미 지급한 보험금은 반환을 청구할 수도 있다.

① 고지의무를 위반한 경우

고지의무는 보험계약의 전제조건이며 이른바 간접의무 또는 자기의무의 성격을 가지고 있다. 따라서 고지의무를 위반하면 보험자는 보험계약을 해지할 수 있다.

우리나라 상법 제651조는 '보험계약을 체결할 당시에 보험계약자나 피보험자가 고의나 중대한 과실로 인하여 중요한 사항을 고지하지 아니하거나 부실의 고지를 한 때에는 보험자는 그 사실을 안 날로부터 1개월 이내에, 계약을 체결한 날로부터 3년 이내에 계약을 해지할 수 있다. 그러나 보험자가 계약을 체결할 당시에 그 사실을 알았거나 중대한 과실로 인하여 알지 못한 때에는 그러하지 아니하다.'라고 규정하고 있다.

② 통지의무를 위반한 경우

피보험자 등이 위험의 변경이나 증가를 통지하지 않은 경우 보험자는 보험계약을 해지할 수 있다. 여기에서 통지의무는 보험계약 후에 보험계약 전과 달라진 내용에 대해 보험자에게 알려야 하는 의무를 말한다.

통지의무를 위반할 경우, 보험자는 해당 계약을 해지하거나 보험료를 증액할 수 있다. 그것은 피보험자가 보험계약을 체결할 당시 고지한 선박이나 화물의 상태에 따라 보험료의 산출이 달라지기 때문이다.

③ 계속보험료가 미지급된 경우

피보험자가 계속보험료를 지급기일에 지급하지 않아 보험자가 상당한 기간을 정하여 피보험자에게 최고(催告)했음에도 불구하고 그 기간 내에 보험료를 납부하지 않은 경우에는 보험자는 보험계약을 해지할 수 있다.

④ 위험유지의무를 위반한 경우

보험기간 중에 보험계약자나 피보험자의 고의나 중대한 과실로 인해 사고발생의 위험이 현저하게 변경이나 증가된 때에는 보험자는 보험계약을 해지할 수 있다.

제4절 해상보험계약과 보험금 구상

1. 피보험자의 보험금 청구

보험계약의 목적은 위험으로 인해 손해가 발생한 경우 그 손해를 보험자에게 청구하여 보험금을 지급받는데 있다.

따라서 손해가 발생하는 경우 피보험자는 우선적으로 그 손해가 보험자의 담보위험으로 보상되는 손해인지 아니면 보상되지 않는 손해인지를 확인해야 한다.

만일 보상손해에 해당하는 경우 피보험자는 보험자나 그 대리점에게 그 발생사실을 통보를 한 뒤 전손 및 분손에 필요한 서류를 준비하여 보험금을 청구해야 한다.

2. 보험자의 사고처리 절차

보험사고의 발생사실을 통보받으면 보험자는 우선적으로 사고내용을 확인한 후 검정인(surveyor)을 선정하여 검정을 실시하고 그 검정보고서(surveyor's report)를 접수받으면 그를 토대로 손해액과 손해원인을 종합적으로 검토해야 한다.

그 결과 보험자의 면책으로 판단되면 보험처리 건은 종결되지만 그렇지 않은 경우에는 피보험자에게 보험금을 지급한 후 당해 화물에 대한 구상권을 행사하게 된다.

3. 구상절차

1) 전손 또는 단독해손의 경우

전손 또는 단독해손의 경우 피보험자는 피보험목적물이 보험사고로 인해 손해를 입었을 경우에는 보험자에게 서면이나 구두로 그 사실을 즉시 통지해야 한다.

그리고 피보험자는 손해의 원인이나 손해의 정도를 증명하기 위해 보험자나 그 대리점이 지정하는 손해검정인으로 하여금 손해를 조사하도록 하여 손해의 발생원인, 발생시점, 상황, 정도 등에 대한 조사확인을 받아야 한다. 그 조사결과에 따라 검정보고서(survey report) 및 기타 관계서류를 구비하여 구상절차(claims procedure)를 취해야 한다.

수입화물일 경우는 본사나 지점에, 수출화물일 경우는 증권상에 명시되어 있는 현지 대리점에 다음 서류들을 제출해야 한다. 이러한 서류는 보험자의 보상책임 유무를 결정하는 중요한 자료가 된다.

- 보험증권 또는 보험증명서 원본(original certificate of insurance)
- 상업송장 원본
- 선하증권 원본 또는 항공운송장
- 해난보고서(sea protest, 있는 경우), 검정보고서 또는 기타 멸실·손상 관련 증빙서류(other certificates of damage)
- 포장명세서 또는 화물의 수량 및 중량명세서
- 운송인 또는 손해·손상에 책임이 있는 당사자와 관련 교신서류 등

2) 공동해손의 경우

선사로부터 공동해손 선포에 따른 통지를 받게 되면 피보험자는 보험자에게 그 사실을 통지하고 보험증권, 선하증권, 상업송장 외에 필요서류를 구비하여 본사나 지점에 제출하는 한편 보험자가 발급하는 보증서를 받아 선사에 제출해야 한다.

공동해손이 발생했을 경우 피보험자가 보험자에게 제출해야 하는 서류는 전손이나 단독해손의 경우와 차이가 있다.

하주가 자신의 화물이 공동해손과 관련되었다는 것은 선박회사가 공고하는 공동해손 선언서(declaration of general average) 및 하주에게 통지되는 공동해손 통지서(notice of general average)를 통해서 알게 된다. 이 선언서나 통지서에는 공동해손의 발생 경위와 각 하주가 취해야 할 조치사항들이 기재되어 있다.

하주는 통지서를 받는 즉시 보험자에게 이를 통지하고 필요한 조치를 취해야 한다. 이때 하주가 보험자에게 제출해야 하는 공동해손과 관련된 서류들로는 공동해손 구상장(claim letter of general average), 공동해손 통지서(notice of general average), 공동해손 서약서(general average bond) 등이 있다.

공동해손의 경우, 선박회사는 하주에게 화물을 인도하기 전에 최종적으로 공동해손 공탁금(general average deposit)이나 이에 대신하여 보험자가 발행하는 공동해손보증장(general average contribution)을 요구한다. 공탁금이나 보증장을 요구하는 것은 공동해손의 정산에 상당한 기일이 소요되기 때문이다.

만일 화물이 보험에 가입되어 있지 않다면 공동해손 공탁금은 하주가 독자적으로 부담해야 하지만, 보험에 가입되어 있으면 보험자가 이 공탁금을 부담하든가 공동해손보증장을 제출함으로서 공탁금을 대신한다.

4. 보험사고 발생시 피보험자의 의무

보험사고가 발생한 경우 피보험자나 그 대리인은 손해방지의무와 제3자에 대한 손해배상 청구권의 확보의무를 부담해야 한다.

1) 손해방지의무

(1) 의의

손해방지의무(duty to sue and labour)는 손해보험계약에서 보험사고가 발생한 경우에 피보험자나 그 대리인이 손해의 방지와 경감을 위해 노력해야 할 의무를 말한다. 이 의무는 고지의무, 통지의무 등과 함께 피보험자가 부담하는 중요한 의무이다.

이것은 보험계약의 사행성 측면에 대한 보완적 수단으로 보험계약자나 피보험자는 피보험목적물에 이익을 가진 자이며 사고발생 현장에서 우선 조치를 취할 수 있는 기회가 많기 때문에 이를 방관하는 경우 손해를 고스란히 부담할 수 없는 보험자와의 형평성의 논리상 법이 특별히 부여한 의무이다.

보험계약은 신의성실을 바탕으로 체결되기 때문에 손해방지의무를 보험계약자나 피보험자가 부담하는 것은 당연한 것이다. 특히 해상보험에서는 발생하는 위험의 종류가 다양하기 때문에 이 의무가 더욱 중요하다.

(2) 손해방지의무의 발생시기

우리나라 상법은 손해방지를 위해 노력해야 한다고만 규정하고 있을 뿐, 그 의무의 발생시기는 규정하고 있지 않다. 손해방지의무는 보험사고 발생을 전제로 손해확대의 방지를 위한 것으로 손해발생 당시에 취해지는 것이 바람직하다.

(3) 손해방지 의무자와 대상

① 손해방지의무자

우리나라 상법 제680조는 손해방지의무자로 보험계약자와 피보험자를 규정하고 있다. 이에 반해, 영국 해상보험법(MIA) 제78조 (4)항은 손해방지의무자로 피보험자 및 그 대리인(agent)을 규정하고 있으며, 2009년에 개정된 ICC(A), ICC(B), ICC(C) 제16조는 피보험자, 그 사용인(servant) 및 대리인도 손해방지의무자에 포함시키고 있다. 이 법 규정들의 공통점은 피보험자를 모두 손해방지의무자로 포함하고 있다는 점이다.

② 손해방지의무의 내용

손해방지의무의 내용은 손해의 발생 자체의 방지와 더불어 발생되는 손해의 확대 저지 곧 경감하는데 있다. 손해의 방지나 경감을 위해 피보험자 등이 취해야 할 조치나 행위는 물적 손해에 관한 방지행위와 제3자에 대한 손해의 방지행위로 구분된다.

물적손해에 관한 방지행위는 선박이 해난을 당하여 그것을 방치하면 침몰손해가 발생할 염려가 있는 경우에 선박을 구조하기 위해 선장이 임의로 좌초시키는 행위 등을 말한다. 제3자에 대한 손해의 방지행위는 적하의 손해책임이 있는 해상운송인에 대한 손해배상청구권을 행사하고 보존하기 위한 조치 행위 등을 말한다.

(4) 손해방지의무의 위반과 그 효과

손해방지의무를 위반한 경우, 그것으로 인해 발생하지 않았을 손해가 새로 유발되거나 적은 손해로 그칠 것이 더 확대되었다면 그 유발 및 확대된 손해를 보험자가 보상해야 할 의무는 없는 것이다.

영국 해상보험법(MIA)에는 손해방지의무 위반에 대한 별도의 규정이 없기 때문에 피보험자와 그 대리인 등이 손해방지의무를 태만히 하였을 경우 보험자가 보상할 책임이 있는가 하는 해석상의 문제가 발생할 수 있다.

2) 제3자에 대한 손해배상청구권의 확보의무

중요약관(Importance Clause)은 해상보험증권의 본문약관(body clause) 옆에 기재되는 약관으로, 보험사고가 발생되었을 때 피보험자 등이 취해야 할 각종 조치와 절차 등을 일괄적으로 규정하고 있는 약관이다. 다른 약관과 구분하기 위하여 붉은색으로 인쇄되어 있으므로 적색 라인약관(red line clause)이라고도 부르고 있다.

이 약관의 주요 내용은 보험사고가 발생한 경우, 피보험자나 그 대리인이 취해야 할 손해방지의무와 더불어, 대위권에 의해 보험자가 적절히 행사할 수 있도록 운송인, 수탁인 또는 제3자에 대한 손해배상청구권을 피보험자가 확보해야 한다는 손해배상청구권의 확보(혹은 보전)의무를 피보험자와 그 대리인의 의무로 규정한 것이다.

여기에서 손해배상청구권의 확보의무는 운송인 등 제3자에 대한 손해배상청구권의 확보를 위해 피보험자나 그 대리인이 이행해야 할 의무이다.

보험자에게 보상책임이 있는 운송중 화물의 손해가 운송인 등 제3자의 귀책사유로 발생한 경우, 수하인은 보험자에 대한 손해배상청구권과 동시에 운송인 등 제3자에 대한 손해배상청구권을 갖게 된다.

대부분의 하주들은 손해배상청구권의 대상이 운송인인지 수탁인인지 아니면 어느 제3자인지 가려내기가 쉽지 않고, 입증책임이 보다 복잡하며 배상청구절차가 번거로운 손해배상청구권의 행사보다는 손해의 입증책임 등 보상청구가 보다 용이한 보험자에게 보험금을 청구받는 경향이 있다.

이러한 경우 보험금을 지급받은 피보험자로서는 손해보상의 원칙에 따라 제3자에 대한 권리, 즉 손해배상청구권을 대위해야 하고 보험자는 그가 지급한 금액의 한도 내에서 피보험자의 제3자에 대한 대위 권리를 당연히 취득하게 된다.

중요약관은 이러한 대위권에 부수되는 여러 가지 필요한 조치 사항들을 피보험자 등이 이행하도록 의무화하고 있다.

5. 보험금 청구시 구비서류

전술과 같이, 중요약관은 해상보험에서 보험증권의 본문약관(body clause) 옆에 기재되는 약관이다. 여기에는 클레임이 발생되었을 때 피보험자가 취해야 할 각종 조치와 절차 및 클레임 제기에 필요한 구비서류가 열거되어 있다.

물론 여기에 열거되어 있지 않은 서류들도 해당 클레임의 내용이나 성격에 따라 손해의 입증에 필요한 경우에는 추가로 제출해야 한다.

중요약관에 보험금 지급에 필요한 구비서류들을 사전에 명기하고 있는 이유는 보험자가 이러한 정보를 입수하는데 소요되는 시간과 업무량을 절약하기 위함이다.

클레임 제기를 위해 구비해야 하는 서류는 크게 ① 보험자의 담보위험에 의한 손해임을 입증하는 서류 ② 손해액을 입증하는 서류 ③ 구상권(손해배상 청구권)의 행사를 위한 손해와 제3자와의 책임관계 즉, 운송인 등 제3자의 귀책사유로 인한 손해임을 입증하는 서류 등이다.

1) 보험증권 원본

피보험자가 보험사고로 보험금을 청구하는데 필요한 보험증권은 원칙적으로 원본(original)의 보험증권이 요구된다. 그런데 만일 원본의 보험증권을 분실하였을 경우에는 피보험자가 보험증권 원본의 분실로 인해 발생하는 모든 책임을 부담한다는 조건의 각서(letter of indemnity : L/I)에 서명하여 제출해야 한다. 한편 보험증권의 양수인도 양도받은 보험증권이나 보험증명서를 기초로 보험금을 청구할 수 있다.

2) 상업송장

상업송장(commercial invoice)은 매도인이 매수인 앞으로 작성하는 선적화물에 대한 상세한 명세와 함께 화물의 가액이 기재된 유일한 서류이다. 무역거래에서 상업송장은 출하안내서, 계산서 및 대금청구서의 역할을 수행한다.

상업송장은 피보험목적물의 명세, 수량, 단가, 수하인, 보험금액의 적정 여부 등을 파악하는데 필요하고, 상업송장에 기재된 FOB, CIF 등은 피보험이익의 존재 즉, 보험금의 수취권자를 입증하는 중요한 근거가 된다.

3) 선하증권

선하증권(bill of lading)은 운송인과 송하인간의 운송계약에 따라 선사가 화물을 선적하였음을 확인하고 그 화물을 목적항까지 운송하여 이 증권의 정당한 소지인에게 증권과 상환으로 그 화물을 인도할 것을 약속하는 유가증권이다.

선하증권은 화물이 선적된 사실과 선적상황 및 운송계약 내용을 파악하는데 필요하며, 특히 보험자의 구상권 행사와 관련하여 운송인의 책임을 규명하는데 매우 중요한 서류이기 때문에 원본이 요구된다.

4) 포장명세서

포장명세서(packing list)는 멸실이나 손상된 화물의 수량이나 중량을 확인하기 위해 필요한 서류이다. 상업송장에는 품명, 수량, 단가 등이 표시되어 있으나, 이 서류만으로는 손해액 산정이 어렵기 때문에 포장에 대한 상세한 명세가 기재된 수량 및 중량명세서의 제출을 별도로 요구한다. 포장명세서는 화물의 특성에 따라 적합한 포장을 했는지의 여부를 파악하는 근거서류가 된다.

5) 검정보고서

검정보고서(survey report)는 운송 도중에 발생한 화물의 손상정도와 원인을 규명하기 위해 선정된 검정인이 작성하는 보고서이다. 여기에는 손해의 상태, 정도, 원인, 발생시점과 장소 등 손해산정시 보험자가 필요로 하는 제반사항들이 기재되어 있다.

일반적으로는 Lloyd's 표준양식(Lloyd's standard form)의 검정보고서를 사용하여 작성하며, 보험증권에 보험자가 지정한 검정인이 기재되어 있는 경우에는 반드시 지정 검정인에게 검정을 의뢰해야 한다.

6) 귀책사유자의 교신문

운송 중 발생하는 손해는 운송 관련자 중에서 책임을 져야 할 귀책당사자가 있게 된다. 따라서 손해발생을 인지한 후 선박회사, 하역업자, 창고업자, 육상운송업자 중 귀책사유가 있는 자에게 손해배상을 청구해야 하는 경우도 있는데, 이때에는 손해배상청구 공문과 그 회신들이 필요하다.

7) 기타 사고사실의 입증에 필요한 서류

(1) 본선수취증 또는 부두수취증

본선수취증(mate's receipt : M/R)은 화물이 선박에 적재가 완료되었을 때 일등항해사(chief mate)가 화물수취의 증거로 서명하여 하주에게 교부하는 서류로, 부두수취증(D/R)과 함께 운송인의 책임한계를 입증하는데 필요한 서류이다.

(2) 화물수취증

화물수취증(cargo boat note : B/N)은 선주(운송인) 또는 일등항해사와 수하인 사이에서 작성되는 화물의 인수인계서이다. M/R이나 D/R과 같이 운송인의 책임한계를 입증하는데 필요한 서류이다. 운송인은 이 서류에 기재되어 있지 않은 화물의 손상이나 수량부족에 대해서는 특별한 사정이 없는 한 면책되므로 이 서류는 해상화물 클레임의 증거와 세관에 대한 수입화물의 양하보고서의 역할을 한다.

(3) 해난보고서

해난보고서(sea protest)는 악천후로 선박이나 화물 등이 피해를 입거나 인명사고가 발생한 경우, 그 사실을 당해 감독관청에 통지하여 항해일지의 검열을 받고 그 사실의 증명을 받아두기 위해 선장이 처음 입항하는 항구의 항만당국에 보고하는 약식의 해난사고관련 보고서이다. 이 서류를 Master's Protestor 또는 Captain's Protest라고도 한다.

(4) 화물적부도

화물적부도(stowage plan)는 본선의 선창에 화물이 적재된 상태를 나타낸 도면이나 그림표를 말한다. 이 서류는 양륙지에서 하역관계자의 하역작업에 중요한 참고자료가 되며, 적재 불량으로 인한 손해는 선주가 책임져야 한다.

6. 보험금의 지급

해상보험에서는 피보험목적물의 보험가액을 최고한도로 하여 손해액에 대한 보험가액과 보험금액의 비율로써 보험금이 지급된다.

피보험자가 보험자에게 보험금을 청구하였을 때, 보험자는 증권상으로 담보되지 않는 위험임을 증명할 수 없는 한, 피보험자에게 지체 없이 보험금을 지급해야 한다.

보험금의 지급방식에는 다음과 같은 것들이 있다.

첫째, 특례지급방식(without prejudice settlement)이 있다. 이것은 보험자 측과 피보험자 측의 의견이 상반될 때 '여타보험에 영향을 주지 않는(without prejudice)' 조건하에 또한 장차 이와 유사한 보험금의 청구를 다시 제기하지 않을 것을 조건으로 하여 보험금을 지급되는 방식이다. 'without prejudice'는 소송으로 클레임을 진행하는 것을 피하고자 하는 목적으로 당사자간 화해협상에서 자주 사용되는 것으로 직역하면 '영향을 미치지 않는다.'라는 의미이다.

둘째, 구조물(救助物)차감 보상방식(salvage loss settlement)이 있다. 이것은 물품이 운송 도중에 화물에 손상이 발생하였을 때 손상된 화물을 목적지까지 운송하는 것보다 중간항에서 판매처분하는 것이 경제적 유리한 경우 손상품의 판매대금(차감금액)을 보험금에서 공제한 후의 그 차액을 보험금으로 지급하는 방식이다. 적하보험에서 운송 중 물적손해가 발생하였을 때, 중간항에서 매각되어 정상가격이나 손상가격을 계산하기 어려운 경우에 보험금을 실무적으로 산정하는데 이용되는 방식이다.

셋째, 대부금형식 보상방식(loan form payment)이 있다. 이것은 보험금이 확정되었을 때 보험금이 아니라 보험자가 피보험자에게 대부금(loan)을 지급하는 방식으로 보험금이 지급되는 방식이다. 이것은 일종의 보험자가 행하는 무이자의 대부금형식 지급이므로 대부금형식 지급이라고도 한다.

즉, 운송 중에 화물에 손상이 발생한 경우, 피보험자가 취하는 보험금 구상의 순서는 먼저 선사(운송인)에 구상하지만 선사로부터 수락거부를 당했을 때에는 그 거부장을 첨부하여 보험자에게 구상을 청구하는 것이 일반적이다.

그러나 선사의 대응은 늦어지는 경우가 많고 그 손해가 보험자에 의해 커버되는 성질의 것이면 보험자와 상의한 후 일단 보험자로부터 보험금을 지급받고 후일 선사로부터 배상금을 받았을 때 그 금액을 보험자에게 반환하는 것이 인정되고 있다.

이때 보험자가 하는 지급은 보험금의 지급이 아니고 무이자 대부금의 지급이 되는 것이다. 그러한 의미에서 이것을 대부금형식 보상방식이라고 부르고 있다.

제 5 장 피보험이익

제 1 절 피보험이익의 의의와 대상

1. 피보험이익의 의의

해상보험은 선박이나 화물과 같은 피보험목적물(재산)을 보호하려는 것이 아니라, 이러한 피보험목적물과 이해관계가 있는 특정의 경제주체를 보호하기 위한 제도이다.

따라서 해당 피보험목적물과 이해관계가 없는 자는 보험을 가입할 수 없고, 만일 보호할 이익이 없음에도 보험에 가입하게 되면 그러한 보험은 도박에 해당한다.

이와 같이 피보험목적물과 이해관계가 있는 자는 피보험목적물이 위험에 노출될 경우 손해를 입을 수 있기 때문에 이에 대비하여 보험계약을 체결하고, 이후 이 보험계약에 근거하여 불확실한 미래의 사고로부터 재산상의 손해를 보상받을 수 있는 이익을 가지게 된다. 이것을 피보험이익(insurable interest)이라고 한다.

우리나라 상법에서는 피보험이익을 '보험계약의 목적'이라고 표현하는데(제668조), 이것은 '보험의 목적'(제666조 제1호, 제675조, 제678조 등)과 구별되는 개념이다.

보험의 목적(subject-matter insured)은 보험계약의 대상(예를 들어 적하나 선박)을 말하는데 반하여, 보험계약의 목적은 이러한 피보험목적물에 대한 특정인이 갖는 이해관계 즉, 우연한 사고의 손해발생시 보상을 받고자 하는 것이다. 그러므로 '보험의 목적'과 '보험계약의 목적'은 그 개념이 전혀 다른 것이다.

상법에서 피보험이익은 보험계약의 목적으로 재산 그 자체가 아니라 재산에 대해 사람이 가지는 일정한 이해관계를 말한다. 또한 상법에서는 보험계약은 금전으로 산정할 수 이익에 한하여 보험계약의 목적이 될 수 있다고 규정함으로써 피보험이익이 존재하지 않으면 보험계약이 성립될 수 없음을 분명히 선언하고 있다.

생명보험은 사람의 생사를 다루는 보험이기 때문에 그것에 의한 손해의 유무는 발생하지 않게 된다. 따라서 생명보험에는 피보험이익의 개념은 존재하지 않는다.

2. 피보험이익의 대상

1) 적하

적하보험은 화물이 운송되는 도중에 발생하는 손해를 보상하는 해상보험의 일종이기 때문에 운송의 대상이 되는 화물 등 유체물들은 당연히 피보험이익의 대상이 된다.

해상보험에서 피보험이익의 대상이 되는 가장 중요한 것이 적하(화물)와 선박이다.

2) 선박

선박보험은 선박이 건조, 항해, 수리, 정박 중에 입는 손해를 보상하는 보험을 말하며 해상보험의 중요한 하나의 형태이다.

선박보험에서는 선박 자체 이외에 선박의 속구, 연료나 기타 항해에 필요한 모든 물건은 피보험목적물에 포함되기 때문에(상법 제696조) 선박 그 자체도 당연히 피보험이익의 대상이 된다.

3) 희망이익

희망이익(expect profit)은 화물이 목적지에 무사히 도착하게 됨으로써 얻게 되는 이익을 말하며 기대이익이라고도 한다.

화물이 항해 도중에 멸실하거나 손상을 입게 되면 매수인은 희망이익의 전부나 일부를 잃게 되기 때문에 적하보험을 보통 화물의 원가에 제비용과 함께 희망이익을 합산하여 부보된다. 그러나 희망이익보험만을 별도로 부보할 수도 있다.

예로, FOB조건에서 매수인이 운송 중인 화물을 전매하여 이익을 얻으려는 경우 항해도중에 화물이 멸실된다면 전매이익 전부를 잃게 되기 때문에 그 이익금에 대해 단독으로 희망이익보험을 가입할 수 있다.

따라서 희망이익도 피보험이익의 대상이 될 수 있다. 그러나 실무에서는 이를 별도로 부보하는 경우는 거의 없다.

4) 증액

화물이 도착지에 도착하기 전에 화물의 시가가 급등한 경우 피보험자는 시가의 증액분에 대해서도 손해보상을 받을 수 있도록 그 가격인상분을 증액보험으로 하여 별도로 부보할 수가 있다. 따라서 화물의 증액(increased value)도 피보험이익의 대상이 된다.

5) 운임

해상운송에서 운임(freight)은 운송에 대한 대가로 운송계약에 따라 해상운송인이 하주로부터 받는 금전을 말하며 크게 선불운임과 후불운임으로 구분된다.

선불운임(advanced freight)은 원칙적으로 화물의 상업송장 가액에 포함되어 있기 때문에 적하보험과 별개로 가입할 필요는 없다.

그러나 후불운임(freight collect)은 운송 도중 화물이 멸실한 경우나 화물이 손상을 입은 채 목적지에 도착하게 되면 지불받지 못하게 되는 경우도 있다.

이러한 손해에 대비해서 하주가 가입하는 적하보험과는 별개로 운송인은 운임보험에 가입하게 된다. 따라서 운임도 피보험이익의 대상이 된다.

6) 선비

선비(disbursement)는 선박의 운항에 부수하여 발생하는 모든 비용을 말하며 포장비, 창고료(storage), 검사료, 하역비(stevedorage), 수출세 등이 포함된다.

이러한 비용(charges)들은 총운임에 포함되어 운임의 취득에 의해 회수되는 것이므로 선비에 대한 피보험이익은 운임보험에 포함될 수 있다.

그러나 선박이 항해 중 보험사고가 발생하였을 경우에 이미 지급된 비용을 회수하기 위해 선주가 선비만을 따로 분리하여 보험에 가입하는 것이 선비보험이다.

보통 선비보험의 가입한도는 선박보험 가액의 일정비율(일반적으로 25%)로 제한하고 있다. 따라서 선비도 피보험이익의 대상이 된다.

7) 수입세

수입세(import duty) 또는 수입관세는 화물이 수입지에 양하된 후에 부과되기 때문에 화물이 도중에 멸실한 경우는 원칙상으로는 이것을 납부할 의무가 없다.

그러나 해난 때문에 손해를 입고 수입지에 도착했을 때 종가세(ad valorem duty)의 경우는 문제가 없지만, 종량세(specific duty)를 물게 되는 화물의 경우는 손상액 상당의 감세를 받지 못하게 되거나 아예 감세되지 않는 경우도 있다.

또 종량세의 경우나 종가세의 경우 모두 수입신고 전에 손상의 사실을 발견할 수 없을 때는 정품으로 과세되는 것이 일반적인 관행이다. 이러한 경우를 대비해서 수입자는 수입세도 보험에 가입하는 것이 필요하다. 수입세는 화물에 가산해서 부보할 수도 있으나, 별개로 가입하는 것이 보통이다.

제 2 절 피보험이익의 존재시기

1. 일반적 시기

일반적으로 피보험자는 보험계약을 체결할 때 피보험이익을 가지고 있어야만 한다.

그러나 해상보험은 국제성이 매우 강한 보험이기 때문에 선하증권 발행 전과 같이 피보험이익을 가지고 있지 않다 하더라도 보험계약을 체결할 수 있다.

해상보험에서 피보험자가 피보험이익의 존재를 증명해야 할 가장 중요한 시기는 보험사고가 발생한 때(at the time of loss)이다. 보험사고시 피보험자가 보험금을 청구할 때 선하증권을 제시하는 이유가 바로 자신의 피보험이익을 증명하기 위해서이다.

영국 해상보험법(MIA) 제6조 제1항도 '피보험이익은 보험계약체결 당시에는 존재하지 않아도 좋으나 손해가 발생한 때에는 반드시 존재해야 한다.'고 규정하고 있다.

2. 소급보상 경우의 시기

1) 소급보상의 의의

보험계약을 체결하기 전에 보험사고가 이미 발생하였다면 이때는 피보험목적물이 존재하지 않기 때문에 피보험자에게 피보험이익이 있을 수 없다. 따라서 피보험자는 이에 대한 보상을 받을 수 없게 된다.

그러나 선의의 피보험자들을 보호하기 위해 적하보험에서는 소급보상의 원칙(멸실여하를 불문한다. : lost or not lost)이 적용되고 있다. 이것은 보험계약이 체결되기 전에 발생한 손해까지도 소급하여 보험자가 보상한다는 원칙이다. 소급보험은 보험계약을 체결할 때 피보험목적물에 대한 상태의 확인이 어려울 경우에 적합하게 적용된다.

즉, FOB, CFR계약의 경우, 화물이 수출자의 영업소나 수출항의 창고 및 본선에 있는 상태에서 수입자는 수입지에 있는 보험자와 계약을 체결하게 되므로 피보험목적물의 손상여부 등을 확인할 수 없는 상태에서 보험계약을 체결하게 되는 것이다.

그런데 소급보상은 피보험자가 악용할 소지가 있기 때문에 보험계약 체결 당시에 당사자 모두가 보험사고의 발생사실을 모르고 있는 경우에만 적용되도록 하고 있다.

2) 존재시기

해상보험에서는 자동적으로 소급보상의 원칙이 적용되기 때문에 보험사고 발생시 피보험이익이 없어도 보상을 받을 수 있다. 즉, 적하보험의 경우 원칙적으로 피보험이익의 존재를 증명하는 시기는 보험사고가 발생한 때이지만, 소급보상의 조건으로 보험계약이 체결된 경우는 그러한 원칙은 적용되지 않게 되는 것이다.

영국 해상보험법(MIA) 제6조 제1항은 피보험이익이 귀속되어야 할 시기에 관하여 '피보험자는 보험계약을 체결할 때에 피보험보험물에 대하여 이해관계가 있을 필요는 없지만, 손해가 발생한 때에는 이해관계를 갖지 않으면 안된다.'라고 규정하고 있다.

또한 본 조항의 단서조항에는 '피보험목적물이 '멸실 여부를 불문함'이란 조건으로 보험에 가입되는 경우에는 보험계약의 체결시 피보험자가 손해발생사실을 알고 있었고 보험자는 그 사실을 알지 못하였을 경우가 아닌 한, 피보험자는 손해발생 후까지 자기의 이익을 취득할 수 없을지라도 보험금을 받을 수 있다.'라고 규정하고 있다.

◉ MIA 제6조 제1항 : When interest must attach

(1) The assured must be interested in the subject-matter insured at the time of the loss though he need not be interested when the insurance is effected:

Provided that where the subject-matter is insured 'lost or not lost,' the assured may recover although he may not have acquired his interest until after the loss, unless at the time of effecting the contract of insurance the assured was aware of the loss, and the insurer was not.

(2) Where the assured has no interest at the time of the loss, he cannot acquire interest by any act or election after he is aware of the loss.

(1) 피보험자는 보험계약을 체결할 때에 피보험목적물에 대하여 이해관계를 가질 필요는 없으나 손해가 발생한 때에는 피보험목적물에 대하여 이해관계를 가져야 한다.

다만 피보험목적물이 "멸실 여부에 불문하고(lost or not lost)"라는 조건으로 부보된 경우에는 피보험자가 손해발생 이후에 피보험이익을 취득했다 하더라도 피보험자는 손해를 보험자로부터 보상받을 수 있다. 다만, 보험계약 체결시 피보험자가 손해발생의 사실을 알고, 보험자가 이를 몰랐을 경우에는 보상받지 못한다.

(2) 피보험자가 손해발생시 이익을 가지고 있지 않는 경우, 피보험자는 손해발생을 알고 난 후에는 어떠한 행위 또는 선임에 의해서도 이익을 취득할 수 없다.

제 3 절 피보험이익의 요건

1. 적법성

피보험이익의 적법성은 해상사업과 이해관계가 있다고 하여 무조건 피보험이익이 되는 것이 아니라 피보험이익은 적법하고 합법적인 것이어야 한다는 것을 말한다.

그러므로 선량한 풍속이나 사회질서에 어긋나는 사항을 내용으로 하거나 특정한 법률에 의해 자유로운 사용이나 유통을 금지시키는 이익을 피보험이익으로 하는 경우 그 보험계약은 무효가 된다.

예를 들어, 밀수품, 절도품, 공서양속에 위배되는 서적 등 수출금지 품목은 피보험이익의 적법성이 결여된 것이기 때문에 처음부터 해상보험계약의 대상이 될 수 없다.

그럼에도 이러한 이익을 피보험이익으로 하여 보험계약이 체결된 경우에는 보험계약 자체가 무효가 되므로, 사고 발생시 보험금도 당연히 지급되지 않게 된다.

영국 해상보험법(MIA) 제4조 제1항도 피보험이익에 관하여 '사행 또는 도박을 목적으로 하는 모든 해상보험계약은 무효이다.'라고 전제하고 있다. 또한 제2항에서는 '해상보험계약은 피보험자가 본 법에서 정의하고 있는 피보험이익을 갖지 않고, 또한 그와 같은 피보험이익을 취득할 기대가능성이 없이 계약이 체결되는 경우에는 사행 또는 도박계약으로 간주된다.'라고 규정하여 그 의미를 같이 하고 있다.

◉ MIA 제4조 제1항

(1) Every contract of marine insurance by way of gaming or wagering is void.

(2) A contract of marine insurance is deemed to be a gaming or wagering contractor.

(a) Where the assured has not an insurable interest as defined by this Act, an the contract is entered into with no expectation of acquiring such an interest or.

(1) 사행이나 도박을 목적으로 하는 모든 해상보험계약은 무효이다.

(2) 해상보험계약은 다음의 경우 사행 또는 도박계약으로 간주된다.

(a) 피보험자가 이 법에서 정의하고 있는 피보험이익을 갖지 않고, 또한 그와 같은 이익을 취득할 기대가능성 없이 계약이 체결되는 경우, 또는.』

2. 확정성

피보험이익의 확정성은 피보험이익은 금전적으로 확정되고 그것이 누구에게 귀속될 것인가가 확실해야 한다는 것을 말한다.

피보험이익은 보험계약체결 당시에 그 존재가 사회통념상 객관적으로 '확정되어 있거나, 적어도 보험사고 발생시까지는 객관적으로 확정될 수 있는 것'으로 경제적으로 얼마의 가치가 있고 또한 누구의 것인가가 분명해야 한다는 것이다.

왜냐하면 보험사고가 발생한 경우 피보험이익이 확정되지 않으면 손해도 확정되지 않을 뿐 아니라 보험자가 보상할 보험금도 확정될 수 없기 때문이다.

영국 해상보험법(MIA) 제6조 제1항도 '피보험자는 보험계약을 체결할 때에 피보험보험물에 대해 이해관계가 있을 필요는 없지만, 손해가 발생한 때에는 이해관계를 가져야만 한다.'라고 규정함으로써 손해가 발생한 때에는 피보험이익이 확정되어야 함을 강조하고 있다.

그러나 피보험이익이 현재 확정되어 있지 않더라도 장래에 객관적으로 확정될 것이 확실한 것은 당연히 보험의 대상이 될 수 있다. 예를 들어, 희망이익은 보험계약 체결시에는 확정되거나 실현되지 않은 이익이지만, 적어도 손해발생시까지 확정될 수 있다면 피보험이익으로 인정되어 보험의 대상이 될 수 있다.

이와 같이 피보험이익은 금전적으로 확정되고 그 귀속이 결정될 수 있어야 하는데, 예를 들어 CIF가격의 110%를 보험금액으로 할 때 100%(적하) + 10%(희망이익)가 되는 것과 같다.

◉ MIA 제6조

The assured must be interested in the subject-matter insured at the time of the loss though he need not be interested when the insurance is effected. ; Where the assured has no interest at the time of the loss, he cannot acquire interest by any act or election after he is aware of the loss.

피보험자는 보험계약이 체결될 때 피보험목적물에 이해관계를 가질 필요는 없지만 손해발생시에는 반드시 피보험목적물에 이해관계를 가져야 한다. ; 피보험자가 손해발생시 이익을 가지고 있지 않는 경우, 피보험자는 손해발생을 알고 난 후에는 어떠한 행위 또는 선택에 의해서도 이익을 취득할 수 없다.

3. 경제성

피보험이익의 경제성은 피보험이익은 객관적으로 재산상의 가치를 가지고 있어야 하며 금전적으로 산정될 수 있는 이익이어야 한다는 것을 말한다.

보험사고가 발생하였을 때 보험자가 부담하는 책임은 경제적인 가치가 있어야 하므로 그 책임을 통해 충족되는 피보험이익도 경제적으로 평가할 수 있는 것이어야 하는 것은 당연한 일이다.

만일 피보험이익이 경제성을 가지고 있지 않으면 손해의 사정 자체가 불가능하며 손해액 이상의 보상을 하게 되는 문제들이 야기될 수도 있다.

또 경제성을 가지는 이익이라면 그 이익이 화물의 소유자가 그 화물에 대해 가지는 이해관계 등과 같은 적극적인 이익이든, 타인의 화물을 보관하고 있는 자가 그 화물이 도난당하지 않음으로 인하여 갖게 되는 이해관계 등과 같은 소극적 이익이든을 불문하고 모두 피보험이익이 될 수 있다.

그러므로 경제적 가치가 없고 종교적, 도덕적, 정신적, 감정적 가치와 같이 객관적으로 평가될 수 없는 이익들은 당연히 피보험이익이 될 수 없다.

왜냐하면 객관적으로 평가할 수 없는 이익에 대해 보험가입을 허용하게 되면 보험제도가 도박을 조장하거나 도박의 목적에 악용될 가능성이 높기 때문이다.

이에 따라 우리나라 상법에서도 '보험계약은 금전으로 산정할 수 있는 이익에 한하여 보험계약의 목적으로 할 수 있다.'고 규정하고 있다.

이는 피보험이익은 경제적 이익이 금전적으로 평가될 수 있는 것이어야 한다는 것을 재천명하고 있는 것이다.

여기서 '금전으로 산정할 수 있는 이익'이란 원칙적으로 물보험에 국한되는 것이지만, 피보험자의 제3자에 대한 손해배상책임과 관련된 책임보험의 경우에도 경제적인 이해관계가 있기 마련이므로 경제적인 이익을 반드시 물보험의 피보험이익으로만 국한시킬 필요는 없다 하겠다.

◉ 상법 제668조

보험계약은 금전으로 산정할 수 있는 이익에 한하여 보험계약의 목적으로 할 수 있다.

제 4 절 피보험이익의 평가

1. 보험가액

보험가액(insured value)은 피보험이익을 금전으로 평가한 것으로 보험사고가 발생한 경우에 피보험자가 입게 될 손해의 최고한도이며, 보험계약을 체결할 때에 보험계약 당사자 간에 합의하여 보험증권에 정하여 놓은 금액을 말한다.

화재보험의 경우에는 주택, 건물, 공장, 창고 등이 손실되었을 때 피보험자가 입게 되는 손해액의 한도, 그리고 자동차보험이나 기계보험의 경우에는 자동차나 기계의 시가가 보험가액이 된다.

보험가액은 손해보험에만 존재하는 개념이다. 그 이유는 보험가액은 때와 장소에 따라 변동할 가능성이 있는데, 사람의 가치는 때와 장소에 따라 변동되지 않으며 책임보험이나 인보험 등은 보험가액의 평가자체가 불가능하기 때문이다. 해상보험과 같이 사고가 발생한 때와 장소의 가격을 평가하기 어려운 경우에는 미리 피보험자와 보험자가 보험가액을 협정할 수 있다. 이것을 기평가보험(旣評價保險)이라고 한다.

2. 보험금액

보험금액(sum insured, insurance amount)은 보험사고가 발생한 경우에 보험자가 보상하는 최고한도액으로, 보험계약에서 약정한 금액을 말한다.

보험금액은 피보험자가 보험계약을 체결할 때에 보험가액의 범위 내에서 임의로 설정할 수 있다. 그러므로 보험가액과 보험금액은 일치할 경우도 있고 서로 일치하지 않을 경우도 있다.

한편, 보험사고가 발생한 경우에 보험자가 피보험자 내지는 보험수익자에게 지급하는 실제의 금액을 보험금(claim)이라고 한다.

보험금액과 보험금의 개념은 항상 동일하게 사용되기 때문에 구별해야 할 이유는 없지만 부보금액과 확정금액의 차이를 나타내는 의미에서는 구별이 필요하다.

무역거래에서는 보험계약을 체결할 때 보험금액이 결정된다. 보통은 상업송장 금액의 110%를 보험금액으로 한다. 그러나 신용장거래에서 보험금액을 정하지 않은 경우에는 선적분의 CIF가격 또는 CIP가격에 10%를 가산한 것을 보험금액으로 간주한다.

3. 보험가액과 보험금액의 관계

1) 전부보험

전부보험(full insurance)은 보험가액과 보험금액이 일치하는 경우를 말한다. 전부보험에서 보험자는 발생한 손해액을 보험가액의 범위 내에서 보상하기 때문에 보험의 가장 이상적인 형태이다. 이 경우에 보험자는 보험사고에 따른 손해액 전부를 지급할 의무를 부담한다. 해상보험은 일반적으로 전부보험으로 계약을 체결한다.

2) 일부보험

일부보험(under insurance)은 보험금액이 보험가액보다 적은 경우를 말한다. 일부보험은 피보험자가 보험료의 절감을 위해 의식적으로 하는 경우도 있고 또 물가가 상승한 결과 자연적으로 발생하는 경우도 있다.

일부보험에서 손해를 보상하는 방법에는 다음의 두 가지 방식이 있다.

첫째는 비례보상 원칙이다. 이 원칙은 전손의 경우에는 보험금액 전액을 지급하지만 분손의 경우에는 보험금액의 보험가액에 대한 비율만큼 보상하는 방식이다.

손해보험은 피보험자가 실제손해를 초과하여 부당한 이익을 얻는 것을 금지하는 원칙을 대전제로 하며, 상법 제672조(중복보험)에서는 동일한 보험계약의 목적과 동일한 사고에 대해 수개의 보험계약이 체결된 경우에는 이를 비례하여 보상하도록 하고 있는데, 이를 근거로 손해를 보상하는 방식이 비례보상방법이다.

둘째는 실손보상 원칙이다. 이 원칙은 비례보상 원칙을 적용하지 않고 특약에 의해 보험금액을 한도로 손해액을 보상하는 방식이다.

3) 초과보험

초과보험(over insurance)은 보험금액이 보험가액을 초과할 경우를 말한다. 예를 들면 시가 5,000만 원의 화물(보험가액)에 보험금액 8,000만 원을 정하여 체결한 적하보험계약과 같다.

초과보험이 성립되기 위해서는 보험금액이 보험가액을 초과해야 하며, 피보험자에게 사기성이 없어야 한다. 사기에 의한 경우는 보험계약 전체가 무효가 된다.

초과보험의 경우 계약당사자의 선의나 악의를 불문하고 초과부분은 당연히 무효가 된다. 그 이유는 보험의 도박화와 고의적인 보험사고를 방지하기 위함이다.

제6장 보험료

제1절 보험료의 의의와 구성 및 종류

1. 보험료의 의의와 구성

1) 보험료의 의의

보험료(premium)는 보험자의 위험부담에 대한 대가로 피보험자가 보험자에게 지급하는 금전을 말한다.

보험료는 보험계약을 체결할 때에 확정되는 것이 원칙이다. 그러나 항해가 변경되어 추가보험료를 지급할 것을 협정하는 경우에는 계약을 체결한 후에 협정되기도 한다.

보험료의 보험금액에 대한 비율을 보험료율이라 하는데, 보험료율은 보통 보험금액에 대한 백분비(%)로 표시된다. 예컨대 보험금액이 US$ 5,000이고 보험료율이 0.64%라고 하면 보험료는 US$ 32(5,000×0.0064)가 된다.

한편, 피보험자가 보험료를 지급해야 할 의무와 보험자가 보험증권을 발행할 의무는 동시조건이므로 피보험자에 의해 보험료가 지급될 때까지 보험자는 보험증권을 발행할 의무가 발생하지 않는다.

2) 보험료의 구성

보험료는 크게 순보험료(net premium)와 부가보험료(loading premium)로 구성되는데, 이를 합하여 영업보험료(office premium, gross premium) 또는 총보험료(gross premium)라고 부른다.

순보험료는 피보험자가 장래의 사고발생시 또는 만기가 되었을 때에 받게 되는 보험금 지급에 충당할 금액으로 보험 본래의 사명을 다하기 위해 직접 필요한 금액이다.

부가보험료는 보험자가 보험사업을 경영하기 위한 사업비에 충당하는 금액으로 인건비나 광고 등 사업운영비가 포함된다. 부가보험료에서 가장 크게 차지하는 것은 영업조직에게 주는 수수료이다.

2. 보험료의 종류

1) 경과보험료와 미경과보험료

경과보험료(earned premium)는 보험자가 일정기간에 대하여 수령한 보험료 총액 중에서 이미 지나간 기간에 해당하는 비율만큼의 보험료를 말한다.

미경과보험료(unearned premium)는 보험자가 피보험자로부터 받은 보험료 중에서 아직 해당 보험료 기간이 경과하지 않은 보험료를 말한다. 가령 보험자가 1년치 보험료를 받은 후 6개월이 경과했다면, 받은 보험료의 1/2은 나머지 6개월(미경과 기간)에 해당하는 것으로 미경과보험료가 된다.

2) 추가보험료

추가보험료(additional premium)는 해상보험에서 기본보험료보다 부담해야 할 위험의 정도가 큰 경우나 위험이 증가되었을 경우에 그 위험의 정도에 따라 기본보험료에 추가해서 부가되는 보험료를 말한다.

적하보험에서는 기본적인 보험조건(A/R, WA, FPA 또는 ICC(A), ICC(B), ICC(C) 등)에 추가하여 부가위험(전쟁, 동맹파업, TPND 등)을 추가로 담보 받고자 원할 때 기본보험료 이외에 추가보험료가 부과한다.

추가보험료는 보험계약에서 특수한 위험을 특약하는 경우, 그 위험의 추가 내용에 따라 추가로 납부하는 보험료이기 때문에 할증보험료라고도 한다.

3) 위험보험료

전술과 같이 영업보험료는 순보험료와 부가보험료로 구분되는데, 적하보험과 같은 손해보험에서 순보험료는 피보험목적물의 위험도에 따라 산출한다는 의미에서 위험보험료(risk premium)라고도 부른다. 참고로 생명보험에서는 보험가입자가 중도에 사망한 경우 지급하는 사망보험금의 재원이 되는 부분이 위험보험료가 된다.

4) 수입보험료와 원수수입보험료

수입보험료(income premium)는 보험자가 일정 기간 중 또는 회계연도 중에 받아들인 보험료의 총액을 말한다. 그리고 수입보험료 중에서 원수보험계약에 의거하여 보험자가 피보험자로부터 받아들인 보험료를 원수수입보험료라고 한다.

제2절 보험료율의 종류와 산정

1. 보험요율의 의의

보험계약을 체결할 때 보험료 산출의 근거가 되는 보험요율(premium rate)은 보험금액에 대한 보험료의 비율을 말한다.

일반적으로 보험사고의 발생율이나 보험금 지급이 증가하는 만큼 보험요율도 높아지게 된다. 보험회사는 보험요율을 적절하게 산출하기 위해 과거의 자료에 비추어 보아 보험계약의 위험도를 측정한다.

2. 보험요율의 종류

1) 자유요율과 협정요율

(1) 자유요율

자유요율(free rate)은 보험자 별로 독자적인 재량과 판단에 따라 피보험자와 교섭하여 정해지는 요율을 말한다. 현재 우리나라에서 적용되는 적하보험의 요율은 보험자별로 자율적으로 산출, 적용되고 있다.

자유요율제도 하에서 보험요율은 보험자에 따라 다르기 때문에 피보험자가 어느 보험자를 선택하느냐에 따라 보험료 부담도 달라진다. 따라서 보험자에 보험료율을 조회하여 요율이 낮고 신용이 있는 회사와 보험계약을 체결하는 것이 바람직하다.

(2) 협정요율

협정요율(tariff rate)은 보험자 상호간에 자발적인 협약에 의해 협정된 요율(사적 협정요율) 또는 법률이나 법령에 따라 소정의 방식으로 산정하여 정부(보험개발원)로부터 인가받은 요율(공적 협정요율)을 말한다.

우리나라는 오랜 기간 동안 협정요율 체제를 유지하여 왔으나 피보험자를 위한 서비스제공을 위하여 특정 피보험자에 대해서는 선박보험은 1996년 4월부터, 적하보험은 1997년 4월부터 제한적이지만 자유요율제도를 채택하고 있다.

2) 전쟁 및 동맹파업위험의 보험요율

적하보험에서 담보위험은 해상고유의 위험, 해상위험, 전쟁위험, 동맹파업위험 등으로 대별할 수가 있는데, 이때 전쟁위험과 동맹파업위험의 보험료율은 각각 별도의 관점에서 산정되고 있다.

전쟁위험은 인위적·돌발적으로 발생하고 또 일단 발생하면 손해가 거대하게 될 가능성이 있기 때문에 세계적인 규모에서 파악되어야 한다.

따라서 전쟁위험의 보험료율은 각국에서 개별적으로 산정하는 것이 아니라 세계 각국 모두가 영국 런던의 전쟁위험 보험요율위원회(war risks rating committee)가 작성 및 공표하는 전쟁 및 동맹파업위험 요율표를 그대로 사용하고 있다.

그 이유는 이 요율표가 가장 권위있는 요율로 평가되고 있을 뿐 아니라 보험자가 인수한 보험계약을 해외에 재보험하기 위해서는 이 요율을 따르지 않으면 재보험의 출재가 어렵도록 되어 있기 때문이다.

3) 선박보험의 보험요율

선박보험에서 보험요율을 결정할 때 가장 어려운 점은 선박보험은 화재보험이나 적하보험과 비교하여 계약 건수가 매우 적은 편에 해당하지만, 1건 당 보험가액이 매우 크며 보험금액의 대소가 보험요율에 크게 영향을 미친다는 점이다.

또한 선박보험은 보험요율 산출에 있어 기본원칙이 되는 대수의 법칙이 적용되기 어렵기 때문에 손해율이 불안정하게 되어 보험자의 수익성을 불안하게 만든다.

이러한 이유로 선박보험에서 보험료의 산정은 국제적인 차원에서 다른 국가 선박의 손해율로부터도 영향을 받게 되는 경우가 많다.

그러나 대체로 선박의 총톤수 및 재화중량톤수, 선령, 의장(艤裝) 및 장비, 선급의 유지 여부, 선박의 사용용도, 운항구역, 보험조건, 선박의 관리상태, 보험기간과 같은 여러 가지 요소를 복합적으로 고려하여 보험료를 산정하게 된다.

현재 우리나라 선박보험의 보험요율 체계는 선박의 총톤수를 기준으로 이원화되어 있다. 즉, 총톤수 500톤 이상 선박은 대한재보험공사[Korean Reinsurance Company, 현재 코리안리재보험(주)]의 보험요율을 적용하고, 500톤 미만 선박은 보험개발원이 제정한 협정 순보험요율을 각 원수보험에서 준용하도록 되어 있다.

선박보험에서 보험료는 전손과 분손에 충당하는 보험료로 구성되며, 이 두 보험료를 합산한 금액을 보험금액으로 나누어 산출되는 몫이 보험요율이 된다.

3. 보험료율 산정의 기본원칙

보험요율은 보험자로 하여금 보험영업을 통한 적정한 이윤을 획득하게 하고 경쟁에 효과적으로 대처하는데 필요한 요율구조를 발전시키는 중요한 요인이 된다.

보험자의 경쟁력 확보와 피보험자 보호를 위해 보험감독기관은 보험요율을 산정할 때 지켜야 할 원칙을 제시하고 있는데, 이것이 보험료율 산정의 기본원칙이다.

1) 공평성

공평성(equity)은 보험요율은 부당하게 차별되지 않아야 한다는 것이다. 보험자는 보험요율을 산정할 때 위험을 여러 가지 기준에 따라 분류하여 구분한다.

이 경우 동일집단에 속하는 위험이면 같은 수준의 보험요율이 부과되어야 하고 동일하거나 유사한 위험에 속하는 위험은 보험료를 차별하지 말고 같은 수준의 보험요율이 적용되어야 하며, 성격이 다른 위험이나 위험의 정도가 뚜렷하게 다르다면 보험요율의 차별은 당연히 인정되어야 한다는 것이다.

2) 충분성

충분성(sufficiency)은 보험요율은 보험자가 손해보상을 할 수 있고 보험사업을 운영할 수 있을 만큼 충분해야 한다는 것이다.

보험료는 손해보상을 위한 기금이면서 보험사업의 경비이므로 보험자가 자신이 약속한 손해보상을 이행할 수 있도록 충분해야 한다. 즉, 보험료는 보험자가 보험계약을 인수하고 이를 관리하는데 필요한 경비로 지출할 수 있을 만큼 충분해야 하고 영리보험일 경우에는 보험자에게 적정한 이윤도 보장해 주어야 한다.

만일 요율을 너무 낮게 산정하면 보험사고로 지급할 보험금에 비하여 보험료가 충분하지 않아 피보험자가 피해를 입게 되며, 충분성을 고려한 나머지 보험요율이 지나치게 높게 책정되면 보험료의 과도한 지출이 발생하게 된다.

3) 적응성

적응성(adaptability)은 보험요율은 위험의 변화를 적절히 반영할 수 있어야 한다는 것이다. 즉, 보험요율은 충분한 동시에 경쟁성이 보장되어야 한다는 것이다. 요율 산출시 추세율(trend factor)의 반영은 적응성을 확보하기 위한 대표적인 기법으로 활용된다.

4) 적정성

적정성(adequacy)은 보험요율은 과다하지 않아야 한다는 것이다. 즉, 예상손실이나 비용보다 과다하게 보험료를 산정하는 것이 아니라 적정하고 타당한 요율로 보험료가 산정되어야 한다는 원칙이다.

이것은 보험의 전문지식이 부족한 피보험자들을 보호하려는 것으로 충분성과 상충되는 원리이다. 현실의 보험시장에서는 보험자간의 경쟁을 통해 보험료율의 적정성이 유지되고 있다.

5) 안정성

안정성(stability)은 보험요율은 안정적이어야 한다는 것이다. 즉, 보험요율이 자주 변동하게 되면 피보험자들은 보험요율이 낮을 때 집중적으로 보험계약을 체결하고 보험요율이 오를 것으로 예상되면 보험계약의 체결을 미루게 되어 무보험상태가 되므로, 보험요율은 일정기간 변경되어서는 안 된다는 것이다.

6) 단순성

단순성(simplicity)은 보험요율은 단순해야 한다는 것이다. 즉, 보험요율 체계는 이용하기 쉽고 적용이 간편해야 한다는 원칙이다.

이 원칙은 피보험자가 보험요율을 쉽게 이해할 수 있게 하고 다수의 보험계약을 신속하게 체결하는데 도움이 되도록 한 것이다.

7) 신축성

신축성(flexibility)은 보험요율은 신축적이어야 한다는 것이다. 즉, 보험요율은 위험의 정도나 경제환경의 변화 등 보험요율의 산정요소에 변경이 있을 경우에는 신축적이며 탄력적으로 조정되어야 한다는 원칙이다. 해상보험의 경우 요율의 조정기간은 보통 3년을 주기로 하고 있다.

8) 비과도성

비과도성(non-excessive)은 피보험자의 보험에 대한 무지를 이유로 보험요율을 과도하게 높게 책정해서는 안 된다는 원칙이다. 이것은 피보험자를 보호하기 위한 것으로 적정성과도 연결되는 원칙이다.

4. 보험료율 산정의 요인

보험료율의 산정에 영향을 미치는 요인들로는 보험조건, 화물의 종류와 성질, 화물의 포장상태, 적재선박, 손해율, 운송구간 등이 있다.

1) 보험조건

보험조건(condition of insurance)은 보험자가 부담하는 손해보상의 범위를 나타내는 조건을 말하며 기본조건, 부가위험 담보조건, 확장담보조건으로 구분된다.

첫째, 무역거래에서 사용되는 기본조건은 구약관으로는 A/R조건, WA조건, FPA조건이 있으며 신약관으로는 ICC(A), ICC(B), ICC(C) 등 3종류가 있다. 기본조건은 각각의 필요성에 따라 여러 가지 특수조건을 부가하여 사용하고 있다.

기본조건 중에서 보험자가 보상하는 담보위험은 A/R과 ICC(A)가 유사하고 WA와 ICC(B)가 유사하며 FPA와 ICC(C)가 유사하다. 또한 A/R과 ICC(A)가 보상범위가 가장 넓으며 FPA와 ICC(C)는 보상범위가 가장 좁다.

담보위험과 보상범위가 확대하면 그 만큼 보험자가 부담하는 위험도는 증가하기 때문에 보험요율도 거기에 비례하여 높아진다. 따라서 화물의 성질에 적합한 보험조건이면서도 채산이 맞는 조건을 채택하는 것이 바람직하다.

둘째, 부가위험 담보조건은 기본조건인 FPA, WA나 ICC(C), ICC(B)에 TPND 등의 위험을 추가하여 부보함으로써 보다 저렴한 보험료로 A/R이나 ICC(A) 조건으로 부보한 것과 동일한 효과를 거두기 위해 사용하는 조건이다.

셋째, 확장담보조건은 해상보험에서 육상운송이나 보험기간의 연장이 필요할 때 추가하는 담보조건으로 내륙운송 확장담보조건(ITE)과 내륙보관 확장담보조건(ISE)이 있다.

2) 화물의 종류와 성질

해상보험의 대상이 되는 화물의 종류는 다양할 뿐 아니라 그 화물의 종류나 성질에 따라 어떠한 특정한 손해를 발생시키는 위험도 달라진다.

예를 들어, 유리제품이나 정밀기계 등은 일반화물에 비해 수송중의 충격에 약하기 때문에 파손이 일어날 가능성이 크며, 철광석은 비에 젖어도 거기에 따르는 손해는 거의 없는데 비해 설탕이 비에 젖으면 큰 손해를 입게 된다.

이와 같이 해상보험의 대상이 되는 화물의 종류나 성질은 보험요율의 산정에 중요한 영향을 미치는 요인이 된다.

3) 화물의 포장상태

산화물(bulk cargo)은 개별 단위화된 화물이나 밀봉된 컨테이너 화물의 경우에 비해 부족손해의 발생이 일어나기 쉽고, 같은 밀봉화물이라 하더라도 2~3겹의 종이봉지에 넣은 것과 5~6중의 종이봉지에 넣은 다음 다시 견고하게 폴리에틸렌 포장을 한 것은 포장파손에 따른 부족손해의 발생정도에 상당한 차이가 난다. 따라서 화물의 포장상태의 좋고 나쁨도 보험요율 산정의 중요한 요인이 된다.

4) 화물의 적재방식

갑판에 적재된 화학약품이나 목재 등의 화물은 악천후를 만나게 되면 파도에 휩쓸릴 위험이 매우 높고 항상 바람과 비에 노출되어 있기 때문에 선창 안에 선적된 화물보다 보험요율이 높게 된다.

또한 선창 안에 선적된 경우에도 적재방식이 부적절하면 무너지기 쉽고 인접한 적재화물이 새기 쉬운 액체화물인 경우에는 오손을 입을 가능성이 커지게 된다. 이와 같이 화물의 적재방식은 보험요율 산정의 중요한 요인이 된다.

5) 적재선박

하주의 귀중한 화물을 운송하는 선박의 상태는 보험요율 산정에 매우 중요한 요인이 된다. 노후선박은 선박자체에 견고함이나 내항성이 떨어지기 때문에 충돌이나 좌초 사고가 발생하게 되면 전손이 될 위험성이 매우 높다.

이에 반해, 새롭게 건조된 선박은 선박자체의 견고함이 우수하고 내항성이 높을 뿐만 아니라 정평이 있는 일류 선사가 운항하는 선박은 선박의 보수나 관리가 확실하기 때문에 화물의 운송이 안전하게 이루어질 수 있다.

따라서 해상보험에서는 선령, 선급, 총톤수 등에 따라 위험도를 측정하고 경우에 따라 할증보험료를 받고 있다. 즉, 보험자가 보험요율을 산정할 경우 선박이 협회선급약관(Institute Classification Clause)에 규정된 Approved Vessel을 전제로 하기 때문에 이외의 선박에 선적하게 되면 할증보험료를 징수하게 된다.

여기에서 Approved Vessel는 ① 기계력에 의한 자항능력을 지니는 철선일 것 ② Lloyd's Register … 100 Al or B, S., Korean Register … KRS 1 등 10대 선급가운데 하나를 취득할 것 ③ 선령이 15년 이하인 것 ④ Liner의 경우는 선령 15년을 넘어도 좋지만 25년 이하의 요건을 충족시키는 선박을 말한다.

6) 손해율

과거에 해당 계약과 동종의 화물, 도착항, 동종의 적재선박들이 실제로 어느 정도 사고가 발생했는가를 아는 것은 보험요율 산정에 필수불가결한 요인이 된다.

손해율(loss ratio)은 지급되는 보험금의 수입보험료에 대한 비율을 말한다. 보험자는 이 손해율을 근거로 현재 사정의 변화를 감안하여 해당 보험계약의 위험도를 측정하기 때문에 손해율의 평가는 보험회사 경영분석의 기초가 된다.

실제 손해율과 예정 손해율을 비교하여 실제 손해율이 예정 손해율을 초과하면 위험이 실제보다 낮게 평가되었다는 의미로 보험회사는 차기 보험료를 인상하거나 높은 위험에 대해 보험계약의 인수를 제한하는 등 손해율 저하에 노력하게 된다.

반대로, 예정 손해율이 실제 손해율을 초과하면 위험이 과대평가되었다는 의미로 차기 보험료를 인하하거나 인수 제한을 완화하게 된다.

7) 환적 여부

화물의 운송과정에서는 환적이 일어나는 경우가 빈번히 발생한다. 운송 도중에 다른 선박으로 환적(transshipment : T/S)을 하게 되면 적재화물의 양하와 재선적의 과정에서 파손 등의 위험이 발생할 가능성이 매우 높기 때문에 보통의 경우에는 환적을 금지시킬 뿐 아니라 환적이 발생하는 경우 할증보험료가 부가된다. 그러므로 환적의 여부와 횟수도 보험요율 산정에 중요한 영향을 미치는 요인이 된다.

8) 운송구간과 계절 등

선박이나 화물의 운송구간이나 계절도 보험요율 산정에 중요한 요인이 된다. 북태평양 서쪽에서 발생하는 태풍(typhoon)이나 인도양이나 남태평양에서 발생하는 열대 저기압인 싸이클론(cyclone)의 진로에 해당하는 해역, 몬순(monsoon) 등에 의해 악천후조우가 예상되는 해역이나 좌초가 빈번하게 발생하는 해역을 항해할 경우에는 여타 지역보다 해상사고가 발생하기 쉽다. 또한 태풍 등은 계절마다 발생 정도가 다르기 때문에 선박이 출항하는 계절이나 출항일자도 위험측정의 중요한 요인이 된다.

그 밖에 보험자는 출발항·도착항의 항만상태, 도착지의 여러 사정(정치·사회정세, 도난위험의 정도, 기상조건 등)을 종합적으로 고려하여 보험계약의 인수 여부를 결정하기 때문에 이러한 것들도 보험자가 보험요율을 산정하는데 중요한 영향을 미치는 요인이 된다.

제 7 장 고지의무

제 1 절 고지의무의 성질과 당사자

1. 고지의무의 의의

고지의무(duty of disclosure)는 피보험자 등이 보험계약 체결 당시에 보험자에게 중요한 사실을 고지하고 그 중요한 사실에 대해 부실고지를 하지 아니할 의무를 말하며 '계약 전 알릴 의무' 혹은 '표시의무'라고도 한다.

보험계약을 체결할 때 보험자는 그 위험을 인수할 것인가, 인수한다면 보험료를 어떻게 정할 것인가를 결정하기 위해 위험에 대한 정확한 평가를 해야 한다.

그런데, 보험자의 위험에 대한 평가는 피보험자 등이 알려주는 정보를 토대로 이루어지기 때문에 피보험자 등에게 사고발생의 가능성을 측정하는데 중요한 사항(예로 화재보험은 가옥구조, 생명보험은 피보험자의 기왕병이나 현재 병의 유무, 자동차보험은 자동차의 사용목적 등)을 보험자에게 알리도록 하는 의무를 부과하고 있다.

◉ MIA 제18조 : Disclosure by assured

(1) Subject to the provisions of this section, the assured must disclose to the insurer, before the contract is concluded, every material circumstance which is know to the assured, and the assured is deemed to know every circumstance which, in the ordinary course of business, ought to be known by him. If the assured fails to make such disclosure, the insurer may avoid the contract.

(1) 본조의 규정에 따라, 피보험자는 자기가 알고 있는 모든 중요사항을 계약이 성립되기 전에 보험자에게 고지해야 하며, 피보험자는 통상의 업무상 마땅히 알아야 하는 모든 사항을 알고 있는 것으로 간주한다. 피보험자가 그러한 고지를 하지 않은 경우에는 보험자는 계약을 취소할 수 있다.

2. 고지의무의 성질과 당사자

1) 고지의무의 성질

고지의무는 보험자가 선택할 위험의 판단 과정에 피보험자 등이 협력할 의무이기 때문에 피보험자 등은 보험계약을 체결할 당시에 중요한 사항을 고지해야 한다.

보험자는 피보험자 등이 고지하는 내용을 토대로 해당 보험계약을 체결할 것인가, 체결한다면 보험계약의 내용을 어떻게 결정할 것인가 등을 판단하게 된다.

그러므로 고지의무 자체는 보험계약을 체결하기 이전에 이루어지는 의무이지 보험계약이 체결됨으로 인하여 발생하게 되는 의무는 아니다. 또한 고지의무는 보험자의 위험측정상의 편의를 고려한 법률의 규정(상법 제651조)에 근거한 것이다.

한편, 고지의무는 보험계약이 체결되기 전에 피보험자 등이 부담하는 의무이기 때문에, 보험계약의 체결 후에 보험계약의 효과로서 발생하는 피보험자의 위험의 변경이나 증가의 통지의무(상법 제652조)나 손해발생의 통지의무(제657조)와 명백히 구별된다.

또한 고지의무는 보험계약의 전제조건이다. 보험자가 그 의무의 이행을 강제하거나 그 불이행에 대해 손해배상을 청구할 수 있는 것이 아니라 보험자의 해지권 행사로 인한 불이익을 면하기 위해 피보험자 등이 부담하는 일종의 구속이므로 고지의무는 이른바 간접의무 또는 자기의무에 해당한다.

2) 고지의무의 당사자

고지의무를 이행해야 하는 당사자는 보험계약자, 피보험자, 또는 피보험자의 대리인이다. 보험계약자와 피보험자는 대부분 동일인이지만 제3자를 위한 보험과 같이 동일인이 아닌 경우에는 보험계약자가 고지의무의 당사자가 된다.

만일 보험계약이 피보험자의 대리인에 의해 체결될 경우에는 그 대리인이 고지의무의 당사자가 된다. 대리인에 의해 고지할 때에는 보험계약자 자신이 알고 있는 사실뿐만 아니라 그 대리인 자신이 알고 있는 사실도 고지해야 한다.

우리나라 상법 제651조에서는 고지의무자로 보험계약자와 피보험자를 규정하고 있는데, 만일 보험계약자가 복수인 경우에는 모두 고지의무자가 되지만, 동일한 고지사항에 대하여는 그 중의 한 사람이 고지하면 타 보험계약자가 중복해서 고지할 필요는 없도록 규정하고 있다.

그런데 영국 해상보험법(MIA)은 타인을 위한 보험계약을 인정하지 않고 보험계약자의 개념도 존재하지 않기 때문에 피보험자가 고지의무자가 된다.

제 2 절 고지사항과 불고지사항

1. 고지사항

1) 피보험자가 알고 있는 모든 중요한 사실

피보험자는 자기가 알고 있는 모든 중요한 사실을 보험자에게 고지할 의무가 있다. '중요한 사실(material fact)'은 보험자가 사고발생의 위험을 측정하여 보험의 인수여부나 보험료를 결정하는 합리적 판단에 영향을 미치는 사실을 말한다.

즉, 보험자가 그 사실을 알고 있다면 보험계약을 체결하지 않거나 적어도 같은 조건으로는 보험계약을 체결하지 않을 것이라고 생각되는 사실이 '중요한 사실'이 된다.

MIA 제18조 2항도 '신중한 보험자가 보험료를 정하거나 위험의 인수 여부를 결정하는데 있어서 그 판단에 영향을 미치는 모든 사항은 중요한 사실이다.'라고 규정하고 있다.

피보험자 등이 보험계약을 청약할 때 그 상태나 사실을 확인할 위치에 있지 않은 보험자로서는 화물 등 그 피보험목적물에 대해 알고 있는 것이 없다. 따라서 피보험자는 보험자가 그 위험을 정당하게 평가할 수 있도록 고지해야 한다.

실무에서 중요한 사실은 피보험자 등이 보험청약서를 통해 고지하는 것이 일반적인데, 청약서에 질문되지 않는 사항이라도 피보험자 등이 중요하다고 판단되는 사항은 청약서 여백에 기재하여 고지하는 것이 바람직하다.

2) 피보험자가 당연히 알고 있을 것으로 추정되는 모든 중요한 사실

고지의무는 피보험자 등이 실제로 알고 있는 중요한 사실에만 한정하여 적용되는 것이 아니라, 피보험자 등이 통상적인 업무수행 상 당연히 알고 있을 것으로 추정되는 사실에도 적용된다. 그러므로 이런 사실을 피보험자 등이 몰랐다는 점을 이유로 불고지가 허용되는 것은 아니다.

물론, 피보험자 등이 어떤 결정적인 시점에서 몰랐던 사실 또는 알고 있었을 것으로 추정할 수 없는 사실에 대해서까지 피보험자 등이 고지해야 하는 것은 아니다.

따라서 고지의무자가 스스로 알고 있는 사항만 고지하면 그 의무는 이행한 것이 된다. 그러나 피보험자 등이 상당한 조사를 했더라면 그 사실을 발견할 수 있었을 경우 이를 게을리 하여 불고지한 것은 고지의무를 위반한 것이 된다.

2. 불고지사항

1) 위험을 감소시키는 일체의 사항

위험을 감소시키는 일체의 사항은 고지할 필요가 없다. 왜냐하면 고지의무는 보험자의 보호를 목적으로 한 것이므로 위험을 감소시키는 사실을 고지하지 않았다는 이유로 그 보험계약을 취소할 권리를 보험자에게 주는 것은 불합리하기 때문이다.

예를 들면 선박보험에서 해난에 대비하여 선박에 어떤 설비가 구비되어 있다는 사실, 또는 보다 위험이 적은 항로를 취항할 예정이라는 사실 등이 해당한다.

2) 보험자가 알고 있거나 알고 있는 것으로 추정되는 일체의 사항

보험자가 알고 있거나 알고 있는 것으로 추정되는 일체의 사항은 고지할 필요가 없다. 왜냐하면 특정국의 통상규칙이나 일반적인 상관습, 보험증권에 기재된 선적항의 적재방식, 목적항의 양륙방식, 보험증권에 기재된 지역의 무역환경과 전쟁의 발생사실 등은 보험자도 알고 있거나 알고 있는 것으로 추정되기 때문이다.

3) 보험자가 그에 관한 정보를 포기한 일체의 사항

보험자가 그에 관한 정보를 포기한 일체의 사항은 고지할 필요가 없다. 예를 들면 선박이 소급약관(lost or not lost clause) 조건으로 부보된 경우, 보험계약이 체결되기 전에 선박이 실제로 출항한 사실은 고지할 필요가 없다.

4) 어떠한 담보에 의해 고지할 필요가 없는 일체의 사항

어떠한 명시담보나 묵시담보에 의해 고지할 필요가 없는 일체의 사항은 고지할 필요가 없다. 왜냐하면 보험계약상 담보가 있으면 그 담보에 포함된 사항은 이미 보험자도 알고 있기 때문이다. 선박보험에서는 내항성(耐航性)이 묵시담보 조건으로 되어 있기 때문에 선박의 불내항성에 대해 고지할 필요가 없다. 왜냐하면 고지의 유무를 불문하고 그로 인한 손해에 대해서는 묵시담보 위반으로 보험자가 면책되기 때문이다.

적하보험에서는 구협회적하약관 제8조 내항성 담보약관 및 신협회적하약관 제5조 불내항 및 부적합 면책약관에 선박의 내항성이 담보된 것으로 전제되어 있기 때문에 고지할 필요가 없다. 그런데 적하보험에서는 피보험자가 선박의 내항성을 관리할 수 있는 입장은 아니기 때문에 선박의 내항성 담보는 적용되지 않는다.

제 3 절 고지의 시기와 방법

1. 고지의 시기

고지의무는 보험계약의 체결교섭 중이나 계약이 성립되기 전까지 계속되다가 계약의 성립시점에서 종료된다(상법 제651조).

보험계약은 피보험자의 청약이 보험자에 의하여 승낙된 시점에서 성립된 것으로 추정되고 이 시점에서 보험증권이 정식으로 발행되었는지의 여부는 불문한다.

고지의무는 보험계약의 체결에 즈음하여 발생되는 의무이기 때문에 보험사고 발생사실의 통보 등 계약체결 이후에 발생되는 사건은 어떠한 영향도 받지 않게 된다.

그런데 고지의무의 시기가 확장되는 경우가 있다. 예를 들어 보험증권이 실제로 피보험자에게 교부될 때까지는 보험자의 책임이 개시하지 않는다는 취지의 합의가 양당사자에 있는 경우에는 보험자의 책임이 개시되기 전, 즉 보험증권이 교부되기 전까지 고지의무를 부담하게 된다. 또한 보험증권에 보험자의 책임이 1차 보험료의 수령시까지는 개시되지 않는다는 조항이 포함되어 있는 경우에도 1차 보험료의 지급시까지 피보험자 등은 고지의무를 부담하게 된다.

2. 고지의 방법

영국 해상보험법(MIA)은 고지의 방법에 대하여 제한을 두고 있기 않기 때문에 서면이든 구두이든 명시적이든 묵시적이든 불문하고 가능하다.

그러나 고지는 정확하게 표시되어야 하기 때문에 피보험자 등은 자기가 알고 있는 사항을 구두나 서면으로 진실되게 표시해야 한다.

보험실무에서는 고지방법으로 질문표(questionnaire)가 널리 이용되는데 이것은 보험자가 보험청약서에 질문난을 두고 고지할 사항을 게기하여 피보험자로 하여금 이에 대한 해답을 기입하도록 한 것이다.

질문표는 전문적 지식을 가진 보험자가 작성한 것이기 때문에 보험자가 서면으로 질문한 사항은 중요한 사항을 질문한 것으로 추정한다. 질문표에 기재되지 않은 사항의 불고지는 악의의 묵비가 아닌 한, 고지의무의 위반은 되지 않는다.

제 4 절 고지의무의 위반과 효과

1. 고지의무 위반의 요건

영국 해상보험법(MIA)은 객관적 요건만 충족되면 고지의무 위반이 성립된다고 간주하는 반면, 우리나라 상법은 객관적 요건과 함께 주관적 요건도 충족되어야만 고지의무 위반이 성립되도록 하고 있다.

1) 객관적 요건

객관적 요건(objective requirement)은 중요한 사실에 대하여 고지의무자의 불고지 또는 부실고지가 있어야 한다는 것이다.

고지는 보통 피보험자 등이 자발적으로 행하거나 보험자가 피보험자 등에 대하여 질문하는 것을 피보험자 등이 답하는 형식으로 이루어진다.

이때 피보험자 등이 중요한 사항을 고의적으로 알리지 않은 것을 은폐(concealment)라고 하고 중요한 사실을 알고 있으면서도 알리지 않은 것을 불고지(non-disclosure)라고 한다. 은폐이든 불고지이든 그 결과는 피보험자 등이 중요한 사실을 보험자에 알리지 않은 것이 되기 때문에 모두 고지의무를 위반한 것이 된다.

또한 고지는 진실성 있게 표시되어야 하는데 그렇지 못하여 사실과 다르게 진술한 것을 부실고지(misrepresentation) 또는 허위진술(false statement)이라고 한다.

부실고지는 피보험자가 중요한 사실을 알릴 때 허위로 알리는 것이기 때문에 당연히 고지의무를 위반한 것이 된다. 왜냐하면 최대선의의 원칙에 따라 고지해야 하는 의무를 피보험자가 위반하였기 때문이다.

예를 들어, 지난번 까지는 화물이 나무상자에 포장되어 운송되었는데 이번에는 마분지상자에 포장하고 이러한 사실을 알리지 않았다면 이것은 불고지에 해당된다.

그리고 얇은 마분지 상자로 포장이 되었음에도 불구하고 튼튼한 수출용 상자에 포장했다고 진술하는 것은 부실고지에 해당된다.

영국 해상보험법(MIA) 제20조 제1항도 '보험계약이 교섭 중에 있거나 체결되기 이전에 피보험자나 그 대리인이 보험자에 행한 모든 중요한 표시는 진실이어야 한다. 그것이 진실이 아닌 경우 보험자는 그 계약을 취소할 수 있다.'고 규정하고 있다.

◉ MIA 제20조 (1)항

(1) Every material representation made by the assured or his agent to the insurer during the negotiations for the contract, and before the contract is concluded, must be true. If it be untrue the insurer may avoid the contract.

(1) 보험계약이 교섭 중에 있거나 계약이 체결되기 전에 피보험자나 그 대리인이 보험자에게 행한 모든 중요한 표시는 진실이어야 한다. 그것이 진실이 아닌 경우 보험자는 그 계약을 취소할 수 있다.

2) 주관적 요건

주관적 요건(subject requirement)은 불고지나 부실고지가 고지의무자의 고의나 중대한 과실로 이루어져야 한다는 것이다.

고의(intention)는 범죄 또는 불법행위의 성립요소인 사실에 대한 인식 또는 중요한 사실에 관하여 알면서 고지하지 않거나 허위인 줄 알면서 고지하지 않은 것을 의미하며 범의(犯意)라고도 한다. 즉, 범죄행위임을 알면서도 그 행위를 하려는 의사가 고의인 것이다.

고의로 인한 위반은 어떤 사실의 존재뿐만 아니라 그 사실의 중요성과 고지하여야 한다는 당위성에 관한 인식을 하면서도 묵비를 하거나 허위로 진술한 것이다.

한편, 과실(negligence)은 법적으로는 어떤 사실이나 사실의 결과의 발생을 예견하거나 인식할 수 있었음에도 불구하고 부주의로 그것을 인식하지 못한 심리상태를 말하며, 고의에 반대되는 개념이다. 또한 중대한 과실(gross negligence)은 고지의무자가 조금만 주의하였더라면 그 사실의 중요성과 고지의 당위성에 관하여 충분히 알았을 것인데 부주의로 묵비하거나 허위로 한 것을 말한다.

사실의 존재자체에 대해서 알지 못한 것은 중과실이 될 수 없다. 왜냐하면 중과실로 인한 '사실의 부지(不知)'의 경우도 고지의무의 위반이 된다면 피보험자 등에게 알고 있는 사실에 관한 고지의무뿐 아니라 사실의 탐지의무까지 부담시키는 가혹한 결과를 초래할 수 있기 때문이다.

민법상 고의는 과실과 함께 불법행위의 요인이 된다. 따라서 손해배상에 있어서는 고의든 과실이든을 불문하므로 실제로는 고의와 과실을 구별할 필요가 없다.

2. 고지의무 위반의 입증책임

피보험자 등의 불고지나 부실고지에 대한 입증책임은 1차적으로 고지의무의 위반을 주장하는 보험자 측에 있다.

그러므로 피보험자 등이 고지의무를 위반하더라도 보험자 측이 중요한 사항과 보험사고의 발생 사이에 인과관계가 있음을 입증하지 못한다면 보험자는 그 책임을 면치 못하게 된다. 즉, 피보험자 등이 고지의무를 위반했다는 점을 보험자가 입증하지 못하면 보험자는 보험계약을 취소하거나 보험계약을 해지할 수 없게 된다.

3. 고지의무 위반의 효과

1) 영법상의 효과

영국 해상보험법(MIA)은 피보험자 등이 중요사실을 고지하지 않거나 부실로 고지하는 경우에는 보험자는 보험계약을 취소(revocation)할 수 있도록 하고 있다. 계약이 취소되면 보험계약은 법적으로 처음부터 무효로 된다.

그런데 보험자의 계약취소권은 포기(waiver) 될 수도 있다. 즉, 보험자는 고지의무 위반사실에 대해 추가보험료(additional premium)를 받고 고지위반 사실을 승인할 수도 있는 것이다.

고지의무 위반으로 보험계약이 취소되면 보험계약성립 후 피보험자가 지급한 보험료는 사기의 경우를 제외하고는 반환받을 수 있으며 보험자가 이미 지급한 보험금도 반환을 청구할 수 있다.

2) 상법상의 효과

우리나라 상법상 고지의무의 위반이 있는 경우에는 보험사고의 발생 전후를 불문하고 보험자는 보험계약을 해지(termination)할 수 있다.

고지의무는 권리에 대립하는 의무를 지칭하는 것은 아니지만, 만약에 이를 위반하였을 때에는 보험자는 일정한 요건하에서 보험계약을 해지(解止)할 수 있는 것이다.

해지의 효력은 장래에 대하여 발생하는 것이며 소급효과가 인정되지 않기 때문에, 보험자는 이미 수령한 보험료를 반환할 필요가 없을 뿐 아니라 오히려 미징수 보험료까지도 청구할 수 있는 권리를 가지게 된다.

제 5 절 영국보험법(2015)과 고지의무의 개정

1. 개정 배경과 목적

1) 개정 배경

영국을 준거법으로 하는 해상보험은 1906년 영국 해상보험법(MIA)이 제정된 이후 약 110년 이상 특별한 변화 없이 유지되어 왔다. 그러나 여타 다른 산업과 같이, 해상보험도 약자인 피보험자의 권익을 반영하는 시대변화의 수용에 대한 지적이 있어 왔다.

특히, MIA는 오랜 기간 동안 변화된 보험관행을 제대로 반영하지 못한 부분이 있으며 일부 조항들은 피보험자에게 너무나 불리하도록 규정되어 있다는 비판이 지속적으로 제기되어 왔다. 게다가, MIA를 제외하고 성문화된 보험법이 없는 상태에서 MIA는 피보험자에게 지나치게 엄격하고 시대착오적이라는 비판이 제기되었다.

이러한 비판을 수용한 결과, 피보험자(보험계약자)와 보험자 간의 이해상충을 조정하기 위해 우선 2012년에는 개인이 가입하는 보험을 위해 영국 소비자보험법(Consumer Insurance (Disclosure and Representations) Act 2012)을 제정하였다.

이어 2015년에는 소비자보험법에서 다루고 있지 않는 비소비자 보험계약을 다루기 위해 Insurance Act 2015를 제정하여 2016년부터 시행되고 있다.

전자는 소비자 보험계약으로 인한 피보험자(보험계약자)와 보험자 사이의 분쟁을 여전히 MIA에 의존하기 때문에 개정된 것이고, 후자는 MIA에서 문제가 되었던 주요 조항들을 대폭 수정하기 위하여 제정된 것이다. 기업보험의 특성을 가지고 있는 해상보험은 당연히 2015년 영국보험법의 적용대상이 되기 때문에 후자는 매우 중요한 법률이 된다.

2) 목적과 적용

본 법을 제정한 주된 목적은 피보험자(보험계약자)를 보호하기 위함이며, 그 주요 내용 중의 하나가 비소비자보험계약의 대상이 되는 고지의무 관련 조항의 개정이다.

이로써 MIA 제18조 내지 제20조에 규정되었던 내용들이 모두 Insurance Act 2015 제21조 등이 제정됨으로 인해 효력을 잃게 된다. 왜냐하면 Insurance Act 2015의 규정내용은 MIA의 규정에 우선하여 적용되도록 되어 있기 때문이다. 본 법의 시행에 따라 MIA를 준거법으로 하는 국내 해상보험계약 등에도 큰 변화가 있을 것으로 예상된다.

2. 개정 내용

1) 고지의무의 완화

첫째, Insurance Act 2015는 최대선의의무에 따라 완전하게 이루어지도록 요구하였던 고지의무를 위험의 적절한 표시의무(공정한 고지의무)로 대체하였고 보험자와 피보험자가 알고 있거나 알고 있는 것으로 추측되는 사실들을 세분화하였다.

둘째, 보험계약 체결 전 피보험자는 본인이 알고 있는 위험과 관련하여 보험자에게 성실하게 정확한 모든 '표시'(representation)를 하도록 하였다.

셋째, 피보험자의 고지의무를 강화하여 보험자가 알 수 있도록 보험자가 알 수 있게 명확하고 확인 가능한 방법으로 고지하도록 하였고, 정리되지 않은 다량의 자료를 제출하는 경우 고지의무를 충족하지 않은 것으로 간주할 수 있도록 하였다.

넷째, 피보험자가 신중한 보험자에게 충분한 고지를 하였다면 그것으로 적절한 고지의무를 이행한 것으로 간주하며, 부족하다고 여겨지는 부분은 보험자가 추가질문을 하도록 하였다. 즉, 단순히 피보험자의 고지의무이행을 수동적으로 수령하는 지위에서 벗어나, 피보험자에 의한 고지의무 이행이 만족스럽지 않을 경우 추가적으로 질의를 통해 의문점을 해소하는 등 고지의무제도에 대한 보험자의 보다 적극적인 개입을 요구하였다.

2) 고지의무위반에 대한 조치

MIA는 보험자의 위험인수 여부나 보험료 산정에 영향을 미치는 모든 중요한 사항을 자발적 혹은 능동적으로 고지하도록 하였고, 이를 위반하면 최대선의의무를 위반한 것으로 간주하여 보험자에게 보험계약을 무효로 할 수 있는 취소(avoid)권을 부여하였다.

그러나 Insurance Act 2015는 최대선의에 의한 보험계약 취소를 제한하고 있다.

즉, MIA는 고지의무를 위반한 경우 보험계약 취소권 외에 다른 수단이 존재하지 않았다. 그러나 Insurance Act 2015는 계약 체결 시점에서 그 위험을 보험자가 인지하였을 경우 이에 대한 인수 가능여부에 따라 다양한 구제수단을 마련하고 있다.

즉, 고의로 고지의무를 위반한 경우에는 보험계약의 취소도 가능하며 보험료도 반환할 필요가 없다. 그러나 고의가 아니며 그것도 경미한 경우에는 다음의 원칙이 적용되도록 하였다. 첫째, 보험자가 위험인수를 거절할 경우에는 보험료를 환급하고 보험계약을 취소할 수 있다. 둘째, 보험자가 위험을 인수하되 계약조건을 추가할 경우에는 피보험자가 그 조건을 받아들였는지 여부와 관계없이 그 계약이 포함된 것으로 간주된다. 셋째, 보험자가 더 많은 보험료를 부과하였다면 보험료 차액 비율만큼 보험금도 비례 보상한다.

제 8 장 담보(warranty)

제 1 절 담보의 의의와 필요성

1. 담보의 의의

해상보험에서 담보는 'to cover'와 'warranty'가 있다. 전자는 보험자가 보험사고시 보상한다는 의미이고, 후자는 보험자의 위험측정을 용이하게 하는 안전장치(safety device)로, 피보험자에게 특정사항의 충족이나 이행사항을 보험증권에 명시하도록 하거나 명시되어 있지는 않지만 보험계약이 체결됨으로 인하여 당연히 지켜야 할 약속들을 말한다.

예를 들어, 일정구역으로는 항해를 하지 않겠다든가, 일정한 선급(ship's class)을 유지하겠다든가, 어느 날짜까지는 출항하겠다든가 등이 후자의 개념이다.

우리나라 상법에는 담보 또는 담보특약에 관한 별도의 규정이 없지만, 해상보험은 영국의 법률과 관행에 따르기 때문에 영국의 보험법상 담보와 담보위반시의 효과 등에 대한 법률 해석은 우리나라에서도 매우 중요한 문제가 될 수 있다.

◉ MIA 제33조 : Nature of warranty

(1) A warranty, in the following sections relating to warranties, means a promissory warranty, that is to say, a warranty by which the assured undertakes that some particular thing shall or shall not be done, or that some condition shall be fulfilled, or whereby he affirms or negatives the existence of a particular state of facts.

(1) 담보에 관한 다음의 諸條項에서의 담보는 약속담보를 의미하고, 즉 그것에 의해 피보험자가 어떤 특정한 사항이 행하여지거나 행하여지지 않을 것 또는 어떤 조건이 충족될 것을 약속하는 담보, 그것에 의해 피보험자가 특정한 사실상태의 존재를 긍정하거나 부정하는 담보를 의미한다.

2. 담보의 필요성

피보험자는 보험계약을 체결할 때 고지의무에 따라 자기가 알고 있는 모든 중요한 사실들을 보험자에게 최대선의로 충실히 진술해야 한다.

그러나 보험계약을 체결할 때 피보험자가 보험자에게 고지하는 사항들 중에는 부실고지하거나 아예 고지하지 않은 불고지도 있을 수 있다.

그런데 보험자로서는 이러한 사실을 알기 어렵기 때문에 보험자는 피보험자가 반드시 이행하거나 충족해야 할 사항들을 담보로서 명시하여 추가적인 안전장치를 마련하고 있는 것이다. 담보는 피보험자가 반드시 지켜야 할 약속이기 때문에 피보험자의 그러한 약속이나 진술사항은 절대적인 것이어야 하며, 담보내용이 위험 측정상 중요한 것이냐 그렇지 아니한 것인가와 상관없이 문자 그대로 충족되어야 한다.

영국 해상보험법(MIA) 제33조에서도 담보는 명시담보일 수도 있고, 또는 묵시담보일 수도 있으며, 담보는 그것이 위험에 대해 중요한 것이든 중요하지 않든 관계없이 반드시 정확하게 충족되어야 하는 조건임을 분명히 하면서, 만약 그것이 정확히 충족되지 않으면 보험증권에 명시적 규정이 있는 경우를 제외하고 보험자는 담보 위반일로부터 책임이 해제되도록 규정하고 있다.

◉ MIA 제33조 : Nature of warranty

(2) A warranty may be express or implied.

(3) A warranty, as above defined, is a condition which must be exactly complied with whether it be material to the risk or not. If it be not so complied with, then, subject to any express provision in the policy, the insurer is discharged from liability as from the date of the breach of warranty, but without prejudice to any liability incurred by him before that date.

(2) 담보는 명시담보일 수도 있고, 또는 묵시담보일 수도 있다.

(3) 위에서 정의한 담보는, 그것이 위험에 대해 중요한 것이든 중요하지 않든 관계없이, 반드시 정확하게 충족되어야 하는 조건이다. 만약 그것이 정확히 충족되지 않으면, 보험증권에 명시적 규정이 있는 경우를 제외하고, 보험자는 담보 위반일로부터 책임이 해제된다. 그러나 담보위반일 이전에 보험자에게 발생한 책임에는 영향을 미치지 아니한다.

제 2 절 담보의 종류

담보는 보험증권에 명시되어 있는지 여부에 따라 명시담보와 묵시담보로 구분된다.

명시담보는 당사자의 합의에 의해 보험증권에 명시하는 약속을 말하며, 묵시담보는 보험증권에 명시되어 있지는 않지만 보험계약의 성질상 필연적으로 내재하는 요소로서 보험계약상 피보험자가 당연히 지켜야 할 약속을 말한다.

그러한 의미에서 명시담보는 계약당사자의 합의에 의한 담보이고, 묵시담보는 법률에 의해 보험계약에 적용되는 담보라 할 수 있다.

담보는 피보험자가 반드시 준수하거나 이행해야 하기 때문에 피보험자가 담보를 위반하면 보험계약이 해지될 수 있다. 그러나 담보위반 이전에 발생된 손해는 보험자가 보상책임을 부담해야 한다.

1. 명시담보

1) 명시담보의 의의

명시담보(express warranty)는 보험증권의 본문(body)이나 여백(margin) 등에 기입되어 있거나 보험증권에 결합 및 첨부되는 서류에 담보내용이 명시되어 있는 것을 말한다.

명시되어 있는 내용들은 피보험자가 특정의 일을 행하거나 혹은 행하지 않을 것 또는 특정의 조건을 구비하는 것을 보증하는 진술이나 약속 등이다.

명시담보는 묵시담보에 상대되는 개념으로, 항해일자와 항로, 포장, 선박의 종류 등에 관한 사항들을 담보로 명시하는데 그 담보의 문구는 담보의 의사로 추측될 수 있는 문구이면 무엇이든 가능하다.

명시담보는 보험증권에 이와 상반되는 내용이 있더라도 그것에 우선하여 적용된다. 명시담보를 위반하게 되면 영국 해상보험법(MIA)상 약속을 위반한 것으로 해석되기 때문에 피보험자에게 큰 불이익이 부과된다.

또한 명시담보는 종류나 중요성을 가리지 않고 문자로 기재된 담보의 내용 그대로 엄격하게 충족되어야 하기 때문에 실질적으로 충족하는 것만으로는 불충분하다.

명시담보에는 협회담보, 중립담보, 안전담보, 선비보험, 항해담보 등이 있다.

2) 명시담보의 종류

(1) 협회담보

협회담보(institute warranty)는 전 보험기간 또는 보험기간 중 일정기간(예로 12월에서 2월까지) 동안에는 일정한 지리적 범위 내로 선박의 운항을 제한하거나 일정한 항해 또는 해역을 제외시킨다는 것을 명시하고 있는 것을 말한다.

이것은 주로 항해를 제한하는 형태로, 그 내용은 연중 내내 또는 일정기간 동안에 일정한 지역의 항해를 금지하는 것이다. 이것은 주로 선박보험의 경우에 적용된다.

협회담보는 지리적, 기후적 요인에 의해 해상위험이 일반 항행 구역에 비해 월등히 높은 구역으로의 항해를 명시담보로 금지시킴으로써 보험자의 책임을 제한하는 것을 목적으로 하고 있다.

(2) 중립담보

중립담보(warranty of neutrality)는 선박이나 화물 등 피보험목적물이 중립재산(neutral property)이라고 명시되는 담보를 말한다. 즉, 선박이나 화물 등 피보험목적물이 보험자의 책임이 개시되었을 때에 중립적 성질을 가지고 있어야 하고, 또 피보험자의 능력이 미치는 한 그 중립적 성질이 보험기간 중에 계속되어야 한다는 것을 조건으로 한다.

예를 들어 선박이 전시중인 교전국 소속의 것이 아닐 것, 봉쇄지역을 운행하거나 그곳을 침입하지 않을 것, 적하가 금지품이 아닐 것 등을 담보하는 것이다. 이것은 선박보험이나 적하보험을 불문하고 적용된다.

> ◉ MIA 제36조 : Warranty of neutrality
>
> (1) Where insurable property, whether ship or goods, us expressly warranted neutral there is an implied condition that the property shall have a neutral character at commencement of the risk, and that, so far as the assured can control the matter, neutral character shall be preserved during the risk.
>
> (1) 피보험재산이 선박이든 화물이든 중립적일 것을 명시담보로 한 경우에는 그 재산은 위험의 개시시에 중립적 성질을 가지고 있어야 하고, 또한 피보험자가 사정을 지배할 수 있는 한, 그 재산의 중립적 성질은 위험기간 중 보존되어야 한다는 묵시적 조건이 있다.

(3) 상당안전담보

상당안전담보(warranty of good safety)는 선박이나 화물 등 피보험목적물이 보험개시일(특정일)에 무사하거나 안전할 것(well or in good safety)을 조건으로 하는 것을 말한다. 이 담보는 보험자가 특정일 이전에 발생된 손해로부터 면책받기 위한 것이다.

영국 해상보험법(MIA)에서는 상당안전담보와 관련하여 피보험목적물이 특정일에 무사하거나 상당히 안전하다는 사실이 담보된 경우에는 해당일의 어떠한 시간이든 피보험목적물이 안전하면 그것으로 충분하다고 규정하고 있다.

◉ MIA 제38조 : Warranty of goods safety

Where the subject-matter insured is warranted 'well' or 'in good safety' on a particular day, it is sufficient if it be safe at any time during that day.

피보험목적물이 특정일에 '무사히' 또는 '상당히 안전한 상태로' 있을 것을 담보로 하는 경우, 해당일의 어떠한 시간이든 안전하면 그것으로 충분하다.

(4) 선비담보

선비담보(disbursement warranty)는 선박보험에 추가하여 선비를 특약으로 부보하는 경우, 선비의 보험금액을 선박보험금액의 일정비율(25%) 이상을 넘지 못하도록 정한 것이다. 이것을 선비약관이라고도 한다. 여기에서 선비는 항해를 개시하기 전에 발생하는 모든 비용으로 선박을 보유하는데 필요한 비용(간접선비)과 선박을 언제라도 가동할 수 있는 상태를 유지·관리하는데 필요한 비용(직접선비)으로 구성된다.

(5) 항해담보

항해담보(voyage warranty)는 선박이 운항을 할 수 없는 지역을 명시한 것이다. 이 담보는 특정지역의 항해를 금지하는 것을 그 내용으로 하고 있으며, 국내 연안 이외의 해역을 항해구역으로 하는 모든 선박보험에 부가되고 있다.

항해담보는 North American warranty, Baltic warranty, Behring warranty 등과 같이 표시되며, 선비담보와 함께 선박보험에서 가장 중요한 명시담보이다.

2. 묵시담보

1) 묵시담보의 의의

묵시담보(implied warranty)는 보험증권에 명시되어 있지 않지만 보험계약 체결의 행위 자체로부터 묵시적으로 지켜야 하는 약속들을 말한다.

묵시담보는 보험자와 피보험자 등 계약당사자가 현실적으로 합의한 것이 아니며, 또한 그렇게 할 필요도 없고, 합의하였다고 추정될 필요도 없다.

즉, 보험증권면에 어떠한 명시가 되어 있지 않더라도 당사자가 묵시적으로 당연한 일로서 어떤 행위를 하거나 어떤 행위를 하지 않으면 안 된다는 것을 서로 양해하고 보증하여 보험계약의 내용을 이루고 있는 것이 묵시담보이다.

묵시담보는 명시담보에 상대되는 개념으로, 예를 들면 선박은 통상의 항해를 견딜 수 있을 정도의 요건을 갖추어야 한다는 등 묵시적으로 서로 양해하고 보증하는 것이 주요 내용을 이루고 있다.

해상보험에서 예외 없이 내재하는 근본적인 요소로서 필수불가결한 내용은 계약의 기초로서 명시의 형식을 취하지 않더라도 당연히 준수할 것이 묵시적으로 요구되기 때문에, 비록 이러한 내용은 보험증권에 명시하지 않더라도 계약체결의 행위 자체에 의해 효력이 발생하는 것이다.

묵시담보는 명시담보를 보완하는 것이기 때문에 명시담보와 동일한 법적 효력을 가지며 엄격하게 충족되어야 한다.

담보가 충족되지 않거나 또는 담보의 위반으로 인해 보험자가 손해를 입었든 입지 않았든, 또는 담보의 대상이 위험과 중요한 관계를 가지고 있든 없든을 불분하고 일단 묵시담보의 위반이 발생하면 보험자는 선택에 의해 보험계약을 해지할 수 있다.

왜냐하면 담보의 충족은 보험자의 보험인수의 기초를 이루는 것이므로 그것을 구비 및 충족하지 못하면 담보위반이 되기 때문이다.

담보된 내용은 그것이 보험사고와 관련하여 얼마나 중요한가의 여부를 묻지 않고 담보의 위반이 있으면 보험자의 책임은 그 시점으로부터 면하게 된다. 이를 중요성 불문의 원칙(principle of non-materiality) 또는 인과관계 불필요의 원칙이라고 한다.

묵시담보는 보험증권에 명시된 것도 아니며 계약체결의 행위 그 자체로부터 계약 내용의 하나라는 법률의 일반원칙에 기인되었다는 점에서 명시담보와 구별된다.

묵시담보에는 선박의 내항성 담보(MIA 제39조·제40조 제2항)와 해상사업의 적법성 담보(MIA 제41조)가 있다.

2) 묵시담보의 종류

(1) 내항성 담보

선박의 내항성은 선박이 항해를 시작할 때 항해사업을 수행하기 위해 필요한 사항들을 인적·물적으로 준비를 다한 상태를 말하며 감항성이라고도 한다.

선박의 내항성 혹은 내항능력은 선체의 물리적 내항성과 선박의 항해 능력, 그리고 선박의 적재능력 등이 적절하게 확보되어 있는 상태를 말하며 이러한 선박의 내항능력이나 내항성은 묵시담보 중 하나이다.

영국 해상보험법(MIA)에서는 내항성을 '항해과정에서 우연히 만나는 통상의 해상위험을 여러 면에서 견딜 수 있는 능력'으로 정의하고 있다.

과거에는 내항능력을 좁게 해석하여 선박 자체의 항해능력만을 의미하였으나 이 개념이 점차 확장되어 현재에는 화물의 적재 능력까지를 내항성에 포함하고 있다.

내항성 담보(warranty of seaworthiness)는 선박이 위험 개시의 시점에서 항해의 위험에 견디어야 한다는 담보를 말한다. 즉, 위험이 개시될 때 선박이 특정의 항해에 견딜 수 있어야 한다는 것이다. 내항성 담보는 기간보험(time policy)인 선박보험에 적용되며, 항해보험인 적하보험에서는 피보험자가 선박의 내항성을 관리할 수 있는 입장이 아니기 때문에 선박의 감항성 담보는 적용되지 않는다.

우리나라 상법 제787조는 '선박소유자는 자기 또는 선원이나 기타의 선박 사용인이 발항(發航) 당시, 다음 사항에 관하여 주의를 태만하지 아니하였음을 증명하지 못하면 운송물의 멸실, 훼손 또는 지연으로 인한 손해를 배상할 책임을 면하지 못한다.'고 규정하고 있다.

첫째, 선박이 안전하게 항해할 수 있게 할 것

둘째, 필요한 선원의 승선, 선박 의장과 필요품의 보급

셋째, 선창이나 냉장실, 기타 운송물을 적재할 선박의 부분을 운송물의 수령, 운송과 보존을 위하여 적합한 상태에 둘 것

이상을 종합하면 선박이 갖추어야 할 내항성의 요건은 다음과 같은 것들이 있다.

첫째, 선박의 구조가 동질의 선박과 동일한 정도로 견고할 것

둘째, 선체와 기계의 정비가 견실할 것

셋째, 선박의 속구가 품질 및 수량 면에서 완전히 갖추어져 있을 것

넷째, 적격한 선장 및 승무원을 충분히 승선시키고 충분한 식량을 구비할 것

다섯째, 적하를 과적하지 않고 충분한 연료를 갖출 것

◉ MIA 제39조 : Warranty of seaworthiness of ship

(1) In a voyage policy there is an implied warranty that at the commencement of the voyage the shop shall be seaworthy for the purpose of the particular adventure insured.

(4) A ship is deemed to be seaworthy when she is reasonably fit in all respects to encounter the ordinary perils of the seas of the adventure insured.

(1) 항해보험증권에서 항해의 개시시에 선박은 보험에 가입된 특정한 해상사업의 목적을 위해 내항적이어야 한다는 묵시담보가 있다.

(4) 선박이 피보험해상사업의 통상적인 해상의 위험에 대응하는데 있어서 모든 점에서 합리적으로 적합한 때에는, 선박은 내항이 있는 것으로 간주된다.

(2) 적법성 담보

적법성 담보(warranty of legality)는 부보된 해상사업은 적법한 항해사업이어야 하고 또 피보험자가 사정을 통제할 수 있는 한 해상사업이 적법한 방법으로 수행되어야 한다는 것을 말한다.

예컨대, 위험이 개시될 때에 항해사업 즉, 운송자체가 적법해야 하며 피보험자가 사정을 지배할 수 있는 한 보험기간을 통해 적법 상태가 지속되어야 한다는 담보가 적법성 담보이다. 따라서 전시법규에 반하여 금지제품을 적국에 판매하거나 교전국가와의 무역거래는 위법한 것으로 적법성 담보를 위반하는 것이 된다.

영국 해상보험법(MIA) 제41조는 적법성 담보에 관하여 다음의 규정을 두고 있다.

◉ MIA 제41조 : Warranty of legality

There is an implied warranty that the adventure insured is a lawful one, and that, far as the assured can control the matter, the adventure shall be carried out in a lawful manner.

보험에 부보된 해상사업은 적법한 사업이어야 하고, 피보험자가 사정을 지배할 수 있는 한 그 해상사업은 적법한 방법으로 수행되어야 한다는 묵시담보가 있다.

제 3 절 담보의 위반

1. 담보위반의 의의

담보는 중요성 불문의 원칙(principle of non-materiality)에 따라 위험에 대하여 중요한 것이든 아니든 관계없이 엄격하게 준수되어야 한다.

담보는 종류나 중요성을 가리지 않고 문자로 기재된 담보의 내용 그대로 충족되어야 하기 때문에 실질적으로 충족하는 것만으로는 불충분하다. 이것이 엄격하고 정확하게 충족하지 않은 것을 담보위반(breach of warranty)이라고 한다.

2. 담보위반의 입증책임

담보위반의 입증책임은 그것을 주장하는 보험자에게 있다. 따라서 보험자는 피보험자가 담보를 위반했다는 사실을 입증해야만 자신의 책임을 면할 수 있게 된다.

3. 담보위반의 효과

피보험자가 담보를 위반하게 되면 그 위반시점부터 보험자의 위험부담 책임이 면제된다. 따라서 그 이후에 발생하는 손해는 당연히 보험자가 책임을 지지 않게 된다.

그러나 담보위반 이전에 발생한 손해는 보험자가 보상책임을 부담해야 한다.

담보위반 시점까지의 보험료는 계약의 유효성에 따라 반환되지 않는다. 왜냐하면 담보위반은 보험자를 면책시키지만 보험계약은 유효하게 존재하므로 고지의무 위반과 같이 보험계약 자체가 취소되는 것은 아니기 때문이다.

한편, 담보를 위반하면 보험자에게 보험계약의 해지권이 인정된다. 보험계약의 해지권은 미래의 계약부분에 대해서 효력이 발생하는 것이기 때문에 해지권을 행사하기 전의 계약은 유효하다.

그런데, 담보위반이 발생한 경우에도 자동적으로 보험계약이 종료되는 것은 아니다. 위반에 대해 법률적 효력을 부여할 것이냐 안 할 것이냐의 여부는 결국 보험자의 선택에 달려 있기 때문에 보험자는 담보위반에 대한 권리를 포기할 수도 있다.

4. 담보위반의 허용

담보는 보험계약이 체결됨으로 인하여 피보험자가 당연히 지켜야 할 약속이기 때문에 중요성 불문의 원칙에 따라 엄격하게 준수되어야만 한다.

왜냐하면 담보는 보험자의 위험측정을 용이하게 하는 안전장치로서 피보험자가 이행하거나 충족시켜야 할 사항을 약속한 것이기 때문이다.

그러나 당초의 계약사정이 변경되거나 담보를 충족하는 것이 오히려 계약체결 이후에 제정되거나 개정된 법률의 규정에 명백히 위반되거나 보험자에 의해 담보의 위반이 묵인되거나 용인되는 경우에는 담보위반을 허용될 수 있는 것이 타당하다. 이에 영국 해상보험법(MIA) 제34조는 담보위반을 허용하는 경우를 다음과 같이 규정하고 있다.

첫째, 사정변경으로 담보가 계약에 적합하지 않을 경우이다. 예를 들어 전쟁위험으로 인해 선박은 호위를 받고 출항하는 담보가 있는 경우에 전쟁의 위험이 사라지고 평화가 오면 그 담보는 더 이상 적용되지 않게 된다.

둘째, 담보를 충족하는 것이 그 후의 법률규정에 의해 위법이 되는 경우이다. 예를 들어 선전포고는 적국과의 모든 거래를 금지하도록 하는 의회가 제정한 법률과 동일한 효력을 갖는다.

셋째, 담보위반이 보험자에 의해 묵인될 경우이다. 즉, 담보위반이 보험자에 의해 포기되는 경우에는 담보위반이 허용된다.

◉ MIA 제34조 : When breach of warranty excused

(1) Non-compliance with a warranty is excused when by reason of a change of circumstances, the warranty ceases to be applicable to the circumstances of the contract, or when compliance with the warranty is rendered unlawful by any subsequent law.

(2) Where a warranty is broken, the assured cannot avail himself of the defence that the breach has been remedied, and the warranty compied with, before loss.

(3) A breach of warranty may be waived by the insurer.

(1) 담보의 불충족이 허용되는 경우는 사정변경에 의해 담보가 계약에 적합하지 않을 경우, 담보의 충족이 그 이후의 어떠한 법률에 의해 위법이 되는 경우이다.

(2) 담보의 위반이 있는 경우, 피보험자는 손해발생 이전에 그 위반이 구제되고 따라서 담보가 충족되었다는 항변을 이용할 수 없다.

(3) 담보의 위반은 보험자가 그 권리를 포기할 수 있다.

제4절 담보와 고지의 관계

1. 담보와 고지의 차이

담보(warranty)와 고지(disclosure)는 보험자의 위험측정과 관련된다는 점에서는 여러 면에서 유사한 측면도 있다. 그러나 이들은 법과 형식적인 면 그리고 효과적인 측면에서 서로 명확하게 구별되는 차이점들을 가지고 있다.

1) 법적인 차이

법적인 차이는 그 내용이 보험계약의 일부인가의 여부에 따른 차이이다. 담보는 피피보험자가 특정사항을 이행하거나 충족시켜야 할 사항을 보험자에게 약속한 것이다. 이에 반하여, 고지는 위험측정의 기초가 되는 중요한 사실들을 보험계약 체결에 즈음하여 피보험자가 보험자에게 알려주는 구두나 서면에 의한 진술이다.

따라서 담보와 고지는 보험자의 보험계약 체결 여부 또는 위험측정의 판단에 영향을 미치는 공통점이 있다.

그러나 담보는 보험계약의 중요한 요소로 당사자가 합의한 계약내용의 일부를 구성한다. 이에 반하여, 고지는 보험계약 성립시 또는 그 이전에 피보험자에 의해 이루어진 진술로 보험료 산정과 보험계약의 인수 여부에 관련된 사항에 대하여 불고지 또는 부실고지하지 않을 의무이지 보험계약의 내용을 구성하는 것은 아니다.

2) 형식적인 차이

형식적인 차이는 그 내용이 보험증권에 포함되어 있는가의 여부에 따른 차이이다. 우선 고지로서의 효과를 갖기 위해서는 보험계약의 체결에 즈음하여 행해질 것을 요하며, 별도의 합의가 없는 한 고지내용은 보험증권상의 조항으로 기입되지 않는다. 이와 같은 점에 있어 고지와 담보는 형식상의 차이점을 가진다.

즉, 고지는 구두나 서면에 의해 이루어지며 보험증권상에 기재될 필요가 없다. 이에 반하여, 담보는 항상 서면에 의해 행해지거나 보험증권에 기재되든가 또는 인용에 의하여 보험증권에 포함되거나 부수되어야 한다. 고지내용이 보험증권상에 기재되면 그것은 명시담보가 된다.

3) 효과상의 차이

효과상의 차이는 그 내용이 그대로 충족되어야 하는가 아니면 실질적으로 충족되면 되는 것인가의 여부에 따른 차이이다.

담보는 문자대로 엄격하게 충족되지 않으면 그 위반시점부터 보험자는 계약상의 책임을 부담하지 않게 된다. 왜냐하면 담보의 내용이 충족되지 않는 경우에는 명시적 약속에 대한 위반이 성립되기 때문이다.

고지는 신중한 보험자의 판단에 영향을 미칠 것으로 추정되는 중요한 사실을 피보험자 등이 최대선의에 따라 계약체결 전에 알려야 하는 의무이다. 그러나 고지내용은 보험증권상에 기입되지 않기 때문에 담보처럼 고지내용이 엄격하고 문자 그대로 충족될 필요는 없고 실질적으로만 충족되면 충분하다.

따라서 사기가 없는 경우에 보험계약을 취소하거나 해지할 수 있는 효과를 갖는 것은 중요한 사실에 대한 명백하고 고의적인 불고지나 부실고지뿐이다.

이러한 점에서 담보와 고지는 구별된다. 즉, 담보는 담보된 사실의 중요성 여부와 관계없이 어떤 사실이 현재 또는 장래에 담보되어 있느냐가 중요한 문제가 된다.

따라서 그 사실이 위험에 대해 아무리 중요하지 않더라도 중요성 불문의 원칙에 따라 담보된 사실은 문자대로 엄격하게 충족되어야 한다.

이에 반하여, 고지는 불고지나 부실하게 고지된 사실이 중요하지 않거나 고의적이지 않는 한, 보험계약의 효력에 하등의 영향을 미치지 않게 된다.

2. 담보위반과 고지의무위반의 차이

첫째, 담보위반은 그 내용이 중요하든 그렇지 않든 간에 무조건 보험계약이 해지될 수 있지만, 고지의무 위반은 위반한 사실이 사기와 같이 반드시 중요한 사항이어야만 보험계약이 취소나 무효가 된다.

둘째, 담보위반에 따라 보험계약은 무효가 될 수 있는데 그 무효는 해지시점 이후부터이지만, 영국 해상보험법(MIA)상 고지의무의 위반은 보험자로 하여금 보험계약을 취소할 수 있도록 하고 있기 때문에 계약이 취소되면 보험계약 전체가 무효가 될 수 있다. 이에 비해 우리나라 상법은 MIA와 달리 계약해지권만을 인정하고 있다.

셋째, 담보를 위반했을 때 보험료는 일부 반환이 될 수 있지만, 고지의무를 위반했을 때는 보험계약 전체가 무효이므로 사기가 아닌 한 보험료는 전부 반환된다.

제 5 절 영국보험법(2015)과 담보의 개정

1. 의의와 개정 배경

1) 의의

영국 해상보험법(MIA)의 기본원칙은 훼손하지 않으면서도 일부 내용들을 개정한 특별법인 Insurance Act 2015의 주요 내용 중의 하나는 담보(warranty)와 담보 위반 시 보험자 면책의 제한이다. Insurance Act 2015의 내용은 MIA의 규정에 우선하여 적용하도록 되어 있기 때문에 개정내용을 정확하게 파악하는 것이 중요하다.

2) 개정 배경

담보는 보험자가 인수하는 위험의 변경을 엄격히 금지함으로써 보험목적의 외형적 형태가 담보 기간 동안 안정적으로 유지되도록 하는 보험자의 안정장치 역할을 하였다.

그러나 이러한 담보제도는 보험금을 지급할 때 첫째, 보험자에 의해 지나치게 엄격하게 적용된다는 점 둘째, 담보의 대상만 된다면 청약시 피보험자가 청약서에 진술이나 기재한 사항(계약기초약관)까지도 담보로 적용되어 왔다는 점 셋째, 담보위반과 손해발생이 아무 관련성이 없더라도 담보를 위반만 하면 보상이 되지 않는다는 점 넷째, 담보를 위반하면 보험자는 영구적으로 보상책임에서 벗어난다는 점 다섯째, 그럼에도 불구하고 피보험자는 계약을 해지하지 못하고 보험료 납부와 같은 의무를 부담해야 한다는 점 등에서 많은 문제 제기와 비판들이 있어 왔다. 이것은 본 법을 개정하게 된 배경들이 되었다.

2. 개정 내용

MIA는 피보험자가 지켜야 할 약속으로 담보에 관한 내용을 규정하면서 담보의무를 위반한 경우에는 그것이 중요한지 여부와 관계없이, 그리고 실제 손해발생과 인과관계가 있는지 여부와 관계없이, 또한 손해발생시 담보위반 사항이 치유되었는지 여부를 불문하고 보험자의 자동 면책되도록 하였다. 그러나 Insurance Act 2015는 보험자가 너무 손쉽게 담보에 대한 방법을 설정하고 있다는 비판을 수용하는 한편, 담보위반에 대한 면책정도가 너무 과도하다는 판단 아래, 이를 대폭 완화하는 방향으로 개정되었다.

1) 담보의무의 완화 내용

Insurance Act 2015에서는 청약서상 진술을 담보로 전환한다는 계약기초약관(the basis of the contract clause)을 삭제(금지)하였다.

즉, 그동안 보험계약을 체결할 때 보험자들은 청약서 등을 통해 피보험자(보험계약자)가 서면질의에 대해 광범위하게 답변하게 하고 서명을 받은 후 이를 담보로 간주하여 보험계약에 활용하였다. MIA도 계약기초약관에 따라 청약서상 진술이 사실과 다를 경우 그 중요성 여부에 상관없이 보험자는 면책되도록 하였다.

그러나 Insurance Act 2015는 계약의 기초사항약관을 금지시킴으로써 이것을 담보조건으로 활용되어 보험자에게 면책을 인정해주던 관행에 제동을 가하였다.

2) 담보위반에 대한 보험자의 면책완화

(1) 담보위반의 치유인정

Insurance Act 2015는 담보위반이 발생한 경우 담보 위반일과 담보위반의 치유일까지의 기간에 대해서만 보험자의 면책을 인정하고 있다. 이것은 담보위반의 치유(교정)를 명시적으로 인정한 것으로, 담보위반이 발생한 후, 최초의 담보와 동일한 상태로 되돌아간다면 이 시점에 담보위반이 치유된 것으로 간주하도록 한 것이다.

MIA는 담보위반 사항을 손해발생 이전에 치유하더라도 위반 그 자체만으로 보험자는 면책되도록 하였으나, Insurance Act 2015는 MIA에 규정되어 있던 '손해발생 전 담보위반이 치유되었다는 항변을 하지 못한다.'는 규정을 폐기한 것이다.

Insurance Act 2015가 제정됨으로써 담보위반이 발생되기 이전이나 위반이 치유된(remedied) 후에 발생한 손해는 보험자가 보험금을 지급할 의무가 발생하게 되었다.

(2) 담보위반과 손해의 인과관계 요구

MIA는 담보위반과 실제 손해와의 인과관계와 상관없이 손해발생시 무조건으로 보험자의 면책을 인정하였다. 그러나 Insurance Act 2015는 담보위반과 손해 사이에 인과관계를 요구하는 요건이 신설되었다. 즉, MIA에서 담보는 중요성 여부와 상관없이 반드시 준수되어야 하며 위반할 경우 발생한 손해와 인과관계가 없더라도 보험자는 면책되었으나, Insurance Act 2015는 해당 손해와 담보위반이 인과관계가 없다는 사실이 입증된다면 보험자의 보험금 지급의무는 면제되거나 제한될 수 없도록 하였다.

제 3 부 해상위험과 해상손해

제 9 장 해상위험
제10장 해상손해

제 9 장 해상위험

제 1 절 해상위험의 개념과 요건

1. 해상위험의 개념

해상보험은 해상사업(marine adventure)과 관련하여 발생하는 손해를 보상해주는 것이므로 해상보험은 해상위험(maritime perils)을 대상으로 하고 있는 것이다.

즉, 위험이 없으면 손해도 없고 손해가 없으면 보상도 없으므로 해상보험은 결국 운송 중에 발생할 수 있는 해상위험을 전제로 한 것이다. 여기에서 해상위험은 항해에 기인하고 항해에 부수하여 발생하는 사고를 말한다.

영국 해상보험법(MIA)에서는 해상위험을 '항해에 기인 또는 수반되는 위험'으로 정의하면서 해상위험들을 하나 하나 열거하고 있다.

이에 반해, 우리나라 상법에서는 '해상보험계약의 보험자는 항해에 관한 사고로 인하여 생길 손해를 보상할 책임이 있다.'라고 해상위험을 포괄적으로 규정하고 있다.

◉ MIA 제3조 : Marine adventure and maritime perils defined

(C) "Maritime perils" means the perils consequent on, or incidental to, the navigation the seam that is to say, perils of the seas, fire, war perils, pirates, rovers, thieves, captures, seizures, restraints, and detainment's of princes and peoples, jettisons, barratry, and any other perils, either of the like kind or which may be designated by the policy.

(C) "해상위험"은 해상의 항해에 기인하거나 부수하는 위험을 의미하며, 즉 해상고유의 위험, 화재, 전쟁위험, 해적, 강도, 절도, 포획, 나포, 군주와 국민의 억류 및 억지, 투하, 선원의 악행 및 이와 동종의 또는 보험증권에 기재되는 일체의 기타 위험을 말한다.

2. 해상위험의 요건

보험자가 보상하기 위해서는 해상위험으로 인한 손해 즉, 보험사고는 다음과 같은 요건을 갖추어야 한다.

여기에서 보험사고는 보험자가 보험금을 지급해야 할 원인이 된 사고 또는 보험계약상 보험자의 보상의무를 구체화한 사고를 의미한다. 보험사고는 보험기간 중에 발생한 것이어야 하며 고의나 중대한 과실이 아닌 우연한 원인으로 발생한 것이어야 한다.

1) 위험의 손해성

보험자는 담보위험에 의한 손해만을 보상하기 때문에 그 해상위험은 손해의 원인이 되는 담보위험이어야 한다.

즉, 그 위험이 보험자가 보상하는 손해의 결과로 나타나야 보상이 되는 것이다. 그러한 의미에서 위험이 발생하였음에도 불구하고 손해를 초래하지 않았다면 그 위험은 보험자가 보상하는 해상위험의 요건이 되지 않게 된다.

2) 위험발생의 우연성

보험자는 우연한 보험사고에 대해 보험금을 지급하기 때문에 불가피하거나 필연적인 위험은 보험자가 보상하는 해상위험의 요건이 되지 않는다.

여기서 '우연한 보험사고'란 첫째, 사고의 발생 여부가 불확실하고 둘째, 사고의 발생 시기가 불확실하며 셋째, 사고의 발생형태가 불확실한 사고를 의미한다.

이와 같이 보험자가 보상하는 위험의 요건이 되는 위험발생의 우연성(contingency)은 사고발생의 여부, 시기, 정도가 불확정한 것을 의미하는데, 이것은 보험계약의 악용을 막기 위해 필요한 것이다.

따라서 피보험자 등의 고의나 중과실로 보험사고가 발생한 경우에는 우연성이 결여된 사고이기 때문에 보험자는 보험금 지급책임으로부터 벗어나게 된다.

3) 위험의 비불가항력성

보험자가 보상하는 해상위험은 우연적이고 우발적이면 되기 때문에 반드시 불가항력적인 위험일 필요는 없다. 따라서 자연적인 위험, 통상적인 위험, 특약에 의한 전쟁위험과 같은 인위적인 위험들도 보험자가 보상하는 해상위험에 포함된다.

4) 위험의 비장래성

위험의 비장래성은 해상위험은 반드시 보험계약 체결 이후에 발생하는 장래적인 위험이어야 하는가에 관한 문제이다.

일반적으로 보험자가 보상하는 해상위험은 계약체결 이후에 발생하는 사고를 대상으로 한다. 그러나 적하보험에서 과거의 사고라도 보험계약을 체결할 때 그 발생이 확정되어 있는 사실이나 이미 발생한 사실을 계약당사자가 모르고 있는 한, 그 사고는 보험자가 보상하는 위험이 된다.

적하보험의 경우에만 적용되는 이와 같은 소급보험(retroactive insurance)은 보험자의 책임이 과거로 소급하기 때문에 과거의 사고도 위험이 될 수 있는 것이다.

5) 위험의 발생가능성

보험자가 보상하는 해상위험의 요건은 위험의 발생가능성(possibility)이 있어야 한다. 따라서 보험계약을 체결할 때 위험이 이미 발생하였거나 아예 발생할 수 없는 위험을 대상으로 하였다면 그 보험계약은 당연히 무효가 된다.

그러나, 적하보험에 적용되는 소급보험의 경우는 보험계약 체결 이전에 사고가 이미 발생하였다 하더라도 보험자와 피보험자 모두가 그 보험사고의 발생 사실을 모르고 있는 경우에는 그 보험계약은 유효한 것으로 간주하고 있다.

6) 위험의 적법성

보험자가 보상하는 해상위험의 요건은 적법성(legality)을 가져야 한다. 여기에서 적법성은 법에 어긋남이 없이 맞는 것을 의미한다.

따라서 고의적이며 자의적인 위험의 초래는 보험자가 보상하는 해상위험의 요건이 될 수 없다. 다만, 고의적으로 손해를 초래하는 공동해손의 경우는 예외이다.

7) 위험의 한정성

보험자는 운송 중에 발생 가능한 모든 위험들을 보험사고로 간주하는 것이 아니라 화재, 멸실, 손상, 도난 등 보험계약에서 정한 내용과 범위 내에 한하여 보상책임을 부담한다. 이것은 보험자의 책임범위를 명확히 한 것이기 때문에 보험계약에서 합의된 범위를 벗어난 위험으로 인한 사고는 보험사고로 인정되지 않게 되며, 보험자는 그 사고로부터 당연히 면책되게 된다.

제2절 해상위험의 범위

보험자가 보상하는 해상위험의 범위는 보험계약을 체결할 때에 확정되고 그것은 보험증권상에 나타나게 된다.

여기에서 말하는 해상위험은 해상구간에서 발생하는 위험만을 지칭하는 것이 아니라 항해사업에 부수하여 발생하는 위험을 포괄하는 개념이다.

영국 해상보험법(MIA) 제3조는 '해상위험이란 항해와 함께 또는 부수하는 위험, 즉 해상고유의 위험(Perils of the Seas), 화재, 전쟁위험, 해적, 도적, 강도, 포획, 나포, 관헌의 억류 및 억지, 투하, 선원의 악행 및 이상과 동종 또는 보험증권에 의해 정해진 기타의 위험을 말한다.'라고 규정하여 해상위험을 구체적으로 정의하고 있다.

그런데 해상위험은 항해에 기인하고 항해에 부수하여 발생하는 사고이지만, 담보범위는 그 발생 장소가 반드시 해상에서 발생하는 손해(해상고유의 위험)에만 한정되는 것은 아니다.

왜냐하면 해상보험에서 말하는 해상위험의 범위는 해상고유의 위험, 해상위험, 전쟁위험 및 기타 일체의 위험과 함께 항해와 관련되는 내수로 및 육상에서 발생하는 화재나 도난과 같은 사고들도 포함되기 때문이다.

영국 해상보험법(MIA)이나 우리나라 상법도 해상보험에서 보험사고는 해상사업에 관한 모든 사고로서 침몰·좌초 등 해상고유의 위험뿐 아니라 화재·폭발·도난 등을 포함하고 있으며, 더 나아가 해상사업에 부수하는 육상이나 내수로 항해에 관한 위험도 해상위험에 포함시키고 있다.

◉ MIA 제2조 : Mixed sea and land risks

(1) A contract of marine insurance may, by its express terms, or by usage of trade, extended so as to protect the assured against losses on inland waters or on any land risk which may by incidental to any sea voyage.

(1) 해상보험계약은 명시적인 조건이나 무역관행에 의하여 피보험자를 보호하기 위해 해상항해에 수반될 수 있는 내수 또는 일체의 육상위험의 손해까지 확장될 수 있다.

제 3 절 해상위험의 종류와 부담원칙

1. 해상위험의 종류

해상위험은 해상고유의 위험, 해상위험, 전쟁위험, 기타 일체의 위험으로 구분된다.

1) 해상고유의 위험

해상고유의 위험(perils of the seas)은 바다의 작용을 원인으로 해상에서 발생하는 우발적인 사고나 재난을 말한다. 즉, 해상고유의 위험은 해상에서 발생한 것이어야 하고 그것도 우연히 발생한 것이어야 한다.

대표적인 해상고유의 위험으로는 SSCG 위험이라고 불리는 침몰, 좌초, 충돌, 교사와 풍파의 이례적인 작용 및 악천후가 있다.

(1) 침몰

침몰(sinking)은 선박이 부력을 상실하고 수중에 가라앉아 더 이상 항해가 불가능한 상태를 말한다. 침몰은 운송 중에 우연적으로 발생한 것이어야 보상받을 수 있고, 초과적재나 선박의 불내항 등에 의한 침몰은 보상되지 않는다.

침몰은 심해에서 구조가 불가능한 상태의 침몰인 심몰(foundering)과 천해에서 구조가 가능한 침몰인 천몰(submersion)로 구분된다.

심몰은 전손(total loss)으로 인정되며, 천몰은 추정전손(constructive total loss)으로 인정되기 위해서는 위부(abandonment)의 행사가 가능하다.

(2) 좌초 및 교사

좌초(stranding)는 선박이 암초나 그 밖의 견고한 물체에 얹혀 일정기간 움직이지 못하는 상태를 말하며, 교사(grounding)는 모래나 진흙 등과 같이 견고하지 않은 물체에 걸쳐 일정기간 진퇴가 불능인 상태를 말한다. 영미법에서는 이것을 서로 구분하지 않고 혼용하여 사용하고 있다.

교사는 보통 썰물로 갇혀 있다가 밀물 시 항해가 가능한 상태가 되지만, 좌초는 암초 등에 얹혀 있는 상태이므로 인양을 해야만 항해가 가능하다.

한편, 좌초와 비슷한 의미로 촉초(觸礁, touch and go)가 있다. 이것은 선박이 암초 등의 물체에 얹혔거나 사저(砂底)에 접촉하여 잠시 항행을 방해 당했지만 다시 항진하는 힘에 의하여 저절로 이초(refloating)하는 정도의 접촉을 말하기 때문에 해상고유의 위험에 속하지 않는다.

촉초가 좌초로 되기 위한 조건은 통상 15~20분 이상 정지된 상태로 있어야 한다.

(3) 충돌

충돌(collision)은 협의의 개념과 광의의 개념으로 구분된다. 협의의 충돌은 선박과 다른 선박간의 충돌만을 의미하는 것으로 서로 맞부딪히거나 맞선 상태를 뜻한다.

광의의 충돌은 선박과 다른 선박간의 충돌뿐 아니라 난파물, 암벽, 빙산, 빙벽 등 다른 물체(물은 제외되고 얼음은 포함)와 직접적으로 접촉하는 것을 말한다.

한편, 충돌은 그 원인에 따라 과실(fault)에 기인하는 충돌과 무과실(without fault)에 기인하는 충돌로 구분되는데, 전자는 일방과실에 의한 충돌과 쌍방과실에 의한 충돌로 구분되며 후자는 불가항력에 의한 충돌과 원인불명의 충돌로 구분된다.

(4) 전복

전복(capsize, overturn)은 선박이 해상에서 횡방향의 어느 한쪽으로 기울어져 뒤집어지는 현상을 말한다.

전복은 일반적으로 선박의 복원력(restoring force)이 작은 경우, 강한 풍랑 등의 외부적 요인이나 화물의 이동, 급선회 등 내부적 요인에 의해 주로 발생한다.

(5) 풍파의 이례적인 작용과 악천후

풍파의 이례적인 작용(extraordinary actions of winds and waves)은 세찬 바람과 험한 물결이 이례적으로 발생하는 현상을 말한다.

악천후(heavy weather, bad weather)는 소나기나 우박 등을 동반하는 몹시 나쁜 날씨 혹은 거친 날씨를 의미하며 황천(荒天)이라고도 한다.

악천후에는 위험을 동반하는 천둥이나 번개, 강한 바람, 태풍, 난기류, 열대성 저기압, 강한 우박, 광범위한 모래나 먼지 등의 날씨가 포함된다. 이들 대부분은 규모가 작고 수명이 짧기 때문에 정확한 예보가 어렵다.

악천후는 화물의 해수침손이나 갑판적재 화물의 풍랑유실을 초래하는 원인이 된다.

2) 해상위험

해상위험(marine risk, maritime perils)은 항해와 관련하여 발생하는 위험을 말하며, 화재와 같은 자연적 위험뿐 아니라 투하, 선장이나 선원의 악행, 해적, 표도, 강도 등과 같은 인위적 위험들도 포함된다.

(1) 화재

화재(fire)는 불이 나는 재앙이나 불로 인해 발생하는 재난을 말한다. 이 위험은 협회적하약관(ICC)에서 보상되는 가장 기본적인 위험이다.

다만, 화재의 원인이 자연발화나 피보험목적물의 고유의 하자나 성질을 근인으로 하는 멸실이나 손상의 경우에는 보상되지 않는다.

그러나 화염에 의한 소실, 화재에 의한 연기나 열에 의한 손해, 소화주수(消火注水)에 의한 손해와 폭발과 낙뢰 등은 동종제한의 원칙(principle of the like or same kind)에 따라 화재와 함께 보상된다.

(2) 투하

투하(jettisons)는 선장이 다수의 이익을 위해 공동의 위험이 직면한 경우, 임의로 화물을 바다에 던져버리는 행위를 말하며 가장 전형적인 공동해손에 속하는 위험이다. 그러나 화물이 부패하거나 화물고유의 하자로 인한 투하는 보상되지 않는다.

이와 같이 피보험목적물의 고유의 하자나 성질을 원인으로 하는 투하는 보험자가 면책되는 위험이지만, 그렇지 않는 투하는 항해에 관한 사고의 하나로서 협회적하약관에 담보위험으로 열거된 위험 중의 하나이므로 당연히 보상을 받게 된다.

(3) 선장이나 선원의 악행

선장이나 선원의 악행(barratry of master or mariners)은 선장이나 선원들이 고의적으로(willfully) 또는 의도적으로(intentionally) 선주나 용선자(charterer)에게 저지르는 모든 비행이 말한다.

예를 들어 선박보험의 경우 선박을 밀수목적으로 사용하거나 방화, 고의적인 좌초, 침몰, 천공, 고의적인 이로, 선박을 갖고 도주하는 행위, 사기의 목적을 가지고 화물을 매각처분 등의 부정한 처분들이 여기에 해당한다. 물론 고의가 아닌 단순과실은 여기에서의 악행으로 인정되지 않는다.

(4) 해적행위나 표도

해적행위(pirates)는 어느 국가의 관할권에도 속하지 않는 공해상에 있는 선박에 대해 악의가 있는 다른 선박의 승무원이나 여객이 사적인 목적을 달성하기 위해 자행되는 불법한 폭력행위, 억류, 약탈행위 등을 말한다. 그러나 군함이나 군용 항공기 또는 정부의 선박이나 항공기에 의한 이러한 행위는 해적행위로 인정되지 않는다.

표도(rovers)는 약탈물을 구하려고 해상을 배회(wandering)하면서 상선을 습격하여 적하품을 약탈하는 일종의 절도로 해적행위와 동의어로 사용되고 있다.

옛날에는 해적행위나 표도 위험들이 해상운송 중 만날 수 있는 가장 치명적인 위험이었다. 그러나 오늘날에는 선박이 대형화 및 고속화되어 극동해안이나 아프리카 일부 지역을 제외하고는 거의 보기 힘든 위험이 되었다.

◉ MIA 제1부칙 제11조

11. The term 'barratry' includes every wrongful act wilfully committed by the master or crew to the prejudice of the owner or, as the case may be, the charterer.

8. The term 'pirates' includes passengers who mutiny and rioters who attack the ship from the shore.

11. '선장이나 선원의 악행'이라는 용어는 소유자 또는 경우에 따라서는 용선자에게 손해를 입히는 선장이나 선원에 의해 고의로 행해지는 모든 부정행위를 포함한다.

8. '해적'이라는 용어는 폭동을 일으키는 승객과 육지로부터 선박을 공격하는 폭도를 포함한다.

(5) 강도

강도(thieves)는 화물감독자가 습격을 받아 화물을 강탈당하는 것으로 폭력을 동반한 습격을 말하며 도적이라고 한다. 따라서 은밀한 절도나 승선자의 절도는 여기에 해당하지 않고 기타 일체의 위험으로 분류된다.

강도 위험은 ICC(A) 조건에서는 담보되지만, ICC(B) 조건이나 ICC(C) 조건에서는 담보되지 않는다. 따라서 보험자로부터 이러한 위험을 보상받기 위해서는 보험계약을 체결할 때에 TPND를 특약해야 한다.

3) 전쟁위험

전쟁위험(war perils)은 군함 등에 의한 포획이나 나포를 포함하는 국제법상의 전쟁행위를 말한다. 대표적인 전쟁위험들로는 군함, 외적, 습격, 포획, 해상탈취, 나포, 군왕·군주·인민의 강류·억지·억류 등이 있다.

전쟁위험은 ICC(A) 조건에서 뿐 아니라 ICC(B) 조건이나 ICC(C) 조건에서도 담보되지 않기 때문에 이러한 위험으로 인하여 발생하는 손해를 보험자로부터 보상받기 위해서는 협회전쟁약관(institute war clause)을 특약해야 한다.

(1) 군함

군함(men-of war, warship)은 한 국가의 군대에 속하는 선박을 말하며 전시에 군함에 의한 손해가 대표적인 전쟁위험에 해당한다.

(2) 외적

외적(enemies)은 육지나 해상, 공중에서 발생하는 모든 형태의 적대행위 즉, 외부로부터 쳐들어오는 것을 말하며 외국의 선박에 의한 공격이 대표적인 외적위험이다.

(3) 습격

습격(surprise attack, raid)은 원래 정치적 타격 등 특정한 목적을 가지되 땅을 뺏으려는 의도는 없을 때, 빠르게 쳤다가 적군이 역습하기 전에 원래 방어위치로 퇴각하는 것을 목적으로 하는 전술을 말한다. 습격의 주요 목적은 적의 교란, 요인 구출, 재물 파괴, 포로 해방, 요인 암살 및 정보 수집 등이다.

해상보험에서 습격은 전시에 선박이나 화물의 소유자로부터 일체의 소유권을 탈취할 목적으로 선박을 갑자기 덮치는 행위를 의미한다.

(4) 포획

포획(capture)은 외국의 선박이나 항공기 또는 화물을 몰수하는 행위를 말하며 단순히 이들을 일시적으로 자기 권력하에 두는 것도 포함되는 개념이다.

영해에서 연안국의 법령에 위반한 외국선이나 공해에서 해적행위를 하는 외국선에 대해서 평상시에 행하는 포획도 있으나, 일반적으로는 교전국이 적이나 중립국의 선박이나 화물을 몰수하는 것을 의미한다.

(5) 해상탈취

해상탈취(taking at sea)는 재물을 탈취하는 것이 주된 목적이 아니라, 적대국의 화물을 싣고 있다고 의심될 때 검문을 위해 항해를 정지시키거나 특정항구에 입항시키는 행위를 말한다. 오늘날에는 나포라는 용어가 해상탈취를 대신하여 사용되고 있다.

(6) 나포

나포(seizure, 拿捕)는 전시에 교전국의 군함이 정당한 포획의 이유가 있다고 인정되는 적의 선박이나 적재화물을 해상에서 포획자의 권력 밑에 두는 행위를 말한다.

일반적으로 나포된 선박이나 화물은 일시적으로 포획자의 권력 밑에 놓이게 되고 그 규율에 따르게 된다.

보통은 군함에서 몇 사람의 승무원을 선박에 파견하여 선박을 그 지휘에 들게 하거나, 선박의 국기를 내리게 하고 군함의 지휘에 따라 항행하도록 한다. 나포된 선박은 검정(檢定)을 위하여 포획심검소(捕獲審檢所)가 있는 항구로 인도된다. 나포라는 말은 평상시의 경우에도 특히 외국의 선박을 포획하는 경우에 주로 사용되고 있다.

(7) 군왕, 군주, 국민의 강류, 억지, 억류

군왕, 군주, 국민의 강류, 억지, 억류(arrest, restraints and detainment of king, princes and people)는 국가 통치권의 주체자들이 정치적으로나 행정적으로 행하는 출항금지, 입항금지, 양륙금지, 봉쇄 등을 의미한다.

이러한 행위들은 선박이나 화물의 소유권을 탈취하기 위한 것이 목적이 아니라 그들의 이동을 정지시키는 것이 주된 목적이다.

여기에서 강류(arrests)는 국가의 권리나 전쟁 등으로 수송이 중지되거나 피보험화물의 소유권이 박탈당하는 것을 말하며, 억지(restraints, deterrence)는 자신이 힘을 행사할 수 있음을 나타내면서 적이 공격을 통해서 얻는 이익보다 보복으로 입게 되는 손해가 더 크다는 것을 깨닫게 하여 일정한 행동을 하지 못하게 하는 전략을 말한다.

억류(detainment)는 전시에 특정인이나 선박을 자국의 유치나 감시하에 머무르게 하거나 비교적 단기간 피의자 등의 신체를 일시적으로 구금하는 것을 말한다.

일반적으로 강류나 억지, 억류는 상호 동의어로 사용되고 있다. 그러나 이들은 궁극적으로 소유자에게 반환할 의사를 가진 재산의 일시적인 유치행위를 의미한다는 점에서 재산을 자기의 소유로 할 것을 목적으로 하는 포획(capture)과 구별된다.

4) 기타 일체의 위험

기타 일체의 위험(all other perils)은 앞에서 열거한 위험의 종류나 기타의 위험들은 동종제한의 원칙(principle of the like or same kind)에 따라 같은 것으로 간주한다는 것을 말한다.

예를 들어 보험증권의 위험약관(perils clause)에 여러 가지 위험들이 열거되고 그 이후에 문언으로 'all other perils'라고 되어 있는 경우, 이것은 그 앞에 열거된 위험과 전혀 다른 별개의 위험이나 모든 위험을 의미하는 것이 아니라, 그들 열거 위험과 동일한 문언으로는 표기하기 곤란하지만 거의 동종의 유사한 위험을 지칭하는 것으로 제한한다는 것이다.

해상보험증권에서는 위험약관 중 일반문언 즉, '기타의 모든 위험, 멸실 및 불행(all other perils, losses and misfortunes ……)'이라고 하는 말의 해석에 이 원칙이 적용된다.

동종제한의 원칙은 계약서나 약관 등에 우선 특정한 열거사항이 기재되고 다음에 포괄적인 부가문언이 있는 경우에, 후자의 포괄적인 부가문언은 선행하는 특정적 사항과 동질의 것만을 의미한다고 풀이한 영국법에 따른 해석상의 원칙이다.

동종제한의 원칙은 언제나 적용되어도 상관없다고 하는 것을 보증하는 것은 아니라, 오히려 전체의 문맥에 비추어 적용여부를 종합적이면서도 개별적으로 신중하게 판단해야 할 성질의 것이다. 따라서 ICC(B) 조건과 ICC(C) 조건이 적용되는 열거책임주의하에서는 발생한 위험이 열거한 위험에 해당하거나 이와 동종에 해당하는 위험인 경우에 한하여 보험자가 손해를 보상하게 된다.

이 원칙은 보험자와의 분쟁을 사전에 막고자 하는 목적도 있지만 보험소비자인 피보험자를 보호하기 위한 원칙에 가깝다. 그 이유는 보상하는 손해보다는 보상하지 않는 손해의 열거 후에 그렇게 포괄적인 문언이 들어가 있는 경우가 많기 때문이다.

◉ MIA 제1부칙 제12조 : All other perils

The term 'all other perils' includes only perils similar in kind to the perils specifically mentioned in the policy.

'기타 일체의 위험'이라는 용어는 오로지 보험증권에 특별히 기재된 위험과 같은 종류의 위험만을 포함한다.

2. 해상위험의 부담원칙

1) 포괄책임주의

포괄책임주의는 보험자가 보상하는 위험을 구체적으로 열거하지 않고 면책위험에 해당하지 않는 한 모든 손해를 보상한다는 위험부담 원칙을 말한다. 이것을 무제한책임주의 또는 일반책임주의라고도 부른다. 이 원칙은 구 ICC(A/R) 조건과 신 ICC(A) 조건이 채택하고 있다.

물론, 포괄책임주의라 하더라도 피보험자의 고의적인 불법행위에 의한 손해와 같이 일정한 위험은 면책약관에 의해 보험자가 위험을 담보하지 않게 된다.

포괄책임주의에서 거증 혹은 입증책임은 보험자에게 있다. 따라서 그 손해로부터 면책받기 위해서는 보험자는 그것을 스스로 입증해야 하며, 피보험자는 사고가 발생한 때에 그 사고가 보상되지 않는 손해에 해당되지 않으면 보상을 받을 수 있게 된다.

2) 열거책임주의

열거책임주의는 보험자가 보상하는 위험이 보험약관에 열거되어 있고 보험자는 열거된 위험으로 말미암아 생긴 손해에 대해서만 책임을 진다는 위험부담 원칙을 말한다. 이것을 제한책임주의, 한정책임주의, 개별책임주의라고도 부른다.

이 원칙은 보상이 가능한 위험을 열거함으로써 특정하는 방법이기 때문에 열거되지 않은 사항은 담보위험에서 제외되며, 해상에서의 일체의 위험 등을 사고로 보상하는 포괄책임주의와는 대립되는 개념이다.

구 ICC(FPA)과 ICC(WA) 조건 및 신 ICC(B)과 ICC(C) 조건이 이 열거책임방식을 채택하고 있다. 이 조건들은 포괄책임주의를 채택하고 있는 ICC(A) 조건이나 ICC(A/R) 조건에 비해 보장하는 범위가 좁기 때문에 보험료가 저렴하다. 열거책임주의에서는 피보험자가 발생한 손해가 열거된 위험에 해당하는지, 또는 보상하는 손해에 해당하는지에 대해 증명해야만 보상을 받을 수 있는데, 그 입증책임은 피보험자가 부담한다.

한편, 열거책임주의는 보험증권상에 열거된 위험만 담보되고 열거되지 않은 위험은 담보되지 않기 때문에 피보험자 측이 사전에 예상하지 못한 위험으로서 보험증권상에 열거되지 않은 위험이 발생하게 되면 그 위험은 당연히 피보험자가 부담하게 된다.

따라서 피보험자는 열거되지 않은 위험으로 인한 손해를 보험을 통해 보호받기 위해서는 화물의 종류, 성질, 포장, 항로 등을 감안하여 추가적으로 특약을 해야 한다.

3) 포괄책임주의와 열거책임주의의 비교

포괄책임주의에서는 일체의 해상위험이 일단 보험자의 책임에 속하기 때문에 보험자가 보상하는 위험의 범위가 열거책임주의와 비교하여 훨씬 넓다.

또한 포괄책임주의에서 피보험자는 사전에 예상되지 않았던 위험이 발생할지라도 그 위험이 면책사유에 해당하지 않는 한, 보호를 받을 수 있게 된다.

포괄책임주의는 보험자의 보상범위가 넓기 때문에 보험에 대한 지식이 부족한 피보험자들에게는 좀 더 유리하다.

그러나 포괄책임주의는 보험자의 위험부담에 따른 보상범위가 넓기 때문에 피보험자는 높은 보험료를 부담하게 되는 단점이 있다. 이에 반해, 열거책임주의에서는 보험자의 위험부담의 책임범위가 좁고 개개의 위험의 의의가 대체로 확정되어 있기 때문에 보험자로서는 편리한 장점이 있다.

또한 포괄책임주의는 보험자가 면책사유임을 입증해야 하고 열거책임주의는 피보험자가 담보하는 위험에 의해 손해를 입었음을 입증해야 한다.

즉, 포괄책임주의는 손실이 보험기간 중에 발생하였다는 것만 피보험자가 입증하면 충분하나, 열거책임주의는 특정한 손실이 열거된 담보위험 중 어느 위험으로 인해 발생했다는 사실을 피보험자가 입증해야 하는 불편이 있다.

또한 열거책임주의는 보험자의 위험부담에 따른 보상범위가 좁기 때문에, 피보험자로서는 포괄책임주의 방식보다 저렴한 보험료를 부담하는 장점이 있다.

그러나 피보험자의 입장에서 본다면 사전에 예상되지 않았던 위험이 발생하면 보호를 받을 수 없을 뿐 아니라, 열거위험으로 인하여 발생한 손해에 대해 보상을 청구할 경우에 그것이 보험자가 부담하는 위험에 의해 발생한 것이라는 사실을 증명해야 하기 때문에서 불편한 단점이 있다.

우리나라 상법 제693조는 '해상보험계약의 보험자는 해상사업에 관한 사고로 인하여 생길 손해를 보상할 책임이 있다.'고 규정하여 모든 해당 위험을 보험자가 포괄적으로 부담하도록 하는 포괄책임주의를 채택하고 있다.

이러한 점들을 종합하면, 포괄책임주의는 전체적으로 피보험자에게는 편리하지만 보험자에게는 불편한 방식이며, 열거책임주의는 보험자에게 유리하지만 피보험자에게는 불리한 방식이라 할 수 있다. 그러나 실제의 해상보험거래에서는 큰 차이가 없다. 그 이유는 포괄책임주의에서도 다수의 면책약관을 삽입하여 담보위험을 제한하고 열거책임주의와 전혀 자이가 없는 계약내용으로 합의하는 경우가 많기 때문이다.

제4절 담보위험

1. 담보위험의 의의

담보위험(risks covered, covered risks)은 보험자가 그 위험에 의해 발생한 손해를 보상할 것을 약속한 위험을 말한다. 그 위험에 의해 발생한다는 것은 그 위험 자체에 의하거나 그 위험을 조건으로 하는 불가피한 인과관계의 진행과정에서 나타나는 여러 위험으로 인해 발생한다는 의미이다.

그러므로 담보위험은 위험에 의해 발생한 손해를 보험자가 피보험자에게 보상해주는 위험을 지칭하는 것이다. 그 위험으로 인하여 생긴 손해를 보험자가 보상책임이 있다는 의미에서 담보위험을 피보험위험 혹은 보험사고라고도 한다. 결국, 보험자는 피보험위험을 담보하며 피보험위험이 아닌 위험은 담보하지 않게 된다.

담보위험과 반대되는 개념이 면책위험이다. 이것은 피보험자가 손해를 입었다 하더라도 약관이나 법률에 의거하여 보험자가 보상하지 않는 위험을 말한다.

2. Lloyd's S.G. 보험증권상의 담보위험

로이즈 보험증권으로 불리는 Lloyd's S.G. Policy는 영문으로 된 세계최초의 해상보험증권이며, 오늘날 전세계적으로 사용되는 해상보험증권양식의 기초가 된 증권이다.

이 증권은 1779년 로이즈 보험업자협회 총회에서 정식으로 사용이 결정되었고, 1982년에 신양식의 보험증권이 제정됨에 따라 1983년부터 사용이 폐지되었다.

여기에서 S는 선박(ship), G는 화물(goods)을 의미한다. 로이즈 보험증권 양식은 크게 선박보험양식(hull form)과 적하보험양식(cargo form)이 있다.

Lloyd's S.G. Policy의 위험약관(peril clause)에는 ① 침몰, 좌초, 교사, 전복, 충돌, 악천후 등의 해상고유의 위험(perils of the seas) ② 군함 ③ 화재 ④ 외적 ⑤ 해적행위 ⑥ 표도 ⑦ 강도 ⑧ 투하 ⑨ 포획면허장 및 보복포획면허장 ⑩ 습격 ⑪ 해상탈취 ⑫ 군왕, 군주, 국민의 강류, 억지, 억류 ⑬ 선장이나 선원의 악행 ⑭ 기타 일체의 위험 등 14가지 담보위험이 명시되어 있다.

따라서 로이즈 보험증권에서는 열거된 14가지 담보위험만을 보험자가 부담하고, 기타 위험으로 발생한 손해는 면책되도록 하는 열거책임주의를 채택하고 있다.

3. 구협회적하약관상의 담보위험

전술과 같이, 영문으로 작성되어 해상보험시장에서 사용되는 보험증권의 모태는 1977년 채택된 Lloyd's S.G. Policy이다.

이후 해상무역이 급격히 발달함에 따라 1912년에는 적하보험 특별약관을 제정하여 사용하였고, 이 특별약관을 일반화 하여 S.G. Policy에 삽입하여 사용한 것이 구협회적하약관인 ICC(FPA), ICC(WA), ICC(A/R) 조건들이다. ICC(FPA)는 분손부담보조건, ICC(WA)는 분손담보조건, 그리고 ICC(A/R)은 전위험담보조건이라고 부른다.

구협회적하약관은 1963년부터 신협회적하약관이 제정되어 사용된 1982년까지 사용되었던 약관이다. 이중에서 A/R조건은 포괄책임주의를 채택하고 있기 때문에 면책위험이나 부담보위험을 제외하고는 보험자가 모든 손해를 보상하게 된다.

이에 반해 ICC(FPA)와 ICC(WA) 조건은 모두 열거책임주의를 채택하고 있기 때문에 특약에 의하지 않거나 열거위험에 포함되지 않은 손해는 보상하지 않게 된다.

이들 조건에서 보상받기 위해서는 면책위험에 해당되어서도 안될 뿐 아니라 담보위험으로 열거되거나 특약되어야만 한다.

4. 신협회적하약관상의 담보위험

구협회적하약관(이하 간단히 구약관이라 함)의 적용상의 편리함을 위해 새롭게 선보인 것이 1982년 제정된 신협회적하약관 ICC(A), ICC(B), ICC(C) 조건이다.

1982년의 신협회적하약관에서 보험자의 보상범위는 구협회적하약관과 거의 비슷하다. 왜냐하면 ICC(A), ICC(B)와 ICC(C)는 구약관의 전위험담보조건(A/R), 분손담보조건(WA)와 분손부담보조건(FPA)에 각각 대응한 것이기 때문이다.

이중에서 ICC(A)는 보험자의 보상범위가 가장 넓은 조건이며 반대로 가장 좁은 조건은 ICC(C) 조건이다. ICC(A) 조건의 경우는 손해가 약관에 의하여 면책되는 것이 아닌 담보위험이 약관상에 명시되어 있으며 이러한 위험은 동 약관에 규정된 면책위험이 아닌 한 보험자가 담보하는 조건이기 때문에 보상범위가 가장 넓다.

한편 신협회적하약관은 ICC(A), ICC(B), ICC(C) 조건 모두 8개의 그룹약관으로 구성되어 있으며 8개의 그룹약관은 다시 19개의 개별약관으로 되어 있다.

신협회적하약관이 제정되었다고 하여 구협회적하약관이 세계의 해상보험시장에서 완전히 사라진 것은 아니고 오히려 서로 함께 사용되고 있기 때문에 보험계약을 체결할 때는 이들 중 하나를 선택하여 체결하고 있다.

5. 개정 협회적하약관상의 담보위험

1) 2009년 개정약관(ICC)의 제정

1982년 협회적하약관(이하 간단히 신약관이라 함)의 도입은 구 Lloyd's S.G. Policy로부터 탈피한 해상적하보험증권의 큰 첫 걸음이었다. 그러나 시간이 흐르면 변화가 발생하기 마련이므로 개정작업의 필요가 제기되었고, 특히 해상절도나 테러행위의 만연 등 최근 국제환경의 변화는 신약관을 개정하게 된 배경이 되었다.

이에 개정작업이 2006년 2월부터 개시되었고, ICC(A), ICC (B) 및 ICC(C) 약관과 이와 관련되는 전쟁 및 동맹파업약관의 개정 초안이 2008년 5월 전세계 적하보험시장에 배부되었다. 그리고 2008년 10월 최종 초안이 배포되었고, 이어 2008년 11월에 협회적하약관 및 관련 약관들이 공표되면서 2009년 1월부터 개정약관이 시행되었다.

2) 2009년 개정약관상의 변화

ICC(A), ICC(B), ICC(C)의 제4조 내지 제7조, 그리고 협회전쟁약관 및 협회동맹파업약관의 제3조 및 제4조의 면책규정과 관련하여, 1982년 약관에서는 예컨대, 전쟁면책약관 중에 정치상 또는 행정상의 조치를 의미하는 '구속, 억지 또는 억류'라는 전쟁과는 거의 관계되지 않는 위험들이 포함되어 있었다.

또한 동맹파업면책약관 중에 동맹파업과 거의 관계없는 '테러리스트 또는 정치적 동기에 입각해 행동하는 자'의 면책이 포함되어 있어 혼란스러웠다.

이에 개정약관에서는 일부조항의 수정이 이루어졌다. 그러나 큰 틀에서 담보위험과 면책위험의 내용들은 1982년 협회적하약관과 거의 대동소이하게 규정되어 있다.

3) ICC(A) 약관상의 담보위험

◉ ICC(A) 약관상의 담보위험

1. This insurance covers all risks of loss of or damage to the subject-matter insured except as excluded by the provisions of Clauses 4, 5, 6 and 7 below.

1. 본 보험은 다음의 제4조, 제5조, 제6조 및 제7조에 규정에 의하여 배재된 위험을 제외하고 피보험목적물의 멸실 또는 손상에 관한 일체의 위험을 담보한다.

ICC(A) 조건은 보험자가 부담하는 위험의 내용면에서는 구약관인 A/R(전위험담보조건)상의 담보위험과 비슷하다. 포괄책임주의 방식을 채택하고 있는 ICC(A) 조건상 담보위험은 제4조(일반면책약관), 제5조(불내항 및 부적합면책약관), 제6조(전쟁면책약관), 제7조(동맹파업면책약관)를 제외한, 모든 위험이 담보위험이 된다.

이와 같이 ICC(A) 조건은 보험자가 법률이나 약관에 의해 면책되는 위험 이외의 일체의 위험을 담보하는 조건이지만, 말 그대로 모든 손해를 보상하는 것은 아니다.

왜냐하면 선박 등의 불내항 및 부적합에 기인하는 손해, 통상의 누손, 중량 또는 용적의 통상적인 감소 또는 자연소모나 마모, 항해의 지연의 손해, 피보험자의 고의적인 불법행위, 피보험목적물의 고유의 하자나 성질에 기인하는 손해, 선박소유자 등의 도산이나 금전상의 채무불이행, 원자핵분열 등은 보험자가 그 책임을 부담하지 않기 때문이다.

제6조에 규정된 전쟁위험이나 제7조에 규정된 동맹파업위험도 원칙적으로는 보험자가 그 책임을 부담하지 않지만 특약을 통해서는 보상받을 수 있다.

4) ICC(B) 약관상의 담보위험

열거책임주의 방식을 채택하고 있는 ICC(B) 조건은 제4조(일반면책약관), 제5조(불내항 및 부적합면책약관), 제6조(전쟁면책약관), 제7조(동맹파업면책약관)는 당연히 제외되고, 제1조에서 보험자가 보상하도록 열거되어 있는 위험이 담보위험이 된다.

ICC(B) 조건은 제1조에서 첫째, 보험자가 부담하는 위험을 위험과 손해 간에 상당한 인과관계가 요구되는 위험, 둘째, 단순한 인과관계만을 요구하는 위험, 셋째, 인과관계가 필요 없는 본선 또는 부선에 선적 또는 양하 작업 중 바다 또는 갑판에 추락한 포장단위당 전손 등 세 가지 항목으로 열거하고 있다.

첫째, 위험과 손해 간에 상당한 인과관계가 요구되는 위험으로는 ① 화재 또는 폭발 ② 본선 또는 부선의 좌초, 교사, 침몰 또는 전복 ③ 육상 운송용구의 전복 또는 탈선 ④ 본선, 부선 또는 운송용구와 물 이외의 다른 물체와의 충돌 또는 접촉 ⑤ 피난항에서의 화물의 양하 ⑥ 지진, 화산의 분화 또는 낙뢰 등 여섯 가지의 세목을 구체적으로 열거하고 있다.

둘째, 단순한 인과관계만을 요구하는 위험으로는 ① 공동해손 희생손해 ② 투하 또는 갑판유실 ③ 본선, 부선, 선창, 운송용구, 컨테이너, 지게차 또는 보관장소에 해수, 호수, 하천수의 유입 등 세 가지의 세목으로 열거하고 있다.

셋째, 인과관계가 필요 없는 위험으로는 본선이나 부선으로의 선적 또는 양하작업 중 바다나 갑판에 추락한 포장 단위당 전손 한 가지를 열거하고 있다.

(1) 위험과 손해 간에 상당한 인과관계가 요구되는 위험

① 화재 또는 폭발

화재(fire) 또는 폭발(explosion)은 불이 나는 재앙 또는 불로 인한 재난을 의미하며, 로이즈증권이든 협회적하약관이든 가장 기본적으로 보상되는 위험이다.

화염에 의한 소실손해, 화재에 의한 연기나 열에 의한 손해, 소화주수에 의한 손해들도 동종제한의 원칙에 따라 당연히 보상된다.

② 본선 또는 부선의 좌초, 교사, 침몰 또는 전복

본선 또는 부선의 좌초, 교사, 침몰 또는 전복(vessel or craft being stranded, grounded, sunk or capsized)은 본선이나 부선이 좌초, 교사, 침몰 또는 전복되는 손해를 의미한다. 본선 또는 부선이라는 단어가 추가되었을 뿐 Lloyd's S.G. Policy에서 담보하고 있는 내용과 동일하다.

③ 육상 운송용구의 전복 또는 탈선

육상 운송용구의 전복 또는 탈선(overturning or derailment of land conveyance)은 해상운송에 부수하는 육상운송과정에서 발생하는 육상 운송용구의 전복이나 탈선에 의해 발생하는 손해를 의미한다.

여기에서 전복은 육상 운송용구가 어느 한쪽으로 기울어져 뒤집어지는 것이며, 탈선은 철도 차량의 차륜이 궤도를 이탈하는 것이다. 이러한 위험은 과속이나 기계적 결함 등의 유발요소가 단독이나 복합적으로 작용하여 발생하게 된다.

④ 본선, 부선 또는 운송용구와 물 이외의 다른 물체와의 충돌 또는 접촉

본선, 부선 또는 운송용구와 물 이외의 다른 물체와의 충돌 또는 접촉(collision or contact of vessel, craft or conveyance with any external object other than water)은 본선이나 부선, 운송용구가 타 물체와 충돌하거나 접촉함으로 발생하는 손해를 의미한다. 충돌이나 접촉에 의한 손해에는 얼음이나 빙벽 등은 포함되지만 물은 제외된다.

⑤ 피난항에서 화물의 양하

피난항에서 화물의 양하(discharge of cargo at a port of distress)는 운송 도중 일정한 사유로 인하여 일시 피난항에 정박하여 화물을 일단 양하 하였다가 재선적 후에 다시 최종 목적항으로 운송하는 경우, 피난항에서 화물을 양하할 때에 발생하는 손해를 의미한다.

⑥ 지진, 화산의 분화 또는 낙뢰

지진, 화산의 분화 또는 낙뢰(earthquake, volcanic eruption or lighting)는 해상운송에 부수하여 육상에서 발생하는 지진이나 화산위험도 보상한다는 의미이며, 낙뢰도 화재의 발생 여부와 상관없이 그 자체에 의한 손해도 보상된다.

(2) 단순한 인과관계만을 요구하는 위험

① 공동해손 희생손해

공동해손 희생손해(general average sacrifice)는 공동해손이 발생한 경우 선체나 화물 등의 일부가 희생되는 물적 손해를 의미이다. 공동해손에서 공동해손 희생손해와 대응하는 개념이 공동해손 비용손해(general average expenditure)이다.

② 투하 또는 갑판유실

투하(jettison)는 비상시에 선박을 가볍게 하거나 선박의 복원성을 확보하기 위해 적하나 선박 및 의장품의 일부를 고의로 바다에 버리는 행위를 말한다.

일반적인 의미의 투하는 항해에 관한 보험사고의 하나로 약관에 열거된 위험이지만, 피보험목적물 고유의 성질을 원인으로 하는 투하는 보험자가 면책된다.

갑판유실(washing overboard)은 갑판적재 화물 또는 선박의 속구나 비품 등이 파도에 의해 선외로 떨어져 유실되는 현상을 말한다.

③ 본선, 부선, 선창, 운송용구, 컨테이너, 지게차 또는 보관장소에 해수, 호수, 하천수의 유입

본선이나 부선 등에 해수나 호수, 하천수의 유입(entry of sea lake or river water into vessel, craft, hold, conveyance, container, liftvan or place of storage)은 본선이나 부선, 선창, 운송용구, 컨테이너, 지게차 또는 보관장소에 해수나 호수, 하천수가 유입되어 발생하는 손해를 의미하며, 빗물(rainwater)은 여기에 포함되지 않는다.

(3) 인과관계가 필요 없는 위험

본선 또는 부선으로의 선적 또는 양하 작업 중 바다 또는 갑판에 추락한 포장 단위당 전손(total loss of any package lost overboard or dropped whilst loading on to, or unloading from, vessel or craft)은 본선이나 부선이 선적이나 양하 작업을 하던 중에 바다나 갑판에 추락하여 발생하는 포장 단위당 전손을 의미한다.

◉ ICC(B) Risk covered

1. This insurance covers, except as excluded by the provisions of Clauses 4, 5, 6 and 7 below,
1.1 loss of or damage to the subject－matter insured reasonably attributable to
1.1.1 fire or explosion
1.1.2 vessel or craft being stranded grounded sunk or capsized
1.1.3 overturning or derailment of land conveyance
1.1.4 collision or contact of vessel craft or conveyance with any external object other than water
1.1.5 discharge of cargo at a port of distress
1.1.6 earthquake volcanic eruption or lighting
1.2 loss of or damage to the subject-matter insured caused by
1.2.1 general average sacrifice
1.2.2 jettison or washing overboard
1.2.3 entry of sea lake or river water into vessel craft hold conveyance container liftvan or place of storage
1.3 total loss of any package lost overboard or dropped whilst loading on to, or unloading from, vessel.

1. 이 보험은 다음의 제4조, 제5조, 제6조 및 제7조의 규정에 의하여 배제된 위험을 제외하고 다음의 멸실 또는 손상에 관한 위험을 담보한다.
1.1 다음의 사유에 합리적으로 기인하는 피보험목적물의 멸실 또는 손상
1.1.1 화재 또는 폭발
1.1.2 본선 또는 부선의 좌초, 교사, 침몰 또는 전복
1.1.3 육상 운송용구의 전복 또는 탈선
1.1.4 본선, 부선 또는 운송용구와 물 이외의 다른 물체와의 충돌 또는 접촉
1.1.5 피난항에서의 화물의 양하
1.1.6 지진, 화산의 분화 또는 낙뢰
1.2 다음의 사유에 기인하는 피보험목적물의 멸실 또는 손상
1.2.1 공동해손 희생손해
1.2.2 투하 또는 갑판유실
1.2.3 본선, 부선, 선창, 운송용구, 컨테이너, 지게차 또는 보관장소에 해수, 호수 또는 하천수의 유입
1.3 본선 또는 부선으로의 선적 또는 양하작업 중 바다 또는 갑판에 추락한 포장단위당 전손

4) ICC(C) 약관상의 담보위험

열거책임주의를 채택하고 있는 ICC(C) 조건에서는 제4조, 제5조, 제6조, 제7조에 규정된 위험들은 당연히 제외되고 제1조에서 보험자가 부담하도록 열거되어 있는 위험이 담보위험이 된다. 그런데 ICC(C) 조건은 ICC(B) 조건보다 보상범위가 좁기 때문에 제1조에 열거된 담보위험의 수가 ICC(B) 조건보다 적다.

구체적으로 ICC(C) 조건은 제1조에서 보험자가 부담하는 위험을 다음과 같이 두 가지 항목으로 열거하고 있다.

첫째, 위험과 손해 간에 상당한 인과관계가 요구되는 위험으로 ① 화재 또는 폭발 ② 본선 또는 부선의 좌초, 교사, 침몰 또는 전복 ③ 육상 운송용구의 전복 또는 탈선 ④ 본선, 부선 또는 운송용구와 물 이외의 다른 물체와의 충돌 또는 접촉 ⑤ 피난항에서의 화물의 양하 등 다섯 가지 세목으로 열거하고 있다.

둘째, 단순한 인과관계만을 요구하는 위험으로 공동해손 희생손해와 투하 등 두 가지 세목으로 열거하고 있다.

따라서 ICC(B) 조건에 열거된 위험 중 ① 지진, 화산의 분화 또는 낙뢰 ② 갑판유실 ③ 본선 또는 부선 등에 해수, 호수 또는 하천수의 유입 ④ 본선이나 부선에 선적·양하 작업 중 바다나 갑판에 추락한 포장 단위당 전손이 ICC(C) 조건에서는 제외되었다.

◉ ICC(C) Risk covered

1. This insurance covers, except as excluded by the provisions of Clauses 4, 5, 6 and 7 below,

1.1 loss of or damage to the subject-matter insured reasonably attributable to

1.1.1 fire or explosion

1.1.2 vessel or craft being stranded grounded sunk or capsized

1.1.3 overturning or derailment of land conveyance

1.1.4 collision or contact of vessel craft or conveyance with any external object other than water

1.1.5 discharge of cargo at a port of distress

1.2 loss of or damage to the subject-matter insured caused by

1.2.1 general average sacrifice

1.2.2 jettison

1. 이 보험은 다음의 제4조, 제5조, 제6조 및 제7조의 규정에 의하여 배제된 위험을 제외하고 다음의 멸실 또는 손상에 관한 위험을 담보한다.
1.1 다음의 사유에 합리적으로 기인하는 피보험목적물의 멸실 또는 손상
1.1.1 화재 또는 폭발
1.1.2 본선 또는 부선의 좌초, 교사, 침몰 또는 전복
1.1.3 육상 운송용구의 전복 또는 탈선
1.1.4 본선, 부선 또는 운송용구와 물 이외의 다른 물체와의 충돌 또는 접촉
1.1.5 피난항에서의 화물의 양하
1.2 다음의 사유에 기인하는 피보험목적물의 멸실 또는 손상
1.2.1 공동해손 희생손해
1.2.2 투하

〈표 Ⅲ-1〉 신협회적하약관의 담보위험 비교

조항	담 보 위 험	(A)	(B)	(C)
제1조	1. 화재 또는 폭발	○	○	○
	2. 본선 또는 부선의 좌초, 교사, 침몰 또는 전복	○	○	○
	3. 육상 운송용구의 전복 또는 탈선	○	○	○
	4. 선박, 부선 또는 운송용구 물 이외의 다른 물체와의 충돌 또는 접촉	○	○	○
	5. 피난항에서의 화물의 양하	○	○	○
	6. 지진, 화산의 분화 또는 낙뢰	○	○	×
	7. 공동해손 희생손해	○	○	○
	8. 투하	○	○	○
	9. 갑판유실	○	○	×
	10. 본선, 부선, 선창, 운송용구, 컨테이너, 지게차, 보관 장소에 해수나 호수 및 하천수의 유입	○	○	×
	11. 본선 또는 부선으로의 선적 또는 양하작업 중 바다 또는 갑판에 추락한 포장단위당 전손	○	○	×
	12. 기타 일체의 위험	○	×	×

제 5 절 면책위험

1. 면책위험의 개요

1) 면책위험의 개념

면책위험(excepted perils, excluded risks)은 보험자가 위험으로 인하여 발생한 손해에 대해 보상책임을 지지 않는 위험을 말한다.

즉, 보험자가 보상할 성질의 손해가 생겼음에도 일정한 사유에 의해 보험자의 책임이 면제되는 위험이나 사유를 면책위험이라 부르고 있다.

보험실무에서는 보험금 지급사유가 발생하면 보험금 청구서류를 구비한 후 보험금을 청구하게 되며, 이때 보험자는 청구관련 서류를 근거로 보험금 지급여부를 결정한다.

이때 보험금이 지급되면 '부책'이 되고 보험금이 지급거절 되면 '면책'이 된다. 이와 같이 보험자의 보험금 지급여부에 대한 심사는 부책과 면책의 판단으로 할 수 있는데, 이때 보험금 지급의무를 면하게 하는 일정한 위험이 면책위험이 된다.

2) 면책위험의 종류

면책위험은 특정의 위험을 면책사유로 정하고 그 위험에 기인하는 것이 발생한 손해에 대해서는 법률상 또는 약관상 보험자가 보험금 지급의 의무를 지지 않는다고 정한 위험을 말한다.

면책위험에는 특약을 통해서도 보험자의 부담으로 하는 것이 불가능한 것과 특약을 하고 할증보험료를 납입하면 보험자의 부담으로 할 수 있는 것이 있다.

그러한 의미에서 면책위험은 절대적 면책위험과 상대적 면책위험으로 구분된다.

절대적 면책위험은 어떠한 경우에도 보험자가 면책되는 위험이다. 이것은 공서양속에 반하거나 보험본질상 인정할 수 없는 위험을 말하며 단서규정이 없는 법정면책사항은 절대적 면책위험이 된다. 우리나라 상법에서는 피보험목적물의 성질, 하자 또는 자연소모, 피보험자의 고의 또는 중대한 과실을 절대적 면책사항으로 규정하고 있는데 이러한 위험들은 별도의 특약에 의해서도 담보되지 않는 위험이다.

이에 반해, 상대적 면책위험은 성격으로는 면책위험에 해당하지만 전쟁, 동맹파업, 폭동 및 소요위험 등을 특약하면 보험자가 손해보상의 책임을 지는 위험을 말한다.

3) 면책위험의 근거

보험자의 면책위험에는 여러 가지 종류가 있지만, 이를 면책의 근거가 되는 형식으로 구분하면 크게 면책약관에 의한 것과 법률상의 면책규정에 의한 것이 있다.

영국 해상보험법(MIA)이나 협회적하약관(ICC) 및 우리나라 상법의 규정도 보험자는 원칙적으로 모든 해상위험을 부담하지만, 실제로는 법률이나 면책약관에서 특정 위험들을 보험자의 면책으로 인정하고 있다.

4) 위험면책의 사유

보험자에게 위험발생으로부터 그 책임을 면책시키는 주요한 사유는 다음과 같다.

첫째, 전쟁이나 동맹파업, 지진과 같은 거대 위험을 일반 보험료로 부담하기에는 위험의 규모가 지나치게 큰 손해인 경우이다. 이러한 위험들은 규모가 크기 때문에 그러한 사고가 발생한 경우라 하더라도, 보험자가 보험사업을 합리적으로 경영하는데 도움을 주기 위해 면책으로 인정한 것이다.

둘째, 피보험목적물의 성질이나 하자, 자연소모(wear and tear) 등 피보험목적물의 성질상 발생하게 되는 손해인 경우이다.

피보험목적물의 성질상 발생하게 되는 손해는 어떠한 특정 피보험목적물에만 존재하는 것이 아니고 동종의 피보험목적물에 동일하게 존재하는 바람직하지 못한 성질을 말하며 차량의 녹이나 부식, 농산물의 부패, 자연발화 등이 대표적인 예이다.

이러한 위험은 우연성의 결여로 피보험자 등의 도덕적 위험의 개연성이 존재할 수 있고 피보험목적물의 내부적인 성질이라는 점에서 면책위험으로 인정하고 있다.

셋째, 우연성이 결여되어 있는 손해인 경우이다. 피보험자가 피보험목적물을 고의적으로 파괴하는 것과 같은 스스로 자초한 인위적인 사고의 유발 등은 우연성이 없기 때문에, 보험사고의 성격상 당연히 면책된다. 특히, 우연성의 결여는 보험사고의 발생 전제가 되는 위험의 조건이 상실된 것이기 때문에 보험사고가 될 수 없다.

넷째, 위험을 부담하는 것이 공공질서에 위배되는 손해인 경우이다. 공서양속에 반하는 것은 반사회적인 것이기 때문에 특약으로도 담보할 수 없는 면책사유가 된다. 이것을 절대적 면책사유라고 부른다.

다섯째, 보험계약자나 피보험자의 고의나 중대한 과실이 있는 손해인 경우이다. 상법이나 보험약관에서 고의사고나 중과실 사고를 면책으로 규정하고 있는 취지는 피보험자 등의 도덕적 위험을 강하게 견제하고자 한 것이다.

2. 영국 해상보험법(MIA)상의 면책위험

영국 해상보험법(MIA) 제55조 제2항은 보험자의 면책위험을 ① 피보험자의 고의적인 불법행위에 기인하는 손해 ② 지연 ③ 통상의 자연소모 ④ 통상의 누손과 파손 ⑤ 피보험목적물의 고유의 하자나 성질 ⑥ 쥐 또는 벌레(蟲)에 근인하는 손해 ⑦ 해상위험에 근인하지 않는 기계장치의 손상으로 규정하고 있다.

1) 피보험자의 고의적인 불법행위에 기인하는 손해

보험자는 피보험자의 고의적인 불법행위(the wilful misconduct of the assured)에 의하여 발생하는 손해는 책임을 지지 않는다.

따라서 보험증권에 별도로 규정하고 있지 않는 한, 피보험자가 아니라 선장이나 선원이 자행한 불법행위나 과실이 없었다면 손해가 발생하지 않았을 경우에는 보험자는 그 담보위험에 근인하여 발생하는 모든 손해를 보상할 책임이 있다.

2) 지연

보험자는 지연(delay)에 근인하여 발생한 손해에 대해 책임을 부담하지 않는다. 여기에서 지연은 출항의 지연(delay in the commencement of voyage, 항해개시의 지연), 항해의 지연(delay in voyage, 항해계속의 지연), 적재 및 양하 작업의 지연을 의미한다.

주로 문제가 되는 것은 출항의 지연과 항해의 지연이다. 출항이나 항해가 적법한 이유 없이 상당히 신속하게 수행되지 않는 경우에는 지연(delay)이라는 위험의 변동이 발생하게 된다. 이러한 지연으로 화물이 부패하거나 시장성을 상실한 경우의 손해를 지연손해(delay damage)라 하는데 영국 해상보험법(MIA)에서는 이러한 손해는 보상되지 않는 면책위험으로 간주하고 있다.

3) 통상의 자연소모

보험자는 통상의 자연소모(ordinary tear and wear)에 대해 책임을 부담하지 않는다. 통상의 자연소모는 화물이나 선박 등이 시간이 경과됨에 따라 발생하는 노후소모를 말한다. 통상의 자연소모는 화물고유의 성질과 구별하기 어렵지만 영국 해상보험법(MIA) 제55조 제2항 c에서는 통상의 자연소모를 피보험목적물의 고유의 하자나 성질과 구분하여 별도의 면책위험으로 열거하고 있다.

4) 통상의 누손과 파손

보험자는 보험증권에 별도로 규정하고 있지 않는 한, 통상적인 누손과 파손에 대해 책임을 부담하지 않는다.

통상의 누손(ordinary leakage)은 항해 중에 외부로부터의 원인이 없이도 화물의 고유한 성질 때문에 포장용기의 이음새에서 유출되어 나오는 위험을 말하며 유류나 주류 등 액체성 화물 용기나 기체성 화물에서 주로 발생한다.

통상의 누손은 거래 관습상 당연한 것으로 간주되기 때문에 면책위험으로 인정되는 것이기 때문에, 보험자는 추가담보조건으로 누손 및 부족위험(leakage or shortage)에 대해 특약이 있는 경우에만 이러한 손해를 보상하게 된다.

통상의 파손(ordinary breakage)은 항해 그 자체는 무사하게 종료하였으나 유리제품이나 도자기 등이 운송 중에 파손이 발생한 손해를 말한다.

이것들은 화물고유의 성질에 의한 것이고 그 발생은 우발적 위험에 의한 것이 아니기 때문에 보험자는 특약에 의해서만 이 손해를 보상하게 된다.

5) 피보험목적물의 고유의 하자나 성질

보험자는 피보험목적물의 고유의 하자나 성질에 기인한 손해에 대해서는 책임을 부담하지 않는다. 피보험목적물의 고유의 하자(inherent vice, inherent defect)나 성질(inherent quality or nature)에 의한 손해는 보험의 대상화물에 존재하는 일반적 또는 특수적 결함 즉, 하자상태를 말한다.

대표적인 예로서는 과일이나 육류가 시간이 경과함에 따라 부패하는 것, 수분을 포함한 석탄이 자연적으로 발화하기 쉬운 것, 도자기가 깨지기 쉬운 것 등이 있다.

이러한 손해는 보험사고로서의 우연성이 결여되어 있기 때문에 현재 사용하고 있는 모든 약관에서는 보험자의 면책위험으로 인정하고 있다.

6) 쥐 또는 벌레(蟲)에 근인하는 손해

보험자는 보험증권에 별도로 규정하고 있지 않는 한, 쥐 또는 벌레(해충)에 근인한 손해에 대해 책임을 부담하지 않는다. 목재나 곡물은 운송 중 쥐나 벌레(rats and/or vermin)에 의한 손해가 종종 발생한다.

영국 해상보험법(MIA)에서는 이러한 위험을 피보험목적물의 고유의 하자나 성질의 일종으로 간주하기 때문에 이러한 위험을 보상받고자 할 때는 별도로 특약을 해야 한다.

7) 해상위험에 근인하지 않는 기계장치의 손상

보험자는 보험증권에 별도로 규정하지 않는 한, 해상위험에 근인하지 않는 기계장치(machinery)의 손상에 대해 책임을 부담하지 않는다.

선박의 기관손해는 자연소모가 많기 때문에 이러한 경우에는 보상하지 않지만, 해상위험에 근인하여 발생한 손해는 보험자가 보상책임을 부담한다.

이 손해는 쥐 또는 벌레에 근인하는 손해와 함께 영국 해상보험법(MIA)에만 규정되어 있는 독특한 면책위험들이다. 즉, 구협회적하약관이나 신협회적하약관의 어디에도 선박의 기계장치에 의한 손해를 일반면책위험으로 규정하고 있지 않다.

◉ MIA 第55조 : Included and excluded losses

(2) (a) The insurer is not liable for any loss attributable to the wilful misconduct of the assured, but, unless the policy otherwise provides, he is liable for an loss proximately caused by a peril insured against, even though the loss would not have happened but for the misconduct or negligence of the master or crew;

(b) Unless the policy otherwise provides, the insurer on ship or goods is not liable for any loss proximately caused by delay, although the delay be caused a peril insured against;

(c) Unless the policy otherwise provides, the insurer is not liable for ordinary wear and tear, ordinary leakage and breakage, inherent vic or nature of the subject-matter insured, or for any loss proximately caused by rats or vermin, or for any injury to machinery not proximately caused by marin perils.

(2) (a) 보험자는 피보험자의 고의적인 불법행위에 기인하는 손해에 대하여 책임이 없다. 그러나 보험증권에 별도로 규정하지 않는 한, 선장이나 선원의 불법행위 또는 과실이 없었다면 손해가 발생하지 않았을 경우에도, 보험자는 피보험위험에 근인하는 모든 손해에 대하여는 책임이 있다.

(b) 보험증권에 별도로 규정하지 않는 한, 선박이나 화물에 관한 보험자는 지연이 피보험위험에 기인한 경우에도 지연에 근인한 모든 손해에 대하여 책임이 없다.

(c) 보험증권에 별도로 규정하지 않는 한, 보험자는 통상의 자연소모나 누손과 파손, 피보험목적물의 고유의 하자나 성질에 대해, 쥐 또는 벌레에 근인하는 손해에 대해, 또는 해싱위험에 근인하지 않는 기세장치의 손상에 대해 책임이 없다.

3. 구협회적하약관상의 면책위험

전술한 바와 같이, 구협회적하약관은 전위험담보조건(A/R), 분손담보조건(WA), 단독해손부담보조건(FPA)으로 구분된다. 이 세 가지 협회적하약관은 각각 14개의 개별약관과 유의사항들로 구성되어 있다. 14개 약관 중에서 제5조의 규정 내용만 각각 다르고 나머지 13개 약관은 모두 서로 동일하게 규정되고 있다.

구협회적하약관에서 보험자의 면책위험으로 규정하고 있는 것은 제12조의 포획이나 나포 부담보약관과 제13조의 동맹파업·소요·폭동 부담보약관 두 가지이다.

구협회적하약관 제12조에서 면책되는 포획위험과 나포위험은 신약관의 전쟁위험에 해당한다고 할 수 있다. 그리고 구협회적하약관 제13조에서 면책되는 동맹파업위험, 소요위험, 폭동위험 부담보약관은 신약관의 동맹파업위험에 해당한다고 할 수 있다.

4. 신협회적하약관상의 면책위험

신협회적하약관에서는 구협회적하약관의 전위험담보조건(A/R)이 신협회적하약관(A)로, 구협회적하약관의 분손담보조건(WA)이 신협회적하약관(B)로, 구협회적하약관의 분손부담보조건(FPA)이 신협회적하약관(C)로 각각 명칭이 변경되었다.

이들 약관들의 내용은 거의 동일하지만 일부 차이점을 설명하면 다음과 같다.

우선 FPA와 ICC(C) 조건의 차이는 선적, 환적 또는 양하작업 중 추락으로 인하여 발생한 포장단위당 손해는 FPA조건에서는 담보되지만, ICC(C) 조건에서는 담보되지 아니한다는 것이다.

또한 WA와 ICC(B) 조건의 차이는 악천후라는 용어는 삭제되고 갑판유실 및 해수, 호수, 강물의 유입이라는 구체적인 위험을 규정하고 있으며 지진, 분화, 낙뢰를 담보위험으로 규정하고 있다는 점이다.

그리고 A/R과 ICC(A) 조건의 담보범위는 모든 외부적, 우발적 원인으로 인한 손해를 보상하는 것은 동일하다고 볼 수 있으나, ICC(A) 조건은 A/R 조건보다 면책위험을 보다 구체적으로 명시하고 있다는 점에서 차이가 있다.

신협회적하약관상의 면책위험은 제4조(일반면책약관), 제5조(불내항 및 부적합 면책약관), 제6조(전쟁위험면책약관) 및 제7조(동맹파업위험면책약관)에 규정되어 있다.

이 네 가지의 면책위험들은 ICC(A), ICC(B), ICC(C) 모두에 적용되지만, 제4조와 제5조의 면책위험은 일반적으로 특약의 대상 자체도 되지 못하는데 반해, 제6조와 제7조의 위험은 면책위험이지만 특약을 하면 보상받을 수 있는 위험이다.

1) 일반면책약관

신협회적하약관(A), (B), (C)는 각각 제4조에 일반면책약관(general exclusion clause)을 규정하고 있다.

(1) 피보험자의 고의적인 불법행위

ICC(A), ICC(B), ICC(C) 모두 제4조 제1항에서 '피보험자의 고의적인 불법행위에 기인하는 멸실, 손상 또는 비용'을 면책위험으로 규정하고 있다.

즉, 보험자는 피보험자의 고의적인 불법행위에 기인하는 일체의 손해를 책임지지 않는다는 것이다. 따라서 피보험자의 일정한 적극적 행위나 무행위가 고의적으로 작용하여 위험이 발생한 경우에 보험자는 면책된다. 만일, 피보험자의 고의를 담보하는 특약이 있는 경우에도 원천적으로 이것은 무효가 된다.

(2) 통상의 누손, 중량 또는 용적의 통상적인 감소 또는 자연소모나 마모

ICC(A), ICC(B), ICC(C) 모두 제4조 제2항에서 '피보험목적물의 통상의 누손, 중량 또는 용적의 통상적인 감소, 또는 통상적인 자연소모나 마모에 기인한 멸실, 손상 또는 비용'을 면책위험으로 규정하고 있다. 통상의 누손은 운송 중에 액체성 화물이 포장용기의 이음매에서 새어나와 발생하는 손해이며, 자연소모(wear and tear)는 피보험목적물이 통상적인 사용이나 시간의 경과에 따라 자연적으로 입는 손해를 말한다.

자연소모 그 자체는 물론 자연소모의 결과로서 생긴 손해, 예를 들어 철판이 부식된 곳으로부터 침수하여 기관이 손해를 입은 경우에도 담보하지 않는다.

여기에서 '통상(ordinary)'이란 말은 물품의 성질이나 물품의 적재와 같은 다양한 원인으로 발생할 수 있는 통상적인 운송과정에서의 손해를 의미한다.

(3) 포장이나 준비의 불충분 또는 부적합

ICC(A), ICC(B), ICC(C) 모두 제4조 제3항에서 '피보험목적물의 포장이나 준비의 불충분 또는 부적합에 기인한 멸실, 손상 또는 비용'을 면책위험으로 규정하고 있다.

여기에서 '포장(packing)'은 컨테이너나 지게차에 적재하는 것을 포함한다. 다만, 이러한 적재는 이 보험의 개시 전에 행하여지거나 피보험자나 그 사용인에 의해 이루어지는 경우로 한정된다. 여기에서 포장이 충분한지 또는 적절한지에 관한 문제는 특정 거래에서의 관습에 따라 결정된다.

(4) 피보험목적물의 고유의 하자나 성질

ICC(A), ICC(B), ICC(C) 모두 제4조 제4항에서 '피보험목적물의 고유의 하자나 성질에 기인한 멸실, 손상 또는 비용'을 면책위험으로 규정하고 있다.

피보험목적물의 고유의 하자(inherent vice)는 동종의 다른 피보험목적물에는 존재하지 않고 특정한 피보험목적물에만 존재하는 성질을 말한다.

예를 들어, 어떠한 건물에 폭발물이 보관되어 있거나 어느 지역에 홍수나 해일 등의 위험이 존재한다면 동종의 다른 건물에 없는 특별한 위험이 내재되어 있기 때문에 동종의 다른 건물이나 지역에 비해 피보험목적물에 하자가 있다고 볼 수 있다.

피보험목적물의 고유의 성질(nature)로 인한 손해는 동종 피보험목적물에 동일하게 존재하는 바람직하지 못한 성질을 말하며 차량의 녹이나 부식이 대표적인 예이다.

(5) 지연

ICC(A), ICC(B), ICC(C) 모두 제4조 제5항에서 '지연에 근인하여 발생한 멸실, 손상 또는 비용'을 면책위험으로 규정하고 있다. 따라서 ICC(A), ICC(B), ICC(C)조건 모두 운송약관에 의해 비록 보험의 효력이 지속되더라도, 지연이 피보험자의 통제를 벗어난 것이라면 피보험자는 그 지연에 근인해서 발생된 손해를 보상받을 수 없다.

(6) 선박의 소유자 등의 도산이나 금전상의 채무불이행

ICC(A), ICC(B), ICC(C) 모두 제4조 제6항에서 '선박의 소유자, 관리자, 용선자 또는 운항자의 도산(insolvency)이나 금전상의 채무불이행(financial default)으로 인하여 발생한 멸실, 손상 또는 비용'을 면책위험으로 규정하고 있다.

이 면책위험은 1919년 및 1963년 약관에서는 규정되어 있지 않았다가, 1982년 약관에서 처음으로 면책위험으로 인정되었다.

(7) 원자핵분열 등

ICC(B), ICC(C) 모두 제4조 제8항(다만 ICC(A)는 제7항)에서 '원자핵분열 및/또는 원자핵융합, 기타 유사한 반응, 방사능이나 방사성 물질을 이용한 일체의 전쟁무기의 사용으로 인하여 발생한 멸실, 손상 또는 비용'을 면책위험으로 규정하고 있다.

이것은 핵연료, 핵폐기물, 핵무기, 방사능물질, 화학무기 무기 및 생화학 등에 기인되는 손해는 위험의 규모가 지나치게 크므로 보상하지 않는다는 것이다.

(8) 어떤 자나 어떤 자들의 불법행위에 의한 의도적인 손상이나 파괴

ICC(B)와 ICC(C)는 제4조 제7항에서 '어떤 자 또는 어떤 자들의 불법행위에 의한 피보험목적물 또는 그 일부의 의도적인 손상이나 파괴'를 면책위험으로 규정하고 있다.

이 위험은 ICC(B)와 ICC(C)의 경우에 면책위험이고 ICC(A)의 경우에는 그렇지 않기 때문에, ICC(B)와 ICC(C)의 경우는 특약을 통해서만 보상받을 수 있다.

이 조항은 1983년 협회적하약관에서 신설된 것으로, 일명 '악의적 손해에 대한 면책조항'이라고도 불린다. 가해자가 누구든지 그 불법행위에 의하여 의도적으로 화물을 손상되거나 파괴한 경우(악의적 손해)는 보험자를 면책시킨 것이다.

여기에서 '악의적 손해'는 보험계약자 또는 피보험자 이외의 자가 고의로 발생시킨 손해를 말하며 도난, 발하, 불착손, 해적, 강도, 선원의 악행, 테러, 방화, 고의적인 기계파괴 행위 등이 대표적이다.

◉ ICC(A) : General Exclusion clause

4. In no case shall this insurance cover

4.1 loss, damage or expense attributable to willful misconduct of the Assured

4.2 ordinary leakage, ordinary loss in weight or volume, or ordinary wear and tear of the subject-matter insured

4.3 loss, damage or expense caused by insufficiency or unsuitability of packing or preparation of the subject-matter insured (for the purpose of this Clause 4.3 "packing" shall be deemed to include stowage in a container or liftvan but only when such stowage is carried out prior to attachment of this insurance or by the Assured or their servants)

4.4 loss, damage or expense caused by inherent vice or nature of the subject-matter insured

4.5 loss, damage or expense proximately caused by delay, even though the delay be caused by a risk insured against (except expenses payable under Clause 2 above)

4.6 loss, damage or expense arising from insolvency or financial default of the owners, managers, charterers or operators of the vessel

4.7 loss, damage or expense arising from the use of any weapon of war employing atomic or nuclear fission and/or fusion or other like reaction or radioactive force or matter.

2) 불내항 및 부적합면책약관

(1) 의의

선박이나 부선 등은 통상적인 항해과정에서 발생하는 위험을 견딜 수 있는 내항성 혹은 감항성(seaworthiness)을 갖추고 있어야 하며, 선박 등이 화물의 운송에 사용되는 경우에는 화물운송을 위한 적합성(fitness)도 갖추고 있어야 한다.

불내항(unseaworthiness) 및 부적합(unfitness)은 선박 등이 위험 개시의 시점에서 항해의 위험에 견딜 수 있을 정도로 견고하지 못하거나 적합하지 못한 상태를 말한다.

따라서 선박의 내항성과 적합성은 선체의 물리적 내항성과 선박의 항해능력 및 적재능력 등이 적절하게 확보되어 있는 상태를 의미한다.

(2) 범위

ICC(A), ICC(B), ICC(C) 제5조는 모두 어떠한 경우에도 보험자는 첫째, 본선 또는 부선의 불내항 둘째, 본선, 부선, 운송용구, 컨테이너 또는 지게차가 피보험목적물의 안전한 운송을 위해 부적합으로 인하여 발생한 멸실, 손상, 또는 비용을 보상하지 않는다고 규정하고 있다. 다만, 이 면책약관은 선박이나 부선 등이 불내항과 부적합이 인지되었음에도 불구하고 피보험자가 본선 등에 화물을 선적하는 경우에 발생하는 손해만을 보험자가 면책되도록 규정하고 있다.

◉ ICC(A) 제5조 : Unseaworthiness and Unfitness Exclusion Clause

5.1 In no case shall this insurance cover loss, damage or expense arising from unseaworthiness of vessel or craft, unfitness of vessel craft conveyance container or liftvan for the safe carriage of the subject-matter insured, where the Assured or their servants are privy to such unseaworthiness or unfitness, at the time the subject-matter insured is loaded therein.

5.1 어떠한 경우에도 이 보험은 다음 사항으로 인하여 발생한 멸실, 손상, 또는 비용을 담보하지 아니한다. 본선 또는 부선의 불내항, 본선, 부선, 운송용구, 컨테이너 또는 지게차가 피보험목적물의 안전한 운송을 위한 부적합, 다만 피보험자 또는 그 사용인이 피보험목적물을 해당된 운송용구에 적재할 때 그러한 불내항 또는 부적합을 알고 있는 경우에 한한다.

(3) 적용

선박이나 부선 등의 불내항 및 부적합은 묵시담보에 해당한다. 묵시담보는 서면상에 어떠한 명시도 없지만 당사자가 암묵 중에 당연한 일로서 어떤 행위를 하거나 행위를 하지 않으면 안 된다는 것을 양해하고 보증하는 것을 말하기 때문에 그것이 보험사고와 관련하여 얼마나 중요한가의 여부와 관계없이 반드시 지켜져야 한다.

따라서 피보험자가 그 담보를 위반하게 되면 그 시점부터 보험자 책임이 면제되기 때문에 그 이후에 발생하는 손해는 당연히 보험자가 보상을 하지 않게 된다.

그런데 적하보험의 경우 피보험자는 선박 등의 내항성이나 적합성을 통제할 수 있는 입장에 있지 않다.

따라서 비록 선박이나 부선 등이 내항성을 상실하여 화물에 손해를 입혔다고 하더라도 피보험자가 그러한 불내항성을 알고 있지 않는 한, 보험자는 내항성에 대한 묵시담보의 위반을 이유로 보상을 거절할 권리를 포기해야 하는 것이 당연하다.

이에 ICC(A), ICC(B), ICC(C) 제5조는 모두 선박이나 부선 등은 그 내항성을 갖추고 피보험목적물을 목적지까지 운송하는데 적합하여야 한다는 묵시담보를 위반한 경우에는 피보험자 또는 그 사용인이 이러한 불내항 또는 부적합의 사실을 알지 못한 경우에 한하여 보험자는 그 권리를 포기한다고 규정하고 있다.

이와 같이 적하보험에서는 내항성이나 부적합으로 인한 사고에 대해 무조건적으로 보험자의 면책을 인정하게 되면 하주와 상관없는 일에 하주에 너무 깊이 관여하는 것이 된다. 따라서 피보험자나 그 사용인이 당해 화물을 선박이나 부선, 또는 운송용구 등에 적재할 때 그 불내항이나 부적합 사실을 알고 있었던 경우에 한하여 보험자의 면책을 인정하고 있다.

◉ ICC(A) 제5조 : Unseaworthiness and Unfitness Exclusion Clause

5.2 The Underwriters waive any breach of the implied warranties of seaworthiness of the ship and fitness of the ship to carry the subject-matter insured to destination, unless the Assured or their servants are privy to such unseaworthiness of unfiness.

5.2 선박이 그 내항성을 갖추고 피보험목적물을 목적지까지 운송하는데 적합하여야 한다는 묵시담보를 위반한 경우에는 피보험자 또는 그 사용인이 이러한 불내항 또는 부적합의 사실을 알지 못한 경우에 한하여 보험자는 그 권리를 포기한다.

3) 전쟁면책약관

전쟁면책약관(war exclusion clause)은 전쟁행위나 군사행동의 결과로 발생한 손해는 보험자가 면책된다는 내용을 규정하고 있는 약관이다.

구체적으로 ICC(A), ICC(B), ICC(C) 제6조는 ① 전쟁, 내란, 혁명, 반역, 반란, 이로 인해 발생하는 국내투쟁, 교전국에 의하거나 또는 교전국에 대하여 가해진 일체의 적대행위 ② 포획, 나포, 강류, 억지 또는 억류, 그리고 그러한 행위의 결과 또는 그러한 행위의 시도 ③ 유기된 기뢰, 어뢰, 폭탄, 또는 기타의 유기된 전쟁무기에 기인하여 발생한 멸실, 손상 또는 비용은 보험자가 보상하지 않는다고 규정하고 있다.

◉ ICC(A) 제6조 : War Exclusion Clause

6. In no case shall this insurance cover loss, damage or expense caused by

6.1 war, civil war, revolution, rebellion, insurrection, or civil strife arising therefrom or any hostile act by or against a belligerent power

6.2 capture, seizure, arrest, restraint or detainment(piracy excepted), and the consequences thereof or any attempt thereat

6.3 derelict mines, torpedoes, bombs or other derelict weapons of war.

신협회적하약관에서 만약 제6조가 없다면 ICC(A)의 경우에는 보험자가 전쟁위험을 부담하는 것이 되며, ICC(B)와 ICC(C)의 경우에는 담보위험에 전쟁위험이 열거되어 있지 않기 때문에 보험자가 전쟁위험을 부담하지 않는 결과가 된다.

LIoyd's S.G. Policy상의 포획과 나포 부담보약관(free from capture and seizure)이 1982년 및 2009년 협회적하약관에서는 'War Exclusion Clause'로 명칭이 변경되었다.

다만 ICC(A)에서는 전쟁위험의 범위에서 해적행위(piracy excepted)를 제외시켜 이를 다시 일반적인 해상위험으로 취급하였다. 따라서 해적행위(piracy)는 ICC(A)에서는 보험자가 보상하지만, ICC(B)나 ICC(C)에서는 보상하지 않는다. 그러므로 ICC(B)나 ICC(C) 조건으로 해적위험을 담보받기 위해서는 별도로 특약이 필요하다.

즉, 전쟁위험은 보험의 성격상 면책위험에 속하는 것이다. 그러나 이것은 특약이 가능한 상대적 면책위험이기 때문에 피보험자가 전쟁위험을 보상받기 위해서는 추가로 협회전쟁위험약관(Institute War Clauses [Cargo])에 특약해야 한다.

4) 동맹파업면책약관

동맹파업면책약관(strikes exclusion clause)은 동맹파업, 폭동, 소요, 테러리스트 등의 손해는 보험자가 면책된다는 내용을 규정하고 있는 약관이다.

ICC(A), ICC(B), ICC(C) 제7조는 모두 ① 동맹파업자, 직장폐쇄노동자 또는 노동쟁의, 폭동, 소요에 가담한 자에 의해 발생하거나 그 결과로 발생한 것 ② 일체의 테러 행위에 의한 것 ③ 정치적, 사상적 또는 종교적 동기를 가지고 행동하는 어떤 자에 의해 발생한 멸실, 손상 또는 비용은 보험자가 보상하지 않도록 규정하고 있다.

◉ ICC 제7조 : Strikes Exclusion Clause

7. In no case shall this insurance cover loss, damage or expense

7.1 caused by strikers, locked-out workman, or persons taking part in labour disturbances, riots, civil commotions

7.2 resulting from strikes, lock-outs, labour disturbances, riots or civil commotions

7.3 caused by any terrorist or any act of terrorism

7.4 caused by any person acting from a political, idealogical or religious motive.

신협회적하약관에서 만약 제7조가 삭제된다면 ICC(A)의 경우에는 보험자가 동맹파업위험을 부담하는 것이 된다.

또한 ICC(B)와 ICC(C)에 경우에는 담보위험에 동맹파업위험이 열거되어 있지 않기 때문에 보험자가 동맹파업위험을 부담하지 않는 결과가 된다.

동맹파업위험은 보험의 성격상 명백히 면책위험에 해당하는 것이지만, 이것은 특약에 의해 보상받을 수 있는 상대적 면책위험이다. 따라서 피보험자가 동맹파업위험을 보험자로부터 보상받기 위해서는 추가로 협회동맹파업약관(Institute Strikes Clauses [Cargo]) 에 특약해야 한다.

본 약관에서는 어떠한 폭력주의자(any terrorist) 또는 정치적인 동기를 가지고 행동하는 자(any person acting from a political motive)에 의한 손해로 한정하고 있다.

따라서 악의에 의한 손해를 보상하는 ICC(A) 조건을 제외하고, ICC(B)나 ICC(C) 조건의 경우는 그러한 동기나 행동이 아니라 일반적인 악의적 행위(malicious acts)에 의한 손해를 보상받으려면 별도로 특약해야 한다.

〈표 Ⅲ-2〉 영국 해상보험법(MIA)와 협회적하약관(ICC)의 면책위험 비교

면책위험	MIA 법정 면책	ICC 일반 면책
1. 피보험자의 고의적인 불법행위	○	○
2. 지연	○	○
3. 자연소모	○	○
4. 통상의 누손	○	○
5. 통상의 파손	○	×
6. 중량 및 용적의 통상의 멸실(부족분)	×	○
7. 피보험목적물의 고유의 하자나 성질	○	○
8. 쥐 또는 벌레	○	×
9. 기계장치의 손해	○	×
10. 포장의 불완전 및 부적합	×	○
11. 선주 등의 도산	×	○
12. 원자핵분열 등	×	○

〈표 Ⅲ-3〉 신협회적하약관상의 면책위험

약관 조항	면 책 위 험	(A)	(B)	(C)
제4조	1. 피보험자의 고의적인 불법행위	×	×	×
	2. 통상의 누손, 중량 또는 용적의 통상적인 감소 또는 자연소모나 마모	×	×	×
	3. 포장이나 준비의 불충분 또는 부적합	×	×	×
	4. 피보험목적물의 고유의 하자나 성질	×	×	×
	5. 지연	×	×	×
	6. 선박소유자·관리자·용선자 또는 운항자의 도산이나 금전상의 채무불이행	×	×	×
	7. 어떤 자나 어떤 자들의 불법행위에 의한 의도적인 손상이나 파괴	○	×	×
	8. 원자핵무기 등에 의한 손해	×	×	×
제5조	9. 불내항 및 부적합	×	×	×
제6조	10. 전쟁	×	×	×
제7조	11. 동맹파업	×	×	×

5. 개정 협회적하약관상의 면책위험

1) 2009년 개정약관에서 면책위험의 변화

ICC(A), ICC(B), ICC(C)의 제4조, 제5조, 제6조, 제7조, 그리고 협회전쟁약관 및 협회동맹파업약관의 제3조 및 제4조의 면책규정과 관련하여, 1982년 약관에서는 예컨대 전쟁면책약관 중에 정치상 또는 행정상의 조치를 의미하는 '구속, 억지 또는 억류'라는 전쟁과는 거의 관계되지 않는 위험들이 포함되어 있었다.

그리고 동맹파업면책약관 중에 동맹파업과 거의 관계없는 '테러리스트 또는 정치적 동기에 입각해 행동하는 자'의 면책이 포함되어 있었다. 이에 개정약관에서는 일부조항의 수정이 이루어졌다. 그러나 큰 틀에서의 내용들은 1982년 약관과 거의 유사하다.

따라서 여기에서는 간략히 다루고, 면책위험에 대한 개정약관상의 상세한 내용은 뒤의 개정협회적하약관의 내용에서 다루고자 한다.

2) 2009년 개정약관(ICC)상의 일반면책위험

(1) 피보험자의 고의나 불법행위

피보험자의 고의적인 불법행위는 피보험자가 고의로 화물을 해하는 행위이다. 이 경우 보험금을 지급받게 되는 것은 오히려 위법행위가 된다. 따라서 피보험자가 피보험목적물을 고의로 파괴했을 경우나 위법행위에 의한 손해는 보상되지 않는다.

(2) 피보험목적물의 고유의 하자나 성질

피보험목적물인 화물의 고유의 하자나 성질에 의한 손해는 증발, 신선한 식료품 등의 변질, 금속의 자연 녹, 농산물의 성숙부패 등 그 화물의 고유의 성질에 의해서 생긴 손해를 말한다. 이것은 화물 그 자체가 가지는 결함인 하자나 본래의 성질에 의해 발생되는 손해이다.

(3) 포장이나 준비의 불충분 또는 부적절

화물의 포장이나 준비가 불충분 또는 부적절하여 발생하는 손해는 그 화물 및 피보험항해에 어울리는 포장이 이루어지고 있지 않아서 발생하는 파손 등을 말한다.

이 위험이 면책되려면 피보험자나 그 사용인에 의해 포장이나 준비가 이루어져야 하며, 포장이나 준비도 위험의 개시 이전에 이루어져야 한다.

(4) 통상의 누손, 중량이나 용적의 통상적인 감소 또는 자연소모나 마모

이것은 보통의 운송과정에서 불가피적으로 발생하는 용기의 접목부분에서 새거나 용기에 흡수되어 나는 손해를 말하며 액체나 기체화물의 경우에 주로 발생한다.

누손(leakage)은 기름, 포도주 등 액체성 화물을 담은 용기의 틈 속에서 새어나온 손해를 말한다.

통상의 누손(ordinary leakage)은 유류, 주류 등이 항해 중에 외부의 원인이 없이도 화물의 고유한 성질 때문에 포장용기의 이음새에서 유출되어 나오는 위험을 말한다.

통상의 자연소모(ordinary tear and wear)는 피보험목적물이 통상적인 사용이나 시간의 경과에 따라 자연적으로 입게 되는 소모나 노휴소모를 말한다.

(5) 지연

지연에 의한 손해는 적재선이 목적항에 도착이 늦어짐에 의해 발생하는 손해를 말한다. 정기선의 경우, 수입지까지 항해일수가 짧고 운항업무가 안정되어 있는 선사(운송회사)를 선정해야만 이러한 위험의 발생을 예방할 수 있다.

(6) 선박의 소유자 등의 도산이나 금전상의 채무불이행

선박의 소유자, 관리자, 용선자 또는 운항자의 도산이나 금전상의 채무불이행에 의해서 생기는 멸실, 손상 또는 비용은 보상되지 않는다. 이 면책위험은 1919년과 1963년 약관에서는 규정되어 있지 않았으나 1982년 약관에서 처음 면책으로 인정되었다.

1982년 협회적하약관에서는 선사 등의 파산으로 인한 손해에 대해 보험자가 무조건 면책되는 것으로 규정되어 있었으나, 2009년 개정약관에서는 선사의 파산정보를 '피보험자가 알고 있었거나 또는 통상의 업무상 당연히 알고 있었을 경우'에만 면책되는 것으로 규정하고 있다. 또 개정약관에서는 '선의의 제3자로서의 보험계약의 양수인'이 보험금청구를 하는 경우에는 이 면책조항이 적용되지 않는다는 취지가 명시되었다.

따라서 선의의 피보험자 또는 양수인은 항해의 종료를 초래한 재정상의 궁핍 또는 파산의 경우에도 보험증권에 의해 보호를 받을 수 있게 되었다.

(7) 방사능오염, 화학무기, 생화학무기 등

핵연료, 핵폐기물, 원자력설비, 핵무기, 방사능 물질에 해당하는 유해 물질, 화학무기 무기, 생화학 및 전자무기 등에 기인되는 손해는 보상되지 않는다.

6. 협회기간약관상의 면책위험

협회기간약관(institute time clauses hulls, ITC-Hulls)은 가장 대표적인 선체보험증권의 약관이다. 이 약관은 1888년에 영국의 런던보험자협회(ILU)가 그동안 각 보험자들이 무질서하게 사용하고 있던 보험약관들을 통일하여 제정한 것이다.

ITC-Hulls는 1970년 구약관, 1983년 신약관, 1995년 개정 신약관 등으로 개정되었으나, 현재까지도 실무에서는 1983년 신약관이 보편적으로 사용되고 있다.

ITC-Hulls에서 면책위험으로 규정하고 있는 것은 전쟁위험, 동맹파업, 악의행위 및 원자핵 등이다. 그러나 이 약관은 열거책임주의 방식을 채택하고 있기 때문에 아래의 면책위험을 포함하여 열거되지 않은 위험들은 특별한 약정이 없는 한 면책된다.

1) 전쟁면책약관

ITC-Hull 제24조 전쟁면책약관(war exclusion clause)에는 ① 전쟁 등으로 인하여 발생하는 국내투쟁 등 ② 포획, 나포, 강류, 억지 또는 억류(악행 및 해적행위 제외) 및 이러한 행위의 결과 또는 이러한 행위의 시도 ③ 유기된 기뢰, 어뢰, 폭탄 또는 기타의 유기된 전쟁무기에 기인한 멸실, 손상, 배상책임 또는 비용은 어떠한 경우에도 담보하지 않는다고 규정되어 있다.

◉ ICC-Hull 제24조 : WAR EXCLUSION

In no case shall this insurance cover loss, damage, liability or expense caused by

24.1 war, civil war, revolution, rebellion, insurrection, or civil strife arising there from, or any hostile act by or against a belligerent power

24.2 capture, seizure, arrest, restraint or detainment(barratry and piracy excepted), and the consequences thereof or any attempt thereat

24.3 derelict mines, torpedoes, bombs or other derelict weapons of war.

이 보험은 다음에 기인한 멸실, 손상, 배상책임 또는 비용은 어떠한 경우에도 담보하지 아니한다.

24.1 전쟁, 내란, 혁명, 모반, 반란 또는 이로 인해 발생한 국내투쟁 또는 교전국에 의하거나 교전국에 대하여 가해진 적대행위

24.2 포획, 나포, 강류, 억지 또는 억류(악행 및 해적행위 제외) 및 그러한 행위의 결과 또는 그러한 행위를 하려고 시도

24.3 유기된 기뢰, 어뢰, 폭탄 또는 기타의 유기된 전쟁무기

2) 동맹파업면책약관

ITC-Hull 제25조 동맹파업면책약관(strikes exclusion clause)에는 ① 동맹파업자, 직장 폐쇄노동자, 또는 노동쟁의, 폭동, 소요에 가담한 자 ② 폭력주의자 또는 정치적, 사상적 또는 종교적 동기에서 행동하는 자에 기인한 멸실, 손상, 배상책임 또는 비용은 어떠한 경우에도 담보하지 않는다고 규정되어 있다.

> ◉ ICC-Hulls 제25조 : STRIKES EXCLUSION
>
> In no case shall this insurance cover loss, damage, liability or expense caused by
>
> 25.1 strikers, locked-out workmen, or persons taking part in labour disturbances, riots or civil commotions
>
> 25.2 any terrorist or any person acting from a political, ideological or religious motive

3) 악의행위면책약관

ITC-Hull 제26조 악의행위면책약관(malicious acts exclusion clause)에는 ① 폭발물의 폭발 ② 어떠한 전쟁무기 그리고 악의적으로 행동하는 자에 의하거나 정치적, 사상적 또는 종교적 동기로부터 발생된 것에 의한 멸실, 손상, 배상책임 또는 비용은 어떠한 경우에도 담보하지 않는다고 규정되어 있다.

> ◉ ICC-Hulls 제26조 : MALICIOUS ACTS EXCLUSION
>
> In no case shall this insurance cover loss, damage, liability or expense arising from
>
> 26.1 the detonation of an explosive
>
> 26.2 any weapon of war and caused by any person acting maliciously or from a political, ideological or religious motive

4) 원자핵면책약관

ITC-Hull 제27조 원자핵면책약관(radioactive contamination clause)에는 원자 또는 핵의 분열/또는 결합 혹은 이와 비슷한 반응 또는 방사성의 힘 또는 물질을 사용하는 어떠한 전쟁무기로 인하여 발생하는 멸실·손상 등을 담보하지 않는다고 규정되어 있다.

제 6 절 해상위험의 변동

보험자는 피보험자 등이 고지의무에 따라 알려준 위험사정을 근거로 보험인수의 여부와 보험율을 산출하게 되며, 보험자가 책임을 부담하는 기간 동안에는 이러한 위험사정들이 변경되지 않을 것을 전제로 하여 보험계약을 체결하게 된다.

그런데 보험기간 중에 위험측정의 기초조건들이 계약체결 이후에 변하게 되면 최초의 보험계약관계가 파괴되어 새로운 보험계약관계의 조정을 필요로 하게 된다.

이것을 해상위험의 변동(change of marine risk)이라고 하며 해상위험의 변동에는 크게 해상위험의 변경과 해상위험의 변혁이 있다.

1. 해상위험의 변경

해상위험의 변경(variation of marine risk)은 위험률 정도의 변경을 수반하는 위험사정의 변경을 말하며, 위험 정도의 증감은 있어도 위험으로서의 동일성은 그대로 가지고 있는 경우이다. 대표적인 해상위험의 변경에는 이로, 발항 및 항해의 지연, 화물의 갑판적재, 환적 등이 있다.

1) 위험변경의 요건

첫째, 위험의 변경은 보험계약이 체결된 이후에 발생한 것이어야 한다. 따라서 위험의 변경 이전에는 보험자는 보험계약자 등의 고지의무에 의해 보호받게 된다.

둘째, 위험의 변경은 피보험자의 행위에 의한 것일 수도 있고 불가항력에 의해 발생할 수도 있다. 그러나 고의나 과실에 의한 위험의 증가는 그 위험이 변경된 시점부터 면책되거나 보험계약 자체가 취소될 수 있다.

셋째, 위험의 변경은 보험자의 담보위험이 변경이나 증가하는 것이어야 한다. 여기서 위험이 변경이나 증가하는 것은 위험의 감소는 포함하지 않는다는 의미이다.

넷째, 위험의 변경은 위험의 증가가 현저한 것이어야 한다. 여기서 현저한 위험의 증가는 고지의무에서 중요한 사항과 같이, 만약 계약 체결당시 이와 같은 위험의 증가를 예상하고 있었다면 계약을 체결치 않았거나 적어도 동일 소선으로는 계약을 체결하지 않았을 것이라고 인정되는 경우를 말한다.

2) 이로

(1) 이로의 개념과 성립요건

이로(deviation)는 항로의 이탈 혹은 항로의 변경이라고도 하며 넓은 의미에서는 선박이 정해진 항로에서 이탈하는 행위나 그 상태를 말한다.

그러나 좁은 의미에서는 항해의 출발항 및 도착항은 변경하지 않고 단지 그 항로만을 변경하는 것을 말한다. 출발항 및 도착항을 바꾸지 않는다는 점은 이로가 항해의 변경(change of voyage)과 구별되는 중요한 판단기준이 된다.

이로는 단순히 항로 밖으로 나가는 경우, 정당하지 않는 항해를 행하는 경우, 기항의 순서를 변경하는 경우가 있다. 계약에 기항 항이 특별히 정해져 있는 경우에는 다른 항에 기항해서는 안 되며, 특별히 정함이 없는 경우에도 통상적이고 관습적인 항로에 따라 항해하는 것이 이로하지 않는 것이 된다.

이로가 성립되기 위해서는 이로를 하겠다는 의사가 중요한 것이 아니라, 실제로 항로를 변경하는 행위가 있어야만 한다.

또한 이로는 보험계약이 체결된 이후에 발생되는 것이어야 하고 그 발생이 일시적인가, 계속적인가의 여부는 불문할 뿐 아니라 이로에 의한 위험의 증감여부도 불문한다.

(2) 이로의 효과

항해가 예정된 항로를 따라 이루어진다는 전제하에 보험자는 위험을 측정하고 보험계약을 체결한다. 따라서 이로가 발생하면 보험자가 인수한 위험의 양적 변동을 초래하기 때문에 보험자는 이로가 발생된 이후의 손해에 대해 당연히 면책된다.

즉, 인명이나 재산의 구조행위 등 정당한 사유가 없이 이로한 상태에서 손해가 발생한 경우에는 보험자는 이로 시점부터 보상책임이 해제되기 때문에 이에 대한 책임을 지지 않게 된다.

영국 해상보험법(MIA) 제46조에도 '선박이 적법한 이유 없이 증권에 예정된 항해를 이탈하는 경우, 보험자는 이로 시점부터 책임이 해제되며, 선박이 손해발생 전에 선박의 예정 항로로 다시 복귀하였다는 사실은 중요하지 않다.'고 규정하고 있다.

그런데 항해 중의 이로는 하주의 의사와는 상관없이 발생하게 되는 것이므로, 선의의 피보험자(하주)를 보호하기 위해 ICC 제8조 운송약관(transit clause)에는 피보험자가 좌우할 수 없는 일체의 이로로 인한 손해는 보험자가 담보한다는 취지를 규정하고 있다. 따라서 적하보험에서 이로는 보험계약의 효력에 영향을 미치지 않게 된다.

3) 발항 및 항해의 지연

(1) 개념과 성립

지연(delay)은 항해개시의 지연과 항해계속의 지연 및 항해종료의 지연으로 구분된다. 여기에서 주로 문제가 되는 것은 항해개시의 지연과 항해계속의 지연이다.

적하보험에서는 만약 항해를 개시할 수 있음에도 불구하고 항해를 개시하지 않은 경우에는 항해개시의 지연(delay in commencement of voyage, 발항의 지연)이라는 위험의 변동이 발생한다. 왜냐하면 상당기간 내에 항해가 개시되어야 한다는 묵시조건이 있기 때문이다.

항해개시에는 선박의 출발뿐 아니라 항해에 필요한 준비물들 즉, 선박의 의장, 승무원의 승선, 출항허가서 확보, 적하의 선적 등을 준비하는 것도 포함된다.

따라서 항해개시의 지연은 이와 같은 발항준비를 하지 않거나 준비가 완료되었음에도 발항하지 않는 경우에 발생한다.

항해계속의 지연은 항해과정에 부당한 지연이 있어서는 안 된다는 것을 의미하며 항해종료의 지연은 목적항에서의 지연을 의미한다.

항해계속의 지연이 발생하면 선박이 목적항에 도착하여 해상운송계약에서 정한 정박기간 내에 양륙작업을 이루어졌다고 하더라도 이미 도착한 일자가 지연되었기 때문에 보험자는 면책된다.

◉ MIA 제42조 : Implied condition as to commencement of risk

(1) Where the subject-matter is insured by a voyage policy 'at and from' or 'from' particular place, it is not necessary that the ship should be at that place when the contract is concluded, but there is an implied condition that the adventure shall be commenced within a reasonable time, and that if the adventure be not so commenced to insurer may avoid the contract.

(1) 보험목적물이 특정 장소 '에서 및 부터' 또는 특정 장소 '로 부터' 항해보험증권에 의해 보험에 가입되는 경우, 계약체결시에 선박이 그 장소에 있어야 할 필요는 없지만, 항해가 합리적인 기간 내에 개시되어야 하고, 만약 항해가 그렇게 개시되지 않으면 보험자는 계약을 취소할 수 있다는 묵시조건이 있다.

항해계속의 지연은 항해는 상당한 기간 내에 개시되고 이로해서는 안되며 상당히 신속하게 수행되어야 한다는 것을 의미한다. 이를 항해의 지연(delay in voyage)이라고도 한다. 따라서 만약 항해가 적법한 이유 없이 상당히 신속하게 수행되지 않은 경우에는 항해의 지연이라는 위험의 변동이 발생한다.

영국 해상보험법(MIA) 제49조에서는 '항해는 전 항로구간의 운행을 통해 상당한 속도로 신속하게 수행되어야 하며, 그렇지 않고 부당하게 지연이 된 경우에는 그 시점부터 보험자의 책임이 해제된다.'고 규정하고 있다.

왜냐하면 항해의 지연은 원래 항해를 다른 성질의 항해로 만들어 버림으로써 보험자가 계약을 체결할 당시에 의도한 위험과 다른 위험을 발생시켰기 때문이다.

◉ MIA 제48조 : Delay in voyage

In the case of a voyage policy, the adventure insured must be prosecuted throughout its course with reasonable dispatch, and, if without lawful excuse it is not so prosecuted, the insurer is discharged from liability as from the time when the delay became unreasonable.

항해보험증권의 경우에서, 보험가입된 해상사업은 반드시 전 과정을 통해 상당히 신속하게 수행되어야 하고, 만약 적법한 이유 없이 그와 같이 수행되지 않으면, 그 지연이 부당하게 되었던 때부터 보험자는 책임이 해제된다.

(2) 효과

영국 해상보험법(MIA)에서는 발항이나 항해의 지연이 없는 것을 묵시조건으로 하고 있기 때문에 항해개시의 지연은 계약의 해약권이 보험자에게 주어지고, 항해계속의 지연은 특별한 지연사유가 없는 한, 보험자에게 지연 이후에 생긴 손해에 대해 보상책임을 부담하지 않도록 하고 있다.

그런데, 발항이나 항해의 지연은 이로나 환적과 같이 하주의 의사와는 상관없이 발생하게 되는 것이다. 따라서 선의의 피보험자(하주)를 보호하기 위해 협회적하약관 제8조 운송약관에는 피보험자가 좌우할 수 없는 발항이나 항해의 지연으로 인한 손해는 보험자가 담보한다는 취지를 규정하고 있다.

(3) 예외 적용

영국 해상보험법(MIA) 제49조 제1항에는 이로나 항해의 지연에도 보험자의 면책을 불허하는 사유로 다음을 열거하고 있다.

첫째, 보험증권의 어떠한 특별한 문언에 의해 지연이 허용되는 경우

둘째, 선장 및 그 사용인의 불가피한 사정으로 인해 발생된 경우

셋째, 명시담보나 묵시담보를 충족하기 위해 합리적으로 필요하였던 경우

넷째, 선박 또는 피보험목적물의 안전을 위해 합리적으로 필요하였던 경우

다섯째, 인명을 구조하거나 인명에 영향을 미칠 우려가 있는 조난선을 구조하기 위하여 필요하였던 경우

여섯째, 선내에 승선한 자에 대해 내과나 외과적 치료를 받기 위해 합리적으로 필요한 경우

일곱째, 선원의 악행이 피보험위험의 하나인 경우에 선장이나 선원의 악행으로 항해계속의 지연이 발생한 경우

4) 화물의 갑판적재·환적

화물의 갑판적재(on deck load)는 일반적으로 선창 내부에 적재하는 것보다 더 위험률이 높기 때문에 위험의 변경사유가 된다. 따라서 보험자는 상관습에 따라 허용되는 경우를 제외하고 갑판적재 이후에 발생하는 손해로부터 면책된다.

환적(transshipment : T/S)은 운송품이 도착항에 도착되기 전에 당초에 선적되었던 운송기관에서 다른 운송기관으로 이전 및 재적재되는 행위를 말한다.

환적의 경우, 화물의 타 운송수단으로의 이동을 통해 화물에 손상을 초래하게 되고 지연도착의 원인이 될 수 있을 뿐 아니라 환적에 따르는 비용들이 발생한다.

따라서 대개의 수입자는 이를 원하지 않기 때문에, 신용장결제의 경우 신용장에 환적을 금지시키는 조항을 미리 약정하고 있다. 만약 그러한 금지조항이 없으면 환적은 가능한 것으로 간주되고 있다.

이와 같이 환적도 위험을 변경을 발생시키는 것이므로, 환적이 이루어지면 보험자는 원칙적으로 환적이 이루어진 이후에 발생하는 손해로부터 면책된다.

환적은 광의로는 선박의 변경에 해당되지만, 협의로는 선박의 변경은 항해의 개시시 또는 개시 전에 발생되는 데 비하여, 환적은 항해 개시 후에 발생된다는 점에서 양자는 구별된다. 영국 해상보험법(MIA)의 경우 환적은 해상위험의 변경사유가 아닌 선박의 변경 속에 포함시키고 있다.

2. 해상위험의 변혁

해상위험의 변혁(alteration of marine risk)은 위험의 정도에 반드시 증감은 없어도 위험의 동일성이 상실되고 계약체결 이전과 전혀 다른 종류의 위험사정이 발생하는 것을 말한다. 대표적인 해상위험의 변혁에는 선박의 변경과 항해의 변경이 있다.

1) 선박의 변경

선박의 변경(change of vessel)은 선박이 교체되는 것을 말한다. 선박의 변경은 선박이 보험계약에서 특정되어 있을 것이 요구되기 때문에, 계약에서 특정된 선박 이외의 타 선박에 선적해서는 안 되며 또한 선박은 운송 도중에 다른 선박으로 변경되어서는 안 된다. 그럼에도 이를 위반했을 때에는 이것이 선박의 변경을 발생시키게 된다.

이와 관련하여 우리나라 상법은 적하보험의 경우, 피고험자의 고의나 과실에 의한 주관적 위험의 변경을 통해 선박이 변경되면 보험자는 면책되지만, 불가항력 등 객관적 위험의 변경으로 선박이 변경되면 보험자의 책임은 계속되도록 규정하고 있다.

한편, 영국 해상보험법(MIA)도 선박의 변경이 발생되면 원칙적으로 그 시점부터 보험자가 면책되도록 하고 있다. 그러나 이러한 경우에도 피보험자가 지체없이 이러한 사실을 보험자에게 통보하고 보험자가 승낙하면 추가보험료를 지급할 것을 조건으로 하여 계속 담보를 받을 수 있도록 하고 있다.

2) 항해의 변경

(1) 항해변경의 의의

항해의 변경(change of voyage)은 출발항이나 도착항 또는 그 양자가 변경되는 것을 말한다. 항해의 변경은 선박보험이나 적하보험 모두에서 발생한다.

영국 해상보험법(MIA)에서는 '위험의 개시 후 선박의 목적항이 보험증권에 의해 예정된 목적항으로부터 임의로 변경되는 경우'를 항해의 변경이라고 간주하여 이를 협의로 해석하고 있다. 이 규정에 따라 목적항의 변경이 항해의 변경을 구성하면 출발항의 변경도 당연히 항해의 변경을 구성한다고 할 수 있다.

항해변경의 발생에는 그 전제로서 항해가 보험계약에 특정되어 있을 것을 요하며, 항해의 특정은 출발항이나 도착항의 특정을 통해 이루어진다. 그리고 항해가 단축된 경우나 연장된 경우에도 도착항을 변경한 것으로 간주하여 항해의 변경을 발생시킨다.

한편, 항해의 변경은 항해 그 자체가 포기되거나 중단됨으로써 보험자가 인수한 피보험항해 자체가 소멸되고 새로운 항해로 대체되는 것이지만, 이로는 항해 그 자체는 그대로 존속한다는 차이가 있다.

또한 이로의 의사는 중요하지 않고 보험자가 계약상의 책임을 면하기 위해서는 반드시 실제 이로가 있어야 한다(MIA 제46조 제3항). 즉, 이로의 의사는 보험자의 책임과 아무런 관계가 없고, 실제 이로를 할 때 보험자의 책임이 해제되는 것이다. 이에 비해 항해의 변경은 항해를 변경할 의도가 명백한 때부터 보험자의 책임이 해제된다.

(2) 항해변경의 효과

보험증권에 별도로 규정하고 있지 않는 한, 항해의 변경이 있는 경우, 보험자는 항해를 변경할 의도가 명백해졌을 때부터 보상책임에서 해제된다. 그리고 손해발생시 선박이 보험증권에 예정된 항로를 실제 떠나지 않았다는 사실은 중요하지 않다.

영국 해상보험법(MIA) 제45조는 '위험의 개시 후 선박의 목적지가 보험증권에 의해 예정된 목적지로 부터 임의로 변경되는 경우를 항해의 변경으로 정의하면서, 보험증권에 별도로 규정하지 않는 한, 항해의 변경이 있는 경우에는 보험자는 항해를 변경할 의도가 명백해졌을 때부터 보상책임에서 해제된다.'고 규정하고 있다.

◉ MIA 제45조 : Change of voyage

(1) Where, after the commencement of the risk, the destination of the ship is voluntarily changed form the destination contemplated by the policy, there is said be a change of voyage.

(2) Unless the policy otherwise provides, where there is a change of voyage, the insurer is discharged from liability as from the time of change, that is to say, as from the time when the determination to change it is manifested; and it is immaterial that the ship may not in fact have left the course of voyage contemplated by the policy when the loss occurs.

(1) 위험의 개시 후 선박의 목적지가 보험증권에 의해 예정된 목적지로 부터 임의로 변경되는 경우에, 항해의 변경이라고 말한다.

(2) 보험증권에 별도로 규정하지 않는 한, 항해의 변경은 항해를 변경할 의도가 명백해졌을 때부터 보험자가 보상책임에서 해제된다. 그리고 손해발생시 선박이 보험증권에 예정된 항로를 실제 떠나지 않았다는 사실은 중요하지 아니하다.

제 7 절 인과관계와 근인주의

1. 인과관계

1) 인과관계의 의의

보험계약에서 보험자가 손해를 보상하기 위해서는 담보위험과 손해와의 사이에 일정한 관계가 존재해야 한다. 이와 같이 어떤 원인이 어떤 결과를 가져온다는 위험과 결과(손해) 사이의 관계를 인과관계(causation)라고 한다.

2) 인과관계 결정의 필요성

해상운송에서 발생하는 손해는 항상 단일위험으로 인해 발생하는 것은 아니지만, 손해의 원인이 된 위험이 단 하나뿐인 경우에는 별로 문제가 되지 않는다.

그러나 손해의 원인이 되는 위험이 둘 이상이 되는 경우, 특히 그 중 하나는 담보위험이고 나머지는 보험자의 면책위험이라면 어느 위험을 손해의 원인으로 보느냐에 따라 손해의 보상여부가 결정되기 때문에, 이종원인의 협력 작용을 통해 손해가 발생한 경우에는 보험자의 책임문제를 둘러싼 분쟁이 발생하기 쉽다.

예를 들어, 전쟁위험 면책조건으로 부보된 선박이 어뢰에 부딪혀 상당한 손상을 입었으나 자력항해가 가능하여 인근 피난항으로 항해하고 있는 중 마침 태풍이 일어 선박이 침몰되고 말았다고 가정하자.

전자(손상)만 있었다면 이 선박은 피난항에 도착하여 수리한 후 항해를 계속할 수 있었을 것이고, 후자(태풍)만 있었다고 해도 선박은 침몰을 면할 수 있었을 것이다.

이 경우는 양 위험에 의해 침몰되어 전손이 발생하게 된 것이다. 이와 같은 경우 손해의 원인은 어뢰와 태풍으로 인한 침몰인데, 전자는 면책위험이고 후자는 담보위험이다. 이때 선박의 전손에 대해 보험자의 보상책임 유무를 결정하기 위해서는 인과관계의 결정이 필요하다.

이와 같이 해상보험에서는 복수의 해상사고가 복합적으로 작용하여 손해를 초래할 수 있다. 이때 보험자가 부담하는 사고로 인한 손해인가 아니면 면책사유에 속하는 사고로 인한 손해인가를 결정하는 인과관계의 결정은 보험자의 보상책임을 결정하는 중요한 기준이 된다.

2. 근인주의

근인주의(doctrine of proximate cause)는 손해의 원인들이 다수 관련되어 발생한 경우에도 그 중 어느 하나의 원인을 취하여 근인(직접원인)으로 하고, 그 원인이 보험자가 부담하는 위험인가 아닌가에 따라 보험자 보상책임의 유무를 결정해야 한다는 원칙을 말한다.

해상보험에서는 '근인(近因)을 주시하고 원인(遠因)을 보지 말라.'는 말에서 표현되고 있듯이, 해상위험에 직접원인이 된 손해만을 보상하고 간접원인이 된 손해는 해상위험에 의한 손해로 인정하지 않기 때문에, 별도의 규정이 없다면 그 간접손해는 보상되지 않는다는 원칙이 근인주의이다.

예를 들면, 해난발생의 결과 화물이 입은 해수에 의한 손해는 직접손해이지만, 그 손해 때문에 화물의 인도가 지연되고 시가하락으로 인해 발생한 손해는 간접손해이기 때문에 보험자의 보상대상이 되지 않게 된다.

또한 본선이 충돌로 파손되어 중간항에서 수리하기 위해 화물을 양륙하려고 화물을 내릴 때 부주의나 과실로 손해가 발생했다면 원인은 선박의 충돌이지만 근인은 화물을 취급할 때의 부주의나 과실이다.

그런데 여기에서 근인은 시간적으로 가장 가까운 원인조건을 말하는 것이 아니라 그 효력에 있어서 결과에 가장 접근하는 것을 말한다. 근인주의 학설은 주관자의 판단이 양립할 수 있다는 약점을 가지고 있다.

영국 해상보험법(MIA) 제55조 제1항은 근인주의를 다음과 같이 규정하고 있다.

◉ 영국 해상보험법(MIA) 제55조 제1항

Subject to the provisions fo this Act, and unless the policy otherwise provides, the insurer is liable for any loss proximately caused by a peril against, but subject as aforesaid, he is not liable for any loss which is not proximately caused by a peril insured against.

이 법률과 보험증권에 별도의 규정이 있는 경우를 제외하고, 보험자는 담보위험에 근인하여 발생한 손해에 대하여 책임을 진다. 그러나 상기의 조건에 따라 보험자는 담보위험에 근인하여 발생하지 아니한 일체의 손해에 대해서는 책임을 지지 아니한다.

제 10 장 해상손해

제 1 절 해상손해의 의의와 종류

1. 해상손해의 의의

1) 해상손해의 개념

해상손해(marine loss or damage)는 항해사업(marine adventure)과 관련된 선박이나 화물이 해상위험으로 인해 피보험이익의 전부 또는 일부가 멸실되거나 손상되어 피보험자가 입게 되는 재산상의 불이익이나 경제상의 부담을 초래하는 것을 말한다.

손해는 영어로 'Loss or Damage'라는 용어가 사용되는데 이 경우 Loss는 멸실 또는 손실로 해석되고 Damage는 훼손 또는 손상으로 해석된다.

2) 해상손해의 범위

해상손해에는 반드시 해상에서 발생한 손해뿐만 아니라 항해에 부수되어 발생되는 육상이나 내수로 운송과정에서 발생하는 손해도 포함된다.

3) 해상손해의 보상원칙

해상보험에서 보험자는 어떠한 손해든지 무조건 보상해 주는 것이 아니라, 해상손해로 인해 피보험자가 입게 되는 실질적인 손해를 보상해 주는 것이 원칙이다.

해상손해는 직접손해와 간접손해로 구분된다. 직접손해는 담보위험으로 피보험목적물에 발생한 직접적인 손해이며, 간접손해는 직접손해의 결과로 인한 2차적 손해 내지는 결과적 손해이다. 해상보험에서 보험자가 보상책임을 부담하는 것은 직접손해이므로 간접손해는 보상책임을 지지 않는 것이 원칙이다.

그러나 예외적으로 영국 해상보험법이나 우리나라 상법은 구조료, 손해방지비용, 특별비용 등의 비용손해는 간접손해임에도 불구하고 이는 보상하도록 규정하고 있다.

2. 해상손해의 종류

해상손해는 손해형태에 따라 물적손해(property damage)와 비용손해(expense damage)로 구분된다. 물적손해는 피보험목적물이 멸실되거나 손상되는 직접손해를 말하며 손해의 정도에 따라 전손(total loss)과 분손(partial loss)으로 구분된다.

전손은 선박이나 화물 등 피보험목적물 전체가 위험에 의해 멸실이나 손상되어 발생하는 손해를 말하는데, 이는 크게 현실전손(actual total loss)와 추정전손(constructive total loss)으로 구분된다.

분손은 피보험목적물의 일부가 멸실이나 손상되어 발생하는 손해를 말하며, 이는 크게 손해의 성격에 따라 단독해손(particular average)과 공동해손(general average)으로 구분된다.

비용손해는 화물의 멸실이나 보상과 관계없이 피보험목적물이 보험증권상의 담보위험에 처해 있을 때, 손해를 경감하거나 방지하기 위해 지출된 경비나 보수 등 부득이하게 지출된 비용을 말한다. 여기에는 구조료와 손해방지비용 및 특별비용이 있다.

그리고 기타의 손해배상책임으로는 충돌손해배상책임이 있다.

〈그림 Ⅲ-1〉 해상손해의 종류

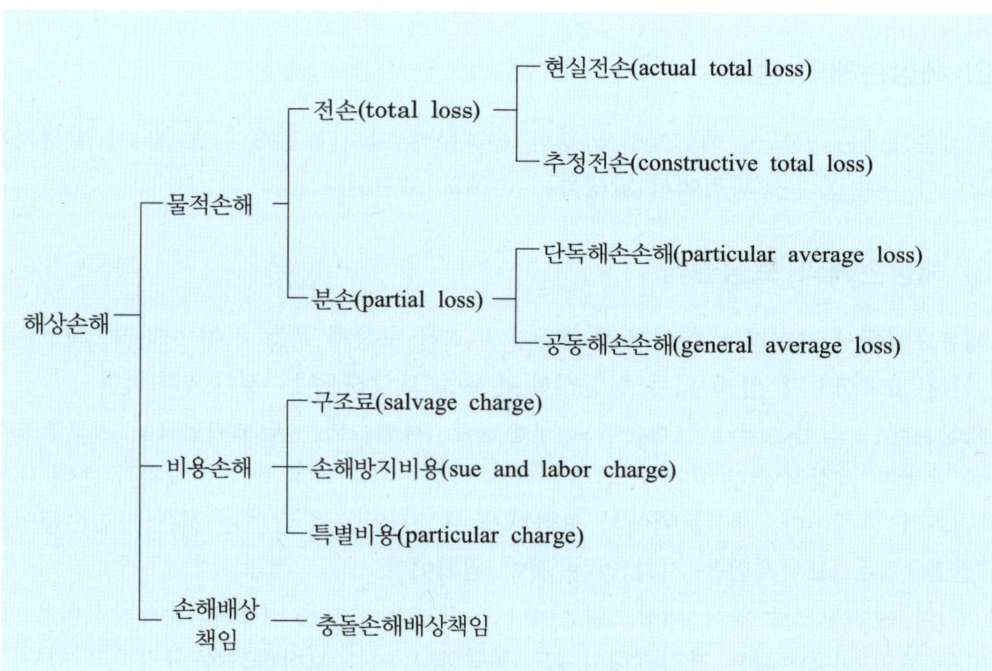

제 2 절 물적손해

물적손해(property damage)는 피보험목적물이 직접적으로 멸실되거나 손상되는 손해를 말하여 실체적 손해라고도 한다. 이것은 전손과 분손으로 구분된다.

1. 전손

전손(total loss)은 피보험목적물인 선박이나 화물이 형식적으로나 실질적으로 모두 전멸(全滅)된 손해를 말한다. 전손은 분손에 상대되는 개념으로, 실질적인 전손인가 아니면 실질적인 전손은 아니지만 경제적인 의미에서 실질적인 전손으로 취급될 수 있는가에 따라 현실전손과 추정전손으로 구분된다.

전손이 발생한 경우, 피보험자는 그 사고가 보험사고인 경우에는 보험금 전액을 보상받을 수 있다. 구협회적하약관에서는 이 손해만을 전문적으로 보상하는 조건으로 전손담보조건(Total Loss Only : TLO)이 있었다.

전손담보조건은 보험자에게 가장 부담이 적은 조건이다. 이 조건하에서 피보험자는 전손이 발생한 경우에 보험금액의 전액 지급을 청구할 수 있는 것 외에 전손의 발생을 방지하기 위한 손해방지비용도 지급받을 수 있었다.

◉ MIA 第56조 : Partial and total loss

(1) A loss may be either total or partial. Any loss other than a total loss, as hereinafter defined, is a partial loss.

(2) A total loss may be either an actual total loss, or a constructive total loss.

(3) Unless a different intention appears from the terms of the policy, an insurance against total loss includes a constructive, as well as an actual, total loss.

(1) 손해는 전손이거나 또는 분손인 경우도 있다. 다음에 정의하고 있는 전손을 제외한 일체의 손해는 분손이다.

(2) 전손은 현실전손이거나 또는 추정전손인 경우도 있다.

(3) 보험증권의 문언에서 다른 의도가 나타나 있지 않는 한, 전손에 대한 보험은 현실전손은 물론 추정전손을 포함한다.

1) 현실전손

(1) 현실전손의 의의

현실전손(Actual Total Loss : ATL)은 선박이나 화물 등 피보험목적물이 현실적으로 전멸된 경우를 말하며 절대전손(absolute total loss)이라고도 한다.

(2) 현실전손의 형태

현실전손에는 피보험목적물의 실질적인 파손이나 멸실, 피보험목적물의 심각한 성질의 상실, 피보험목적물의 회복할 수 없는 점유의 박탈, 선박의 행방불명이 있다.

즉, 피보험목적물이 완전히 파손 혹은 멸실되거나, 피보험목적물이 보험에 가입할 당시의 성질을 그대로 갖지 못할 정도로 심하게 훼손을 입었거나, 피보험자가 회복할 수 없도록 피보험목적물을 박탈당했을 때, 그리고 위험에 처한 선박이 행방불명되어 상당기간 찾을 수 없을 경우에 이 손해들을 현실전손으로 간주한다.

① 피보험목적물의 실질적인 파손이나 멸실

피보험목적물의 실질적인 파손(physical destruction)이나 멸실은 피보험목적물이 완전히 파손되거나 멸실되어 현실적으로 전멸(全滅)된 것을 말한다.

② 피보험목적물의 심각한 성질의 상실

피보험목적물의 심각한 성질의 상실(alteration of species)은 피보험목적물이 존재하고는 있으나 손해의 정도가 매우 심하여 보험에 가입할 당시의 성질이나 상품가치를 그대로 갖지 못할 정도로 심하게 손상을 입을 것을 말한다.

③ 피보험목적물의 회복할 수 없는 점유의 박탈

피보험목적물의 회복할 수 없는 점유의 박탈(irretrievable deprivation)은 피보험자가 회복할 수 없도록 피보험목적물을 탈취당하여 다시 찾거나 회복할 수 없는 지배력의 항구적 상실상태를 말한다.

④ 선박의 행방불명

선박의 행방불명(missing ship)은 위험에 처한 선박이 해상에서 행방불명되어 상당기간 동안 찾을 수 없는 것을 말한다. 우리나라 상법(제711조)은 선박의 존재 여부가 2개월간 분명하지 않은 때에는 그 선박이 행방불명된 것으로 규정하고 있다.

2) 추정전손

(1) 추정전손의 의의

추정전손(Constructive Total Loss : CTL)은 전손의 한 형태로 현실적 전멸은 아니지만 손해의 정도가 심하여 본래의 효용을 상실하거나 복구비용이 오히려 시장가격을 초과함으로써 현실전손과 경제적으로 동일시 할 수밖에 없는 경우를 말한다.

(2) 추정전손의 형태

우리나라 상법 제710조와 영국 해상보험법(MIA) 제69조 제2항에서 열거하고 있는 추정전손의 인정사유를 종합하면 추정전손의 형태에는 다음과 같은 것들이 있다.

첫째, 피보험자가 보험사고로 인해 자기의 선박이나 화물의 점유를 상실하여 이를 회복할 가능성이 없거나 회복하기 위한 비용이 히복하였을 때이 가애을 초과하리라고 예상될 경우

둘째, 선박의 손상의 경우에는, 선박이 보험사고로 인하여 심하게 손상되어 이를 수선하기 위한 비용이 수선하였을 때의 가액을 초과하리라고 예상될 경우

셋째, 화물의 손상의 경우에는, 화물이 보험사고로 인하여 심하게 손상되어서 이를 수선하기 위한 비용과 그 화물을 목적지까지 운송하기 위한 비용과의 합계액이 도착하는 때의 화물의 가액을 초과하리라고 예상될 경우

(3) 추정전손과 위부의 관계

추정전손이 발생하는 경우 피보험자는 그 손해를 분손(partial loss)으로 처리할 수도 있고, 피보험목적물을 보험자에게 위부(abandonment)하고 그 손해를 현실전손의 경우에 준하여 처리할 수도 있다(MIA 제61조).

따라서 보험금 전액이 지급되는 추정전손의 경우는 피보험목적물이 현실적으로는 전부 멸실한 것은 아니지만, 보험사고로 인해 자기의 선박이나 화물의 점유를 상실하여 이를 회복할 가능성이 없거나 회복하기 위한 비용이 회복하였을 때의 가액을 초과하는 경우, 수리비용이 피보험목적물의 가액을 초과하는 경우에 합리적으로 위부했을 경우를 의미한다.

현실전손은 반드시 위부를 하지 않아도 보험사고시 보험금 전액이 지급된다. 그러나 추정전손의 경우는 위부통지(notice of abandonment)가 없으면 보험금 전액이 지급되지 않으며 그 손해는 오로지 분손으로만 청구될 수 있다.

2. 위부와 대위

1) 위부

(1) 위부의 의의

위부(委付, abandonment)는 추정전손(constructive total loss)이 발생한 경우, 현실전손(actual total loss)에 준하는 전손에 대한 보험금을 청구하기 위해 피보험자가 피보험목적물에 대해 가지는 일체의 권리(소유권 및 제3자에 대한 구상권)를 보험자에게 이전하고 보험금 전액을 청구하는 제도를 말한다.

이 제도는 16세기경에 유럽에서 확립되었으며 오늘날에는 거의 모든 국가가 해상보험에서 이 제도를 채택하고 있다.

(2) 위부의 성립과 요건

보험사고가 발생하면 그 손해를 추정하는 과정에서 보험 당사자 간의 견해 차이로 인해 피보험자는 전손으로 추정하는 반면, 보험자는 분손으로 추정할 수도 있고 혹은 그 반대의 경우가 발생할 수도 있다.

따라서 추정전손이 성립하려면 보험자와 피보험자간의 양자 합의가 있어야 하며, 이 양자의 합의가 곧 위부의 성립이 된다. 즉, 피보험자의 위부의 의사표시를 보험자가 승낙하게 되면, 추정전손이 성립되고 만약 이를 거절하게 되면 분손으로 처리된다.

위부는 조건이나 기한을 붙이는 것은 인정되지 않기 때문에 무조건적이어야 하며 피보험목적물의 전부에 대해 이루어져야 한다.

(3) 위부의 통지

첫째, 피보험자가 피보험목적물을 보험자에게 위부할 것을 선택한 경우에는 피보험자는 위부를 통지해야 한다. 만약 피보험자가 위부를 통지하지 않으면 그 손해는 오로지 분손으로만 처리된다.

둘째, 위부의 통지는 반드시 손해에 관한 신뢰할 수 있는 정보를 수취한 후에 상당한 주의를 가지고 이루어져야 한다. 그 정보가 의심스러운 성질을 가지는 경우에는 피보험자에게 조사할 수 있는 상당한 기간이 주어진다.

셋째, 위부의 통지가 승낙되면 위부는 철회할 수 없다. 왜냐하면 위부의 승낙은 손해에 대한 책임과 충분한 요건을 갖춘 통지임을 결정적으로 인정하는 것이기 때문이다.

(4) 위부의 목적

위부는 보험금이 지급되면 보험자 임의대로 처분하게 될 재산을 피보험자가 계속 보관함으로써 손해가 확대되는 것을 방지하는 것이 목적이다.

피보험자는 추정전손의 경우 위부를 통지하게 되면 전손으로 인정받을 수 있고 보험자는 시간이 흐르면 현실전손이 불가피한 경우 위부를 통해 보험자가 조기에 이를 관리하여 재산 가치를 보존할 수 있다.

(5) 위부의 통지방법

위부의 통지는 피보험목적물에 대한 피보험자의 피보험이익을 보험자에게 무조건 위부한다는 피보험자의 의사를 나타내는 것이면 어떠한 용어나 방법으로도 할 수 있다.

(6) 위부의 통지시기

피보험자가 위부를 할 때에는 상당한 기간 내에 보험자에게 그 통지를 발송해야 한다. 그러나 그 정보가 의심스러운 성질을 가지고 있는 경우에는 피보험자에게 조사할 수 있는 상당한 기간이 추가적으로 주어진다.

우리나라 상법(제713조)의 경우에는 피보험자가 위부를 할 때에는 위부 발생사실을 안 날로부터 상당한 기간 내에 보험자에게 위부를 통지하도록 규정하고 있다.

(7) 보험자의 위부 승낙

위부의 승낙은 보험자의 행위에 의해 명시적으로도 가능하고 묵시적으로도 가능하다. 다만, 위부의 통지가 이루어진 이후에 보험자의 단순한 침묵 즉, 침묵에 의한 승낙(acceptance by silence)은 보험자의 위부 승낙으로 인정되지 않는다.

(8) 위부의 효과

유효한 위부가 있는 경우 보험자는 피보험목적물에 잔존하는 이익과 소유권 등에 속하는 모든 권리를 양도받을 수 있는 권리가 있고, 피보험자는 피보험목적물을 보험자에게 위부하고 보험금액의 전부를 청구할 수 있는 권리가 있다.

위부가 이루어지더라도 보험자로서는 보통 피보험목적물의 지배권을 행사할 수 있는 지위에 있지 않기 때문에, 보험자의 보호를 위해 피보험자는 위부를 행한 후에도 손해방지 및 경감을 위한 노력 등 선량한 관리자로서의 피보험이익의 보호를 위해 노력해야 한다.

한편, 영국 해상보험법(MIA)에서 위부는 단독행위가 아니기 때문에 보험자의 승인이 필요하다. 그러나 우리나라 상법에서 위부는 위부의 승인을 기다리지 않고 피보험자의 의사표시만으로 성립되는 단독행위이다. 따라서 보험자의 승낙이 없어도 위부를 통지할 때 즉시 위부의 효력이 발생하게 된다.

2) 대위

(1) 대위의 의의

대위(代位, subrogation)는 손해보험에서 사용되는 용어로, 보험자가 피보험자에게 보험금을 지급한 경우, 피보험목적물에 대한 일체의 권리와 손해발생에 과실이 있는 제3자에 대한 구상권 등을 피보험자를 대신하여 보험자가 권리를 취득하게 되는데, 보험자가 취득한 이와 같은 권리를 대위 혹은 대위권(right of subrogation)이라고 한다.

영국 해상보험법(MIA) 제79조는 대위를 '보험자가 보험금을 지급한 경우, 피보험자가 피보험목적물에 대해 가지는 권리 및 제3자에 대하여 가지는 권리를 보험자가 승계하는 것'이라고 규정하고 있다.

◉ MIA 제79조 : Right of subrogation

Where the insurer pays for a total loss, either of the whole, or in the case of goods of any apportionable part, of the subject-matter insured, he thereupon becomes entitled to take over the interest of the assured in whatever may remain of the subject-matter so paid for, and he is thereby subrogated to all the rights and remedies of the assured in and in respect of that subject-matter as from the time of the casualty causing the loss.

보험자가 피보험목적물 전부의 전손 또는 화물의 경우에 해당되는 일부분에 대해 보험금을 지급한 경우에, 보험자는 전손 보험금이 지급된 피보험목적물의 잔존물에 대한 피보험자의 이익을 승계할 수 있는 권리를 갖게 된다. 그리고 전손 보험금의 지급에 의해 보험자는 손해를 야기한 재난의 발생시부터 피보험목적물에 대한 그리고 피보험목적물과 관련한 피보험자의 모든 권리와 구제수단을 대위한다.

(2) 대위의 목적

손해보험계약은 실손보상의 원칙에 따라 손해를 입은 피보험자를 손해를 입기 이전과 같은 상태로 복귀시키는 것을 목적으로 하는 계약이다.

손해보험의 일종인 해상보험도 이득이 목적이 아닌 실손보상의 원칙이 적용되기 때문에 실손이상의 보상은 받을 수 없는 것이 원칙이다.

실제로 피보험자가 보험자로부터 보상받고도 피보험목적물을 소유하거나 제3자에 대한 손해배상청구권을 가지고 있다면 부당이득을 취득할 가능성이 있기 때문에 부당이득 금지의 원칙에 위배된다. 따라서 대위는 손해를 입은 피보험자가 실손 이상의 보상을 받는 것을 방지하는데 목적이 있다.

(3) 대위의 한계

보험자가 가지는 대위의 한계는 자신이 지급한 보험금 이내에서 행사되어야 한다. 따라서 만일 보험자가 대위권의 행사를 통해 자신이 지급한 보험금 이상을 회수하게 된다면 그 차액은 피보험자에게 반환해야 한다.

(4) 대위의 종류

대위는 보험자가 피보험자에게 보험금을 지급한 경우에 행사할 수 있는 권리로, 잔존하는 피보험목적물에 대한 잔존물 대위권과 손해배상책임이 있는 제3자에 대한 손해배상청구권이 있다. 대위는 분손이나 전손 어느 경우에도 행사할 수 있다.

(5) 대위의 성립시기와 성격

대위의 성립은 보험자가 피보험자에게 보험금을 지급한 때 성립되기 때문에 피보험자가 잔존하는 피보험이익을 보험자에게 양도하는 행위로 선박의 경우는 등기의 이전, 적하의 경우는 소유권의 이전과 같은 법적인 절차가 필요 없다.

즉, 대위에 의한 권리이전은 법률적으로 보험자가 보험금을 지급함으로써 당연히 발생하는 것이기 때문에 양도행위와 같이 당사자 사이의 의사표시를 요하지 않는다.

왜냐하면 보험금을 지급하면 그때부터 보험자는 피보험자를 대신하여 대위권을 자동적으로 취득하기 때문이다.

(6) 대위의 효과

보험자는 대위를 통해 피보험자가 피보험목적물에 대해 가지는 이해관계인 피보험이익을 피보험자를 대신하여 취득할 수 있다. 즉, 대위의 효과는 보험자가 피보험자에게 보험금을 지급하면 저절로 보험자가 잔존물이나 제3자에 대한 대위권을 행사할 권리가 보험자에게 보장되어 있다는 점이다.

3) 대위와 위부의 비교

(1) 대상

해상보험에서 대위는 전손이든 분손이든 상관없이 보험자가 보험금을 지급하면 자동적으로 승계되지만, 위부는 추정전손인 경우에만 해당된다.

(2) 목적

대위의 목적은 실손 이상의 보상을 통해 부당이득을 얻지 못하게 하는 것이지만, 위부의 목적은 보험금이 지급되면 보험자의 임의대로 처분하게 될 재산을 피보험자가 계속 보관함으로써 손해가 확대되는 것을 방지하는 것이다.

(3) 성립

대위는 보험자가 피보험자에게 보험금을 지급한 때 성립되는 것이지만, 상법상 위부의 성립은 보험자가 위부를 승낙했는지 여부를 막론하고 이전된다. 즉, 대위는 보험금의 지급을 요건으로 하지만, 위부는 이를 요건으로 하지 않는다.

(4) 적용

대위는 피보험자가 이중으로 보상받는 것을 방지하기 위해 모든 손해보험에서 반드시 필요한 원칙이지만, 위부는 특정 손해를 추정하여 전손으로 처리하기 위해 추정전손이 통용되는 해상보험에서만 독특하게 인정되는 원칙이다.

(5) 법적 성격

대위는 법률의 규정에 의한 당연한 권리의 취득이지만, 위부는 피보험자의 의사표시에 따른 권리의 취득이다. 또한 대위에서는 보험금액 이상으로 대위하지 못하지만, 위부에서는 보험자가 피보험자에게 지급한 보험금액보다 위부 목적물의 가액이 큰 경우에도 그 목적물을 취득할 수 있다는 점이 구별된다.

(6) 효과

위부의 효과로 피보험자는 보험금액 전부를 지급 청구할 수 있다. 또한 대위와 위부의 효과로 보험자는 공히 피보험목적물에 잔존하는 소유권 및 제3자에 대해 가지는 피보험자의 권리도 양도받을 수 있다.

3. 분손

분손(Partial Loss : P/L)은 피보험목적물의 일부가 멸실이나 손상됨으로써 발생하는 손해로 전손에 반대되는 개념이다. 전손이 아닌 손해는 모두 분손으로 간주된다.

분손은 그 손해를 단독으로 부담하는가 또는 하주와 선주 등 이해관계자가 공동으로 부담하는가에 따라 단독해손과 공동해손으로 구분된다.

1) 단독해손

단독해손(Particular Average : P/A)은 전손에 반대되는 분손의 한 형태로, 피보험목적물에 발생하는 물적손해 중에서 이해관계자간에 공동으로 분담하는 공동해손이 아닌 손해를 말한다. 즉 좌초, 화재, 충돌 등의 우발적 사고로 선박이나 화물에 발생하는 상실 또는 손상 중, 손해를 입은 하주나 선주가 단독으로 부담하는 손해이다.

적하보험에서는 화재에 의한 화물의 일부 손상, 해상고유의 위험이나 악천후에 의한 화물의 일부 파손, 누손에 의한 일부 손해 등이 단독해손에 포함된다. 단독해손은 영국해손정산인협회에서 정한 실무규칙에 따라 해손정산인이 그 손해액을 산정한다.

2) 공동해손

공동해손(General Average : G/A)은 항해의 수행과정에서 공동의 이익을 위해 고의적 또는 합리적으로 위험에 놓인 재산을 희생하거나 긴급하게 지출한 비용을 당사자들이 나누어 공동으로 부담하는 것을 말한다.

선박과 화물에 공동의 위험이 발생하였을 경우 그러한 위험을 제거하거나 경감시키기 위해 선체나 화물의 일부를 희생시키거나 필요한 경비를 지출하는 행위를 공동해손행위(general average act)라고 하며 그에 의한 손해와 경비가 곧 공동해손이 된다.

예를 들어 본선이 폭풍우로 좌초되어 침몰위기에 있을 때, 공동의 위험을 회피할 목적으로 선장이 고의로 적하의 일부를 투하(jettison)시킴으로써 배를 가볍게 하는 물질적 손해인 공동해손 희생손해(general average sacrifice)와 예인선의 사용 등 다른 위험탈출조치를 강구하는데 소요되어 지불하는 비용인 공동해손 비용손해(general average expenditure)을 합하여 '공동해손'이라고 부른다.

공동해손에서는 비상조치로 인해 발생한 손해는 그로 인하여 위험을 면하게 된 자들이 그들이 받은 혜택의 정도에 따라 서로 분담하게 되는데, 이 분담액을 공동해손분담금(general average contribution)이라고 한다.

(1) 공동해손의 성립요건

York-Antwerp Rules 2016에서는 공동해손으로 인정되기 위한 요건으로 다음을 제시하고 있다. 공동해손으로 인정되지 못하면 그 손해는 단독해손으로 처리된다.

첫째, 위험의 공동성이다. 공동해손이 성립되기 위해서는 항해단체 전원에게 그 위험이 존재해야 하기 때문에 선체나 화물 중 하나 혹은 한쪽 이해 당사자의 안전을 위한 희생이나 비용지출은 공동해손으로 인정되지 않는다. 이것은 단독해손이 된다.

둘째, 처분의 자발성 혹은 고의성(intentionality)이다. 공동해손으로 인정되기 위해서는 희생과 비용의 지출이 우연이 아닌 행위자의 자의적인 의도나 고의적인 판단에 의해야 한다. 특정한 결과를 예상하고 고의적으로 취한 행동은 공동해손행위로 인정되지만 우연히 일어나는 행위는 공동해손행위로 인정되지 않는다.

셋째, 처분의 합리성(rationality)이다. 공동해손으로 인정되기 위해서는 그 처분이 적정해야 하기 때문에 선체나 적하의 불합리한 희생이나 과도한 경비지출은 공동해손으로 인정되지 않는다.

넷째, 이례적인(extraordinary) 희생이나 비용이다. 공동해손으로 인정되기 위해서는 재산손해나 비용지출에 있어 그 공동해손의 행위가 이례적으로 발생한 것이어야 하기 때문에 통상적으로 발생할 수 있는 정도의 손해는 공동해손으로 인정되지 않는다.

다섯째, 현실적인 절박성(urgency)이다. 공동해손으로 인정되기 위해서는 선체나 화물에 공통된 위험이 현실적이며 객관적으로 실제로 존재하고 그 위험을 면하기 위한 목적이 있어야 한다. 따라서 위험을 예측하여 취한 행동은 공동해손으로 인정되지 않는다.

◉ The York-Antwerp Rules 2016 : Rule A

There is a general average act when, and only when, any extraordinary sacrifice or expenditure is intentionally and reasonably made or incurred for the common safety for the purpose of preserving from peril the property involved in a common maritime adventure.

공동해손행위는 공동의 항해사업에 관련된 재산을 위험으로부터 보존할 목적으로 공동의 안전을 위하여 고의적이고 합리적으로 이례적인 희생 또는 비용을 행하거나 지출한 경우에 한하여 성립한다.

(2) 공동해손의 구성

공동해손은 선체나 화물의 일부가 희생되는 공동해손 희생손해와 비용이 발생하는 공동해손 비용손해로 구분된다.

① 공동해손 희생손해

공동해손 희생손해(general average sacrifice)는 공동의 안전(common safety)을 위해 의도적으로 선체나 화물의 일부를 희생시킴으로써 발생하는 손해를 말한다.

그러므로 공동해손행위의 결과가 아닌 우연한 손해는 선주나 하주가 단독으로 부담하는 단독해손이 된다.

적하의 경우, 대표적인 공동해손 희생손해는 다음의 것들이 포함된다.

첫째, 적하의 투하이다. 이것은 가장 전형적인 공동해손의 형태로, 공동의 안전을 위하여 위험이 발생한 경우에 선체를 가볍게 하거나 구조할 목적으로 적하나 선구를 바다에 던지거나 절단하여 바다에 버리는 행위이다. 그러므로 화물이 부패하거나 화물고유의 하자로 인한 투하는 공동해손으로 인정되지 않는다.

둘째, 선박의 소화작업시 물에 의한 손해이다. 이것은 공동안전을 위하여 선박의 소화작업시 물이나 기타 행위에 의해 선박이나 적하에 생긴 손해이다. 그러므로 열이나 연기에 의한 손해는 공동해손으로 인정되지 않는다.

셋째, 임의좌초에 의한 손해이다. 이것은 공동의 안전을 위하여 선박을 임의로 좌초시켜서 발생하는 손해이다. 그러므로 임의좌초가 아닌 우연한 좌초로 침수된 해수에 의한 손해는 공동해손으로 인정되지 않는다.

선박의 경우, 대표적인 공동해손 희생손해는 다음의 것들이 포함된다.

첫째, 선체의 절단이다. 이것은 위험에 직면하여 공동의 안전을 위하여 선체 일부를 의도적으로 파괴함으로써 야기된 손해이다. 그러므로 과도한 사용이 있는 경우에는 공동해손으로 인정되지 않는다.

둘째, 임의좌초(voluntary stranding)이다. 이것은 화재가 발생하여 진화를 위하여 선박을 좌초시키거나 구멍을 뚫으므로 발생하는 손해이다. 그러므로 공동의 위험을 회피하기 위한 목적 이외의 선박의 임의좌초는 공동해손 희생손해로 인정되지 않는다.

셋째, 선체기계나 기관의 손상이다. 이것은 선박이 좌초상태에서 공동의 위험회피를 목적으로 추진기와 기관을 사용하여 부양하던 중에 발생하는 기계나 기관이 입은 손해이다. 그러므로 정상적인 선박의 운항 중에 발생한 기계나 기관의 손해는 공동해손으로 인정되지 않는다.

② 공동해손 비용손해

공동해손 비용손해(general average expenditure)는 현실적인 공동위험을 회피하기 위해 합리적으로 지출되는 비용을 말한다.

이것은 공동해손이 발생하였을 때 선체나 화물의 전부 또는 일부를 희생시킴으로써 발생하는 공동해손 희생손해에 상대되는 개념이다.

여기에는 구조비나 피난항비용, 대체행위로 인해 발생하는 비용은 물론, 자금조달에 필요한 비용과 공동해손정산에 따른 비용 등 희생행위에 의해 간접적으로 발생하는 비용손해들이 포함된다.

㉠ 구조비

구조비(salvage)는 공동의 위험이 발생한 경우, 구조를 위해 계약에 의하여 지출된 비용을 말한다. 선박이나 화물이 해양사고를 만났을 때 선박이나 화물의 손해를 방지하거나 경감하는데 소요되는 비용, 안전 장소로 회항을 위한 예항비용, 적하의 이송비용, 구조자에 대한 보수 등의 비용이 구조비에 해당한다.

항해선박이나 화물이 어떠한 수면에서 위험에 처한 경우에 이를 구조한 자는 그 결과에 대해 상당한 보수를 청구할 수 있는데, 이와 같은 구조의 보수가 구조비이다.

구조비의 한도는 다른 약정이 없으면 구조된 목적물의 가액을 초과하지 못한다.

한편, 구조비와 유사한 개념으로 비용손해의 일종인 구조료(salvage charge)가 있는데, 이것은 계약에 의하지 아니한 구조에 따른 보수를 말한다.

㉡ 피난항비용

피난항비용(port of refuge expenses)은 선박이 선체의 사고로 피난항에 기항했을 경우에 발생하는 비용으로 항비가 여기에 해당된다.

여기에서 항비(port charges)는 선박의 출입이나 정박 등 해당 항만을 이용함으로써 발생하는 일체의 비용을 말하는데, 그 비용에는 도선료(pilotage), 입출항세(entrance and clearance fee), 톤세(tonnage dues), 부두사용료(wharfage), 부표사용료(buoyage), 예선료(towage), 세관제비용(custom fee), 등대세(light dues), 항만관계 위생세(sanitary fee), 접안료(cost for berthing), 정박비용(anchor cost), 양륙 및 보관비용, 출항비용, 항만세(port tax) 등이 포함된다. 보통 정기선은 선사가 항비를 부담하며 부정기선은 용선계약에 따른다. 그러나 악천후로 인한 피난항비용은 항해를 개시할 때부터 어느 정도 예견되는 것이고 운송인이 운송계약의 이행에 있어서 당연히 취해야 할 행위이기 때문에 원칙적으로 공동해손 비용손해로 인정되지 않는다.

ⓒ 대체비용

대체비용(substituted expense)은 공동해손비용을 절약하기 위해 그 대신으로 지출된 비용을 말한다. 즉, 공동의 안전을 위해 선박이 피난항에서 수리를 한 후 화물을 운송하는 것보다 대체선박을 사용하는 것이 보다 경제적일 경우가 있는데, 이때 대체선을 사용함으로써 절약된 비용만큼을 대체비용으로 처리하여 공동해손으로 인정한다.

대체비용에는 예선료(towage)와 임시수선 비용 등이 포함된다. 전자는 예선(tug boat)이 독항력(independent navigation ability)이 없는 타선(tow boat, 견인 보트)을 예인하기 위해 예인선을 사용하는데 소요되는 비용이며, 후자는 공동해손비용을 절약하기 위해 임시 수단으로 선박을 수리하는데 소요되는 비용이다.

ⓓ 자금조달비용

자금조달비용(fund-raising expense)은 공동해손비용을 지급해야 함에도 불구하고 자금이 부족하여 현지에서 필요한 자금을 조달할 때 발생하는 비용을 말한다.

일반적으로 조달자금 2%는 수수료로 공동해손비용을 구성한다. 기타 공동해손을 구성하는 모든 자금조달에 대해 발생에서 정산이 완료되는 시점까지 연 7%의 이자를 공동해손비용으로 인정한다.

ⓔ 정산비용

공동해손이 발생하게 되면 공동해손 채무자들이 공동해손을 균등하게 분담하게 되는데, 이러한 절차를 공동해손의 정산이라고 한다.

공동해손의 정산은 다른 특약 또는 관습이 없는 한, 선장이 이를 담당하며 공동해손 정산서에 의한다. 정산지는 특약이 없는 한 최후의 적하의 양륙항이 되며 정산은 늦어도 양륙항에서 운송물을 수하인에게 인도할 때까지는 종료되어야 한다.

정산비용은 공동해손을 정산하기 위해 발생하는 비용을 말하며 이것은 관습적으로 공동해손비용으로 인정되고 있다. 주요 정산비용으로는 해난보고서 작성비용, 공동해손 손해감정비용, 정산인 보수, 정산인의 여비 및 통신비 등이 포함된다.

여기에서 해난보고서(master's protest, sea reoprt)는 선박의 해난사고나 인명사고와 같은 중대사고가 발생한 경우에 선장이 최초의 도착항 또는 정박항의 항만당국에 제출하는 보고서를 말한다. 해난보고서를 제출한 선장은 항만당국에 그 증명을 청구할 수 있고 이것을 해상손해의 증명으로 활용한다.

우리나라는 공동해손이 발생할 경우 선주의 요청에 따라 정산인(adjuster)에게 정산을 의뢰하는데 정산에 따른 비용은 보통 공동해손비용의 15~20%가 된다.

제 3 절 비용손해

비용손해(expense damage)는 사전에 명시될 수 없는 손해로, 피보험목적물이 보험증권상의 담보위험에 처해 있을 때 손해를 경감하거나 방지하기 위해 부득이하게 경비나 보수 등이 지출된 비용을 말한다.

비용손해에는 구조료, 특별비용, 손해방지비용이 있다. 이것은 원칙적으로 보험자가 부담하지 않는 보험 외적인 간접손해이지만 예외적으로 보험자가 보상하고 있다.

1. 구조료

구조료(salvage charges)는 해난에 봉착한 재산에 발생 가능한 손해를 방지하기 위해 계약에 의하지 아니하고 자발적으로 구조를 한 자에게 해상법에 의거하여 지급하는 대가를 말한다. 구조료는 보험자가 피보험자를 대신하여 구조자에게 지급한다.

그러나 피보험자나 그 대리인 또는 보수를 받고 고용된 자가 행하는 구조의 성격을 띤 비용은 구조료에 포함되지 않는다.

◉ MIA 제65조 : Salvage charges

'Salvage charges' means the charges recoverable under maritime law by a salvor independently of contract. They do not include the expenses of services in the nature of salvage rendered by the assured or his agents, or any person employed for hire by them, for the purpose of averting a peril insured against. Such expenses, where properly incurred, may be recovered as particular charges or as a general average loss.

'구조료'는 계약과 관계없이 해상법상 구조자가 보상받을 수 있는 비용을 의미한다. 구조료에는 피보험위험을 피하기 위해 피보험자나 그 대리인 또는 보수를 받고 그들에 의해 고용된 자가 행하는 구조의 성격을 띤 서비스의 비용은 포함하지 아니한다. 그와 같은 비용은 정당하게 지출된 경우에 특별비용이나 공동해손손해로 보상된다.

2. 손해방지비용

1) 의의

손해방지비용(sue and labour charge)은 피보험자나 그의 대리인이 보험자가 부담하는 손해를 방지하거나 경감시키기 위해 지출한 비용을 말한다.

손해방지의무는 보험자를 위한 의무이며 손해방지비용은 구조료와 특별비용과 함께 비용손해로서 보험자가 피보험목적물의 손해 이외에 추가로 보상하는 비용이다.

따라서 손해방지 과정에서 발생하는 비용은 실제로 손해방지 및 경감의 결과를 가져왔는가의 여부는 묻지 않고 보험자가 보상해 준다.

2) 원칙

실제로 손해방지비용을 별도로 보상하게 되면 보험계약에서 보험자가 보상해 주기로 한 최고의 보상금액인 보험금액을 초과하여 보상하는 결과가 나올 수도 있다. 그러나 피보험목적물에 대한 책임은 별개의 것이므로 보험자는 보험금액을 초과하더라도 지급한다.

즉, 손해방지행위가 시도되었는데도 불구하고 전손이 발생한 경우에도 보험자는 피보험목적물 자체의 손해액과 손해방지비용 모두를 피보험자에게 지급한다.

3) 구별

손해방지의무의 이행이나 손해방지의 행위는 일종의 구조행위이다. 그런데 임의구조의 경우 'No cure-no pay'의 원칙에 따라 구조가 성공해야 구조료가 지급되며, 구조가 성공한 경우에도 구조료는 구조된 선박이나 화물가액을 한도로 보상하게 된다.

〈표 Ⅲ-4〉 구조료와 손해방지비용의 비교

	구조료	손해방지비용
공통점	비용손해	
행위의 주체자	피보험자나 그의 대리인 등을 제외한 제3자	피보험자나 그의 대리인
성립요건	구조자는 구조물의 일부나 전부를 취득해야만 해상법상의 구조료를 청구할 권한이 있다. 즉, 구조행위가 성공해야 하므로 구조물이 전혀 없이 전손이 발생한 경우에는 구조료가 성립되지 않는다.	피보험자의 손해방지행위가 실패하더라도 보상된다. 즉, 손해방지행위가 시도되었음에도, 전손이 발생한 경우에는 보험자는 전손보험금과 손해방지비용을 모두 보상해야 한다.

3. 특별비용

1) 의의

특별비용(particular charges)은 피보험목적물의 안전이나 보존을 위해 피보험자에 의하여 또는 피보험자를 대신하여 지출된 비용으로서 공동해손 비용손해나 구조료 및 손배방지비용 등에 해당하지 않는 비용을 말한다.

영국 해상보험법(MIA 제64조 제1항)에서도 보험자의 보상대상이 되는 단독해손 손해에 관한 조항에서, 담보위험으로 인한 피보험목적물의 분손으로 공동해손손해가 아닌 것을 단독해손 손해라고 하고, '피보험목적물에 안전이나 보존을 위해 피보험자에 의하여 또는 피보험자를 대신하여 지출된 비용으로 공동해손과 구조료가 아닌 것은 특별비용으로 단독해손에 포함하지 아니한다.'고 규정하고 있다.

특별비용은 지출자를 손해방지비용에서처럼 한정하지 않고 있기 때문에 손해방지비용보다는 넓은 개념이라고 할 수 있다.

특별비용은 그 행위자를 한정하지 않으며 피보험자에 의해서 또는 피보험자를 위하여 지출한 비용이고, 단독해손에 포함되지 않는 비용으로 보험금액을 한도로 보상된다.

이와 관련하여 상법 제694조의 3은 보험자는 피보험목적물의 안전이나 보존을 위해 지급한 특별비용을 보험금액의 한도 내에서 보상할 책임이 있다고 규정하고 있다.

적하보험에서 특별비용은 피보험목적물의 손해를 담보위험으로부터 보호하기 위해 피보험자 혹은 그의 대리인이 지출한 비용으로 손해방지비용을 포괄하는 개념이다.

손해방지비용은 피보험목물의 안전을 위한 비용 중 손해방지약관에 따른 비용이다.

◉ MIA 제64조 : Particular average loss

Expenses incurred by or on behalf of the assured for the safety or preservation of the subject-matter insured, other than general average and salvage charges, are called particular charges. Particular charges are not included in particular average.

피보험목적물의 안전이나 보존을 위해 피보험자에 의하여 또는 피보험자를 대리하여 지출한 비용으로서 공동해손과 구조료가 아닌 비용은 특별비용이라고 부른다. 특별비용은 단독해손에 포함되지 아니한다.

2) 종류

특별비용에 해당하는 것으로는 첫째, 항해 중 사고로 인하여 중간항에서 발생하는 양하비용, 창고보관료, 재선적비용 둘째, 건조비용 등과 같이 화물의 손해를 확대하지 않도록 보존하는데 소요되는 비용 셋째, 양륙항에서 손해를 사정하기 위해 발생하는 검사비용 넷째, 손상된 화물을 처리하는데 지출된 부대비용, 그리고 손상물품을 재정비하는데 소요되는 부대비용 등이다.

즉, 여기에는 손해조사비용, 화물판매비용, 재포장비용, 재조정비용과 같이 손해방지비용에 포함될 수 없는 순수한 비용 등이 포함된다. 손해조사비용(survey charges)은 손해 발생시 감정인에 의해 손해의 원인 및 정도를 조사하는데 소요되는 비용을 말하며, 화물판매비용(sales charge)은 손상된 화물을 처리 혹은 판매하는 데 지출되는 부대비용이다.

재포장비용(repacking charge)은 손상된 화물을 재포장하는 데 지출된 부대비용이며, 재조정비용(reconditioning)은 손상물품 중에서 정상물품으로 분리하는데 지출되거나 손상물품을 재정비하는데 소요되는 부대비용이다.

3) 손해방지비용과 구분

특별비용은 손해방지비용과 거의 비슷한 성격을 가지고 있지만 약간의 차이가 있다.

그것은 특별비용에는 화물이 손해를 입고 양륙항에 도착한 경우 손해를 사정하는 과정 중에 발생하는 검사비용과 손해를 입은 화물을 판매하는 경우에 소요되는 판매비용 등과 같이 손해방지비용에 포함될 수 없는 순수한 비용이 포함되어 있기 때문이다.

손해방지비용은 목적지 도착 이전에 피보험자나 대리인에 의해 지출된 비용이다. 그러나 특별비용은 목적지에서 피보험자에 의해 또는 피보험자를 위하여 지출된 피보험목적물의 안전이나 보존비용이다.

따라서 손해방지비용이 사전적 성격의 비용손해인 것에 반해, 특별비용은 오히려 보험사고 때문에 지출하지 않을 수 없는 사후적 성격이 강한 비용손해이다.

또한 손해방지비용은 MIA(1906) 제78조 손해방지조항과 ICC(A), ICC(B) 및 ICC(C)의 제16조의 피보험자 의무약관에 규정되어 있는 바와 같이, 피보험자의 의무를 수행함에 있어 적절하고 합리적으로 발생된 비용으로서 광의의 특별비용의 한 형태이다.

그러므로 이 비용을 지출하지 않았더라면 실제로 손해가 발생하거나 손해가 가중될 수 있으므로 전손보험금에 관계없이 보상된다. 즉, 손해방지비용과 보상액의 합계가 보험금액을 초과하는 경우가 발생하더라도 보험자는 손해방지비용을 보상한다.

제 4 절 손해배상책임

1. 손해배상책임의 의의

손해배상(compensation for damage)은 일정한 사실로 타인에게 입힌 손해를 보상하고 손해가 발생하지 않은 것과 똑같은 상태로 원상 복귀시키는 것을 말한다.

손해배상의무를 발생하게 하는 원인 중 중요한 것은 위법행위 즉, 채무불이행과 불법행위이다. 일정한 경우에 손해를 보상한다는 계약이 원인이 되는 경우도 있다.

손해배상책임(liability loss)은 다른 사람의 신체나 재물에 손해를 끼침으로써 법률상의 손해배상 책임을 졌을 때 그들이 입은 손해를 배상하는 책임을 부담하는 것을 말하며 이러한 손해를 보상하는 보험을 '손해배상책임보험'이라고 한다.

2. 충돌손해배상책임

해상보험은 피보험목적물의 물적손해나 비용손해 이외에, 피보험선박이 다른 선박과 충돌하여 선박자체가 입게 된 물적손해는 물론, 그 충돌로 인한 상대 선박의 선주나 그 화물의 하주에 대해 피보험자가 책임져야 하는 손해까지 보험자가 보상해 주는데, 이것을 충돌손해배상책임(collision liability)이라 한다.

충돌손해배상책임은 협회적하약관 제3조 쌍방과실충돌약관(Both to Blame Collision Clause)에 규정되어 있다. 이 약관은 선박의 쌍방과실충돌 사고가 발생하여 화물에 손해가 발생한 경우 피보험자는 보험자에게 구상을 하고 보험자가 선사에 대해 구상권을 행사하도록 한 것이므로 일방과실충돌약관에 상대되는 개념이다.

◉ ICC(A), ICC(B) 및 ICC(C) 제3조 : Both to Blame Collision Clause

3. This insurance indemnifies the Assured, in respect of any risk insured herein, against liability incurred under any Both to Blame Collision Clause in the contract of carriage. In the event of any claim by carriers under the said Clause, the Assured agree to notify the insurers who shall have the right, at their own cost and expense, to defend the Assured against such claim.

제 4 부 해상보험증권과 협회약관

제11장 해상보험증권
제12장 협회약관

제 11 장 해상보험증권

제 1 절 해상보험증권의 의의와 특징

1. 해상보험증권의 의의

해상보험증권(marine insurance policy)은 보험자가 피보험자에게 교부하는 증권으로 피보험자, 보험자, 피보험목적물 등 보험계약의 주요 내용들이 기재되어 있다.

◉ MIA 第22條 : Contract must be embodied in policy

Subject to the provisions of any statute, a contract of marine insurance is inadmissible in evidence unless it is embodied in a marine policy in accordance with this Act. The policy may be executed and issued either at the time when the contract is concluded, or afterwards.

어떠한 법의 규정이 있는 경우를 제외하고, 해상보험계약은 본 법에 따라 해상보험증권에 구현되지 않는 한, 증거로서 인정되지 않는다. 보험증권은 계약이 성립된 때 또는 그 후에 작성되고 발행될 수 있다.

보험증권은 보통 2통의 원본이 발행되며 각각에 Original, Duplicate라고 인쇄되어 있다. CIF나 CIP계약에서 보험증권은 은행에 제출하는 필수서류가 된다.

2. 해상보험증권의 특징

해상보험증권은 보험계약이 성립된 증거로서 보험자가 피보험자의 청구에 따라 발급하는 서류이다. 이것은 계약서도 아니고 단지 증거증권에 지나지 않지만, 보통 배서나 인도하는 방법으로 타인에게 양도된다.

제2절 해상보험증권의 법적 성질

1. 증거증권성

증거증권은 재산법상의 권리와 의무가 명확히 기재되어 있기 때문에 일정한 법률관계의 증명에 사용되는 증서를 말한다.

보험증권은 보험계약의 성립을 증명하기 위해 보험자가 발행하는 서류이다. 따라서 피보험자가 보험증권을 이의 없이 수령하면 보험증권에 기재된 사항은 보험계약의 성립과 내용을 증명하는 것이 된다.

보험증권은 법률상 증거증권의 성격을 가지고 있기 때문에 배서나 인도를 통해 화물의 수하인(consignee)에게 양도될 수 있다. 따라서 보험증권은 일종의 유가증권과 같은 효력도 가지고 있다.

2. 상환증권성

상환증권은 증권과 상환으로 하지 않으면 채무를 이행할 필요가 없는 증서를 말하며 환수증권(還受證券)이라고도 한다.

적하보험에서 보험증권은 보험계약의 내용을 증명하는 증거서류이기 때문에 피보험자는 보험금을 청구할 때 보험증권을 제시해야 한다.

그러나 보험증권은 선하증권과 같이 완전한 유가증권은 아니기 때문에 부득이 보험증권 원본을 제출할 수 없을 때에는 다른 방법으로 보험계약이 체결된 사실이나 피보험자임을 증명하게 되면 보험금을 청구할 수 있다.

3. 요인증권성

요인증권(要因證券)은 증권상의 권리의 성립을 위해 요인관계를 필요로 하고 그것이 증권상에 기재되어 있는 증서를 말한다. 따라서 지시식 또는 무기명식으로 발행되는 보험증권이 제3자에게 양도되면 보험증권의 유인성에 의해 보험계약과 관련되는 사항은 증권의 소지인에게도 그대로 영향을 미치게 된다.

4. 요식증권성

요식증권은 기재사항과 기타 방식이 법으로 규정되어 있는 증서를 말하는데 보험증권은 기재사항이 법정화되어 있다는 요식증권이다.

우리나라 상법에서는 보험증권에는 일정한 사항을 기재하고 보험자가 기명날인 또는 서명해야 한다고 규정하고 있고, 보험계약의 각 당사자는 보험증권의 기재내용이 정확하지 않은 부분이 있으면 이의를 제기할 수 있도록 하고 있다.

이의기간은 당사자의 합의에 의하여 증권 교부일로부터 일정한 기간 내로 제한할 수 있으나 1개월 이내로 제한할 수는 없도록 하고 있다.

이와 같이 보험증권의 기재사항을 법제화한 것, 보험자에게 보험증권의 교부의무를 부여한 것, 보험계약자가 증권에 대한 의를 제기할 수 있는 기간을 1개월 이상으로 규정한 이유는 모두 피보험자를 보호하기 위한 것이다.

그러나 해상 보험증권의 요식증권성은 수표나 환어음처럼 엄격하지 않으므로 법정기재사항이 미비된 경우에도 보험증권의 효력에는 영향을 미치지 않는다.

5. 유인증권성

유인증권(有因證券)은 증권이 표시하는 권리가 증권의 발행만으로 발생하지 않고 주고받는 법률관계의 존재를 필요로 하는 증서를 말한다.

계약이 무효가 되더라도 계약효력에 영향을 받지 않는 증권을 무인증권이라 하는데, 해상보험증권은 고지 및 통지의무와 그 위반 등에 따라 보험계약을 해지할 때는 보험증권의 효력에도 영향을 미치게 되므로 무인증권이 아니라 유인증권이다.

6. 면책증권성

면책증권은 채무자가 악의나 중대한 과실이 없이 증권의 소지인에게 채무를 이행하면 그 소지인이 정당한 권리자가 아닌 경우에도 책임을 면하게 되는 증서를 말한다.

보험자는 보험금을 지급할 때 보험증권을 제시하는 자의 자격을 조사할 권리는 있으나 의무는 없기 때문에 보험증권은 면책증권의 성질을 지닌다.

따라서 다른 사람의 보험증권을 제시한 자에게 보험금을 지급하더라도 중대한 과실이 없는 한 보험자의 책임은 면책된다.

제 3 절 해상보험증권의 해석원칙과 기재사항

1. 해상보험증권의 해석원칙

1) 수기문언의 우선원칙

해상보험증권은 인쇄약관, 타자약관(문언), 스템프약관(문언), 수기문언으로 구성되어 있다. 그런데, 보험증권의 각 약관내용이 서로 상이한 경우에 어느 약관의 내용을 우선할 것인가에 관한 규정이 없는 경우에는 수기문언(handwritten wording)을 우선시 해야 한다는 것이 수기문언의 우선원칙이다. 이를 '필서 우선의 원칙'이라고도 한다.

수기문언은 보험계약을 체결할 때 피보험자가 특별히 의사표시를 한 것이며 나중에 삽입된 약관은 먼저부터 있던 약관에 우선하기 때문에 기타 약관에 비해 우선하여 적용하는 것이다.

2) 계약당사자 의사 및 판례의 존중원칙

보험증권은 계약당사자간의 합의표시를 반영한 증서이기 때문에 보험증권의 해석은 계약당사자의 본뜻이나 의도하는 바가 무엇인가를 가려내어 그 의도에 따라 해석하도록 하는 것이 가장 기본적인 원칙이다.

그러나 해상보험의 오랜 역사를 지닌 영국의 경우도 당사자 의사보다도 판례에 따라 해석하고 있다. 예를 들어 곡류(corn)속에 쌀(rice)을 포함시킬 의도를 가지고 있다 하더라도, 곡류에 쌀은 포함되지 않는다는 판례가 있는 한, 포함시킬 수 없다고 해석하는 것이 일반적이다.

3) 평이적·통상적·통속적 방법(POP)의 원칙

보험증권상 각 약관이나 문언은 특정학문이나 이론에 치우치는 것이 아니라 평이한 방법(plain method), 통상적인 방법(ordinary method), 통속적인 방법(popular method)으로 해석해야 한다는 것이다.

예를 들어, 화학자들은 화재를 특별한 원소들의 반응 및 결합에 의한 타는 현상으로 해석할 수도 있다. 그러나 화재는 보통 사람들이 일반적으로 생각하는 것처럼 화염이나 불로 인한 재난 혹은 실제로 불에 타는 정도로 해석되어야 한다는 것이다.

4) 합리적 해석의 원칙

합리적 해석의 원칙은 보험증권의 해석은 합리적으로 해석되어야지 일방 당사자에게 불리한 결과를 초래하도록 해석되어서는 안 된다는 원칙이다.

여기에서 합리적인 해석은 보험증권 전체를 기준으로 해야지 특정용어나 그 용어의 기술적인 해석에 국한해서는 안 된다는 것이다.

5) 동종제한의 원칙

동종제한의 원칙(principle of the like or same kind)은 약관 중에 구체적 사항을 열거하고 그 문장의 말미에 '기타 이와 유사한 사고'와 같은 총괄적 어구는 선행 열거위험과 별개가 아니라 동일 또는 유사한 위험이며 동종위험으로 해석해야 한다는 원칙을 말한다. Lloyd's S.G. Policy의 위험약관(perils clause)에는 본 증권으로 담보되는 위험을 명기한 뒤 'all other perils(기타의 모든 위험)'라는 말로 접속되어 있다.

이와 같이 위험약관에 여러 위험이 열거되고 그 다음 최종 문안인 'all other perils'은 그 앞에 열거된 위험과 전혀 다른 별개의 위험이 아니라, 열거 위험과 같은 것은 아니지만 똑같은 문언으로는 표기하기 곤란한 동종의 위험을 지칭하는 것이다.

6) 문서작성자 불이익의 원칙

문서작성자 불이익의 원칙은 보험증권은 보험자가 일방적으로 작성하여 서명·교부한 것이기 때문에, 그 중 애매한 문언이 있어 보험계약자에게 불리한 영향을 미치게 될 때에는 보험증권 작성자인 보험자가 불이익을 받도록 해석하여야 한다는 원칙이다. 이것은 피보험자를 보호하려는 것이다.

7) 특별약관 우선의 원칙

특별약관 우선의 원칙은 적용된 약관이 서로 모순되면 정형의 정도가 낮은 약관(특별약관)이 정형의 정도가 높은 약관(보통약관)보다 우선한다는 원칙이다.

8) 증권 문언위주의 원칙

증권 문언위주의 원칙은 보험증권은 문언증권의 성격을 가지고 있기 때문에 보험증권만이 해석의 기준이 되며 증권 문언 이외의 증거는 인정되지 않는다는 원칙이다.

2. 해상보험증권의 기재사항

1) Assured

여기에는 피보험자 또는 피보험자의 대리인 성명이 기재된다. 피보험자는 보험사고가 발생한 경우 보험금의 지급을 받는 자를 말한다.

FOB계약과 같이 선적지 인도조건에서는 수입자가 적하보험계약을 체결하고 자신의 성명을 기재한다. 이 경우는 보험계약자와 피보험자가 서로 동일하다.

그러나 CIF계약이나 CIP계약과 같이 수출자가 부보하는 경우에는 수출자가 피보험자의 대리인으로서 자신의 성명을 기재하며, 수출환어음을 매입할 때에는 백지배서를 통해 보험증권을 양도한다. 이 경우는 보험계약자와 피보험자는 동일인이 아니다.

2) Policy No.

여기에는 보험증권 번호가 기재된다. 보험증권을 교부할 때 붙이는 일련번호이다.

3) Claim, (if any), payable at/in

여기에는 보험금의 지급지가 기재된다. 일반적으로 수출의 경우에는 화물의 최종목적항이 기재되고 수입의 경우에는 수입지의 보험자명이 기재된다.

4) Survey should be approved by

여기에는 피보험목적물에 손해가 발생하였을 때 지체 없이 통지해야 할 곳이 기재된다. 수출의 경우에는 최종목적항에 있는 보험자 대리점의 상호나 주소가 명시되고, 수입의 경우에는 보험자명이 기재된다.

또한, 여기에는 클레임의 검정 주체 즉, 보험회사가 지정한 감정인이 기재되기도 하는데, 이 경우에는 보험사고가 발생하면 피보험자는 손해의 원인 및 손해의 정도를 증명하기 위해 보험회사나 그 대리인이 지정하는 감정인으로부터 감정보고서를 입수해야 한다.

5) Local vessel or conveyance

여기에는 화물의 출발지에서 선적항까지 부보할 때 기재하는데, Local vessel or conveyance에는 국내운송 용구가 기재되고 From(interior port or place of loading)에는 내륙선적항이나 출발지가 기재된다.

6) ship or vessel

여기에는 화물을 운송할 B/L상에 기재된 선박명이 기재된다. 기선의 경우에는 선명 앞에 SS(steam ship), 동력선의 경우에는 MS(motor ship)가 표시된다. 해상운송화물이 도중에 환적되는 경우에는 제1선과 제2선이 함께 병기되어야 한다.

7) sailing on or about

여기에는 B/L상에 기재된 선박이 선적항을 출항하는 예정 년 월 일이 기재된다.

8) at and from, arrived at

여기에는 선적항과 함께 도착항이 기재된다. 이는 두 항구간의 운송을 부보한다는 뜻이 된다. 적하보험은 대부분 항해보험으로 가입되기 때문에, 보험자의 책임이 출발항에서 시작하여 도착항까지 계속된다는 의미로 출발항과 도착항이 기재된다.

9) transshipped at

여기에는 보험증권에 운송 도중 환적을 할 경우 그 환적지가 기재된다. 해당 사항이 없을 때에는 공란으로 한다.

10) thence to

여기에는 최종목적지가 내륙지방에 있는 경우, 양륙항에서 최종목적지까지의 내륙운송화물에 대해 부보할 때 최종목적지와 운송용구가 기재된다.

11) subject-matter insured

여기에는 피보험목적물인 화물의 품명, 수량 등을 신용장이나 선하증권에 기재된 내용 그대로 기재된다. 해당 상업송장에 명시된 하인(shipping mark)과 하번(case number)이 있는 경우 이것도 같이 표시되어야 한다.

12) Ref. No.

여기에는 보험자가 업무상 참조하기 위한 번호가 기재된다. 수출의 경우에는 신용장이나 상업송장 번호가 기재되고, 수입의 경우에는 상업송장의 번호가 기재된다.

13) amount insured hereunder

여기에는 피보험자가 부보한 금액이 기재된다. 이것은 보험사고가 발생하였을 때 보험자가 손해보전액 즉 보험금으로 지불하는 최고한도액이다.

14) conditions and warranties

여기에는 보험조건과 담보가 기재된다. 보험조건은 계약을 체결할 매매당사간의 합의에 의해 결정되며 그 내용은 매매계약서나 신용장에 기재된다. 통상은 보험계약 청약서에 미리 A/R, WA, FPA 또는 ICC(A), ICC(B), ICC(C)의 약호가 인쇄되어 있기 때문에 피보험자는 그중에서 필요한 보험조건을 선택하면 된다.

15) subject to the following clauses as per back hereof. institute cargo clauses specified above, institute replacement clauses (applying to machinery), on-deck clause

여기에는 당사자가 합의한 것들이 기재되는 것이 아니라, 보험계약 체결시 합의한 보험조건은 이면에 첨부된 내용과 같은 것이 적용된다는 것을 인쇄해 둔 문구이다.

16) marks and number

여기에는 수량이나 품명 등이 상업송장에 기재한 내용과 동일하게 기재된다.

17) place and date signed in

여기에는 보험증권의 발행지와 발행일자가 기재된다. 특히, 발행일자는 선하증권의 발행일보다 이전일자가 되어야 한다.

18) number of policies issued

여기에는 보험증권의 발행부수가 기재된다. 보통 2통의 원본이 발행된다. 그 중 어느 1통으로 보험회사가 보험금을 지급하면 나머지는 무효가 된다.

19) Authorized Signatory

여기에는 보험자의 서명이 기재된다.

〈그림 Ⅳ-1〉 신 해상적하보험증권

MERITZ Fire & Marine Insurance Co., Ltd.
Address: 382, Kangnam-Daero(MERITZ Tower), Kangnam-Ku, Seoul, Korea.

MARINE CARGO INSURANCE POLICY

② Policy No. 301HAA85110420 ① Assured(s), etc. WOO YANG ELECTRONICS COMPANY

③ Claim, (if any), payable at/in
CALEB BRETT (H.K) LTD. 1004
MONGKOK COMMERCIAL CENTER
16 ARGYLE ST. KOWLOON, HONGKONG
TEL : 3-941573
IN U. S. CURRENCY

⑫ Ref. No INVOICE NO. WY-841109
L/C NO. IL7265

⑬ Amount insured hereunder
US$1,665.22
($1,513.84×110%)

④ Survey should be approved by
THE SAME AS ABOVE

⑤ Local Vessel or Conveyance	⑤ Form(interior port or place of loading)
⑥ Ship or Vessel "HAPPY STAR V-23"	⑦ Sailing on or about NOV. 14, 2023
⑧ at and from PUSAN, KOREA	⑨ transhipped at
⑧ arrived at HONGKONG	⑩ thence to

⑪ Subject-matter Insured
66,500 PCS OF MYLAR CAPACITOR

⑯ Marks and Numbers
as per Invoice No. specified above

⑭ Conditions and Warranties

INSTITUTE CARGO CLAUSE(A),
INSTITUTE WAR CLAUSE(CARGO),
INSTITUTE STRIKES CLAUSE(CARGO)
AS ATTACHED.
CLAIMS PAYABLE IN HONGKONG
INCURRENCY OF THE DRAFTS.

⑮ Subject to the following clauses as per back hereof.
Institute Cargo Clauses specified above, On-Deck Clause, Institue Replacement Clause (applying to machinery), Institue Classification Clause

⑰ Place and Date singed in
SEOUL, KOREA, NOV. 10, 2023

⑱ Numbers of Policies issued
two(2)

⑳ IMPORTANT

PROCEDURE IN THE EVENT OF LOSS OR DAMAGE FOR WHICH UNDERWRITERS MAY BE LIABLE

LIABILITY OF CARRIERS, BAILEES OR OTHER THIRD PARTIES

It is the duty of the Assured their Agents, in all cases, to take such measures as may be reasonable for the purpose of averting or minimizing a loss and to ensure that all rights against Carriers, Bailees or other third parties are properly preserved and exercised. In particular, the Assured or their Agents are required :

1. To claim immediately on the Carriers, Port Autho- rities or other Bailees for any missing packages.
2. In no circumstances, except under written protest, to give clean receipts where goods are in doubtful condition.
3. When delivery is made by Container, to ensure that the Container and its seals are examined immediately by their responsible official.
   If the Container is delivered damaged or with seals broken or missing or with seals other than as stated in the shipping documents, to clause the delivery receipt accordingly and retain all defective or irregular seals for subsequent identification.
4. To apply immediately for survey by Carriers' or other Bailees' Representatives if any loss or damage be apparent and claim on the Carriers or other Bailees for any actual loss or damage found at such survey.
5. To give notice in writing to the Carriers or other Bailees within 3 days of delivery if the loss or damage was not apparent at the time of taking delivery.

NOTE : The Consignees or their Agents are recommended to make themselves familiar with the Regulations of the Port Authorities at the port of discharge.

INSTRUCTIONS FOR SURVEY

In the event of loss or damage which may involve a claim under this insurance, immediate notice of such loss or damage should be given to and a Survey Report obtained from this Company's Office or Agents Specificed in this Policy or Cartificate.

DOCUMENTATION OF CLAIMS

To enable claims to be dealt with promptly, the Assured or their Agents are advised to submit all available supporting documents without delay, including when applicable :

1. Original policy or certificate of insurance.
2. Original or certified copy of shipping invoices, together with shipping specification and/or weight notes.
3. Original or certified copy of Bill of Lading and/or other contract of carriage.
4. Survey report or other documentary evidence to show the extent of the loss or damage.
5. Landing account and weight notes at of discharge and final destination.
6. Correspondence exchanged with the Carriers and other Parties regarding their liability of the loss or damage.

☞ In the event of loss or damage arising under this Policy, no claims will be admitted unless a survey has been held with the approval of this Company's office or Agents specified in this policy

Notwithstanding anything contained herein or attached hereto to the contrary, this insurance is understood and agreed to be subject to English law and practice only as to liability for and settlement of any and all claims.

This insurance does not cover any loss or damage to the property which at the time of the happening of such loss or damage in insured by or would but for the existence of this Policy be insured by any fire or other insurance policy or policies except in respect of any excess beyond the amount which would have been payable under the fire or other insurance policy or policies had this insurance not been effected.

We, MERITZ Fire & Marine Insurance Co., LTD hereby agree, in consideration of the payment to us by or on behalf of the Assured of the premium as arranged, to insure against loss damage liability or expense to the extent and in the manner herein provided.

In witness whereof, I the Under-signed of MERITZ Fire & Marine Insurance Co., LTD on behalf of the said Company have subscribed My Name in the place specified as above to the policies, the issued numbers thereof being specified as above, of the same tenor and date, one of which being accomplished, the others to be void, as of the date specified as above.

For MERITZ Fire & Marine Insurance Co., LTD.

⑲ AUTHORIZED SIGNATORY

1/1/63 INSTITUTE CARGO CLAUSES (as far as applicable)
15/6/65 INSTITUTE AIR CARGO CLAUSES(ALL RISKS) (excluding sendings by post)

The latter words in the square brackets should be applied the Institute Air Cargo Clauses(All Risks) (excluding sendings by Post)(15/6/65)

[1/1] Transit Clause [(incorporating Warehouse to Warehouse Clause) /]

This insurance attaches from the time the [goods / subject-matter insured] leave [/s] the warehouse [/premises] or place of storage at the place named in the policy for the commencement of the transit, continues during the ordinary course of transit and terminates either on delivery

(a) to the Consignees' or other final warehouse [/premises] or place of storage at the destination named in the policy,

(b) to any other warehouse [/premises] or place of storage, whether prior to or at the destination named in the policy, which the Assured elect to use either

(i) for storage other than in the ordinary course of transit or

(ii) for allocation or distribution, or

(c) on the expiry of [60/30]days after [completion of discharge overside of the goods hereby /unloading the subject-matter] insured from the [oversea vessel/aircraft] at the final [port/place] of discharge,

whichever shall first occur.

[If, after discharge overside from the oversea vessel at the final port of discharge, but prior to termination of this insurance, the goods are to be forwarded to a destination other than that to which they are insured hereunder, this insurance whilst remaining subject to termination as provided for above, shall not extend beyond the commencement of transit to such other destination/]

This insurance shall remain in force (subject to termination as provided for above and to the provisions of Clause 2 below) during delay beyond the control of the Assured, any deviation, forced discharge, reshipment or transhipment and during any variation of the adventure arising from the exercise of a liberty granted to [shipowners or charterers/the air carriers] under the contract of [affreightment/carriage] [but shall in no case be deemed to extend to cover loss damage or expense proximately caused by delay or inherent vice or nature of the subject matter insured/]

[2/2] Termination of Adventure Clause

[illegible]

제 4 절 Lloyd's S.G. 보험증권

1. Lloyd's S.G. 보험증권의 의의

Lloyd's S.G. 보험증권은 현재 세계에서 널리 사용되고 있는 해상보험증권의 기초가 된 증권으로 로이즈 보험사협회가 제정하였다. S.G.는 Ship과 Goods의 약자이다.

이 증권이 공식적으로 채용된 것은 1779년이지만, 그 역사는 이전인 14C 이탈리아에서 롬바르드인(人)이 사용했던 증권까지 소급된다고 한다.

Lloyd's S.G 보험증권은 이탈리아어로 작성되었고 양식도 매우 다양하고 난해한 면이 많았다. 그러나 약 2,000개의 판례가 이를 뒷받침해주고 있어 그 의미나 내용이 충분히 확립되어 있다는 이점이 있었기 때문에 1983년 전까지 널리 사용되었다.

이 보험증권은 크게 선박보험양식(hull form)과 적하보험양식(cargo form)이 있다.

2. Lloyd's S.G. 보험증권의 내용

Lloyd's S.G. 보험증권은 신해상보험증권이 제정됨에 따라 사용되지는 않지만, 현재 해상보험에서 사용되고 있는 대부분의 약관들은 이 Lloyd's S.G. 보험증권에 기초를 두고 있다. Lloyd's S.G. 보험증권의 앞면은 본문약관(body clause), 이탤릭서체약관, 난외약관(marginal clause)으로 구성되어 있다.

1) 본문약관

본문약관(인쇄약관)은 보험증권 하단에 인쇄되어 있는데 18개 약관으로 구성되어 있다.

(1) 보험계약의 인증약관

이것은 보험계약을 체결하였다는 사실을 인증한다는 약관으로 문언 뒤에 피보험자, 대리인, 보험중개인의 성명을 기재한다.

Be it known that …… (……라는 사실을 인증한다).

(2) 양도약관(assignment clause)

이것은 피보험목적물에 대한 소유권이나 피보험이익의 이전에 따라 보험증권도 양도된다는 것을 명시한 약관이다.

as well in …… own Name, as far and in the Name and Name of all and every other Person or Person to whom the same doth may, or shall appertain, in part or in all, doth make Assurance, and cause …… and every of them, to be insured.

……는 자기의 명의로서 또한 피보험목적물의 일부 또는 전부가 귀속하는, 귀속할지도 모르는, 또는 장차 귀속하게 될 모든 사람을 위해, 또는 모든 사람의 명의로 보험계약을 체결하며, …… 및 상기의 모든 사람을 위해 부보된 것으로 한다.

(3) 소급약관(lost or not lost clause)

이것은 보험계약을 체결할 때 이미 위험이 개시되어 사고가 발생하였다고 하더라도 그러한 사실을 계약당사자가 알고 있지 못하였다면 보험계약은 유효하다는 것을 규정한 약관이다. 이것은 통신시설이나 교통수단이 발달하지 않았던 시대에 손해를 소급해서 보상하던 약관으로, 오늘날에는 적하보험에 한하여 인정하고 있다.

이 약관은 화물이 선적된 후 보험계약이 체결되었더라도 위험이 노출되는 시기부터 보험자의 위험부담이 시작되는 것을 약정한 것으로, 'lost or not lost'라고 표현되어 있다. 이것은 멸실하였거나 그렇지 않았거나를 상관하지 않는다는 의미이다.

lost or not lost clause, (멸실의 여부는 불문한다).

(4) 위험의 개시약관

이것은 보험자의 책임이 시작되는 출항지나 계약개시 일자가 기재되는 약관이다.

at and from…… (……에서 그리고 부터).

(5) 피보험목적물의 표시

이것은 피보험목적물이 화물 등이라는 것을 표시하는 약관이다.

Upon any kinds of Goods and Merchandises, and also the Body, Tackle, Apparel, Ordnance, munitions, Artillery, Boat and other Furniture,

어떠한 종류의 화물, 상품 그리고 선체, 양하기구, 선구, 병기, 군수품, 군용포, 보트 및 기타 의장에 관하여

(6) 선박명의 표시

이것은 선박명을 표시하는 약관이다. 선박명은 보험자가 보험을 인수할 것인지 거절할 것인지에 영향을 미치는 중요한 정보이기 때문에 반드시 고지해야 한다.

of and in the good Ship or Vessel called ……

……라고 불리는 양호한 선박에

(7) 선장명의 표시

이것은 선장명을 표시하는 약관이다. 범선시대에는 선장의 인격, 기량, 경험은 위험측정에 중요한 요인이었기 때문에 여기에 선장의 이름을 쓸 필요가 있었다.

그러나 현대에는 선장의 자격이 공식적으로 결정되어 있기 때문에 선장이 누구이냐는 위험측정에 그렇게 중요한 요인은 되지 못하고 있다.

where of Master under God, for this present Voyage, …… or whosoever else shall go for Master in the said Ship, or by whatsoever other Name or Name the same Ship, or the Master thereof, is or shall be named or called;

본 항해에 대해 ……을 신의 보호 아래 선장으로 하고, 본 선장은 장래 다른 선장으로 대체되어도 무방하며, 또한 본 선박 또는 그 선장은 다른 명칭으로 호칭되거나 또는 장래 호칭되어도 무방하다.

(8) 보험기간의 명시약관

이것은 위험의 개시(開始)와 종기(終期) 즉, 보험기간이 규정된 약관이다.

beginning the Adventure upon the said Goods and Merchandises from the loading there of aboard the said Ship and so shall continue and endure during her Abode there, upon the said Ship, with all her Goods and Merchandises whatsoever, shall be arrived at …… and until the same be there discharged and safely landed;

상기 화물 및 상품에 대한 위험은 상기 선박에 선적될 때 개시되며, 선박의 정박중 계속되고, 화물 및 상품을 적재한 선박이 …… 항구에 도착할 때까지 계속되며, 그곳에서 하역하게 되고 안전하게 양륙될 때까지 지속된다.

(9) 기항정박약관

이것은 선박이 항해 중에 중간항구에 기항하거나 정박하는 것을 허용하는 약관이다.

And it shall be lawful for the said Ship etc.. in this Voyage to proceed and the sail to and touch and stay at any Ports and Places whatsoever …… without prejudice to this Insurance.

또한 본 선박은 어떠한 …… 항구 또는 장소를 향하여, 항해, 발항, 기항 또는 정박하는 것은 합법적이며 본 보험의 효력에 아무런 영향을 미치지 않는다.

(10) 보험가액약관(valuation clause)

이것은 피보험목적물의 가액이 확정되지 않으면 손해발생시 분쟁이 생기기 쉬우므로 이를 피하기 위해 부보시 계약당사자간에 보험평가액을 합의하고 이를 보험증권상에 기재하여 놓도록 한 약관이다.

The said Ship etc.. Goods and Merchandises, etc.. for so much as concerns the Assured by Agreement between the Assured and Assurers in this Policy, are and shall be valued at ……

본 선박, 화물 및 상품은 본 증권에 있어서 피보험자와 보험조건의 합의에 의해 …… 금액으로 평가되고, 장차에도 동일한 금액으로 평가되는 것으로 한다.

(11) 담보위험약관(perils clause)

이것은 담보위험의 종류를 열거하고 이들 위험에 의해 손해가 발생한 경우에 그 손해를 보험자가 보상하는 의무를 규정하고 있는 약관이다.

Touching the Adventures and Perils which we the Assurers are contented to bear and do take upon us in this Voyage, they are, of the Seas, Men-of-War, Fire, Enemies, Pirates, Rovers, Thives, Jettisons, Letters of Mart and Countermart, Surprisal, Taking at Sea, Arrests, Restraints and Detainments of all Kings, Princes and People, of what Nation, Condition, or Quality so ever, Barratry of the Master and Mariners, and of all other Perils, Losses, and Misfortunes that have or shall come to the Hurt, Detriment, or Damage of the said Goods and Merchandises, and Ship etc.. or any Part there of;

본 보험자가 본 항해에 있어 담보할 것을 약속하는 해상사업 및 위험은 다음과 같다. 즉 해상고유의 위험, 군함, 화재, 외적, 해적, 표도, 강도, 투하, 포획면허장 및 보복포획면허장, 습격, 해상탈취, 국적, 상황 또는 성질의 여하를 불문하고 모든 국왕, 군주 및 국민의 강류, 억지 및 억류, 선장 및 선원의 악행, 상기 화물, 상품 및 선박 또는 기타에 대하여 혹은 그들 일부에 대하여 파손, 훼손 또는 손상을 발생하게 하거나 또는 발생하게 할 기타 일체의 위험, 멸실 및 불행으로 한다;

(12) 손해방지약관(sue and labour clause)

이것은 피보험자나 그 대리인 등이 화물 등의 전부나 일부에 대해 방위, 보호 및 회복을 위해 지출한 손해방지비용을 보험자가 부담하도록 규정하고 있는 약관이다.

And in case of ant Loss or Misfortune, it shall be lawful to the Assured, their factors, Servants and Assigns, to sue, labour, and travel for, in and about the Defence, Safeguard and Recovery of Goods and Merchandises and Ship etc.. . or any Part there of, without Prejudice to this insurance; to the charges whereof we, the Assurers will contribute, each one according to the Rate and Quantity of his Sum herein Assured.

또한 손해 혹은 재난이 발생한 경우에 피보험자, 그 대리인, 사용인 및 양수인이 본 화물 및 상품 그리고 선박 등의 전부 또는 일부를 방위, 보호 및 회복하기 위한 조치를 추구하고 노력하며 사고장소를 답사하는 것은 합법적이며, 본 보험의 효력에 영향을 미치지 않는다. 이에 따른 비용은 보험자가 인수금액의 비율과 금액에 따라 각자 부담한다.

(13) 포기약관(waiver clause)

이것은 보험자가 위부의 수락여부를 결정하기 이전에 피보험자가 피보험목적물의 회복, 구조 또는 보존을 위해 필요한 조치를 취한 것을 위부철회의 의사표시로 간주되지 않으며, 반대로 보험자가 필요한 조치를 취했다고 해서 위부의 수락으로 간주되지 않는다는 것을 규정하고 있는 약관이다.

여기에서 포기라는 단어에 오해가 발생할 수 있는데 이 약관에서 포기란 실제는 '포기하지 않는 것으로 판단하라'는 의미이다.

이것은 단지 손해경감을 위해 취하게 되는 피보험자의 당연한 행위이므로 이러한 행위가 각 당사자의 권리를 침해하는 것은 아니라는 것이다.

And it is especially declared and agreed that no acts of the Insurer or Insured in recovering, saving, or preparing the property insured, shall be considered as a waiver of acceptance of abandonment.

부보재산을 회복, 구조 또는 보존하기 위해 보험자와 피보험자가 취하는 어떠한 조치도 그것이 위부의 포기나 혹은 수락으로 간주되지 않을 것을 특별히 선언하고 약속한다.

(14) 보험증권의 효력약관(force and effect clause)

이것은 본 보험증권은 런던에서 작성된 가장 확실한 보험의 서면 또는 보험증권과 동일한 효력을 가진다는 것을 규정하고 있는 약관이다.

And it is agreed by the Insurers, that this Writing or Policy of Assurance shall be of as much Force and Effect as the surest Writing or Policy of Assurance herefore made in Lombard street, or in the Royal Exchange, or elsewhere in London.

그리고 이 보험의 서면 또는 보험증권은 롬바르드가에 있는 왕립거래소 또는 런던에서 작성된 가장 확실한 서면 혹은 보험증권과 동일한 효력을 갖는 것으로 본 보험자가 동의한다.

(15) 구속약관(binding clause)

이것은 보험자가 보험증권에 규정하고 있는 각종 약속내용과 계약상의 의무를 책임지고 성실하게 이행하겠다는 것을 규정하고 있는 약관이다.

이 약관의 문헌 중에 'do hereby promise and bind ourselves'라는 문구가 있기 때문에 구속약관이라고 부르고 있으나 'bind ourselves'는 어원적으로 약속함이라는 숙어이므로 오히려 서약약관이라고 부르는 것이 바람직할 것이다.

> And so we, the Assurers, are contented, and do hereby promise and bind ourselves, each one for his own Part, our Heirs, Executors, and Goods to the Assured, their Executors, Administrators, and Assigns, for the true Performance to the Premises,
>
> 본 보험자는 피보험자와 그의 유언집행인, 관리인 및 양수인에 대하여 약속을 진정으로 이행하기 위해 각각 해당 부서에 대하여 본 보험자 자신과 그 상속인, 유언집행인 및 재산을 구속하는데 이의없이 만족하고 확약한다.

(16) 약인약관(consideration clause)

이것은 피보험자가 보험료의 지급을 약속하고 보험자는 손해발생시에 보험금을 지급한다는 것을 약속하고 있는 약관으로, 피보험자가 보험료를 지급함으로써 보험자의 위험담보라는 반대급부가 시작된다는 것이다.

약인(約因)이란 영미법상의 개념으로 '약속에 대한 약속' 또는 '약속에 대한 대가'의 의미이다. 해상보험계약에서 약인(consideration)은 피보험자가 보험자에게 보험료를 지급하고, 보험자는 그 대가로 피보험위험으로 인하여 발생한 손해를 피보험자에게 보상할 것을 약속하는 것을 의미한다.

> confessing ourselves paid the Consideration due unto us for this Assurance by the Assured, at and after the rate of ……
>
> 이 보험에 관해서 피보험자는 ……의 비율로 보험료를 지불하였음을 본 보험자는 인정한다.

(17) 선서약관(attestation clause)

이것은 보험자가 보험계약체결의 증빙으로 보험증권에 기명하여 발행하였다는 것과 그렇기 때문에 자신이 인수하기로 서명한 보험금액은 자신이 반드시 책임질 것이라는 것을 선언하고 있는 약관이다.

> IN WITNESS whereof we, the Assurers, have subscribed our Names and Sums assured in LONDON.
>
> 상기 보험증권의 증거로서 본 보험자가 런던에서 본사의 명의로 부보금액을 기재하였다는 사실을 확인한다.

(18) 소손해 면책비율약관(memorandum clause)

이것은 보험자로 하여금 보험금을 정산하는 비용에도 미치지 못하는 일정비율 미만의 소손해(petty claim)를 담보하지 않도록 함으로써, 보험경영의 측면에서 담보범위를 소멸 또는 감소시키기 위해 규정한 약관이다.

이 약관에 의해 소손해를 보험자가 보상하지 않는다는 원칙이 적용되는 것이다. 면책비율은 상품에 따라 각각 상이한 율로 적용되는데 부패나 자연손상의 확률이 높은 상품일수록 당연히 높은 면책비율이 적용된다.

> N.B.－Corn, Fish, Salt, Fruit, Flour, and Seed are warranted free from Average, unless general, or the Ship be stranded; Sugar, Tobacco, Hemp, Flax, Hides and Skins are warranted free from Average, under Five Pounds per cent: and all other Goods, also the ship and Freight, are warranted free from Average under Three Pounds per cent, unless general, or the Ship be stranded.
>
> 주의－공동해손 혹은 선박이 좌초하는 경우를 제외하고 곡류, 어류, 소금, 과실, 곡분 혹은 종자의 분손은 일체 담보하지 않으며, 사탕, 연초, 대마, 아마, 가죽 및 피혁에 대해서는 5% 미만, 그리고 기타 모든 화물이나 선박, 운임은 3% 미만의 해손을 담보하지 아니한다.

2) 이탤릭서체약관

(1) 포획·나포 부담보약관

포획·나포 부담보약관(free from capture and seizure clause)은 해상운송에서 포획이나 나포를 담보하지 않는다는 것을 규정하고 있는 약관이다.

이 약관은 포획, 나포, 강류, 억류 또는 억제와 그 결과 혹은 이상의 행위를 하려고 기도한 위험 그리고 선전포고의 유무를 불문하고 적대행위 혹은 군사작전의 결과를 담보하지 않는다는 사항을 상세하게 규정하고 있다.

이 약관은 1963년 구협회적하약관의 FPA WA A/R에서는 제12조에 규정되어 있다. 보험실무에서는 'free from capture and seizure clause'를 줄여 간단히 'F.C.S.Clause'로 약칭하여 부르기도 한다. 만일 전쟁위험을 담보하는 특약을 맺게 되면 이 약관은 전쟁위험을 담보하는 협회전쟁약관으로 인정된다.

1. *Warranted free of capture, seizure, arrest, restraint or detainment, and the consequences thereof or any attempt thereat; also the consequences of hostilities or warlike operations, whether there be a declaration of war or not; but this warranty shall not exclude collision, contact with any fixed or floating object(other than a mine or torpedo), stranding, heavy weather or fire unless caused directly (and independently of the nature of the voyage of or service which the vessel concerned or, in the case of a collision, any other vessel involved therein, is performing) by a hostile act by or a against a belligerent power; and for the purpose of this warranty "power" include any authority maintaining naval, military or air forces in association with a power. Further warranted free from the consequences of civil war, revolution, rebellion, insurrection, or civil strife arising therefrom, or piracy.*

1. 포획, 나포, 강류, 억류 또는 억제와 그 결과 혹은 이상의 행위를 하려고 기도한 위험 그리고 선전포고의 유무를 불문하고 적대행위 혹은 군사작전의 결과를 담보하지 아니한다. 그러나 이상의 면책조건상에서 교전국의 적대행위 혹은 교전국에 대한 적대행위에 직접적으로 기인하여(그리고 선박의 운항 또는 취항내용의 성질과는 상관없이) 생긴 경우를 제외하고 선박의 충돌, 고장 또는 부동장애물(기뢰 혹은 어뢰 제외)과의 접촉, 좌초, 악천후 혹은 화재를 면책하려는 것은 아니다. 그리고 본 면책조건상으로 국가라 하는 것은 특정국가와 관련하여 해군, 육군 혹은 공군을 보유하고 있는 모든 정권을 포함한다. 또한 내란, 혁명, 빈역, 빈란 또는 그러한 사태로부터 발생하는 국내투쟁 혹은 해적의 결과를 책임지지 않는 것을 조건으로 한다.

(2) 동맹파업·폭동 및 소요 부담보약관

동맹파업·폭동 및 소요 부담보약관(free from strikes, riots and civil commotions clause)은 동맹파업·폭동 및 소요 등에 의한 손해에 대해 보험자는 면책이 된다는 것을 규정하고 있는 약관이다.

이 약관은 동맹파업·폭동·소요위험을 보험자가 면책하는 목적을 가지고 있기 때문에 이러한 위험을 담보받기 위해서는 동맹파업·폭동·소요위험(strick·riots·civil commotion: SRCC) 담보조건을 특약해야 한다.

2. *Warranted free of loss or damage caused by strikes, locked-out workman, or persons taking part in labour disturbances, riots or civil commotions.*

2. 동맹파업자, 직장폐쇄노동자 또는 노동쟁의, 폭동 또는 소요에 가담한 자로 인하여 발생한 멸실 또는 손상을 담보하지 않는다.

(3) 항해중단 부담보약관

항해중단 부담보약관(frustration clause)은 국왕, 군주, 인민, 국권탈취자 또는 국권을 탈취하려고 기도하는 자의 강류, 억지 또는 억류에 의해 발생한 피보험항해나 항해사업의 상실 또는 중단(loss or frustration)에 기인하는 모든 클레임은 보상하지 않는다는 것을 규정한 약관이다. 본문약관과 구별하기 위해 이탤릭 서체로 표시한 것이다.

현재의 보험증권에서는 독립적으로 이것을 명시하지 않고 주요 내용만 전쟁위험 면책약관에 흡수하여 규정하고 있다.

This Policy is warranted free of any claim based upon loss of, or frustration of, the insured voyage or adventure caused by arrest restraints and detainments of Kings Princes, Peoples, Usurpers or persons attempting to usurp power.

국왕, 군주, 인민, 정권을 장악한 자 또는 정권을 장악하려고 기도한 자의 강류, 억지 및 억류로 인하여 발생하는 피보험항해 또는 해상사업의 상실 혹은 중절에 기인한 어떠한 클레임도 담보하지 않는다.

3) 난외약관

난외약관(marginal clause)은 해상보험증권 본문의 난외(欄外)에 인쇄되어 있는 조항으로, 본문(혹은 인쇄)약관을 제한하거나 보충하는 역할을 한다.

(1) 협회위험약물약관(institute dangerous drugs clause)

이것은 무허가나 불법물품 운송시 발생하는 손해를 보험자의 면책으로 규정한 약관이다.

(2) 교사약관(grounding clause)

이것은 특정수역에서 발생한 통상적인 교사(grounding)는 담보위험로 인정되지 않은 것이 원칙이지만 이에 직접 기인하는 손해만은 보험자가 보상할 것을 약속한 약관이다.

(3) 타보험약관(other insurance clause)

이것은 해상보험이 타보험과 동시에 계약되었을 경우, 다른 보험증권에 의해 보상될 금액을 공제한 나머지 손해부분만 본 해상보험에서 보상한다는 것을 규정한 조항이다.

이것은 피보험화물에 대해 다른 보험계약이 체결된 경우에 보험증권상의 보험자가 제1순위의 보상책임을 부담하는 것을 면하기 위해 규정한 약관이다.

(4) 손해통지약관(claim notice clause)

이것은 손해가 발생한 경우 피보험자는 보험자에 손해발생 사실을 통지하고 손해의 사정을 받지 않는 한 보험금의 지급을 받지 못한다는 것을 규정한 약관이다.

피보험자에게 통지의무를 부과하는 이유는 첫째는 사고사실에 대한 통지가 없는 한 보험자는 그 사실을 알지 못한다는 것, 둘째는 통지함으로써 보험자에게 손해의 방지나 경감조치를 강구할 기회를 부여하거나 손해보상을 준비하도록 하기 위한 것이다.

피보험자가 통지의무를 위반하여 보험자에게 손해를 끼쳤다면 보험자는 이에 대한 손해배상을 청구할 수 있을 뿐 아니라 보험금에서 그 부분을 공제할 수도 있다.

(5) 인지첨부약관(stamp clause)

이것은 외국에서 발행되고 영국에서 보험금이 지급되는 모든 보험증권은 이를 수령한 날로부터 10일 이내에 소정의 수입인지를 첨부해야 한다는 것을 규정한 약관이다.

제 5 절 신해상보험증권

1. 신해상보험증권의 의의

신해상보험증권(New Lloyd's Insurance Marine Policy)은 런던보험자협회(ILU)와 로이즈 보험자가 UNCTAD가 제출한 해상보험에 관한 보고서에 따라, 1981년 7월에 제정한 해상보험증권의 표준양식이다. 우리나라는 1983년부터 이 증권을 사용하고 있다.

신해상보험증권은 Lloyd's S.G. 보험증권에 비하면 매우 단순한 양식으로 되어 있다. 왜냐하면 신해상보험증권은 Lloyd's 증권에 있던 대부분 약관을 없애는 대신 이것을 협회적하약관에 중복되지 않게 정리하는 한편, 증권의 앞면은 계약사항을 명기하는 스케줄과 보험계약서로서 필수적인 본문약관과 중요약관만으로 구성되어 있기 때문이다.

2. 신해상보험증권의 특징

1) 약관의 간소화

신해상보험증권은 보험계약서로 필수적인 본문약관과 중요약관만을 남겨놓고 대부분의 약관을 없애거나 협회적하약관 속에 규정함으로써 구증권보다 간소화되었다.

현재 사용되고 있는 해상보험증권의 본문약관은 준거법약관, 타보험약관, 약인약관, 선서약관으로만 단순하게 구성되어 있다.

2) 명세표(Schedule) 방식의 도입

신해상보험증권은 선박명, 피보험목적물, 담보조건 등의 내용을 별도로 기재하는 명세표 방식을 도입하였다. 우리나라에서 사용되는 신해상보험증권면상의 명세표에는 보험금액 등 보험계약의 주요내용을 기재하고 뒷면은 약관이 인쇄되어 있다.

3) 평이하고 명료한 구성

신해상보험증권에 첨부되는 각 약관상의 담보위험과 면책위험이 과거의 구약관보다 평이하고 분명하게 구성되어 있다.

3. 신해상보험증권의 구성

1) Schedule(명세표)

Lloyd's S.G. 보험증권은 본문약관을 중심으로 계약이 체결되었기 때문에 보험계약의 주요 내용이 이 본문약관에 규정되어 있었다. 그러나 신해상보험증권은 보험계약의 주요 내용을 별도로 기재하는 스케줄 방식을 사용하고 있어 선박명, 출항예정일, 피보험목적물, 보험조건 및 기타 중요한 사항들을 여기에 기재하도록 하였다.

2) 본문약관

본문약관(body clause)은 해상보험증권 본문에 사전에 인쇄되어 있는 가장 기본적인 약관이다. 이 약관은 해상보험증권이 제정될 당시부터 있었으며 각 약관에는 공란을 두어 필요사항을 기재하도록 하고 있다.

1982년 신해상보험증권이 만들어지면서 과거 로이즈 보험증권에 있던 주요 약관들이 대부분 뒷면에 첨부되는 협회적하약관으로 흡수되었기 때문에 현재는 준거법약관, 타보험약관, 약인약관, 선서약관만이 본문약관을 구성하고 있다.

(1) 준거법약관

준거법약관(governing law clause)은 손해보상청구에 관한 책임이나 보험금 지급은 영국의 법률과 관례를 따르도록 한다는 것을 규정하고 있는 약관이다.

그러나 손해배상청구나 보험금 지급과 관련이 없는 사항들은 해당국의 법률과 관습에 따르게 된다. 이에 우리나라에서 체결된 보험계약의 체결, 보험료 납부, 보험계약 해지 등은 당연히 우리나라 상법의 적용을 받게 된다.

Notwithstanding anything contained herein or attached hereto to the contrary, this insurance is understood and agreed to be subject to English law and practice only as to liability for and settlement of any and all claims.

본 보험증권의 규정 또는 첨부된 어떠한 반대규정에도 불구하고, 이 보험은 어떠한 모든 보상청구에 대한 책임과 보험금 지급에 대해서 영국의 법률과 관습만 따를 것을 합의한다.

(2) 타보험약관

타보험약관(other insurance clause)은 보험사고가 발생한 경우, 만일 화재보험이나 여타 보험증권과 중복되어 있다면, 화재보험이나 다른 보험증권으로 먼저 보상하고 잔액이 있다면 본 해상보험증권으로 보상한다는 것을 규정하고 있는 약관이다.

즉, 해상보험이 타보험과 동시에 계약되었을 때 다른 보험증권으로 보상될 금액을 공제한 나머지 손해부분만 본 해상보험으로 보상한다는 것이 타보험약관이며, 해상보험에서는 보험증권에 기재되는 본문약관의 하나이다.

오늘날 해상보험은 최종창고까지 확장하여 담보하고 있으나, 경우에 따라서는 생산지 창고로부터 선적항, 양륙항으로부터 최종창고까지 화재보험을 추가로 부보하는 경우가 있다.

이와 같이 단일 항해구간에 해상보험과 화재보험이 중복되어 있는 경우에 중복된 부분은 해상보험은 없는 것으로 간주하여, 화재보험에 의해서만 보상하고 만일 그 잔액부분이 있다면 이를 해상보험으로 보상하겠다는 것이 타보험약관의 취지이다.

해상보험에서 이 약관을 설정하고 있는 근본적인 이유는 손해보험의 원칙인 이득금지의 원칙에 따라, 피보험자가 해상보험과 화재보험 둘 다로부터 보상을 받음으로써 이득을 얻는 것을 원칙적으로 방지하고 형평의 원칙에 입각하여 보험자간의 손해액을 분담하는 것이 타당하기 때문이다.

This insurance does not cover any loss or damage to the property which at the time of the happening of such loss or damage is insured by or would but for the existence of this Policy be insured by any fire or other insurance policy or policies except in respect of any excess beyond the amount which would have been payable under the fire or other insurance policy or policies had this insurance not been effected.

피보험재산의 멸실이나 손상이 발생한 때에 그것이 화재보험증권 또는 기타의 보험증권으로 부보되어 있는 경우, 또는 본 보험증권이 없었다면, 화재보험증권 또는 기타의 보험증권에 의하여 부보되었을 경우에는 본 보험은 그러한 피보험재산의 일체의 멸실 또는 손상을 담보하지 아니한다. 단, 본 보험에 부보되어 있다면 화재보험증권 또는 기타 보험증권에서 지급되었을 금액을 초과한 금액에 대해서는 본 보험에서 지급한다.

(3) 약인약관

약인약관(consideration clause)은 피보험자가 보험료를 납부하면 보험자는 손해발생 시에 보험금을 지급한다는 것을 규정하고 있는 약관이다.

약인이란 보험자가 보상을 약속하는 대가로 보험료를 영수하였음을 의미한다. 이 보험의 효력은 피보험자가 보험료를 납부함으로써 효력이 발생한다는 것을 밝히고 있으므로, 약인약관은 일종의 보험료 영수증과도 같은 것이다.

We, …… Co., Ltd. hereby agree, in consideration of the payment to us by or on behalf of the Assured of the premium as arranged, to insure against loss damage liability or expense to the extent and in the manner herein provided.

본 …… 보험주식회사는 피보험자 또는 그 대리인이 정해진 보험료를 당사에 지급함으로써 피보험목적물의 멸실, 손상, 책임 또는 비용을 본 증권에서 규정된 비율과 방법으로 보상할 것을 합의한다.

(4) 선서약관

선서약관(attestation clause)은 보험계약의 증빙으로 보험자를 대표하여 그 책임자가 서명하였고, 보험증권이 두 통 발행된 경우에 한 통으로 보험금의 보상청구가 이루어지면 다른 한 통은 그 효력을 상실한다는 것을 선언하고 있는 약관이다.

In witness whereof, I the Undersigned of …… Co., Ltd. on behalf of the said Company have subscribed My Name in the place specified as above to the policies, the issued numbers thereof being specified as above, of the same tenor and date, one of which being accomplished, the others to be void, as of the date specified as above.

이에 본인, 즉, …… 보험주식회사의 아래 서명자는 동 회사를 대신하여 상기 장소에서 동일 문언 및 일자의 보험증권에 서명하였다. 이 보험증권 중 1통에 대하여 손해보상의무가 이행되었을 때에는 남은 보험증권은 그 효력을 상실하는 것으로 한다.

3) 중요약관

(1) 의의

중요약관(important clause)은 보험증권의 본문약관 옆에 인쇄되어 있는 약관으로, 손해발생시 피보험자와 그 대리인의 의무와 피보험자 등이 취하여야 할 절차나 구비서류를 규정하고 있다. 이 약관은 다른 약관과 구분하기 위해 붉은색으로 인쇄되어 있기 때문에 적색라인약관(red line clause)이라고도 부른다.

본 약관은 피보험자로 하여금 손해방지행위를 할 것과 아울러 운송인 등이나 항만당국을 상대로 하는 클레임을 입증하는데 필요한 구체적 사항을 보험자에게 알리고 이에 따른 조치를 취할 수 있도록 하는데 목적을 두고 있다.

(2) 구성

중요약관의 내용은 다음 3가지 조항으로 구분된다. 이 조항에 명기된 조치나 의무를 게을리 할 경우 피보험자나 그 대리인은 불이익을 당할 수 있다.

첫째, 보험사고가 발생할 경우, 피보험자 및 그 대리인이 취해야 할 손해방지의무와 손해배상청구권의 확보(보전)의무가 규정되어 있는 조항이다.

둘째, 손해발생시 보험자의 대리인(보통 Lloyd's의 지역대리점이나 런던보험자협회(ILU)에 소속된 특정한 대리점, 우리나라는 보험회사의 지점이나 대리점)에게 통지할 것을 명시한 손해검정을 위한 지침(Instruction for Survey) 조항이다.

이 조항에서는 손해검정이 그러한 사무소나 대리점의 승인없이 실시되는 경우, 어떠한 클레임도 인정하지 않는다고 규정하고 있다.

이 경우, 손해의 통지는 구두든 서면이든 제3자에 대한 손해배상청구권의 보전을 위한 보험자와의 협의를 위해 지체 없이 이루어지면 관계없다.

또한 피보험자는 손해의 원인과 손해의 정도를 확인하기 위해 보험자나 그 대리점이 지정하는 손해검정인(surveyor)에게 손해검정을 의뢰하고 보험사고 일시와 장소, 손해의 정도와 손해의 원인에 대한 의견 등을 포함한 손해검정보고서(survey report)와 그에 따른 기타 증거서류 등을 입수하여 보험자에 제출해야 한다.

셋째, 보험자에게 클레임을 제기하는 데 필요한 서류들을 구체적으로 명시하고 있는 Documentation of Claim 조항이다. 이 조항에 따라 클레임을 제기할 때 구비해야 하는 서류는 크게 보험자의 담보위험에 의한 손해임을 입증하는 서류, 손해액을 입증하는 서류, 운송인 등 제3자의 귀책사유로 인한 손해임을 입증하는 서류 등이다.

IMPORTANT

PROCEDURE IN THE EVENT OF LOSS OR DAMAGE FOR WHICH UNDERWRITERS MAY BE LIABLE :

LIABILITY OF CARRIERS, BAILEES OR OTHER THIRD PARTIES

It is the duty of the Assured and their Agent, in all cases, to take such measures as may be reasonable for the purpose of averting or minimising a loss and to ensure that all rights against carriers, Bailees or other third parties are properly preserved and exercised. In particular, the Assured or their Agents are required ;

1. To claim immediately on the carriers, Port Authorities or other Bailees for any missing packages.
2. In no circumstances, except under written protest, to give clean receipts where goods are in doubtful condition.
3. When delivery is made by container, to ensure that the container and its seals are examined immediately by their responsible official. If the container is delivered damaged or with seals broken or missing or with seals other than as stated in the shipping documents, to clause the delivery receipt accordingly and retain all defective or irregular seals for subsequent identification.
4. To apply immediately for survey by carriers' or other Bailees' representatives if any loss or damage be apparent and claim on the carriers or other Baiees for any actual loss or damage found at such survey.
5. To give notice in writing to the carriers or other Bailees within 3 days of delivery if the loss or damage found at such survey.

NOTE : The Consignees or their Agents are recommended to make themselves familiar with the Regulations of the Port Authorities at the port of discharge.

중 요

보험자가 보상책임을 질 수 있는 멸실 또는 손상의 경우에 있어서의 절차

운송인, 수탁인 또는 기타 제3자의 책임

모든 경우에 있어서 손해의 방지와 경감을 위하여 합리적인 조치를 취하고 또한 운송인, 수탁인 또는 기타 제3자를 상대로 한 모든 권리가 적절히 보존되고 행사되도록 확실히 하는 것은 피보험자와 그 대리인의 의무이다. 특히 피보험자 또는 그 대리인은 다음과 같은 사항을 이행해야 한다.

1. 행방불명된 여하한 포장물품에 대하여 운송인, 항만당국 또는 수탁인에게 즉시 클레임을 청구할 것
2. 서면의 해난보고서에 의한 경우를 제외하고, 화물이 불명한 상태에 있으면 어느 경우에도 무사고수취증을 교부하지 않을 것
3. 컨테이너에 의하여 화물이 인도되는 경우, 컨테이너 및 그 봉인이 파손되거나 없어진 채로 컨테이너가 인도되거나 또는 선적서류에 기재된 것과 다른 봉인으로 컨테이너가 인도되는 경우에는 그에 따라 화물수취증에 사고를 기재할 것. 그리고 결함이 있거나 규격이 다른 모든 봉인은 추후 확인을 위하여 보존할 것
4. 멸실이나 손상이 분명한 경우 운송인이나 기타 수탁인의 대리인들에게 즉시 손해 사정을 의뢰할 것. 그리고 그러한 검정에서 발견된 실제 멸실이나 손상에 대하여 운송인 또는 기타 수탁인에게 클레임을 청구할 것
5. 화물의 인수시 멸실이나 손상이 분명하지 않을 경우 인수후 3일 이내에 운송인 또는 기타 수탁인에게 서면으로 통지할 것

주의 : 수하인 또는 그 대리인에게 양하항 항만당국의 제규정들을 숙지할 것을 권고한다.

INSTRUCTIONS FOR SURVEY

In the event of loss or damage which may involve a claim under this insurance, immediate notice of such loss or damage should be given to and a survey report obtained from this Company's Office or Agents specified in this Policy or Certificate.

손해검정을 위한 지침

이 보험하의 클레임에 포함될 수 있는 멸실이나 손상이 있는 경우에는 이 보험증권이나 보험증명서에 기재된 당 회사의 사무소 또는 대리점에게 그러한 멸실이나 손상을 즉시 통지하여야 하고 그 사무소 또는 대리점으로부터 손해검정보고서를 확보하여야 한다.

DOCUMENTATION OF CLAIMS

To enable claims to be dealt with promptly, the Assured or their Agents are advised to submit all available supporting documents without delay, including when applicable;

1. Original policy or certificate of insurance
2. Original or certified copy of shipping invoices, together with shipping specification and/or weight notes.
3. Original or certified copy of Bill of Lading and/or other contract of carriage.
4. Survey report or other documentary evidence to show the extent of the loss or damage.
5. Landing account and weight notes at port of discharge and final destination.
6. Correspondence exchanged with the carriers and other parties regarding their liability of the loss or damage.

In the event of loss or damage arising under this policy, no claims will be admitted unless a survey has been held with the approval of this company's office or Agents specified in the policy.

클레임의 서류

클레임이 신속하게 처리될 수 있도록 피보험자나 그 대리인들은 적용 가능한 경우를 포함하여 다음과 같은 유효한 모든 구비서류들을 지체없이 제출할 것을 권고한다.

1. 보험증권의 원본 또는 보험증명서의 원본
2. 선적명세서나 중량증명서와 함께 선적송장의 원본이나 인정사본
3. 선하증권이나 기타 운송계약서의 원본 또는 인정사본
4. 멸실이나 손상정도를 입증하는 손해검정보고서나 기타 증거서류
5. 양하항과 최종목적지에서의 양육보고서 및 중량증명서
6. 멸실이나 손상에 대한 운송인과 기타 관계자들의 책임에 관하여 그들과 교환한 서신

이 보험증권하에서 발생하는 멸실이나 손상의 경우, 이 보험증권에 기재된 당 회사의 사무소나 대리점의 승인을 얻어 손해검정이 이루어지지 않는 한, 어떠한 클레임도 인정되지 않는다.

제 12 장 협회약관

제 1 절 구협회적하약관

1. 협회약관과 구협회적하약관의 의의

협회약관(institute clause)은 1912년 런던보험자협회(Institute of London Underwriters : ILU)가 제정한 것이다.

협회약관에는 Institute Cargo Clause(협회적하약관) 외에 Institute War Clause(협회전쟁약관), Institute Strikes, Riots and Civil Commotions Clause(협회동맹파업·폭동 및 소요약관), Institute Theft, Pilferage and Non-Delivery Clause(협회도난·발하 및 불착약관) 및 기타 특정상품에 관한 약관 등이 있다. 협회약관 중에서 가장 널리 사용되는 약관은 협회적하약관(Institute Cargo Clause)이며 이는 머리글자를 따서 'ICC'라고 부른다.

영국은 해상보험의 종주국이므로 전 세계의 보험자들이 이들이 정한 약관을 사용하고 있다. 따라서 협회적하약관은 해상보험의 기본조건으로 사용되면서 1963년, 1982년, 2009년에 각각 개정되어 현재에 이르고 있다.

1982년을 기준으로 이전의 약관을 구약관, 이후의 약관을 신약관이라고 부르며 특히 2009년에 개정된 것을 개정약관이라 부르고 있다.

2. 구협회적하약관의 구성

구협회적하약관에는 1912년에 채택된 ICC FPA(Free From Particular Average : 단독해손부담보조건), 1921년에 채택된 WA(With Average : 분손담보조건), 그리고 보험자들이 담보범위를 확장하는 추세에 발맞추어 1951년에 채택된 A/R(All Risks : 전위험담보조건) 등 3가지가 있다.

1963년 1월에 개정된 구협회적하약관은 해상손해뿐 아니라 항해에 부수되는 내수로나 육상위험으로 인한 손해도 보상되며, 각각 14개 조항과 하나의 유의사항으로 구성되어 있다. 14개 조항 가운데 제5조만 서로 다르고 나머지 13개 조항은 동일하다.

3. 구협회적하약관의 내용

1) 제1조 운송약관

운송약관(Transit Clause)은 보험기간(보험자 책임의 시작과 끝)과 위험변경이 있는 경우 계속적인 담보를 규정하고 있는 약관이다. 이 운송약관을 '창고간약관(Warehouses to Warehouses Clause)'이라고도 부른다.

이 약관은 보험기간의 시기와 종기, 최종양륙항에서 화물의 하역 후 목적지가 변경되어 계속 운송되는 경우 보험기간의 종기, 그리고 피보험자가 지배할 수 없는 지연, 이로 등의 경우 담보의 자동적인 계속을 규정하는 내용으로 구성되어 있다.

Transit clause (incorporating Warehouses to Warehouses Clause)

1.This insurance attaches from the time the goods leave the warehouse or place of storage at the place named in the policy for the commencement of the transit continues during the ordinary course of transit and terminates either on delivery

(a) to the Consignees' or other final warehouse or place of storage at the destination named in the policy,

(b) to any other warehouse or place of storage, whether prior to or at the destination named in the policy, which the Insured elect to use either i. for storage other than in the ordinary course of transit or ii. for allocation or distribution, or

(c) on the expiry of 60 days after completion of discharge overside of the goods hereby insured form the oversea vessel at the final port of discharge, whichever shall first occur.

If, after discharge overside form the oversea vessel at the final port of discharge, but prior to termination of this insurance the goods are to be forwarded to a destination other than that to which they are insured hereunder, this insurance whilst remaining subject to termination as provided for above, shall not extend beyond the commencement of transit to such other destination.

This insurance shall remain in force during delay beyond the control of the Insured, any deviation, forced discharge, reshipment or transshipment and during any variation of the adventure arising form the exercise of a liberty granted to ship owners or charterers under the contract of affreightment, but shall in no case be deemed to extend to cover loss damage or expense proximately caused by delay or inherent vice or nature of the subject matter insured.

운송약관 (창고간약관 포함)

1. 이 보험은 화물이 보험증권에 기재된 지역에서의 창고 또는 장치장에서 수송개시를 위하여 떠날 때부터 담보가 개시되고 통상의 수송과정 중에 계속되며

(a) 보험증권에 기재된 목적지에서 수하인 또는 기타 최종창고 또는 보관장소에 인도될 때이거나,

(b) 보험증권에 기재된 목적지나 또는 그 이전이거나를 불문하고, 피보험자가 i. 통상의 수송과정을 벗어난 보관이나, ii. 할당 또는 분배를 위하여 사용하려고 선택한 기타의 창고나 혹은 보관장소에 인도될 때, 또는

(c) 최종양하항에서 하역한 후 60일이 경과할 때 중에서 어느 것이 먼저 발생하든 그때에 담보가 종료된다.

만약, 화물이 최종양하항에서 외항선으로부터의 양하작업 후, 그러나 본 보험기간의 만료 이전에 이 증권하에서 담보된 목적지 이외의 곳으로 수송되는 경우에는 이 보험은 전항에서 규정된 보험종료의 조건에 따라 계속되나, 그러한 목적지를 향해 수송을 개시할 때 종료된다. 이 보험은 피보험자가 좌우할 수 없는 지연, 이로, 부득이한 양하, 재선적, 환적 및 해상운송계약에 의거하여 선주나 용선자에게 부여된 자유재량권의 행사결과로 생기는 위험의 변경기간 중 유효하게 계속된다.

그러나 어떠한 경우에도 지연 또는 피보험목적물의 고유의 하자 혹은 성질을 근인하여 발생한 멸실, 손상 또는 비용까지도 확장 담보하는 것으로 간주해서는 안 된다.

1963년 1월 1일에 개정된 구협회적하약관 제1조 운송약관은 보험자가 손해를 보상하는 범위는 본선적재로부터 양륙하기까지가 원칙이지만 이 담보기간은 선적지 창고에서 목적지 창고까지 확장된다는 것을 규정하고 있는 약관이다.

운송약관은 1958년에 개정되었던 구 약관 제1조의 Warehouse to Warehouse Clauses, 동 제2조의 Extended Cover Clause(확장담보약관)과 동 제3조의 Termination of Adventure Clause(운송중단약관) b항을 개정하여 1개 조항으로 통합하고 명칭을 변경한 것이다.

구협적하약관의 내용들을 살펴보면, 'Transit Clause'란 명칭이 합당하지만 'Warehouse to Warehouse Clause'이란 명칭이 다년간 해상보험업계 및 무역업계에서 널리 사용되어 왔었다. 또한 은행의 경우도 신용장에 Warehouse to Warehouse Clause가 부가된 보험조건으로 부보할 것을 요구하고 있는 것이 일반적이기 때문에 구협회적하약관의 제1조에서는 Transit Clause(incorporating Warehouse to Warehouse Clause)라는 약관명칭을 사용하였다.

2) 제2조 운송중단약관

운송중단약관(Termination of Adventure Clause)은 피보험자가 통제할 수 없는 사정으로 화물이 목적지에 도착하기 이전에 항해가 종료되는 경우, 보험은 원칙으로 종료하지만 추가보험료를 지급함으로써 보험기간이 일정 기간 존속한다는 것을 규정하고 있는 약관이다. 이를 운송종료약관이라고도 한다.

Termination of Adventure Clause

2. If owing to circumstances beyond the control of the Insured either the contract of affreightment is terminated at a port or place other than the destination named therein or the adventure is otherwise terminated before delivery of the goods as provided for in Clause 1 above, then, subject to prompt notice being given to Insurers and to an additional premium if required, this insurance shall remain in force until either

i. the goods are sold and delivered at such port or place, or, unless otherwise specially agreed, until the expiry or 60 days after completion of discharge overside of the goods hereby insured form the oversea vessel at such port or place, whichever shall first occur, or ii. if the goods are forwarded within the said period of 60 days to the destination named in the policy or to any other destination, until terminated in accordance with the provisions of Clause 1 above.

2. 피보험자가 좌우할 수 없는 사정에 의해, 해상운송계약이 그 계약서에 기재된 목적지 이외 의 항구 또는 지역에서 종료되거나, 또는 기타의 사정으로 제1조에서 규정된 화물의 인도이전에 수송이 종료되었을 경우에는 지체없이 그 취지를 보험자에게 통보하고, 또한 필요하다면 추가보험료를 지급할 것을 조건으로 하여

i. 화물이 상기의 항구 또는 지역에서 매각된 후 인도되거나 또는 별도의 합의가 없는 한, 그러한 항구 또는 지역에서 외항선으로부터의 양륙작업 완료 후 60일이 경과되거나, 그 중의 어느 한쪽이 먼저 생길 때

ii. 만약, 화물이 상기 60일의 기간 내에 보험증권에 기재된 목적지 또는 기타의 목적지로 계속 운반된 경우에는 상기 제1조의 규정에 따라 보험이 종료될 때까지, 이 보험은 유효하게 존속된다.

3) 제3조 부선약관

부선약관(Craft & C. Clause)은 선적항이나 양륙항에서 부선(Craft, barge) 등의 운송용구로 운송하는 기간도 보험기간에 포함시킨다는 것을 규정하고 있는 약관이다.

즉, 선적항 또는 양륙항에서 부선을 이용하는 경우에 부선의 운송기간 중에 발생한 위험도 보험자가 담보한다는 것을 규정한 약관이 부선약관이다.

Craft & C. Clause

3. Including transit by craft raft or lighter to or from the vessel. Each craft raft or lighter to be deemed a separate insurance. The Assured are not to be prejudiced by any agreement exempting lighter-men from liability.

3. 본선까지의 및 본선으로부터의 부선과 예인선에 의한 수송을 포함한다. 각 부선과 예인선을 각기 별도로 부보된 것으로 간주한다. 피보험자는 부선운송인의 책임을 면제하는 계약에 의하여도 자기의 권리를 침해받지 않는다.

4) 제4조 항해변경약관

항해변경약관(Change of Voyage Clause)은 피보험자에 의해 항해가 변경되는 경우 등에는 원칙적으로 그 발견시점에서 보험계약이 종료되지만, 보험자에게 신속히 통지하고 추후 협정될 추가보험료를 지급하게 되면 보험의 담보가 그 시점부터 계속 지속된다는 것을 규정하고 있는 약관이다.

Change of Voyage Clause

4. Held covered at a premium to be arranged in case of change of voyage or of any omission or error in the description of the interest vessel or voyage.

4. 항해의 변경이 생기는 경우 혹은 피보험목적물, 선박 또는 항해에 관한 기재상의 탈루나 오기가 생기는 경우에는 추후 협정되어야 할 추가 보험료에 의하여 담보가 계속된다.

5) 제5조 담보약관

(1) 단독해손부담보조건(Free from Particular Average Clause : FPA)

단독해손부담보조건(분손부담보조건)은 말 그대로 단독해손(particular average)은 담보하지 않는 조건이다. 따라서 전손과 공동해손은 보상되지만, 단독해손인 분손은 선박이나 부선의 좌초(stranding), 침몰(sinking) 또는 화재(burning) 등 이른바 SSB의 사고가 발생한 경우를 제외하고는 원칙적으로 보상하지 않는다.

다만, 하역(적재 또는 양륙)이나 환적시 포장 단위당의 추락전손과 화재, 폭발, 타 물체와의 충돌 또는 접촉, 그리고 피난항에서의 화물양륙에 기인하는 손해는 단독해손이라도 보상된다. 또한 피난항 등에서 양하작업비용, 창고비용, 계속운반을 위한 특별비용 등 비용손해도 보상된다.

Warranted free from particular average unless the vessel or craft be stranded, sunk, or burnt, but notwithstanding this warranty the Underwriters are to pay the insured value of any package or packages which may be totally lost in loading, transshipment or discharge, also for any loss of or damage to the interest insured which may reasonably be attributed to fire, explosion, collision or contract of the vessel and/or craft and/or conveyance with any external substance (ice included) other than water, or to discharge of cargo at a port of distress, also to pay special charge for loading warehousing and forwarding if incurred at an intermediate port of call or refuge, for which Underwriters would be liable under the standard form of English Marine Policy with the Institute Cargo Clause (W.A.) attached. This clause shall operate during the whole period covered by the policy.

선박 또는 부선이 좌초, 침몰, 화재로 손해를 입을 경우를 제외하고 단독해손을 담보하지 않는다. 다만, 상기의 면책조건이 있음에도 불구하고 보험자는 조난, 환적 또는 양하시에 전손이 발생될 수 있는 각개의 포장물마다 협정보험가격을 지급하고, 또 화재, 폭발, 선박간의 충돌 또는 선박, 부선, 운송용구와 물 이외의 타물체(얼음 포함)와의 접촉 또는 피난항에서의 양하작업에서 상당한 인과관계가 있다고 간주되는 위험에 의한 목적물의 멸실 또는 손상도 보상한다. 또한 중간 기항항 또는 피난항에서 양하작업, 창고입고 및 계속운반을 위한 특별비용을 지급한 경우에 이들 특별비용이 협회적하약관(분손담보)이 첨부된 영국해상보험증권 표준양식에 의해 보험자가 부담해야 할 것이라면 그 특별비용까지도 보상한다.

(2) 분손담보조건(With Average Clause : WA)

분손담보조건(단독해손담보조건)은 보험자가 전손과 공동해손은 물론 FPA 조건에서 담보된 침몰, 좌초 및 화재를 근인으로 하여 발생한 단독해손과 기타의 위험에 의한 단독해손을 담보하는 조건이다.

다만, 이 경우에는 소손해 면책비율이 적용되기 때문에 WA 3% 등 일정비율 미만의 소손해는 원칙적으로 담보하지 않는다. 그러나 하역이나 환적시 포장 단위당 추락전손과 화재, 폭발, 선박충돌이나 다른 물체와의 접촉, 그리고 피난항에서의 양하작업에 기인하는 손해는 보상한다.

Warranted free from average under the percentage specified in the policy, unless general, or the vessel or craft be stranded, sunk or burnt, but notwithstanding this warranty the Underwriters are to pay the insured value of any package which may be totally lost in loading, transshipment or discharge, also for any loss of or damage to the interest insured which may reasonably be attributed to fire, explosion, collision or contract of the vessel and/or conveyance with any external substance(ice included) other than water, or to discharge of cargo at a port of distress. This clause shall operate during the whole period covered by the policy

공동해손인 경우 또는 선박 혹은 부선이 좌초, 침몰 또는 화재를 입은 경우를 제외하고, 보험증권에 특정한 비율 미만의 해손은 담보하지 않는다. 다만, 상기의 면책조건이 있음에도 불구하고 보험자는 적재, 환적 또는 양하시에 전손이 발생될 수 있는 각개의 화물 1포장마다의 보험금액을 보상하고 또 화재, 폭발, 선박간의 충돌 또는 선박, 부선, 운송용구와 물 이외의 타물체(얼음 포함)와의 접촉 또는 피난항에서의 양하작업에 상당한 인과관계가 있다고 간주되는 피보험목적물의 멸실 또는 손상에 대해서도 보상한다.

(3) 전위험담보조건(All Risks Clause : A/R)

전위험담보조건은 피보험자의 고의적인 불법행위 등 면책위험을 제외하고 나머지 일체의 위험을 담보하는 조건이다. A/R조건에서도 전쟁위험과 동맹파업위험은 면책되므로 이를 보상받기 위해서는 별도로 특약해야 한다. FPA 및 WA조건이 열거책임수의를 채택하고 있는데 반하여, A/R조건은 포괄책임주의를 채택하고 있다.

This insurance is against all risks of loss of or damage to the subject-matter insured but shall in no case be deemed to extend to cover loss damage or expense proximately caused by delay or inherent vice or nature of the subject-matter insured. Claims recoverable hereunder shall be payable irrespective of percentage.

이 보험은 피보험목적물의 멸실이나 손상의 일체의 위험을 담보한다. 다만, 어떠한 경우에 있어서도 지연이나 피보험목적물의 고유의 하자, 또는 성질에 기인하여 발생되는 멸실, 손상 또는 비용을 담보하도록 확장하는 것으로 간주해서는 안된다. 이 보험에 의거하여 청구할 수 있는 보험금은 손해율의 여하를 불문하고 지급된다.

6) 제6조 추정전손약관

추정전손약관(Constructive Total Loss Clause)은 현실전손은 아니지만, 현실전손을 피할 수 없거나 보험목적물의 복구비용이 오히려 그 가액을 초과하여 현실전손으로 처리하는 것이 유리한 경우, 피보험자는 위부를 적절히 통지하고 추정전손으로 처리할 수 있음을 규정하고 있는 약관이다.

이것은 영국 해상보험법(MIA) 제60조의 규정내용을 다시 확인하고 있는 약관이다. MIA 제60조는 피보험목적물의 현실전손이 불가피할 것으로 생각되거나 또는 피보험목적물의 가액을 초과할 비용의 지출 없이는 현실전손으로부터 피보험목적물이 보존될 수 없는 경우에, 추정전손이 있다고 규정하고 있다.

Constructive Total Loss Clause

6. No claim for Constructive Total Loss shall be recoverable hereunder unless the goods are reasonable abandoned either on account of their actual total loss appearing to be unavoidable or because the cost of recovering, reconditioning and forwarding the goods to the destination to which they are insured would exceed their value on arrival.

6. 추정전손에 대한 보험금 청구는 화물의 현실전손이 불가피하다고 생각될 때, 또는 화물을 회복시켜 거기에 손질을 하고, 그것을 담보목적지까지 계속 운반하는데 소요되는 비용이 그 목적지에 도착했을 때의 화물가액을 초과할 가능성이 있기 때문에 화물의 손해를 정당하게 위부하지 않는 한 이 보험에서는 보상되지 않는다.

7) 제7조 공동해손약관

공동해손약관(General Average Clause)은 공동해손의 처리를 위한 준거법을 규정하고 있는 약관이다. 공동해손손해는 보험자가 보상하지만, 그때의 공동해손은 선하증권이나 용선계약서에 기재된 준거법에 의해 정산된다.

본 약관은 보험자의 보상책임에 대해 분쟁이 발생하지 않도록 운송계약상의 취급과 보험증권상의 취급을 일치시킬 목적으로 규정된 것이다.

General Average Clause

7. General Average and Salvage Charges payable according to Foreign Statement or to York-Antwerp Rules if in accordance with the contract of affreightment.

7. 공동해손 및 구조비는 외국에서 작성된 정산서에 의거하거나 또는 해상화물운송계약에 그렇게 규정되어 있으면 요크-앤트워프 규칙에 의거 정산된다.

8) 제8조 내항성인정약관

내항성인정약관(Seaworthiness Admitted Clause)은 피보험자에게 너무 가혹한 영국 해상보험법의 내항성 묵시담보 의무를 완화한다는 것을 규정하고 있는 약관이다.

Seaworthiness Admitted Clause

8. The seaworthiness of the vessel as between the Insured and Insurers is hereby admitted. In the event of loss the Assured's right of recovery hereunder shall not be prejudiced by the fact that the loss may have been attributable to the wrongful act or misconduct of the shipowners or their servants, committed without the priority of the Assured.

8. 피보험자와 보험자 사이에서는 선박이 내항성이 있는 것으로 인정한다. 손해가 발생했을 때 이 보험에 의한 보상청구권은 그 손해가 피보험자의 관여없이 행하여진 선주 또는 그 사용인의 불법행위나 비행에 기인하였을지도 모른다는 사실을 이유로 침해받지 않는다.

9) 제9조 수탁자약관

수탁자약관(Bailee Clause)은 보험사고가 발생한 경우, 피보험자는 그 손해의 방지 또는 경감을 위해 합리적이고 적절한 조치를 취해야 할 뿐만 아니라 운송인, 수탁자 또는 기타 제3자를 상대로 한 모든 권리를 확보하여 놓는 것은 피보험자 및 그 대리인의 의무임을 규정하고 있는 약관이다.

Bailee Clause

9. It is the duty of the Insured and their Agents, in all cases, to take such measures as may be reasonable for the purposes of averting or minimizing a loss and to ensure that all rights against carriers, bailees or other third parties are properly preserved and exercised.

9. 모든 경우에 손해의 방지 및 경감을 위해 적절한 조치를 취하고, 또한 운송인, 수탁자 또는 기타 제3자를 상대로 한 모든 권리를 확보해 놓는 것은 피보험자 및 그 대리인의 의무이다.

10) 제10조 보험이익불공여약관

보험이익불공여약관(Not to Insure Clause)은 운송인에게 보험계약이 체결되어 있다는 이유로 이익을 주어서는 안 된다는 것을 규정하고 있는 약관이다.

즉, 보험계약자인 동시에 운송계약자인 피보험자가 운송 중 보험사고가 발생한 경우, 운송계약상 1차적인 책임을 부담하는 해상운송인으로부터 보상받을 수 있음에도 불구하고 해상보험에 부보하였다는 사실을 이유로 해상운송인에게 보상을 청구하지 않는 행위를 해서는 안 된다는 것을 규정하고 있는 약관이다.

Not to Inure Clause (보험이익불공여약관)

10. This insurance shall not inure to the benefit of the carrier or thar bailee.

10. 이 보험은 운송인 및 기타의 수탁자에게 유리하게 이용되어서는 안 된다.

11) 제11조 쌍방과실충돌약관

쌍방과실충돌약관(Both to Blame Collision Clause)은 선하증권의 쌍방과실충돌약관에 의거한 피보험자의 부담액 중 보험증권에 의해 보상받을 수 있는 손해부분을 피보험자에게 보상한다는 것을 규정하고 있는 약관이다.

충돌이 한쪽 선박의 과실로 발생한 경우에는 그 한쪽의 선박소유자가 손해배상의 책임을 부담하지만 충돌이 쌍방의 과실로 발생한 경우에는 과실의 경중에 따라 각 선박소유자가 손해배상의 책임을 분담한다.

실무상 해상운송인들은 운송계약서에 '쌍방과실충돌약관'을 삽입하고 있다. 따라서 쌍방과실충돌시 손상된 화물의 소유자인 피보험자는 보험자로부터 손해액 전액을 보상받으며, 이를 지급한 보험자는 피보험자를 대위하여 지급한 손해액 전액을 타운송인으로부터 회수하게 된다.

또한 보험자에게 손해액 전액을 배상한 타운송인은 화물운송인에게 쌍방과실의 책임을 물어 손해배상액의 50%를 회수하며, 이 금액을 배상한 화물운송인은 또 다시 하주인 피보험자로부터 이 금액을 회수하게 된다.

결국, 피보험자는 운송계약의 쌍방과실충돌약관에 의한 피해액의 50%를 보상받지 못하게 되는데, 이를 보험자가 보상해 준다는 것이 쌍방과실충돌약관이다.

Both to Blame Collision Clause

11. This insurance is extended to indemnify the Insured against such proportion of liability under the contract of affreightment "Both to Blame Collision" Clause as is in respect of a loss recoverable hereunder.

In the event of any claim by shipowners under the said Clause the Insured agree to notify the Insurers who shall have the right, at their own cost and expense, to defend the Insured against such claim.

11. 이 보험에서는 손해보상의 범위를 확장하여 해상화물운송계약 "쌍방과실충돌" 약관에 의한 피보험자의 부담액 중 본 보험증권에서 보상받을 수 있는 손해에 관한 부분을 지급한다.

상기 약관에 의거 선주로부터 청구를 받았을 경우에는 피보험자는 그 취지를 보험자에게 통지할 것을 약속한다. 보험자는 자기의 비용으로 선주의 청구에 대하여 피보험자를 보호할 권리를 갖는다.

12) 제12조 포획·나포부담보약관

포획·나포부담보약관(Free From Capture and Seizure Clause)은 포획이나 나포위험을 보험자가 담보하지 않는다는 것을 규정하고 있는 약관이다. 과거 Lloyd's 보험증권에서는 이탤릭서체로 인쇄되어 있었다.

이 약관에 따라 보험자는 포획이나 나포는 물론 전쟁위험도 보상하지 않게 된다.

포획(capture)은 적국에 의해 선박이나 적하의 소유권 또는 재산권을 그 소유자 또는 기타 권리자로부터 탈취할 의사를 갖고 하는 점유의 탈취를 말하며, 국제법상의 포획뿐 아니라 불법적인 포획까지도 포함하는 개념이다.

나포(seizure)는 포획보다 넓은 개념으로 일체의 강제적인 점유의 탈취행위를 말한다.

F.C. & S. Clause

12. Warranted free of capture, seizure, arrest, restraint or detainment, and the consequences thereof or of any attempt thereat; also from the consequences of hostilities or warlike operations,

whether there be a declaration of war or not; but this warranty shall not exclude collision, contact with any fixed or floating object (other than a mine or torpedo), stranding, heavy weather or fire unless caused directly (and independently of the nature of the voyage or service which the vessel concerned or, in the case of a collision, any other vessel involved therein, is performing) by a hostile cot by or against a belligerent power; and for the purpose of this warranty "power" includes any authority maintaining naval, military or air forces in association with a power. Further warranted free from the consequences of civil war, revolution, rebellion, insurrection, or civil strife arising therefrom, or piracy.

12. 포획, 나포, 강류, 억지 또는 억류와 이러한 행위의 결과 또는 이러한 행위를 하고자 시도한 결과를 담보하지 않는다. 또한 선전포고의 유무에 관계없이 적대행위 또는 군사적 행동의 결과를 담보하지 않는다.

그러나, 본 면책약관은 교전국에 의하여 혹은 교전국에 대하여 행해진 적대행위로 인하여 직접 발생되지 않는 한 고정 혹은 부유물체와의 충돌 또는 접촉, 좌초, 악천후, 화재를 면책하는 것은 아니다. 또한 본 면책약관에 관한 한 국가라 하는 것은 어느 국가와 제휴하고 해군, 육군, 공군을 보유하고 있는 모든 정권에 포함된다. 또한 내란, 혁명, 모반, 반란 또는 이로 인해 발생하는 국내투쟁의 결과와 해적행위를 담보하지 않는다.

13) 제13조 동맹파업 · 폭동 · 소요부담보약관

동맹파업·폭동·소요부담보약관(Free From Strikes, Riots and Civil Commotions Clause)은 동맹파업, 폭동, 소요 등과 같은 위험으로 보험사고가 발생하면 보험자는 면책된다는 것을 규정하고 있는 약관이다. 실무에서는 이 약관을 간단히 'F.S.R. & C.C. Clause'로 약칭하여 부르고 있다.

> **F.S. R. & C.C. Clause**
>
> 13. Warranted free of loss or damage
> (a) caused by strikers, locked-out workmen, or persons taking part in labour disturbances, riots or civil commotions
> (b) resulting from strikes, lock-outs, labour disturbances, riots or civil commotions
>
> 13. 다음 사유로 인한 멸실이나 손상을 담보하지 않는다.
> (a) 동맹파업자, 직장폐쇄노동자, 또는 노동쟁의, 폭동 또는 소요에 가담한 자에 의해 발생한 것
> (b) 동맹파업, 직장폐쇄, 노동쟁의, 폭동 또는 소요의 결과로 발생한 것

14) 제14조 신속조치약관

신속조치약관(Reasonable Despatch Clause)은 피보험자는 자기가 좌우할 수 있는 모든 여건에서는 가능한 한 신속하게 행동을 취해야 한다는 것을 규정하고 있는 약관이다. 즉, 보험기간 중에 발생한 위험변동 등에 대해서 피보험자는 신속한 통지(prompt notice) 및 합리적인 대응조치(reasonable dispatch)를 취해야 한다는 것이다.

> **Reasonable Despatch Clause**
>
> 14. It is a condition of this insurance that the Insured shall act with reasonable despatch in all circumstances within their control.
>
> 14. 피보험자는 자기가 좌우할 수 있는 모든 여건에서는 가능한 한 신속하게 행동하는 것이 이 보험의 조건이다.

제 2 절 신협회적하약관

1. 신협회적하약관의 의의

런던 및 로이즈 보험자협회는 구약관인 1963년 협회적하약관을 1982년에 개정하였다. 이를 신협회적하약관 또는 신약관이라고 부른다.

구약관은 지금으로부터 약 400년 전에 작성된 약관을 토대로 제정되었기 때문에 어법이 낡고 이해하기 어려웠다. 또한 구약관상의 WA조건과 FPA조건의 담보범위 차이가 불명확하여 피보험자들에게 혼란을 야기시켰다.

이러한 문제들을 개선하기 위해 개정된 신약관은 구약관의 A/R, W/A, FPA를 ICC(A), ICC(B), ICC(C)로 표시하여 명칭을 간소화하였고 담보범위도 수정하였다.

그러나 신협회적하약관에서 보험자의 보상범위에 대한 조항은 구협회적하약관과 거의 변동이 없다. 신협회적하약관은 1982년 1월 1일자로 공포되어 다음 해 4월 1일부터 사용되고 있으며 우리나라는 1983년 3월부터 이 약관을 사용하고 있다.

2. 신협회적하약관의 종류

신협회적하약관은 ① Institute Cargo Clause (A) : ICC(A) ② Institute Cargo Clause (B) : ICC(B) ③ Institute Cargo Clause (C) : ICC(C) ④ Institute War Clause ⑤ Institute Strikes Clause 등 5가지 약관으로 구성되어 있으며, 핵심이 되는 것은 ICC(A), ICC(B), ICC(C)이다. 이중에서 ICC(A)의 보상범위가 가장 넓고, 그 다음은 ICC(B), 그리고 ICC(C) 조건의 순서이다. 대신 보험계약자나 피보험자 입장에서 보험료의 부담이 큰 조건은 ICC(A), ICC(B), ICC(C) 순서이다.

1) Institute Cargo Clauses (A)

ICC(A)는 구약관의 전위험담보조건(A/R)에 상응하는 조건으로, 보험자의 일반면책사항, 불내항 및 부적합, 전쟁 및 동맹파업에 따른 위험 등을 제외한 모든 손해를 보험자가 보상하는 조건이다. 담보범위가 가장 광범위한 조건이므로 손해가 약관에 의하여 면책되는 것이 아닌 한 모든 위험을 보험자가 보상한다.

2) Institute Cargo Clauses (B)

ICC(B)는 구약관의 단독해손담보조건(WA)에 상응하는 조건으로, ICC(C)의 담보위험에 ① 지진, 화산의 분화, 낙뢰와 상당한 인과관계가 있는 피보험목적물의 멸실 및 손상 ② 갑판유실로 인한 피보험목적물의 멸실 및 손상 ③ 본선과 기타 운송용구에의 해수, 호수, 강물의 유입으로 인한 피보험목적물의 멸실 및 손상 ④ 선적 또는 양화작업 중의 포장단위당 전손의 위험이 추가된 조건이다.

3) Institute Cargo Clauses (C)

ICC(C)는 구약관의 단독해손부담보조건(FPA)에 상응하는 것으로, ① 화재 또는 폭발 ② 분선 또는 부선의 좌초, 침몰, 전복 ③ 육상 운송용구의 전복 또는 탈선 ④ 본선, 부선 또는 운송용구와 물 이외의 다른 물체와의 충돌 또는 접촉 ⑤ 피난항에서의 화물의 양하 ⑥ 공동해손 희생손해 ⑦ 화물의 투하를 보상하는 조건이다.

ICC(C)상의 면책위험은 ① 피보험자의 고의에 의한 손해 ② 통상적 누손, 감량 등 자연소모 ③ 포장불량에 의한 손해 ④ 화물 고유의 하자 또는 성질에 의한 손해 ⑤ 항해지연으로 인한 손해 ⑥ 본선의 소유자, 관리자, 용선자 또는 운항자의 도산이나 금전상의 채무불이행으로 생긴 손해 ⑦ 불법적인 행위에 의한 피보험목적물의 파괴 또는 손상 ⑧ 핵무기 사용으로 인한 손해 외에 선박 등의 불내항성에 따른 위험, 전쟁위험, 동맹파업위험 등이 포함된다.

한편, 구약관의 FPA나 WA조건에서는 단독해손에 대해 상당한 제한을 하였다. 즉, FPA조건에서는 단독해손인 분손은 선박이 좌초(stranding), 침몰(sinking) 및 대화재(burning)의 SSB사고가 발생한 경우를 제외하고는 원칙적으로 보상되지 않았다.

또한 WA조건에서는 단독해손인 분손도 보통 담보하는 위험으로 인한 손해이면 모두 보상해 주었지만 SSB사고를 제외하고 원칙적으로 일정비율 미만의 단독해손은 담보되지 않았다.

그러나 ICC(B) 조건과 ICC(C) 조건에서는 그 손해가 담보위험으로 발생한 손해이면 전손과 분손에 관계없이 보상이 이루어지도록 하였다.

한편, ICC(B) 조건과 ICC(C) 조건은 ICC(A) 조건에 비해 보상하지 않는 위험들이 많기 때문에, 화물에 따라서는 부가위험을 특약해야 보상받을 수 있다.

대표적인 부가위험으로는 도난·발하·불착손(TPND)과 갑판유실(JWOB) 등이 있는데 추가보험료를 지급하고 특약하면 ICC(B)와 ICC(C) 조건에서도 이들 위험에 의한 손해를 보상받을 수 있게 된다.

〈표 Ⅳ-1〉 ICC(A)·ICC(B)·ICC(C)의 담보위험

담 보 위 험	ICC(A)	ICC(B)	ICC(C)
다음 사유에 상당한 인과관계가 있는 멸실 및 손상			
① 화재, 폭발	○	○	○
② 선박 등의 좌초, 교사, 침몰, 전복	○	○	○
③ 육상 운송용구의 전복, 탈선	○	○	○
④ 선박 등의 충돌, 접촉	○	○	○
⑤ 피난항에서 화물의 양하	○	○	○
⑥ 지진, 화산의 분화, 낙뢰	○	○	×
다음 사유로 인한 멸실 및 손상			
⑦ 공동해손 희생손해	○	○	○
⑧ 투하	○	○	○
⑨ 갑판유실	○	○	×
⑩ 해수 등의 유입	○	○	×
⑪ 선적·양륙시의 포장당 전손	○	○	×
⑫ 상기 이외의 일체의 위험	○	×	×
⑬ 공동해손구조비	○	○	○
⑭ 쌍방과실충돌	○	○	○

신협회적하약관 (A), (B), (C)는 제1조(위험약관), 제4조(일반면책약관) 및 제6조(전쟁면책약관)를 제외하고는 그 내용이 전적으로 동일하다.

그러나 이 중에서 제6조는 구약관에서 전쟁위험으로 취급하였던 해적위험을 해상위험으로 취급하게 됨에 따라 ICC(A) 조건 제6조 제2항 괄호 안에 'piracy except'(해적행위 제외)라는 문구가 있으나, ICC(B) 및 ICC(C) 조건에는 이러한 문구가 없다는 점만 차이가 있다. 그러므로 신협회적하약관의 경우 (A)조건은 해적행위가 해상위험이 되지만 (B)와 (C)조건에서는 전쟁위험에 해당한다.

3. 신협회적하약관의 구성

신협회적하약관 (A), (B), (C)의 약관들은 모두 19개 약관으로 구성되고 있으며, 이것은 다시 ① 담보위험(Risks Covered) ② 면책조항(Exclusions) ③ 보험기간(Duration) ④ 보험금청구(Claims) ⑤ 보험이익(Benefit of Insurance) ⑥ 손해경감(Minimising Losses) ⑦ 지연의 회피 ⑧ 법률 및 관례의 8개 Section으로 묶어 배열되어 있다.

〈표 Ⅳ-2〉 신협회적하약관의 구성

구 분	약관번호	약 관 명
담보위험 (Risk covered)	제1조	Risks Clause(위험약관)
	제2조	General Average Clause(공동해손약관)
	제3조	"Both to Blame Collision" Clause(쌍방과실충돌약관)
면책위험 (Exclusions)	제4조	General Exclusion Clause(일반면책약관)
	제5조	Unseaworthiness & Unfitness Exclusion Clause (불내항·부적합면책약관)
	제6조	War Exclusion Clause(전쟁면책약관)
	제7조	Strikes Exclusion Clause(동맹파업면책약관)
보험기간 (Duration)	제8조	Transit Clause(운송약관)
	제9조	Termination of Contract of Carriage Clause (운송계약종료약관)
	제10조	Change of Voyage clause(항해변경약관)
보험금청구 (Claims)	제11조	Insurable Interest Clause(피보험이익약관)
	제12조	Forwarding Charges Clause(계반비용약관)
	제13조	Constructive total Loss clause(추정전손약관)
	제14조	Increased Value Clause(증액약관)
보험이익 (Benefit of Insurance)	제15조	Not Insure Clause(보험이익불공여약관)
손해경감 (Minimising Losses)	제16조	Duty to Assured Clause(피보험자의무약관)
	제17조	Waiver Clause(포기약관)
지연의 회피 (Avoidance of Delay)	제18조	Reasonable Despatch Clause(신속조치약관)
법률 및 관례 (Law & Practice)	제19조	English Law & Practice(영국법 및 관례약관)

4. 신·구협회적하약관의 비교

구협회적하약관과 신협회적하약관은 핵심적인 내용면에서는 큰 차이가 없다. 다만 구약관인 FPA, WA, A/R조건이 신약관인 ICC(C), ICC(B), ICC(A)로 변경되었고 일부조항의 변동과 함께 몇 개의 조항들이 신설되었다.

ICC(A)와 A/R조건을 중심으로 이들의 내용을 간략히 비교하면 다음과 같다.

〈표 Ⅳ-3〉 신·구협회적하약관의 비교

구 분	ICC(A)(신약관)		ICC(A/R)(구약관)			
	약관 번호	약 관 명	약관 번호	동일 표현	표현 변경	신설
담보위험	1	Risks Clause	5		○	
	2	General Average Clause	5		○	
	3	"Both to Blame Collision" Clause	11	○		
면책위험	4	General Exclusion Clause	5		○	
	5	Unseaworthiness & Unfitness Exclusion Clause	8		○	
	6	War Exclusion Clause	12		○	
	7	Strikes Exclusion Clause	13		○	
보험기간	8	Transit Clause	1	○		
	9	Termination of Contract of Carriage Clause	2		○	
	10	Change of Voyage clause	4		○	
손해사정	11	Insurable Interest Clause				○
	12	Forwarding Charges Clause				○
	13	Constructive total Loss clause	6	○		
	14	Increased Value Clause				○
보험이익	15	Not Insure Clause	10	○		
손해경감	16	Duty to Assured Clause	9		○	
	17	Waiver Clause				○
미연방지	18	Reasonable Despatch Clause	14	○		
법률관례	19	English Law & Practice				○

1) Institute Cargo Clauses (A)

ICC(A)는 보험자가 법률이나 약관에 의해 면책되는 위험을 제외한 일체의 위험을 보상하는 조건이다. ICC(A)와 구약관 A/R을 비교해 보면 다음과 같다.

첫째, ICC(A)상의 담보위험(risks covered)은 구약관 A/R의 담보위험과 표현방법은 달라도 실제 담보위험과 범위는 사실상 A/R조건과 동일하다.

둘째, 제1조 위험약관(risks clause)은 A/R의 제5조 전위험담보약관의 내용과 같다.

셋째, 보험자의 면책위험을 한데 묶어 Exclusions란 큰 제목하에 일반면책약관(General Exclusion Clause), 불내항 및 부적합면책약관(Unseaworthiness and Unfitness Exclusion Clause), 전쟁면책약관(War Exclusion Clause) 및 동맹파업면책약관(Strikes Exclusion Clause)을 제4조, 제5조, 제6조 및 제7조에 연속적으로 배열하였다.

넷째, 도산이나 금전상의 채무불이행을 면책위험으로 명시하여 피보험자와 보험자간에 발생할 수 있는 분쟁의 소지를 제거하였다.

다섯째, 제11조의 피보험이익약관, 제17조의 포기약관 및 제19조의 법률 및 관례 약관 등은 구 약관에 없던 것으로 새로 신설된 것이다.

2) Institute Cargo Clauses (B)

ICC(B)는 구약관의 WA조건과 유사하며 ICC(A)와는 위험약관에 차이가 있다. 즉, ICC(B)는 담보하는 위험을 제1조에 다음과 같이 구체적으로 열거하고 있다.

또한 WA약관과 ICC(B)는 그 보상범위가 거의 동일하지만, 구약관 FPA에서 담보하고 있는 화물단위당 추락전손을 ICC(C) 조건이 아닌 ICC(B) 조건에서 담보하고 있다.

제1조(위험약관) : 이 보험은 다음 제4조, 5조, 6조 및 제7조에서 규정한 면책위험을 제외하고 다음의 멸실, 손상을 보상한다.

(1) 다음의 사유에 상당한 인과관계가 있는 피보험목적물의 멸실, 손상

화재 또는 폭발, 본선 또는 부선의 좌초, 교사, 침몰 또는 전복, 육상 운송용구의 전복 또는 탈선, 본선, 부선 또는 운송용구와 물 이외의 다른 물체와의 충돌 또는 접촉, 피난항에서의 화물의 양하, 지진, 화산의 분화, 낙뢰

(2) 다음의 사유로 생긴 피보험목적물의 멸실, 손상

공동해손 희생손해, 투하 또는 갑판유실, 본선, 부선, 선창, 운송용구, 컨테이너, 지게자동차 또는 보관장소에 해수, 호수, 강물의 유입, 본선, 부선으로의 선적 또는 양하작업 중 바다에 떨어지거나 갑판에 추락한 포장당 1개의 전손

3) Institute Cargo Clauses (C)

ICC(C)는 구약관인 FPA조건과 유사한데 담보위험은 제1조(위험약관)에 다음과 같이 구체적으로 열거하고 있다.

> 제1조(위험약관) : 이 보험은 다음 제4조, 5조, 6조 및 제7조에서 규정한 면책위험을 제외하고 다음의 멸실, 손상을 보상한다.
> (1) 다음의 사유에 상당한 인과관계가 있는 피보험목적물의 멸실, 손상
> 화재 또는 폭발, 본선 또는 부선의 좌초, 교사, 침몰, 전복, 육상 운송용구의 전복 또는 탈선, 본선, 부선 또는 운송용구와 물 이외의 다른 물체와의 충돌 또는 접촉, 피난항에서의 화물의 양하
> (2) 다음의 사유로 생긴 피보험목적물의 멸실, 손상
> 공동해손 희생손해, 투하

이를 요약하면 ICC(C)는 제4조 일반면책약관, 제5조 불내항 및 부적합면책약관, 제6조 전쟁면책약관 및 제7조 동맹파업면책약관에서 규정한 위험은 보상이 안 된다.

그리고 화재 또는 폭발, 본선이나 부선의 좌초 등, 육상 운송용구의 전복이나 탈선, 본선, 부선 또는 운송용구와 물 이외의 다른 물체와의 충돌이나 접촉, 피난항에서의 화물의 양하, 공동해손 희생손해, 투하로 인해 발생한 멸실과 손상은 보상된다.

(1) ICC(B)와 차이

ICC(B)와의 차이는 ICC(B)에서 담보하는 위험에 있다. 즉, ICC(B)에서는 ① 지진, 화산의 분화 또는 낙뢰 ② 갑판유실 ③ 본선, 부선, 선창, 운송용구, 컨테이너, 지게자동차 또는 보관장소에 해수, 호수, 강물의 유입 ④ 본선, 부선으로의 선적 또는 양하 작업 중 바다에 떨어지거나 갑판에 추락한 포장당 1개의 전손의 위험은 보상하였지만, ICC(C)에서는 담보하지 않는다.

(2) 구 FPA와 차이

구 FPA와의 차이는 FPA조건에서는 본선이나 부선에 선적이나 양하 작업 중 바다나 갑판에 추락한 포장단위당 전손을 보상하고 있으나, ICC(C)에서는 이를 보상하지 않는 대신 ICC(B)에서 보상하도록 규정하고 있다는 점이다.

제 3 절 개정 협회적하약관

1. 개정약관의 제정 경위와 사용

1) 제정 경위

1982년에 도입된 신협회적하약관은 구 Lloyd's S.G. Policy에서 탈피한 적하보험증권의 새로운 걸음이었다. Lloyd's S.G. 보험증권은 비록 몇몇 판결에서 매우 이상한 도구(a very strange instrument)로 묘사되기도 하였으나, 법원의 무수한 판례에 의해 단어의 의미가 잘 확립된 것으로 평가되어 왔다.

한편 1982년에 도입된 신협회적하약관하에서도 담보범위에 관한 큰 소송들은 거의 발생되지 않았다. 그러나 시간이 흐르면서 변화는 발생하기 마련인데, 특히 최근의 해상사기와 절도, 테러행위의 만연 등 국제환경의 변화는 협회적하약관의 개정을 하지 않을 수 없도록 하는 환경요인으로 작용하였다.

2009년 협회적하약관(ICC)의 개정작업은 Nicholas Gooding을 의장으로 하는 작업반을 만들고 이해당사자들에게 질문서를 보낸 2006년 2월부터 시작되었다.

작업반은 질문서에 대한 답변을 분석한 다음, ICC(A), ICC(B) 및 ICC(C)와 전쟁 및 동맹파업약관의 개정을 작성하여 2008년 10월 최종 초안을 배포하였다.

이어 2008년 11월 개정 협회적하약관(이하 개정약관이라 함) 및 관련 약관들이 공표된 이후 2009년 1월 1일부터 시행되었다.

2) 사용

우리나라 적하보험실무에서는 수출화물의 경우 신용장(L/C)에 의해 지정되어 있는 경우나 피보험자의 특별한 요청이 있는 경우에는 구해상보험증권 양식과 1982년 협회적하약관을 주로 사용하였다.

그러나 상당수의 계약에서는 전통적인 Lloyd's S.G. 보험증권을 모방한 구 보험증권과 1963년 협회적하약관(WA, FPA, All Risks)을 아직도 그대로 사용하고 있다.

국제적인 추세가 신해상보험증권과 1982년 약관을 사용하고 있고 2009년 개정약관에는 피보험자에게 유리한 개정내용들이 많이 들어있다는 것을 고려하면 우리나라에서도 개정약관의 사용이 가속될 것으로 보인다.

2. 개정약관의 특징

2009년 개정약관(ICC)은 27년 만에 국제적인 표준약관을 개정한 것으로, 이전의 약관과 비교하여 용어의 정의가 명확하게 되었고 문장의 수정을 통한 평이화도 이루어졌으며, 현재의 물류사정에 적합한 내용들도 상당수 규정되어 있다.

개정약관은 1982년 약관과 비교하면 보험약관의 구성이나 보험조건의 명칭에는 큰 변화가 이루어지지 않았고 주로 보상내용에 대한 개정이 이루어졌다. 전체적으로는 보험계약자(피보험자)들의 입장을 반영한 새로운 규정들이 다수 포함되어 있다.

1) 용어와 문장의 개정

1982년 신협회적하약관은 그 이전의 것에 비해 Lloyd's S.G. 보험증권의 전통적인 용어나 고풍스러운 중세영어를 배제하는 대신, 평이한 현대영어로 수정되었다.

이러한 경향은 계속 이어져 2009년 개정약관에서도 다음과 같이 용어의 통일성이 이루어졌고 문장자체도 더욱 깔끔하게 수정되었다.

첫째, 1982년 약관에서는 'cargo', 'goods' 및 'subject-matter insured' 등의 용어를 혼용하여 사용하였으나, 2009년 개정약관에서는 모두 'subject-matter insured'(피보험목적물)로 통일되었다.

둘째, 1982년 약관에서는 'Underwriters'와 'Insurers'가 혼용되어 사용되었지만, 개정약관에서는 'Underwriters'라는 단어는 사용되지 않는 대신 'Insurers'라는 단어로 통일되었다.

셋째, 1982년 약관에서 많이 사용되었던 'herein' 또는 'hereunder'를 개정약관에서는 오해를 주지 않기 위해 삭제하였다. 예를 들어 제9조 제2항에 있는 'the destination named herein'이 'the destination named in the contract of insurance'로 수정하였다.

넷째, 개정약관에서는 사용인을 의미하는 'Servants'라는 단어 대신에, 한층 현대적인 개념인 'Employees'라는 단어가 사용되었다. 이 Employees(사용인)의 의미에는 '독립한 청부업자'는 포함되지 않음도 명시하고 있다.

다섯째, 개정약관에서는 내용이 불분명하였던 'Liftvan'이라는 용어가 삭제되었다.

여섯째, 개정약관에서는 테러행위(act of terrorism)의 의미를 준거법인 영국법의 표현방식을 모방하여 보다 분명하게 정의하였다.

이외에도 policy(보험증권)는 'contract of insurance'(보험계약서)로 변경되었으며, contract of affrightment(용선)는 'contracts of carriage'(운송계약)로 변경되었고, affrightment은 'carriage'로 그리고 held covered는 'cover may be provided'로 각각 수정되었다.

2) 피보험자에게 유리한 개정

2009년 개정약관은 이하와 같은 측면에서 피보험자에게 유리하도록 개정되었다.

첫째, 보험기간의 시기와 종기가 더 확대되었다. 즉, 개정약관에서는 보험기간이 보다 구체적으로 명기되어 창고나 보관장소 내에서 피보험목적물이 수송용구에 적입을 위해 움직여졌을 때에 보험자의 책임이 개시되며, 목적지의 최종창고나 보관장소에서 수송용구로부터 하역되어 놓여질 때 보험자의 책임이 종료되도록 개정되었다.

이에 따라 수송의 개시를 위한 적입작업 중에 발생한 손해도 담보되며, 종료시기에서 하역하는 작업 중에 발생한 손해도 보상받을 수 있게 되었다.

그 외에도 피보험자나 그 사용인이 피보험목적물의 수송 중에 수송용구(컨테이너를 포함)를 통상의 수송과정 이외의 보관을 위해 사용하는 것을 선택했을 경우, 그 시점에서 보험이 종료된다는 규정도 추가되었다.

둘째, 이른바 선사도산면책의 규정이 1983년에 제정된 협회상품동업자약관(Institute Commodity Trade Clauses) (A)와 1986년에 제정된 협회냉동육약관의 규정을 모방하여 피보험자에게 더욱 유리하도록 개정되었다.

1982년 약관에서는 선박(또는 항공기)의 소유자, 관리자, 용선자 또는 운항자의 지급불능이나 경제적 곤란으로 인하여 생기는 멸실, 손상 또는 비용은 피보험자가 알고 있었는가의 여부를 불문하고 면책이었다.

그러나 2009년 개정약관에서는 피보험자가 알고 있었거나 또는 통상의 업무상 당연히 알고 있어야 할 경우에만 적용되도록 함으로써, 피보험자의 입장에서는 면책의 규정이 완화되었다. 또, 구속력이 있는 계약에 따라, 선의로 피보험목적물을 구입한 자에게 보험계약이 양도되어 그 자가 보험금을 청구하게 되는 경우에는 이 면책조항이 적용되지 않는다는 규정도 추가되었다.

셋째, 피보험목적물의 포장이나 준비가 불안전하거나 부적합한 경우의 면책도 개정되었다. 1982년 약관에서는 포장의 불완전이나 부적합에 기인하는 면책은 적용 범위가 넓었고, 피보험자의 관리가 미치지 못할 경우나 위험 개시 후에 생긴 포장의 불완전이나 부적합도 면책의 대상이 되었으며, 컨테이너 등에의 적입은 운송업체 등이 행할 경우에 면책을 적용하지 않는다는 완화조치를 담고 있었다. 그런데 2009년 개정약관에서는 위험 개시 후에 제3자가 포장을 행할 경우는 면책을 적용하지 않는다는 것이 추가되었다. 따라서 피보험자로서는 면책의 적용이 완화된 것이다.

넷째, 신의의 매수인이나 보험증권의 양수인에 대한 선박이나 부선의 불내항 및 안전한 운송에의 부적합면책의 적용을 면제하였다.

3. 개정약관의 내용

1) 제1조 위험약관

(1) ICC(A) : Risks Clause

담보위험약관(Risk Covered)은 해상위험으로 인해 발생한 손해를 보험자가 보상한다는 것을 규정한 약관으로 위험약관(Risk Clause)이라고도 한다.

> **Risks Clause**
>
> 1. This insurance covers all risks of loss of or damage to the subject-matter insured except as excluded by the provisions of Clauses 4, 5, 6 and 7 below.
>
> **위험약관**
>
> 1. 이 보험은 다음의 제4조, 제5조, 제6조 및 제7조에 규정에 의하여 배재된 위험을 제외하고 피보험목적물의 멸실 또는 손상에 관한 일체의 위험을 담보한다.

ICC(A)는 보험자가 법률이나 약관에 의해 면책되는 위험을 제외한 일체의 위험을 보상하는 조건이다. 따라서 보상범위가 가장 넓은 ICC(A) 조건이라 할지라도 말 그대로 모든 손해를 보상하는 것은 아니다.

실제로 ICC(A)는 제1조(risks clause)에 '제4조, 제5조, 제6조 제7조 등에서 규정된 사유를 제외하고 피보험목적물의 멸실 또는 손상에 관한 일체의 위험을 담보한다.'고 규정하고 있다. 그러므로 ICC(A)에서도 불내항 및 부적합, 전쟁위험, 동맹파업위험 외에, 제4조 일반면책약관에 규정되어 있는 다음의 위험들은 보험자가 면책된다.

첫째, 피보험자의 고의적인 불법행위

둘째, 통상의 누손, 중량 또는 용적의 통상적인 감소 또는 자연소모나 마모

셋째, 포장이나 준비의 불충분 또는 부적합

넷째, 피보험목적물의 고유의 하자나 성질

다섯째, 지연

여섯째, 선박의 소유자 등의 도산이나 금전상의 채무불이행

일곱째, 원자핵분열 등

(2) ICC(B) : Risks Clause

열거책임주의를 채택하고 있는 ICC(B)상의 담보위험은 제4조(일반면책약관), 제5조(불내항 및 부적합면책약관), 제6조(전쟁면책약관), 제7조(동맹파업면책약관)는 당연히 제외되고, 제1조에 열거되어 있는 위험이 된다.

ICC(B)의 담보위험은 ICC(A)의 담보위험에서 규정된 것과는 달리 제1조에 구체적으로 열거하고 있다. ICC(B) 제1조에서 열거하고 있는 보험자가 부담하는 위험은 첫째, 위험과 손해 간에 상당한 인과관계가 요구되는 위험 둘째, 단순한 인과관계만을 요구하는 위험, 셋째, 인과관계가 필요 없는 본선이나 부선에 선적 또는 양하 작업 중 바다 또는 갑판에 추락한 포장단위당 전손 등 세 가지 항목이다.

Risks Clause

1. This insurance covers, except as excluded by the provisions of Clauses 4, 5, 6 and 7 below,

1.1 loss of or damage to the subject-matter insured reasonably attributable to

1.1.1 fire or explosion

1.1.2 vessel or craft being stranded grounded sunk or capsized

1.1.3 overturning or derailment of land conveyance

1.1.4 collision or contact of vessel craft or conveyance with any external object other than water

1.1.5 discharge of cargo at a port of distress

1.1.6 earthquake volcanic eruption or lighting

1.2 loss of or damage to the subject-matter insured caused by

1.2.1 general average sacrifice

1.2.2 jettison or washing overboard

1.2.3 entry of sea lake or river water into vessel craft hold conveyance container liftvan or place of storage,

1.3 total loss of any package lost overboard or dropped whilst loading on to, or unloading from, vessel.

우선, 위험과 손해 간에 상당한 인과관계가 요구되는 위험으로 ① 화재 또는 폭발 ② 본선 또는 부선의 좌초, 교사, 침몰 또는 전복 ③ 육상 운송용구의 전복 또는 탈선 ④ 본선, 부선 또는 운송용구와 물 이외의 다른 물체와의 충돌 또는 접촉 ⑤ 피난항에서의 화물의 양하 ⑥ 지진, 화산의 분화 또는 낙뢰 등 여섯 가지를 규정하고 있다.

둘째는 단순한 인과관계만을 요구하는 위험으로 ① 공동해손 희생손해 ② 투하 또는 갑판유실 ③ 본선, 부선, 선창, 운송용구, 컨테이너, 지게차 또는 보관장소에 해수, 호수, 하천수의 유입 등 세 가지를 규정하고 있다.

셋째는 인과관계가 필요 없는 본선이나 부선으로의 선적 또는 양하 작업 중 바다 또는 갑판에 추락한 포장단위당 전손 등 한 가지를 규정하고 있다.

위험약관

1. 이 보험은 다음의 제4조, 제5조, 제6조 및 제7조의 규정에 의하여 배제된 위험을 제외하고 다음의 멸실 또는 손상에 관한 위험을 담보한다.

1.1 다음의 사유에 합리적으로 기인하는 피보험목적물의 멸실 또는 손상

1.1.1 화재 또는 폭발

1.1.2 본선 또는 부선의 좌초, 교사, 침몰 또는 전복

1.1.3 육상 운송용구의 전복 또는 탈선

1.1.4 본선, 부선 또는 운송용구와 물 이외의 다른 물체와의 충돌이나 접촉

1.1.5 피난항에서의 화물의 양하

1.1.6 지진, 화산의 분화 또는 낙뢰

1.2 다음의 사유에 기인하는 피보험목적물의 멸실 또는 손상

1.2.1 공동해손 희생손해

1.2.2 투하 또는 갑판유실

1.2.3 본선, 부선, 선창, 운송용구, 컨테이너, 지게차 또는 보관장소에 해수, 호수 또는 하천수의 유입

1.3 본선이나 부선으로의 선적 또는 하역 작업 중에 바다로의 낙하 또는 갑판상에 추락한 포장단위 당 전손

(3) ICC(C) : Risks Clause

열거책임주의 방식을 채택하고 있는 ICC(C)상 담보위험은 제4조, 제5조, 제6조, 제7조는 당연히 제외되고, 제1조에서 보험자가 부담하도록 구체적으로 열거되어 있는 위험이 된다. 즉, 개정 ICC(C)상의 담보위험약관(risk covered clause)에서는 일반면책약관, 불내항 및 부적합면책약관, 전쟁면책약관, 동맹파업면책약관의 위험을 제외하고, 담보위험에 기인하는 피보험목적물의 멸실 또는 손상에 관한 위험을 담보하고 있다.

ICC(A)는 포괄책임주의를 채택하고 있고, ICC(B)의 담보위험약관과 ICC(C)의 담보위험약관은 열거책임주의를 채택하고 있다. ICC(C)는 ICC(B)보다 보험자의 보상범위가 적기 때문에 ICC(C)는 제1조에 열거된 담보위험의 수가 ICC(B)보다 적다.

즉, 개정 ICC(A), ICC(B), ICC(C)에서 담보하는 담보위험을 비교하면 ICC(A)의 담보범위가 가장 넓고, ICC(B)의 담보범위는 ICC(A)보다는 좁지만 ICC(C)보다는 넓다.

개정 ICC(A), ICC(B), ICC(C) 중에서 ICC(C)의 담보범위가 가장 좁다.

Risks Clause

1. This insurance covers, except as excluded by the provisions of Clauses 4, 5, 6 and 7 below,

1.1 loss of or damage to the subject-matter insured reasonably attributable to

1.1.1 fire or explosion

1.1.2 vessel or craft being stranded grounded sunk or capsized

1.1.3 overturning or derailment of land conveyance

1.1.4 collision or contact of vessel craft or conveyance with any external object other than water

1.1.5 discharge of cargo at a port of distress,

1.2 loss of or damage to the subject-matter insured caused by

1.2.1 general average sacrifice

1.2.2 jettison

위험약관

1. 이 보험은 다음의 제4조, 제5조, 제6조 및 제7조의 규정에 의하여 배제된 위험을 제외하고, 다음의 멸실 또는 손상에 관한 위험을 담보한다.

1.1 다음의 사유에 합리적으로 기인하는 피보험목적물의 멸실 또는 손상

1.1.1 화재 또는 폭발

1.1.2 본선 또는 부선의 좌초, 교사, 침몰 또는 전복

1.1.3 육상 운송용구의 전복 또는 탈선

1.1.4 본선, 부선 또는 운송용구와 물 이외의 다른 물체와의 충돌 또는 접촉

1.1.5 피난항에서의 화물의 양하

1.2 다음의 사유에 기인하는 피보험목적물의 멸실 또는 손상

1.2.1 공동해손 희생손해

1.2.2 투하

즉, ICC(B)에 열거된 위험 중 ① 지진, 화산의 분화 또는 낙뢰 ② 갑판유실 ③ 본선이나 부선 등에 해수, 호수 또는 하천수의 유입 ④ 본선이나 부선의 추락손 전손 위험이 ICC(C)에서는 제외되었다.

구체적으로 ICC(C) 제1조에 규정되어 있는 보험자가 부담하는 위험은 다음과 같다.

첫째는 위험과 손해 간에 상당한 인과관계가 요구되는 위험으로, ① 화재 또는 폭발 ② 본선 또는 부선의 좌초, 교사, 침몰 또는 전복 ③ 육상 운송용구의 전복 또는 탈선 ④ 본선, 부선 또는 운송용구와 물 이외의 다른 물체와의 충돌 또는 접촉 ⑤ 피난항에서의 화물의 양하 등 다섯 가지의 세목으로 규정하고 있다.

둘째는 단순한 인과관계만을 요구하는 위험으로 공동해손 희생손해와 투하 등 두 가지의 세목으로 규정하고 있다.

이러한 위험들은 ICC(B)에서 보상되는 것과 같이 ICC(C)에서도 보상된다. 그러나 피보험목적물의 멸실 또는 손상에 상당인과관계를 갖는 위험인 갑판유실, 본선, 부선, 선창, 운송용구, 컨테이너 또는 보관장소에 해수, 호수 또는 하천수의 유입 등으로 인하여 발생한 피보험목적물의 멸실이나 손상은 ICC(C)에서는 보상되지 않는다.

2) 제2조 공동해손약관

공동해손약관(General Average Clause)는 개정약관 ICC(A), ICC(B), ICC(C) 모두 동일한 내용으로 규정되어 있다.

이 약관은 일반면책약관, 불내항·부적합면책약관, 전쟁면책약관, 동맹파업면책약관 또는 이 보험의 기타 약관에서의 사유를 제외하고, 적하와 선박의 공동위험을 회피하거나 그와 관련하여 발생한 피보험목적물의 멸실이나 손상은 해상운송계약을 비롯하여 강행적인 법률이나 관습에 따라 정산되며, 이와 관련하여 결정된 공동해손과 구조비를 보상한다는 내용이다.

1963년 ICC(FPA, WA, A/R)에서는 각 제7조에 규정되어 있었던 것이 1982년 및 2009년 ICC(A), ICC(B), ICC(C)에서는 각 제2조로 옮겨 규정되어 있다.

공동해손은 선하증권(B/L) 또는 용선계약서(C/P)에 기재된 준거법에 의해 정산된다. 또한 선하증권에는 '공동해손은 운송인의 선택에 따라 어느 항구, 어느 장소에서 정산될 수 있고 YAR(York-Antwerp Rule)에 준하여 정산된다.'는 공동해손약관이 삽입되어 있기 때문에 공동해손이 발생하면 YAR에 따라 정산하는 것이 국제적인 관례이다.

이 약관은 보험자의 보상책임에 대해 분쟁이 발생하면 곤란하므로 운송계약상의 취급 및 보험증권상의 취급을 일치시킬 목적으로 규정된 것이다.

General Average Clause

2. This insurance covers general average and salvage charges, adjusted or determined according to the contract of carriage and/or the governing law and practice, incurred to avoid or in connection with the avoidance of loss from any cause except those excluded in Clauses 4, 5, 6 and 7 below.

공동해손약관

2. 이 보험은 다음의 제4, 5, 6 및 7조에서 제외한 원인 이외의 원인에 의한 손해를 피하기 위하여 또는 피하는 것과 관련하여 발생한 공동해손과 구조비를 보상한다. 공동해손과 구조비의 정산과 결정은 해상운송계약 및/또는 준거법 및 관례에 따른다.

3) 제3조 쌍방과실충돌약관

쌍방과실충돌약관(Both to Blame Collision Clause)은 충돌한 선박 쌍방에 과실이 인정될 때, 그에 따른 손해를 부담한다는 것을 규정하고 있는 약관이다.

즉, 보험자의 손해보상범위를 확장하여 선하증권의 쌍방과실충돌약관에 의해 피보험자가 부담해야 할 금액 중 보험증권에서 보상받을 수 있는 손해에 관한 부분을 보험자가 지급함을 규정한 약관이다. 이는 피보험자인 하주의 불이익을 보호하기 위하여 도입된 약관이다. 이것은 일방과실충돌약관(One to Blame Collision Clause)에 상대되는 개념으로 구협회적하약관에서는 각 제11조에 규정되어 있었다.

"Both to Blame Collision" Clause

3. This insurance indemnifies the Assured, in respect of any risk insured herein, against liability incurred under any Both to Blame Collision Clause in the contract of carriage. In the event of any claim by carriers under the said Clause, the Assured agree to notify the insurers who shall have the right, at their own cost and expense, to defend the Assured against such claim.

쌍방과실충돌약관

3. 이 보험은 피보험자가 이 보험의 일체의 담보위험에 관하여, 운송계약상의 쌍방과실충돌약관에 의해 부담하는 책임액을 보상한다. 상기 약관에 의거 운송인으로부터 청구를 받았을 경우, 피보험자는 그 취지를 보험자에게 통지할 것을 약속한다. 보험자는 자기의 비용으로 운송인의 청구에 대하여 피보험자를 보호할 권리를 갖는다.

4) 제4조 일반면책약관

(1) ICC(A)의 일반면책약관

일반면책약관(General Exclusion Clause)은 보험자가 면책되는 위험들을 구체적으로 명시하고 있는 약관이다.

이 약관에 규정되어 있는 면책사유로는 ① 피보험자의 고의적인 불법행위 ② 통상의 누손, 중량 또는 용적의 통상적인 감소 또는 자연소모나 마모 ③ 포장이나 준비의 불충분 또는 부적합(위험개시 전 또는 피보험자에 의한 컨테이너에의 화물의 적재를 포함함) ④ 피보험목적물의 고유의 하자나 성질 ⑤ 지연(담보위험 또는 피보험위험에 의한 경우를 포함함) ⑥ 선박의 소유자, 관리자, 용선자, 운항자의 도산이나 금전상의 채무불이행 ⑦ 원자핵분열 등 원자력무기의 사용결과에 의한 손해 등이 있다.

이상과 같이 ICC(A) 조건상의 일반면책약관에 규정되어 있는 면책사유는 7항목이다. 그러나 ICC(B)와 ICC(C) 조건의 제4조에 규정되어 있는 면책사유는 8항목이다.

이것은 어떤 자와 어떤 자들의 불법행위에 의한 의도적인 손상이나 파괴는 보험자가 면책된다는 규정이 추가된 결과이다. 따라서 이 위험은 ICC(B) 조건과 ICC(C) 조건의 경우는 면책위험이고 ICC(A)의 경우는 면책위험에서 제외되어 있기 때문에 보험자가 담보하는 위험이 된다.

General Exclusion Clause

4. In no case shall this insurance cover

4.1 loss, damage or expense attributable to willful misconduct of the Assured

4.2 ordinary leakage, ordinary loss in weight or volume, or ordinary wear and tear of the subject-matter insured

4.3 loss, damage or expense caused by insufficiency or unsuitability of packing or preparation of the subject-matter insured to withst and the ordinary incidents of the insured transit where such packing or preparation is carried out by the Assured or their employees or prior to the attachment of this insurance(for the purpose of these Clauses "packing" shall be deemed to include stowage in a container and "employees" shall not include independent contractors)

4.4 loss, damage or expense caused by inherent vice or nature of the subject-matter insured

4.5 loss, damage or expense caused by delay, even though the delay be caused by a risk insured against (except expenses payable under Clause 2 above)

4.6 loss, damage or expense caused by insolvency or financial default of the owners, managers, charterers or operators of the vessel, the Assured are aware, or in the ordinary course of business should be aware, that such insolvency or financial default could prevent the normal prosecution of the voyage.

This exclusion shall not apply where the contract of insurance has been assigned to the party claiming hereunder who has bought or agreed to buy the subject-matter insured in good faith under a binding contract.

4.7 loss, damage or expense directly or indirectly caused by or arising from the use of any weapon or device atomic or nuclear fission and/or fusion or other like reaction or radioactive force or matter.

일반면책약관

4. 어떠한 경우에도 이 보험은 다음의 손해를 담보하지 아니한다.

4.1 피보험자의 고의의 불법행위에 기인하는 멸실, 손상 또는 비용

4.2 통상의 누손, 중량 또는 용적의 통상적인 감소 또는 자연소모나 마모

4.3 이 보험의 대상이 되는 운송에서 통상 발생하는 사고에 견딜 수 있도록 피보험목적물의 포장 또는 준비를 완전하고 적절하게 하지 않음으로 인하여 발생한 멸실, 손상 또는 비용. 다만, 그러한 포장 또는 준비가 피보험자 또는 사용인에 의해 실행되거나 이 보험의 개시 전에 실행되는 경우에 한한다(이 약관에 있어서 "포장"에는 컨테이너에 적부하는 것을 포함하고, "사용인"에는 독립계약자를 포함하지 아니한다)

4.4 피보험목적물의 고유의 하자 또는 성질에 기인하여 발생한 멸실, 손상 또는 비용

4.5 지연이 피보험위험에 기인하여 발생한 경우라도, 그 지연에 근인하여 발생한 멸실·손상 또는 비용 (다만 위의 2에 따라 지급되는 비용은 제외함)

4.6 선박의 소유자, 관리자, 용선자 또는 운항자의 도산이나 금전상의 채무불이행으로 인한 멸실, 손상 또는 비용. 다만 보험목적물을 본선에 적재할 때 피보험자가 그러한 도산이나 금전상의 채무불이행이 그 항해의 정상적인 수행을 방해할 수 있다는 사실을 알고 있었거나 또는 통상의 업무상 당연히 알고 있었을 경우에 한한다.

이 면책규정은 구속력 있는 계약에 따라, 선의로 피보험목적물을 구입한 자 또는 구입하는 것에 동의한 자에, 보험계약이 양도되어, 그 자가 이 보험에 의하여 보험금을 청구하는 경우에는 적용되지 아니한다.

4.7 원자력 또는 핵의 분열 및/또는 융합 또는 기타 이와 유사한 반응 또는 방사능이나 방사성 물질을 응용한 무기 또는 장치의 사용으로 인하여 직접 혹은 간접적으로 발생한 멸실, 손상 또는 비용

(2) ICC(B)·ICC(C)의 일반면책약관

ICC(B)와 ICC(C)의 일반면책약관(General Exclusion Clause)에서는 보험자가 면책이 되는 위험을 8가지로 규정하고 있다.

8가지는 ① 피보험자의 고의적인 불법행위 ② 통상의 누손이나 자연소모 등 ③ 포장이나 준비의 불충분이나 부적합 ④ 피보험목적물의 고유의 하자나 성질 ⑤ 지연 ⑥ 선박의 소유자 등의 도산 등 ⑦ 어떤 자나 자들에 의한 고의적인 불법행위 ⑧ 원자핵분열 등이다.

General Exclusion Clause

4. In no case shall this insurance cover

4.1 loss, damage or expense attributable to willful misconduct of the Assured

4.2 ordinary leakage, ordinary loss in weight or volume, or ordinary wear and tear of the subject-matter insured

4.3 loss, damage or expense caused by insufficiency or unsuitability of packing or preparation of the subject-matter insured to withst and the ordinary incidents of the insured transit where such packing or preparation is carried out by the Assured or their employees or prior to the attachment of this insurance(for the purpose of these Clauses "packing" shall be deemed to include stowage in a container and "employees" shall not include independent contractors)

4.4 loss, damage or expense caused by inherent vice or nature of the subject- matter insured

4.5 loss, damage or expense caused by delay, even though the delay be caused by a risk insured against (except expenses payable under Clause 2 above)

4.6 loss, damage or expense caused by insolvency or financial default of the owners managers charterers or operators of the vessel, the Assured are aware, or in the ordinary course of business should be aware, that such insolvency or financial default could prevent the normal prosecution of the voyage.

This exclusion shall not apply where the contract of insurance has been assigned to the party claiming hereunder who has bought or agreed to buy the subject-matter insured in good faith under a binding contract.

4.7 deliberate damage to or deliberate destruction of the subject-matter insured or any part thereof by the wrongful act of any person or persons.

4.8 loss, damage or expense directly or indirectly caused by or arising from the use of any weapon or device atomic or nuclear fission and/or fusion or other like reaction or radioactive force or matter.

일반면책약관

4. 어떠한 경우에도 이 보험은 다음의 손해를 담보하지 아니한다.

4.1 피보험자의 고의의 불법행위에 기인하는 멸실, 손상 또는 비용

4.2 통상의 누손, 중량 또는 용적의 통상적인 감소 또는 자연소모나 마모

4.3 이 보험의 대상이 되는 운송에서 통상 발생하는 사고에 견딜 수 있도록 피보험목적물의 포장 또는 준비를 완전하고 적절하게 하지 않음으로 인하여 발생한 멸실, 손상 또는 비용. 다만 그러한 포장 또는 준비가 피보험자 또는 사용인에 의해 실행되거나 이 보험의 개시 전에 실행되는 경우에 한한다(이 약관에 있어서 "포장"에는 컨테이너에 적부하는 것을 포함하고, "사용인"에는 독립계약자를 포함하지 아니한다)

4.4 피보험목적물의 고유의 하자 또는 성질에 기인하여 발생한 멸실, 손상 또는 비용

4.5 지연이 피보험위험에 기인하여 발생한 경우라도, 그 지연에 근인하여 발생한 멸실·손상 또는 비용(다만 위의 2에 따라 지급되는 비용은 제외함)

4.6 선박의 소유자, 관리자, 용선자 또는 운항자의 도산이나 금전상의 채무불이행으로 인한 멸실, 손상 또는 비용. 다만, 피보험목적물을 본선에 적재할 때 피보험자가 그러한 도산이나 금전상의 채무불이행이 그 항해의 정상적인 수행을 방해할 수 있다는 사실을 알고 있었거나 또는 통상의 업무상 당연히 알고 있었을 경우에 한한다.

이 면책규정은 구속력 있는 계약에 따라, 선의로 피보험목적물을 구입한 자 또는 구입하는 것에 동의한 자에, 보험계약이 양도되어, 그 자가 이 보험에 의하여 보험금을 청구하는 경우에는 적용되지 아니한다.

4.7 피보험목적물 또는 그 일부에 대한 어떠한 자 또는 자들의 불법행위에 의한 고의적인 손상 또는 고의적인 파괴

4.8 원자력 또는 핵의 분열 및/또는 융합 또는 기타 이와 유사한 반응 또는 방사능이나 방사성 물질을 응용한 무기 또는 장치의 사용으로 인하여 직접 혹은 간접적으로 발생한 멸실, 손상 또는 비용

일반면책약관은 ICC(A), ICC(B), ICC(C) 조건의 공통조항이다. 대부분의 면책사항들은 영국 해상보험법(MIA)의 중요사항을 다시 기술하여 피보험자에게 주의를 환기하고 있는 것에 불과하다.

다만, ICC(A) 조건의 면책사유는 7항목인데 ICC(B), ICC(C) 조건의 경우는 불법행위에 의한 손해(악의적 손해)의 면책이 추가되어 8항목이다. 즉, ICC(A) 조건의 일반면책약관의 제4조 제6항 선사의 파산면책약관 다음에 악의적 손해면책약관이 제4조 제7항에, 제4조 제7항의 원자력위험면책약관이 제4조 제8항에 규정되어 있다.

즉, ICC(A)의 일반면책약관상의 면책위험은 ICC(B) 및 ICC(C)의 일반면책약관에도 그대로 포함되어 있다. 그러나 ICC(B) 및 ICC(C)는 ICC(A)의 일반면책사항에 추가하여 '어떤 자 또는 어떤 자들의 불법행위에 의한 피보험목적물 또는 그 일부의 의도적인 손상이나 파괴'를 면책위험으로 규정하고 있다.

이 조항은 1983년 협회적하약관에서 신설된 것으로, 일명 악의적 손해에 대한 면책규정이다. 가해자가 누구든지 그 불법행위에 의해 의도적으로 화물을 손상 또는 파괴한 경우(악의적 손해)를 면책으로 인정한 것이다.

이 조항은 ICC(B)와 ICC(C)의 경우에 면책위험이 되는 것이고 ICC(A)의 경우에는 그렇지 않기 때문에, ICC(B)와 ICC(C)의 경우는 특약을 통해서만 보상받을 수 있다. 여기에서 어떤 자 또는 어떤 자들은 피보험자를 제외한 제3자를 말한다.

따라서 ICC(B)와 ICC(C)상의 일반면책의 사유로는 ① 피보험자의 고의적인 불법행위에 기인하는 멸실, 손상 또는 비용 ② 통상의 누손, 중량 또는 용적의 통상적인 감소 또는 자연소모나 마모 ③ 피보험목적물의 포장이나 준비의 불충분 또는 부적합 ④ 피보험목적물의 고유의 하자나 성질로 인한 멸실, 손상 또는 비용 ⑤ 지연 ⑥ 선박의 소유자, 관리자, 용선자 또는 운항자의 도산이나 금전상의 채무불이행으로 인해 발생한 멸실, 손상 또는 비용 ⑦ 어떤 자 또는 어떤 자들의 불법행위에 의한 피보험목적물 또는 그 일부의 의도적인 손상이나 파괴 ⑧ 원자핵분열 및/또는 원자핵융합, 또는 기타 유사한 반응, 또는 방사능이나 방사성 물질을 이용한 일체의 무기의 사용으로 인해 발생한 멸실, 손상 또는 비용이 있다.

5) 제5조 불내항 및 부적합면책약관

선박이나 부선 등의 불내항 및 부적합이란 선박 등이 위험 개시의 시점에서 항해의 위험에 견딜 수 있을 정도로 견고하지 못하거나 적합하지 못한 상태를 말한다.

불내항 및 부적합면책약관(Unseaworthiness and Unfitness Exclusion Clause)은 피보험목적물을 적재할 때에 선박이나 부선의 불내항, 또는 피보험목적물의 안전운송을 위한 선박이나 부선의 부적합한 사실, 또는 피보험자나 그 사용인에 의해 실행되고 또한 그들이 적재를 할 때에 피보험목적물의 안전운송을 위한 컨테이너 또는 운송용구의 부적합한 사실을 피보험자가 인지하고 있었다면 보험자가 책임을 부담하지 않는다는 내용을 구체적으로 규정하고 있는 약관이다.

즉, 이것은 선박이나 부선 등의 불내항 및 부적합이 인지되었음에도 피보험자가 본선에 화물을 선적하는 경우에 발생하는 손해는 보험자가 면책되도록 한 것이다.

Unseaworthiness and Unfitness Exclusion Clause

5.1 In no case shall this insurance cover loss damage or expense arising from

5.1.1 unseaworthiness of vessel or craft or unfitness of vessel or craft for the safe carriage of the subject-matter insured, where the Assured are privy to such unseaworthiness or unfitness, at the time the subject-matter insured is loaded therein

5.1.2 unfitness of container or conveyance for the safe carriage of the subject-matter insured, where loading therein or thereon is carried out prior to attachment of this insurance or by the Assured or their employees and they are privy to such unfitness at the time of loading.

5.2 Exclusion 5.1.1 above shall not apply where the contract of insurance has been assigned to the party claiming here under who has bought or agreed to buy the subject-matter insured in good faith under a binding contract.

5.3 The Insurers waive any breach of the implied warranties of seaworthiness of the ship and fitness of the ship to carry the insured to destination.

불내항 및 부적합면책약관

5.1 어떠한 경우에도 이 보험은 다음 사유로부터 생긴 멸실, 손상 또는 비용을 담보하지 아니한다.

5.1.1 선박 또는 부선의 불내항, 또는 피보험목적물의 안전운송을 위한 선박 또는 부선의 부적합. 다만, 피보험목적물을 적재할 때에 피보험자가 그와 같은 불내항 또는 부적합을 알고 있을 경우에 한한다.

5.1.2 피보험목적물의 안전운송을 위한 컨테이너 또는 운송용구의 부적합. 다만, 그 적재가 이 보험의 개시 전에 실행되는 경우 또는 피보험자 또는 그 사용인에 의해 실행되고 또한 그들이 적재할 때에 그러한 부적합을 알고 있을 경우에 한한다.

5.2 상기 5.1.1 면책규정은 구속력 있는 계약하에서, 선의로 피보험목적물을 구입한 자 또는 구매하는 것에 동의한 자에, 이 보험계약이 양도되어, 그 자가 이 보험에 의해 보험금을 청구하는 경우에는 적용되지 아니한다.

5.3 보험자는 선박의 내항성 및 피보험목적물을 목적지로 운송하기 위한 선박의 적합성에 대한 묵시담보의 위반의 권리를 포기한다.

선박의 불내항 및 부적합은 묵시담보이다. 따라서 피보험자가 그 담보를 위반하게 되면 그 시점부터 보험자 책임이 면제된다.

그런데 피보험자가 선박의 내항성을 통제할 수 있는 입장에 있지 않기 때문에, 보험자는 내항성에 대한 묵시담보를 위반을 이유로 보상을 거절해서는 안 된다.

이에 ICC(A), ICC(B), ICC(C) 제5조는 모두 선박이 그 내항성을 갖추고 적합해야 한다는 묵시담보를 위반한 경우에는 피보험자나 그 사용인이 이러한 불내항 및 부적합의 사실을 알지 못한 경우에 한하여 보험자는 그 권리를 포기해야 한다고 규정하고 있다.

내항성이나 부적합으로 인한 사고에 대해 무조건적으로 보험자의 면책을 인정하면 하주와 상관없는 일에 하주가 너무 깊이 관여하는 것이 되기 때문이다.

6) 제6조 전쟁면책약관

(1) ICC(A)

ICC(A)의 전쟁면책약관(War Exclusion Clause)은 보험자의 전쟁위험에 대한 면책을 규정하고 있는 약관이다.

ICC(A) 제6조는 ① 전쟁, 내란, 혁명, 반역, 반란, 또는 이로 인해 발생한 국내투쟁, 또는 교전국에 의하거나 또는 교전국에 대하여 가해진 일체의 적대행위 ② 포획, 나포, 강류, 억지 또는 억류(해적위험은 제외함), 또는 그러한 행위의 결과 또는 그러한 행위의 시도 ③ 유기된 기뢰, 어뢰, 폭탄, 또는 기타의 유기된 전쟁무기에 기인하여 발생한 멸실, 손상 또는 비용은 보험자가 보상하지 않는다고 규정하고 있다.

War Exclusion Clause

6. In no case shall this insurance cover loss damage or expense caused by

6.1 war, civil war, revolution, rebellion, insurrection, or civil strife arising therefrom, or any hostile act by or against a belligerent power

6.2 capture, seizure, arrest, restraint or detainment(piracy excepted), and the consequences thereof or any attempt thereat

6.3 derelict mines, torpedoes, bombs or other derelict weapons of war.

전쟁면책약관

6. 어떠한 경우에도 이 보험은 다음의 위험에 기인하여 발생한 멸실, 손상 또는 비용을 담보하지 아니한다.

6.1 전쟁, 내란, 혁명, 반역, 반란, 또는 이로 인해 발생한 국내투쟁, 또는 교전국에 의하거나 또는 교전국에 대하여 가해진 일체의 적대행위

6.2 포획, 나포, 강류, 억지 또는 억류(해적위험은 제외함), 또는 그러한 행위의 결과 또는 그러한 행위의 시도

6.3 유기된 기뢰, 어뢰, 폭탄 또는 기타의 유기된 전쟁무기

만약, ICC(A)에서 제6조가 없다면 ICC(A)는 보험자가 전쟁위험을 부담하는 것이 되며, ICC(B)와 ICC(C)는 담보위험에 전쟁위험이 열거되어 있지 않기 때문에 보험자가 전쟁위험을 부담하지 않는 결과가 된다.

특이한 점은 Lloyd's S.G. Policy에서 면책위험으로 규정하였던 포획이나 나포 부담보약관(F.C & S Clause, Free From Capture and Seizure)을 1982년 ICC와 2009년 개정약관에서는 'War Exclusion Clause'로 명칭을 변경한 것이다.

ICC(A)의 전쟁면책약관의 특징은 Institute War Clauses(Cargo)에서 제시되는 '해적행위(piracy)'를 전쟁위험에서 제외(excepted)시킴으로써 해적행위는 해상위험이라는 점을 분명히 하였다는 것이다.

(2) ICC(B) 및 ICC(C)

ICC(B)와 ICC(C)의 전쟁면책약관에서도 보험자의 면책위험에 대한 내용을 상세히 규정하고 있다. 다만, ICC(B) 및 ICC(C)의 전쟁면책약관에서는 해적행위가 면책위험에서 제외된다고 명시하지 않음으로써, 해적행위가 ICC(B) 및 ICC(C)에서는 면책위험도 담보위험도 아닌 비담보위험(risks not covered)이 되도록 하였다.

War Exclusion Clause

6. In no case shall this insurance cover loss damage or expense caused by

6.1 war, civil war, revolution, rebellion, insurrection, or civil strife arising there from, or any hostile act by or against a belligerent power

6.2 capture, seizure, arrest, restraint or detainment, and the consequences thereof or any attempt thereat

6.3 derelict mines, torpedoes, bombs or other derelict weapons of war.

전쟁면책약관

6. 어떠한 경우에도 이 보험은 다음의 위험에 기인하여 발생한 멸실, 손상 또는 비용을 담보하지 아니한다.

6.1 전쟁, 내란, 혁명, 반역, 반란, 또는 이로 인해 발생하는 국내투쟁, 또는 교전국에 의하거나 또는 교전국에 대하여 가해진 일체의 적대행위

6.2 포획, 나포, 강류, 억지 또는 억류, 또는 그러한 행위의 결과 또는 그러한 행위의 시도

6.3 유기된 기뢰, 어뢰, 폭탄 또는 기타의 유기된 전쟁무기

7) 제7조 동맹파업면책약관

동맹파업면책약관(Strikes Exclusion Clause)은 동맹파업, 폭동, 소요 등으로 인한 손해에 대해 보험자가 면책된다는 내용을 규정한 약관이다.

ICC(A), ICC(B) 및 ICC(C)의 제7조는 모두 ① 동맹파업자, 직장폐쇄노동자, 노동쟁의, 폭동 또는 소요에 가담한 자에 의해 발생하거나 ② 동맹파업 등의 결과로 발생한 것 ③ 일체의 테러행위에 의한 것 즉, 합법적 또는 불법적으로 설립된 정부를 무력이나 폭력으로, 전복 또는 영향력을 미치기 위해 행동하는 조직을 대신하여 또는 그 조직과 연대 행동하는 자의 행위에 의한 것 ④ 정치적, 사상적 또는 종교적 동기를 가지고 행동하는 자에 의해 발생한 멸실은 보험자가 보상하지 않는다고 규정하고 있다.

이 위험들은 특약을 통해 보상될 수 있는 상대적 면책위험이다. 따라서 피보험자가 이 위험을 보상받으려면 협회동맹파업약관(Institute Strikes Clauses)에 특약해야 한다.

Strikes Exclusion Clause

7. In no case shall this insurance cover loss damage or expense

7.1 caused by strikers, locked-out workmen, or persons taking part in labour disturbances, riots or civil commotions

7.2 resulting from strikes, lock-outs, labour disturbances, riots or civil commotions

7.3 caused by any act of terrorism being an act of any person acting on behalf of, or in connection with, any organization which carries out activities directed towards the overthrowing or influencing, by force or violence, of any government whether or not legally constituted

7.4 caused by any person acting from a political, ideological or religious motive.

동맹파업면책약관

7. 어떠한 경우에도 이 보험은 다음의 멸실, 손상 또는 비용을 담보하지 아니한다.

7.1 동맹파업자, 직장폐쇄노동자 또는 노동쟁의, 폭동 또는 소요에 가담한 자에 의해 발생한 것

7.2 동맹파업, 직장폐쇄, 노동쟁의, 폭동 또는 소요의 결과로 생긴 것

7.3 일체의 테러행위, 즉 합법적 또는 불법적으로 설립된 일체의 정부를 무력이나 폭력으로, 전복 또는 영향력을 미치기 위해 행동하는 조직을 대신하여 또는 그 조직과 연대하여 행동하는 자의 행위에 의한 것

7.4 정치적, 사상적 또는 종교적 동기를 가지고 행동하는 자에 의해 발생한 것

8) 제8조 운송약관

운송약관(Transit Clause)은 보험기간의 시기와 종기를 규정하고 있는 약관이다.

(1) 운송약관의 구성과 내용

제8조 제1항은 보험기간의 시기와 종기, 제2항은 최종양륙항에서 화물의 양하 후 목적지가 변경되어 계속 운송되는 경우 보험기간의 종기, 제3항은 피보험자가 지배할 수 없는 지연, 이로 등의 경우 담보의 자동적인 계속을 규정하고 있다.

(2) 보험자 책임의 시기(제8조 제1항)

운송약관은 보험자 책임의 시기에 대해 '이 보험은 운송개시를 위해 운송차량 또는 기타의 운송용구에 피보험목적물을 즉시 적재할 목적으로 창고 또는 보관장소에서 피보험목적물이 최초로 이동한 때에 개시되고' 라고 규정하고 있다.

Transit Clause

8. 8.1 Subject to Clause 11 below, this insurance attaches from the time the subject-matter insured is first moved in the warehouse or at the place of storage(at the place named in the contract of insurance) for the purpose of the immediate loading into or onto the carrying vehicle or other conveyance for the commencement of transit, continues during the ordinary course of transit and terminates either

운송약관

8. 8.1 아래 약관 제11조를 조건으로 하여, 이 보험은 운송개시를 위해 운송차량 또는 기타 운송용구에 피보험목적물을 즉시 적재할 목적으로(이 보험계약에 명시된 장소의) 창고 또는 보관장소에서 피보험목적물이 최초로 이동한 때에 개시되고, 통상의 운송과정 중에 계속되며,

1982년 약관의 운송조항에서는 창고 안에서 화물이 이동하거나 운송용구에 적재되었다 하더라도 결코 떠났다고 할 수 없기 때문에 보험자의 책임은 개시되지 않았었다.

그러나 2009년 개정약관의 운송조항에서는 화물이 창고를 출발(leave)하기 전부터 보험자의 책임이 개시되는 것으로 규정함으로써 보험자의 책임을 확대시켰다.

〈표 Ⅳ-11〉 보험자 책임의 비교

1982년 약관	화물이 운송의 개시를 위해 보험증권에 기재된 창고나 보관장소를 떠날 때에 개시되며, 보험증권에 기재된 창고나 보관장소에 인도될 때에 종료된다.
2009년 개정약관	피보험목적물이 (이 보험계약으로 지정된 지역의) 창고나 보관장소에서 이 보험의 대상이 되는 운송의 개시를 위해 운송차량이나 그 외의 운송용구에 즉시 적재할 목적으로 최초로 이동한 때에 개시되고, 이 보험계약으로 지정된 목적지의 최종창고나 보관장소에 있어 운송차량이나 그 외의 운송용구에서 양하가 완료되었을 때에 종료된다.

(3) 통상의 운송과정과 보험자 책임(제8조 제1항)

2009년 개정약관에서 보험자책임의 계속과 관련하여 1982년 약관의 내용과 변화되지 않은 어구 중의 하나가 '통상의 운송과정(ordinary course of transit)'이다.

즉, 1982년 약관과 2009년 개정약관 모두 보험자의 책임은 '화물이 통상의 운송과정에 있는 동안 계속된다(continues during the ordinary course of transit)'라고 규정되어 있다.

통상적인 운송과정의 기준은 일상적인 항로에 의한 관습적인 방법과 목적지에 적절하게 양륙되는 것을 의미하기 때문에, 통상적인 항로로부터 적당하지 않은 지연이나 항로의 변경은 보험자 책임의 면책사유가 된다.

이 어구는 신속조치약관이라는 제목으로 '피보험자는 자신이 좌우할 수 있는 모든 여건에서는 신속하게 행동해야 하는 것이 이 보험의 조건이다.' 라고 규정하고 있는 개정약관 제18조(신속조치약관)와 관련하여 해석되는 것이 의도되어 있다.

현재까지 판례에 의해 지지된 '통상의 운송과정'에 대한 해석을 정리하면 ① 화물이 선적항이나 환적지에서 선적을 대기하는 동안 ② 부두의 운송장치장과 같은 어떠한 중간장소에 화물이 일시적으로 보관되는 경우 ③ 화물이 하역 항에서 세관당국이나 위생당국에 의해 검사를 받거나 통관절차를 받기 위해 일시적으로 대기하고 있는 동안 ④ 최종목적지까지 화물을 운송할 운송용구의 도착을 기다리는 동안 ⑤ 본선과 부두 사이에 화물을 운반하는데 사용되는 부선이나 강이나 운하 등에 화물을 운송하는데 사용되는 부선 등이 본 운송조항에서 말하는 통상적인 운송과정에 해당된다고 할 수 있다.

(4) 보험자 책임의 종기(제8조 제1항 제1호, 제2호, 제3호 및 제4호)

운송약관은 보험자 책임의 종기를 다음과 같이 4가지로 구분하여, 이중에서 어느 것이든 먼저 생긴 때에 그 사유로 책임이 종료하도록 하고 있다. 아래의 첫째, 둘째, 셋째는 장소적 종료사유이고 넷째는 시간적 종료사유이다.

첫째, 하역 후 최종 목적지에서 인도규정으로, '이 보험계약에서 기재된 목적지의 최종창고나 보관장소에서 운송차량 또는 그 운송용구로부터 양하가 완료된 때' 종료되도록 하고 있다. 이 규정은 전항의 보험자 책임의 개시시점과 대칭적으로 규정하여 보험기간의 완성도를 높인 것이다.

둘째, 중간지점에서의 인도규정으로, '이 보험계약에서 기재된 목적지로 가는 도중이든 목적지든을 불문하고, 피보험자 또는 그 사용인이 통상적인 운송과정 이외의 보관을 위해, 또는 할당이나 분배를 위해 사용할 것을 선택한 기타의 창고나 보관장소에서 운송차량 또는 기타의 운송용구로부터 양하가 완료된 때' 종료되도록 하고 있다.

여기에서 '인도된 때'를 '양하가 완료된 때'에 종료한다고 개정한 것은 보험자 책임종기의 대원칙에 부합하도록 한 것으로 판단된다.

셋째, 보관목적의 운송수단 선택에 관한 규정으로, '피보험자 또는 그 사용인이 통상의 운송과정이 아닌 보관을 목적으로, 운송차량이나 기타의 운송용구 또는 컨테이너를 사용할 것을 선택한 때'에 종료되도록 하고 있다.

이것은 화물이 운송차량에 남아 있는 상태에서 피보험자나 그 사용인이 통상의 운송과정이 아닌 보관을 목적으로 그 차량을 선택하였다면 보험기간이 종료된다는 것을 분명하게 한 것으로 1982년 약관에서는 없었던 신설된 내용이다.

이 규정은 컨테이너의 보관현실과 작업을 담당하는 실무자 입장을 인정하고 있다는 점에서 현실성을 반영한 것이며 피보험자의 선택의 폭을 확대시킨 측면이 있다.

넷째, 하역 후 60일 경과규정으로, '최종 양륙항에서 외항선으로부터 피보험목적물의 양륙을 완료 후(after completion of discharge) 60일이 경과한 때 중, 어느 것이든 먼저 발생한 때'에 종료되도록 하고 있다.

1982년 약관상의 운송조항에서 보험시기의 종기는 '수하인 또는 기타 최종창고에 인도시'로 되어 있었으나, 2009년 개정약관에서는 '최종 양륙항에서 외항선으로부터 피보험목적물의 양륙을 완료 후'로 변경됨으로 인해 창고 내에서의 화물의 적재나 양하작업 중이 보험기간 내에 포함된다는 것을 명백히 하고 있는데, 이것은 피보험자의 측면에서 보면 보다 유리한 개정이라 할 수 있다.

이상과 같이, 개정약관상의 보험자의 책임은 하역 후 최종목적지에서의 인도, 중간지점에서의 인도, 보관목적의 운송수단 선택, 하역 후 60일 경과 중에서 어느 것이든 먼저 발생한 때에 그 사유를 이유로 종료하도록 되어 있다.

특히, 2009년 개정약관에서는 보험자책임의 종기와 관련하여 '양하가 완료된 때(on completion of unloading)'라는 어구가 사용되고 있는데 반해, 1982년 약관에서는 '인도된 때에(on delivery to)'라는 어구를 사용함으로써 창고 내에서의 화물의 적재나 양하작업이 이루어지는 기간도 보험기간 내에 포함된다는 것을 명백히 하고 있다.

8.1.1 on completion of unloading from the carrying vehicle or other conveyance in or at the final warehouse or place of storage at the destination named in the contract of insurance,

8.1.2 on completion of unloading from the carrying vehicle or other conveyance in or at any other warehouse or place of storage, whether prior to or at the destination named in contract of insurance, which the Assured or their employees elect to use either for storage other than in the ordinary course of transit or for allocation or distribution, or

8.1.3 when the Assured or their employees elect to use any carrying vehicle or other conveyance or any container for storage other than in the ordinary course of transit or

8.1.4 on the expiry of 60 days after completion of discharge overside of the subject-matter insured from the oversea vessel at the final port of discharge, whichever shall first occur.

8.1.1 보험계약에 기재된 목적지의 최종창고 또는 보관장소에서, 운송차량 또는 기타 운송용구로부터 양하가 완료된 때

8.1.2 보험계약에 기재된 목적지로 가는 도중 이든 목적지든 불문하고, 피보험자 또는 그 사용인이 통상의 운송과정상의 보관 이외의 보관을 위해, 또는 할당이나 분배를 위해 사용하고자 선택한 기타의 창고나 보관장소에서, 운송차량 또는 기타 운송용구로부터 양하가 완료된 때, 또는

8.1.3 피보험자 또는 그 사용인이 통상의 운송과정이 아닌 보관을 목적으로, 운송차량이나 기타 운송용구 또는 컨테이너를 사용하고자 선택한 때, 또는

8.1.4 최종 양륙항에서 외항선으로부터 피보험목적물의 양륙을 완료한 후 60일이 경과한 때 중, 어느 것이든 먼저 발생한 때에 종료된다.

(5) 하역 후 목적지의 변경과 보험자 책임(제8조 제2항)

1982년 협회적하약관(ICC) 제8조 제2항에서는 피보험자의 선택에 의해 하역 후 목적지가 변경될 때에는 새로운 목적지로 운송이 개시될 때 보험기간은 종료된다고 규정하고 있다.

이에 비해 2009년 개정약관 운송조항 제8조 제2항은 하역 후 목적지의 변경(다른 목적지로의 계속운송)에 따른 보험자 책임과 관련하여, '최종 하역항에서 외항선으로부터 하역 후, 그러나 이 보험이 종료되기 전에 피보험목적물이 부보된 목적지 이외의 장소로 계속 운송되는 경우, 이 보험은 상기의 협회적하약관 8.1.1.에서 8.1.4에 규정된 보험종료 규정에 따라 계속되나, 피보험목적물이 그러한 목적지로 운송개시를 위해 최초로 움직인 때에 종료된다.'고 규정하고 있다.

이에 따라 피보험자의 선택에 의해 하역 후 목적지가 변경될 때는 하역항에서 하역 후 새로운 목적지로 운송이 시작되는 순간부터 담보는 종료된다.

본 조항은 1982 약관상의 제8조 제2항에 규정된 운송시기에 관한 본래의 취지는 그대로 유지하면서 일부 용어가 수정된 것이다.

즉, 'the goods'는 'the subject-matter insured'로 개정되었고, 'which they are insured hereunder'는 'which it is insured'로 개정하면서 hereunder를 삭제하였다. 그리고 'for above'는 'in Clauses 8.1.1 to 8.1.4'로, 'beyond the commencement'는 'beyond the time the subject-matter insured is first moved for the purpose of'로 개정되었다.

> 8.2 If, after discharge overside from the oversea vessel at the final port of discharge, but prior to termination of this insurance, the subject-matter insured is to be forwarded to a destination other than that to which it is insured, this insurance, whilst remaining subject to termination as provided in Clauses 8.1.1 to 8.1.4, shall not extend beyond the time the subject-matter insured is first moved for the purpose of the commencement of transit to such other destination.
>
> 8.2 최종 하역항에서 외항선으로부터 하역 후, 그러나 이 보험이 종료되기 전에 피보험목적물이 부보된 목적지 이외의 장소로 계속 운송되는 경우, 이 보험은 약관 8.1.1.에서 8.1.4에 규정된 보험종료 규정에 따라 계속되나, 피보험목적물이 그러한 목적지로 운송개시를 위해 최초로 움직인 때에 종료된다.

(6) 지연, 이로 등 위험의 변경기간 중 담보(제8조 제3항)

2009년 개정약관 운송조항 제8조 제3항은 위험의 변경기간 중 담보와 관련하여 '이 보험은 피보험자가 좌우할 수 없는 지연·일체의 이로·부득이한 양륙·재선적·환적 및 운송계약상 운송인에게 부여된 자유재량권의 행사로부터 생기는 위험의 변경기간 중에도 유효하게 계속된다.'고 규정하고 있다.

적하보험에서 보험의 계속은 화물이 통상의 운송과정에 있다는 것, 신속한 운송이 이루어진다는 것 등 이를 테면 위험사정의 변경이 없을 것을 전제로 하는 것이다.

그러나 해상운송은 대양을 운항하는 것이기 때문에 피보험자의 통제를 벗어난 여러 가지 사정으로 인해 예정된 대로 운송이 이루어지지 않는 경우가 많다.

이 경우 계약을 체결할 때는 예상하지 못하였다가 위험사정이 변동했다고 하여 바로 보험자의 책임을 종료시키는 것은 피보험자에게 너무 가혹하고 또 어떤 경우에는 보험의 경제적 효과를 현저히 손상시키는 결과를 초래할 수도 있다.

이러한 점을 고려하여 개정약관 제8조 제3항은 항해 중 피보험자가 좌우할 수 없는 지연, 이로, 부득이한 하역, 재선적, 환적, 및 해상운송계약에 의거하여 운송인에게 부여된 자유재량권의 행사결과로 생긴 모든 위험의 변경기간 중에도 추가보험료 없이 보험이 계속되도록 하고 있다.

본 조항은 1982 협회적하약관 제8조 제3항에 규정된 위험변경중의 담보에 관한 취지는 그대로 유지하면서 'for above'는 'in Clauses 8.1.1 to 8.1.4'로, 'shipowners or charterers'는 'carrier'로, 'the contract of affreightment'는 'the contract of carriage'로 일부 용어들을 수정하였다.

8.3 This insurance shall remain in force (subject to termination as provided for in Clauses 8.1.1 to 8.1.4 above and to the provisions of Clause 9 below) during delay beyond the control of the Assured, any deviation, forced discharge, reshipment or transshipment and during any variation of the adventure arising from the exercise of a liberty granted to carriers under the contract of carriage.

8.3 이 보험은 피보험자가 좌우할 수 없는 지연·일체의 이로·부득이한 양하·재선적·환적 및 운송계약상 운송인에게 부여된 지유재량권의 행사로부터 생기는 위험의 변경기간 중에도 (상기 약관 8.1.1에서 8.1.4까지에 규정된 보험종료규정 및 아래 제9조의 규정에 따라) 유효하게 계속된다.

9) 제9조 운송계약종료약관

운송계약종료약관(Termination of Contract of Carriage Clause)은 항만파업 등 피보험자의 영향력이 미치지 못하는 사정으로 화물이 목적지 이외의 항구나 최종창고에 인도되기 전에 운송이 중단되는 경우에도 피보험자를 보호하기 위해 계속 담보된다는 것을 규정하고 있는 약관이다. 이것은 구약관에서는 제2조에 규정되어 있었다.

이 경우 피보험자가 목적지로 계속 운송하기를 원하면 보험자에게 지체 없이 통보한 후 보험자가 요구하는 보험료를 지불하면 계속 연장담보를 받을 수 있다.

Termination of Contract of Carriage Clause

9. If owing to circumstances beyond the control of the Assured either the contract of carriage is terminated at a port or place other than the destination named therein or the transit is otherwise terminated before unloading of the subject- matter insured as provided for in Clause 8 above, then this insurance shall also terminate unless prompt notice is given to the Insurers and continuation of cover is requested when this insurance shall remain in force, subject to an additional premium if required by the Insurers, either

9.1 until the subject-matter insured is sold and delivered at such port or place, or, unless otherwise specially agreed, until the expiry of 60 days after arrival of the subject-matter insured at such port or place, whichever shall first occur, or

9.2 if the subject-matter insured is forwarded within the said period of 60 days (or any agreed extension thereof) to the destination named in the contract of insurance or to any other destination, until terminated in accordance with the provisions of Clause 8 above.

운송계약종료약관

9. 피보험자가 통제할 수 없는 사정에 의해 운송계약이 그 계약서에 기재된 목적지 이외의 항구 또는 장소에서 종료되거나, 또는 기타 위의 제8조에 규정된 피보험목적물의 양륙 이전에 운송이 종료되는 경우에는 이 보험도 또한 종료한다. 다만, 보험자에게 그 취지를 지체 없이 통고하고 담보의 계속을 요청하는 경우에는 추가보험료를 지급할 것을 조건으로, 이 보험은

9.1 피보험목적물이 위의 항구 또는 장소에서 매각된 후 인도되거나, 또는 별도의 합의가 없는 한, 그러한 항구 또는 장소에서 피보험목적물이 도착한 후 60일이 경과된 것 중의 어느 것이든 먼저 발생한 때까지, 또는

9.2 만일 피보험목적물이 위의 60일의 기간 내에(또는 합의된 60일의 기간을 연장한 기간 내에) 보험계약에 기재된 목적지 또는 기타의 어떠한 목적지로 계속 운송되는 경우에는, 위의 제8조의 규정에 따라 이 보험이 종료될 때까지 유효하게 계속된다.

10) 제10조 항해변경약관

항해변경약관(Change of Voyage Clause)은 보험이 개시된 이후에 피보험자가 목적지를 변경하는 경우에는 보험자에게 지체 없이 그 취지를 통지하고, 추가보험료를 납부하면 변경된 보험조건에 따라 담보가 계속된다는 내용을 규정하고 있는 약관이다.

즉, 보험개시 후 목적지가 피보험자에 의해 변경된 경우는 지체 없이 그 취지를 보험자에게 통지하고 보험조건 등을 협정해야 한다.

그런데 협정 전에 손해가 발생한 경우는 영리보험시장에서 타당하다고 생각되는 보험조건 및 보험요율에 의한 담보를 받을 수 있는 때에 한하여 보상하게 된다.

또한, 피보험목적물이 이 보험의 운송약관에 따라 예상된 운송을 개시하였지만 피보험자 또는 그들의 사용인이 알지 못하고 선박이 다른 목적지로 향하는 경우에도 이 보험은 그러한 운송을 개시할 때에 시작된 것으로 간주된다.

Change of Voyage Clause

10. 10.1 Where, after attachment of this insurance, the destination is changed by the Assured, this must be notified promptly to insurers for rates and terms to be agreed. Should a loss occur prior to such agreement being obtained cover may be provided but only if cover would have been available at a reasonable commercial market rate on reasonable market terms.

10.2 Where the subject-matter insured commences the transit contemplated by this insurance (in accordance with Clause 8.1), but, without the knowledge of the Assured or their employees the ship sails for another destination, this insurance will nevertheless be deemed to have attached at commencement of such transit.

항해변경약관

10. 10.1 이 보험의 개시 후 목적지가 피보험자에 의해 변경된 경우에는 지체 없이 그 취지를 보험자에게 통지하고 보험요율과 보험조건을 협정해야 한다. 그러한 협정 전에 손해가 발생한 경우에는 영리를 목적으로 하는 보험시장에서 타당하다고 생각되는 보험조건 및 보험요율에 의한 담보를 받을 수 있는 때에 한하여 담보한다.

10.2 피보험목적물이 이 보험(약관 제8.1조에 따라)에서 예상된 운송을 개시하였지만, 피보험자 또는 그들의 사용인이 알지 못하고 선박이 다른 목적지로 향하는 경우에도 이 보험은 그러한 운송의 개시시에 시작된 것으로 간주된다.

11) 제11조 피보험이익약관

피보험목적물과 이해관계가 있는 자는 피보험목적물이 위험에 노출될 경우 손해를 입을 수 있으므로 이에 대비하여 보험계약을 체결할 수 있으며, 이후 이 보험계약에 의해 불확실한 미래의 사고로부터 재산상의 손해를 보상받을 수 있는 이익을 가지는데 이를 피보험이익(insurable interest)이라 한다.

피보험이익약관(Insurable Interest Clause)은 손해가 발생하였을 때 피보험자가 피보험이익을 갖고 있어야 한다는 내용을 규정하고 있는 약관이다.

이 약관에 따라 보험사고가 발생하면 피보험자는 피보험목적물에 대하여 피보험이익을 가지고 있다는 것을 증명해야 보험금을 청구할 수 있다.

또한 보험기간 중에 발생하는 손해는 그 손해가 보험계약의 체결 이전에 발생한 것이라도 피보험자가 알고 있지 못하였다면, 보험자는 그 손해를 보상해야 한다.

피보험이익은 상법에서는 '보험계약의 목적'이라고 표현되고 있는데(제668조), 이것은 보험의 목적 또는 보험의 대상과 구별되는 개념이다. 해상보험계약은 손해의 보상을 목적으로 하기 때문에 그 전제로서 피보험이익의 존재가 당연히 필요하며 피보험이익이 없으면 해상보험이 있을 수 없기 때문에 이 약관을 규정하고 있는 것이다.

Insurable Interest Clause

11. 11.1 In order to recover under this insurance the Assured must have an insurable interest in the subject-matter insured at the time of the loss.

11.2 Subject to 11.1 above, the Assured shall be entitled to recover for insured loss occurring during the period covered by this insurance, notwithstanding that the loss occurred before the contract of insurance was concluded, unless the Assured were aware of the loss and the Insurers were not.

피보험이익약관

11. 11.1 이 보험에 따라 보상을 받기 위해서는 피보험자는 손해발생시에 피보험목적물에 대하여 피보험이익을 갖고 있어야 한다.

11.2 위의 11.1의 규정을 제외하고, 이 보험의 담보기간 중에 발생하는 손해는 그 손해가 보험계약의 체결 이전에 발생한 것이라도 피보험자가 이 손해발생의 사실을 알았고 보험자가 몰랐을 경우가 아닌 한, 피보험자는 이를 보상받을 권리가 있다.

12) 제12조 계반비용약관

계반비용(forwarding charges)은 적재선박이 해난을 당해 피난항에 입항하였으나, 계속 항해하는 것이 불가능하게 되어 다른 선박을 수배하여 목적지까지 운송을 계속하게 되는 경우에 지출되는 비용을 말한다.

계반비용약관(Forwarding Charges Clause)은 선박이 담보위험으로 손상을 입음으로써 항해를 계속할 수 없어 중간항에서 화물을 양륙할 경우에도 보험자는 이에 따른 하역비용, 창고보관료, 재포장비, 재선적비 및 처음 약정된 목적지까지의 운반비용 등을 보상한다는 내용을 규정하고 있는 약관이다.

Lloy's S.G.보험증권상의 손해방지약관(Sue And Labour Charges Clause)에서는 규정이 명확하지 않아 보험자가 계반비용에 대해서 보상해야 하는지 보상하지 않아야 하는지에 대해 다소 문제가 되어 왔다. 따라서 이를 분명히 하기 위해 1982년 협회적하약관은 계반비용약관을 새로 삽입하여 현재 2009년 개정약관에 이르고 있다.

Forwarding Charges Clause

12. Where, as a result of the operation of a risk covered by this insurance, the insured transit is terminated at a port or place other than that to which the subject-matter insured is covered under this insurance, the insurers will reimburse the Assured for any extra charges properly and reasonably incurred in unloading storing and forwarding the subject-matter insured to the destination to which it is insured. This Clause 12, which does not apply to general average or salvage charges, shall be subject to the exclusions contained in Clauses 4, 5, 6 and 7 above, and shall not include charges arising from the fault negligence insolvency or financial default of the Assured or their employees.

계반비용약관

12. 이 보험에서 담보되는 위험의 발생결과로 인하여 피보험운송이 이 보험에서 담보되는 피보험목적물의 목적지 이외의 항구 또는 장소에서 종료되는 경우에는, 보험자는 피보험자에 대하여 피보험목적물을 양하하고, 보관하고 또 이 보험증권에 기재된 목적지까지 운송하기 위하여 적절히 합리적으로 지출한 추가비용을 보상한다. 이 제12조는 공동해손 또는 구조비에는 적용되지 아니하고 위의 4, 5, 6 및 7에 규정된 면책 조항의 적용을 받으며, 또 피보험자 또는 그 사용인의 과실·태만·지불불능, 또는 재정상의 채무불이행으로부터 야기된 비용을 포함하지 아니한다.

13) 제13조 추정전손약관

추정전손약관(Constructive Total Loss Clause)은 추정전손이 발생하여 위부를 청구하면 이에 합당한 보상이 이루어진다는 내용을 규정하고 있는 약관이다.

추정전손에 대한 보험금청구는 피보험목적물의 현실전손이 불가피하다고 생각되거나, 또는 피보험목적물의 회복, 수선, 부보된 목적지까지의 계속운송에 소요되는 비용이 도착시 피보험목적물의 가액을 초과하게 될 이유로 피보험목적물이 위부되지 아니하는 한, 이 보험증권하에서는 이를 보상하지 않는다는 것을 규정하고 있다.

추정전손(Constructive Total Loss : CTL)은 전손의 한 형태로, 현실적 전멸은 아니지만 현실전손을 피할 수 없거나 피보험목적물의 복구비용이 오히려 시장가격을 초과함으로써 현실전손과 경제적으로 동일시 할 수밖에 없는 경우를 말한다.

추정전손이 존재하는 경우, 피보험자는 그 손해를 분손으로 처리할 수도 있고, 피보험목적물을 보험자에게 위부하고 그 손해를 현실전손의 경우에 준하여 처리할 수도 있다.

이 약관은 현실전손은 아니지만 현실전손을 피할 수 없거나 피보험목적물의 복구비용이 오히려 그 가액을 초과하여 그대로 현실전손으로 처리하는 것이 유리한 경우, 즉 추정전손이 발생한 경우 피보험자는 위부를 적절히 통지하고 추정전손으로 처리할 수 있음을 규정하고 있는 것이다.

이 약관은 1963년 협회적하약관(FPA, WA, A/R)에는 각 제6조에 규정되어 있었다.

Constructive Total Loss Clause

13. No claim for Constructive Total Loss shall be recoverable hereunder unless the subject-matter insured is reasonably abandoned either on account of its actual total loss appearing to be unavoidable or because the cost of recovering, reconditioning and forwarding the subject-matter insured to the destination to which it is insured would exceed its value on arrival.

추정전손약관

13. 추정전손에 대한 보험금 청구는 다음과 같은 경우에 이루어지는데, 즉, 피보험목적물이 현실전손이 불가피하다고 생각되거나, 또는 피보험목적물의 회복, 수선, 부보된 목적지까지의 계속운송에 소요되는 비용이 도착시 피보험목적물의 가액을 초과하게 될 이유로 피보험목적물이 위부되지 아니하는 한, 이 보험증권에서는 이를 보상하지 아니한다.

14) 제14조 증액약관

(1) 증액약관의 내용과 필요성

적하보험의 경우, 화물이 운송하는 도중에도 화물의 소유권은 계속 변동될 수 있다. 그러므로 운송중에 있는 화물을 새로 매입한 매수인은 본래의 보험증권에서 담보되지 않는 화물가액의 증가분에 대해서도 별도의 보험계약을 체결할 수 있다. 이를 증가액보험(increased value insurance) 또는 증액보험이라고 한다.

증액약관은 신설된 것인데 이것은 증액보험에 관한 예전의 관습을 배제하기 위함이다. 즉, 과거 증액보험 실무에서는 원보험과 증가액보험을 각각 별개의 피보험이익에 대한 보험계약으로 취급하여, 증가액 보험자는 원보험의 적하에 관계되는 손해방지비용 등의 비용손해는 보상책임을 부담하지 않았다.

따라서 증액보험의 보험자가 원래의 보험자와 제3자에 대해 동등한 권리를 갖게 하고, 손해보상도 공평하게 손해를 부담하는 공동보험자로 취급되기 위해 도입한 것이다.

(2) 신협회적하약관상 증액보험의 손해보상한도

이 약관의 내용은 피보험자가 원래의 보험에 추가하여 동일한 피보험화물의 증가가액에 대해 여러 개의 보험계약을 체결한 경우, 화물에 대한 원래 보험의 보험자와 증액보험의 여러 보험자들을 공동보험자로 간주한다는 것이다.

이는 각각의 보험증권의 보험금액 합계가 원래의 보험증권과 기타 모든 증액보험증권의 협정보험가액으로 간주한다는 것으로, 손해가 발생한 경우 각 보험자들은 손해액 중에서 이 협정보험가액(각 보험금액의 한계액)에 대한 자기가 인수한 보험금액의 비율만을 보상하게 되는 것이다.

예를 들면 보험가액(100만 불)과 보험가입금액(100만 불)이 일치되게 전부보험으로 부보하였다. 그런데 보험계약 체결 후 물가가 50만 불 상승하면 사고 발생시 물가상승에 따른 실제손해액을 보상받을 수 없게 된다. 그래서 물가상승에 따른 실제손해액을 보상받고자 물가상승분(50만 불)만큼 보험금액을 증액하여 부보했다고 가정하자.

이 경우 만약 전손이 발생한 경우에 원보험으로는 손해액×원보험의 보험가입금액/보험가입금액의 합계액(150만 불×100만 불/150만 불=100만 불)만큼을 보상받고, 증액보험으로는 손해액×증액보험의 보험가액금액/보험금액의 합계액(150만 불×50만 불/150만 불=50만 불) 만큼을 보상받게 되어 물가상승에 따른 실제손해액인 150만 불을 원보험과 증액보험에 의해 보상받게 된다.

이 약관은 2개 조항으로 구분되어 있으나, 제1항은 원래 보험에 적용되는 것이고 제2항은 증액보험에 적용된다는 것만 다를 뿐 그 내용은 서로 동일하다.

이 약관에 따라 보험금을 청구할 때에는 피보험자가 그 화물에 관한 모든 보험의 보험금액에 관한 증거서류를 보험자에게 제공해야 한다.

Increased Value Clause

14. 14.1 If any increased Value insurance is effected by the Assured on the subject-matter insured under this insurance the agreed value of the subject-matter insured shall be deemed to be increased to the total amount insured under this insurance and all Increased Value insurances covering the loss, and liability under this insurance shall be in such proportion as the sum insured under this insurance bears to such total amount insured. In the event of claim the Assured shall provide the Insurers with evidence of the amounts insured under all other insurances.

14.2 Where this insurance is on Increased Value the following clause shall apply: The agreed value of the subject matter insured shall be deemed to be equal to the total amount insured under the primary insurance and all Increased Value insurances covering the loss and effected on the subject-matter insured by the Assured, and liability under this insurance shall be in such proportion as the sum insured under this insurance bears to such total amount insured. In the event of claim the Assured shall provide the Insurers with evidence of the amounts insured under all other insurances.

증액약관

14. 14.1 이 보험의 피보험목적물에 대해 피보험자가 증액보험을 부보한 경우에는 이 피보험목적물의 협정보험가액은 이 보험 및 이와 동일한 손해를 담보하는 모든 증액보험의 총보험금액으로 증가된 것으로 간주되며, 이 보험에서의 보상책임은 총보험금액에 대한 이 보험의 보험금액의 비율로 부담한다.

보험금을 청구할 때에 피보험자는 모든 타보험의 보험금액을 증명할 수 있는 서류를 보험자에게 제출해야 한다.

14.2 이 보험이 증액보험일 경우에는 다음 약관을 적용한다. 이 피보험목적물의 협정보험가액은 원보험 및 피보험자에 의하여 그 피보험목적물에 대해 부보되어 동일한 손해를 담보하는 모든 증액보험의 총보험금액과 동액으로 간주되며, 이 보험에서의 보상책임은 총보험금액에 대한 이 보험의 보험금액의 비율로서 부담하게 된다.

보험금을 청구할 때에는 피보험자는 모든 타보험의 보험금액을 증명할 수 있는 서류를 보험자에게 제공해야 한다.

15) 제15조 보험이익불공여약관

보험이익불공여약관(Not to Insure Clause)은 하주인 피보험자는 보험계약을 체결하였다는 이유로 운송인이나 기타 해상사업과 관련이 있는 수탁자에게 어떤 이익이나 혜택이 주어져서는 안 된다는 것을 규정하고 있는 약관이다.

만일 보험계약자인 동시에 운송계약자인 피보험자가 운송계약서에 보험계약에 따라 보험회사로부터 보상받는 손해는 운송회사가 이를 보상하지 않는다는 약관을 삽입하게 되면, 보험자가 피보험자에게 보상한 후에 운송회사에게 대위권을 행사하지 못하게 되고, 운송인 또는 기타의 수탁자는 그만큼 이익을 얻게 된다. 이러한 문제를 해결하기 위하여 규정한 것이 보험이익불공여약관이다.

이 약관은 보험계약을 체결하거나 또는 자기를 위하여 체결한 자로서, 또는 양수인으로서 보험금을 청구하는 자를 포함하는 피보험자를 대상으로 하여 적용된다.

이 약관에 따라 보험이익은 확장 또는 기타 방법에 의하여 운송인 또는 기타 수탁자에게 유리하게 이용되어서도 안 된다. 이 의미는 운송 중 보험사고가 발생한 경우, 피보험자가 운송인으로부터 보상받을 수 있음에도 불구하고 해상보험에 부보하였다는 이유로 이를 운송인에게 청구하지 않는 행위를 해서는 안 된다는 것이다.

이 약관은 1963년 협회적하약관(FPA, WA, A/R)에서는 제10조에 각각 규정되어 있었고 1982년 협회적하약관(A, B, C)에서는 제15조에 규정되어 있었다.

Not to Insure Clause

15. This insurance

15.1 covers the Assured which includes the person claiming indemnity either as the person by or on whose behalf the contract of insurance was effected or as an assignee,

15.2 shall not extend to or otherwise benefit the carrier or other bailee.

보험이익불공여약관

15. 이 보험은

15.1 이 보험계약을 체결하거나 또는 자기를 위해 체결된 자로서, 또는 양수인으로서 보험금을 청구하는 자를 포함하는 피보험자를 대상으로 한다.

15.2 확장 또는 기타 방법에 의해 운송인 또는 기타의 수탁자에게 유리하게 이용되어서는 안 된다.

16) 제16조 피보험자의무약관

피보험자의무약관(Duty of Assured Clause)은 손해가 발생한 경우 피보험자의 손해방지활동과 운송인 등에 대한 손해배상청구권을 확보할 것을 피보험자의 의무로 규정하고 있는 약관이다.

이 약관은 Lloyd's S.G. 보험증권에 규정되어 있는 손해방지약관(Sue and Labour Clause)과 1963년 협회적하약관(ICC)의 수탁자약관(Bailee Clause)을 대체한 것이다.

이 약관에 의거하여 피보험자와 그 사용인 및 대리인은 해상사고가 발생한 경우에 손해의 방지나 경감을 위해 합리적인 조치를 취해야 한다. 그리고 운송인이나 수탁자 또는 기타의 제3자에 대한 일체의 권리가 적절히 보전되고 행사되도록 확보해야 한다.

예를 들어 수하인이 운송인으로 화물을 인수받을 때 운송화물에 손상이 발견되면 운송인에게 서면으로 클레임을 제기해야 한다. 그 이유는 수하인이 제한된 기간 내에 클레임을 제기하지 않으면 운송인에 대한 보험자의 대위권이 침해받기 때문이다.

이 보험에서 보상하는 손해에 추가하여 이러한 피보험자의 의무를 수행함에 있어 적절하고 합리적으로 발생된 일체의 비용은 보험자가 피보험자가 보상한다.

그런데 이때 발생한 비용은 보험금을 초과하여도 보상된다.

Duty of Assured Clause

16. It is the duty of the Assured and their employes and agents in respect of loss recoverable hereunder

16.1 to take such measures as may be reasonable for the purpose of averting or minimising such loss, and

16.2 to ensure that all right against carriers, bailees or other third parties are properly preserved and exercised and the Insurers will, in addition to any loss recoverable hereunder, reimburse the Assured for any charges properly and reasonably incurred in pursuance of these duties.

피보험자의무약관

16. 이 보험에 따라 보상하는 손해에 대하여 다음의 사항은 피보험자, 그 사용인 및 대리인의 의무이다.

16.1 손해의 방지나 경감을 위하여 합리적인 조치를 취하는 것, 그리고

16.2 운송인, 수탁자 또는 기타의 제3자에 대한 일체의 권리가 적절히 보전되고 행사되도록 확보하는 것, 그리고 보험자는 이 보험에서 보상하는 손해에 추가하여 이러한 의무의 수행상 적절하고 합리적으로 발생된 일체의 비용을 피보험자에게 보상한다.

17) 제17조 포기약관

포기약관(Waiver Clause)은 피보험목적물을 구조, 보호 또는 복구하기 위한 피보험자 또는 보험자의 조치는 위부의 포기 또는 승낙으로 간주되지 아니한다는 것을 규정하고 있는 약관이다. 이를 포기유보약관이라고도 한다.

여기에서 포기는 '포기하지 않는 것으로 판단하라.'는 뜻이다. 즉, 해상사고가 발생하였을 때 피보험자나 보험자가 피보험목적물을 구조하거나 보호 또는 회복하기 위해 취하는 조치는 위부를 포기하거나 승인하였기 때문에 취하는 행위가 아니라는 것이다. 이것은 단지 손해경감을 위해 취하게 되는 당연한 행위이기 때문이다.

Waiver Clause

17. Measures taken by the Assured or the Insurers with the object of saving, protecting or recovering the subject-matter insured shall not be considered as a waiver or acceptance of abandonment or otherwise prejudice the rights of either party.

포기약관

17. 피보험목적물을 구조하거나, 보호하거나 또는 회복하기 위하여 피보험자 또는 보험자가 취한 조치는 위부의 포기 또는 승낙으로서 간주되지 아니하며, 또는 그 밖에 각 당사자의 권리를 침해하지도 아니한다.

18) 제18조 신속조치약관

신속조치약관(Reasonable Despatch Clause)은 피보험자는 자기가 좌우할 수 있는 모든 여건에서는 가능한 한 신속하게 행동하여야 한다는 것을 규정하고 있는 약관이다.

신속한 행동의 의미는 보험사고 발생시 보험사고 통지와 위험변경 통지 등을 위한 신속한 조치를 말한다.

Reasonable Despatch Clause

18. It is a condition of this insurance that the Assured shall act with reasonable despatch in all circumstances within their control.

신속조치약관

18. 피보험자는 자신이 좌우할 수 있는 모든 여건에서는 가능한 한 신속하게 행동하는 것이 이 보험의 조건이다.

19) 제19조 영국법 및 관례약관

영국법 및 관례약관(English Law and Practice Clause)은 보험증권과 보험약관의 해석은 영국의 법률과 관례를 준거해야 한다는 약관이다.

오늘날에 사용되고 있는 해상보험증권의 본문약관에도 영국의 법률과 관습에 따라 보험금의 지급 등을 해결한다는 준거법약관이 인쇄되어 있다.

이러한 취지와 동일하게 제19조에도 보상청구에 관한 책임(claim)과 보험금 지급은 영국의 법률과 관례를 따르도록 규정하고 있다. 따라서 우리나라에서 이루어지는 보험자(보험회사)의 설립과 운영 및 보험계약의 체결 등은 우리나라 법이 적용된다.

English Law and Practice Clause

19. This insurance is subject to English law and practice.

영국법 및 관례약관

19. 이 보험은 영국의 법률 및 관례에 준거하는 것으로 한다.

아래에 있는 유의사항은 피보험자의 주의를 환기시키기 위한 내용을 규정하고 있다. 이 유의사항은 피보험자는 이 보험의 제9조 운송계약종료약관에 의해 담보의 계속이 요청되거나 제10조 항해변경약관에 의해 항해의 변경이 통지되는 경우, 즉시 그 취지를 보험자에게 통지할 의무가 있으며, 계속 담보를 받을 수 있는 권리는 이러한 의무를 이행하였을 경우에만 인정된다는 것을 규정하고 있다.

◉ NOTE — Where a continuation of cover is requested under Clause 9, or a change of destination is notified under Clause 10, there is an obligation to give prompt notice to the Insurers and the right to such cover is dependent upon compliance with this obligation.

◉ 유의사항 — 약관 제9조에 의해 담보의 계속이 요청되거나, 또는 약관 제10조에 의해 항해의 변경이 통지되는 경우, 그 취지를 지체 없이 보험자에게 통지할 의무가 있으며, 또 계속 담보를 받을 권리는 이러한 의무를 이행하였을 경우에 한한다.

제 4 절 개정 협회전쟁약관

1. 개정 협회전쟁약관의 개요

개정 협회적하약관(ICC)은 제6조에서 전쟁위험을 면책위험으로 규정하고 있기 때문에 피보험자가 이러한 위험을 담보받기 원할 경우에는 추가보험료를 지급하고 협회전쟁약관(Institute War Clause)을 특약해야 한다.

개정 협회전쟁약관(적하)(Institute War Clause (Cargo) 2009 : IWC(Cargo) 2009, 이하 개정 협회전쟁약관)의 상당부분은 신협회적하약관인 ICC(A), ICC(B), ICC(C)의 규정과 동일한 내용으로 구성되어 있다.

따라서 해상보험계약을 체결하는 경우, 개정약관인 ICC(A), ICC(B), ICC(C)의 제6조 전쟁면책약관에서 면책위험으로 규정하고 있는 사항을 개정 협회전쟁약관에서는 담보위험으로 규정하고 있기 때문에 이 개정 협회전쟁약관을 독립적인 약관으로 특약하여 적하보험에 부보할 수 있다.

2. 개정 협회전쟁약관의 구성

개정 협회전쟁약관은 총 14개 조항으로 구성되어 있으며 2009년에 협회적하약관(ICC)이 개정됨에 따라 이 약관도 일부 개정이 이루어졌다.

즉, 본 개정 협회전쟁약관은 전쟁위험을 담보하는 데에는 필요가 없는 개정약관 ICC(A), ICC(B) 및 ICC(C)에 규정되어 있는 쌍방과실충돌약관(제3조), 전쟁면책약관(제6조), 동맹파업면책약관(제7조), 계반비용약관(제12조) 및 추정전손약관(제13조) 등 5개 약관을 포함하고 있지 않는 대신, 우선약관이 1개 추가되어 총 14개 조로 구성되어 있다.

그런데 이 개정 협회전쟁약관은 개정약관 ICC(A)와 담보위험(제1조), 면책위험(제3조) 및 보험기간(제5조)만 다르며 다른 것은 모두 동일하게 규정되어 있다.

즉, 개정 협회전쟁약관의 제4조 불내항·부적합면책약관, 제8조 피보험이익약관, 제11조 피보험이익약관, 제9조 증액약관, 제10조 보험이익불공여약관, 제11조 피보험자의 부약관, 제12조 포기유보약관, 세13조 및 제14조는 개정 ICC(A), (B), (C)에서 규정한 내용과 동일하게 되어 있다. 이 내용은 앞의 제3절에서 상세하게 설명했으므로 여기에서는 생략하고 주요 차이가 있는 조항을 중심으로 설명한다.

〈표 Ⅳ-12〉 ICC(A)와 Institute War Clauses(Cargo)의 비교

약관구성	ICC(A)조항	Institute War Clauses(Cargo) 조항	내용 비교
• 위험약관(Risks Clause)	1	1	×
• 공동해손약관(Geral Average Clause)	2	2	△
• 쌍방과실약관("Both to Blame Collision" Clause)	3		
• 일반면책약관(General Exclusions Clause)	4	3	△
• 불내항 및 부적합면책약관(Unseaworthiness and Unfitness Exclusion Clause)	5	4	○
• 전쟁면책약관(War Exclusion clause)	6		
• 동맹파업면책약관(Strikes Exclusion Clause)	7		
• 운송약관(Transit Clause)	8	5	×
• 운송계약종료약관(Termination of Contract of Carriage clause)	9	5.3	△
• 항해변경약관(Change of Voyage Clause)	10	6	○
• 우선약관		7	
• 피보험이익약관(Insurable Interest clause)	11	8	
• 계반비용약관(Forwarding charges Clause)	12		
• 추정전손약관(Constructive Total Loss Clause)	13		
• 증액약관(Increased Value Clause)	14	9	○
• 보험이익불공여약관(Not to Inure Clause)	15	10	○
• 피보험자의무약관(Duty of Assured Clause)	16	11	○
• 포기약관(Waiver Clause)	17	12	○
• 신속조치약관(Reasonable Despatch Clause)	18	13	○
• 영국법 및 관례약관(English Law and Practice Clause)	19	14	○
[유의사항(Note)]	Note	Note	○

주 : ×는 상이함, △는 다소 상이함, ○는 동일함을 나타냄.

3. 개정 협회전쟁약관의 주요 내용

1) 제1조 위험약관

개정 협회전쟁약관에서 담보되는 위험은 제1조(위험약관)와 제2조(공동해손약관)에 규정되고 있는데, 제2조의 내용은 개정 협회적하약관의 내용과 완전히 동일하다.

따라서 여기에서는 제1조만을 설명하고 제2조는 생략하기로 한다.

제1조 위험약관은 개정약관 ICC(A), (B), (C)의 제6조 전쟁면책약관에 의해 담보받지 못하는 전쟁위험 즉, ① 전쟁, 내란, 혁명, 반역, 반란 또는 이로 인하여 발생한 국내투쟁 등 ② 포획, 나포 강류, 억지 또는 억류 및 그러한 행위의 결과나 시도 ③ 유기된 기뢰 또는 어뢰, 폭탄 또는 기타의 유기된 전쟁무기 등에 의한 피보험목적물의 멸실 및 손상이 제3조 일반면책약관과 제4조 불내항 및 부적합 면책약관에 명시된 사유가 아니면 담보한다는 내용을 규정하고 있다.

Risks Clause

1. This insurance covers, except as excluded by the provisions of Clauses 3 and 4 below loss or damage to the subject-matter insured caused by

1.1 war, civil war, revolution, rebellion, insurrection or civil strike arising therefrom. or any hostile act by or against a belligerent power

1.2 capture, seizure, arrest, restraint or detainment, arising from risks covered under 1.1 above, and the consequences thereof or any attempt thereat

1.3 derelict mines, torpedoes, bombs or other derelict weapons of war

위험약관

1. 이 보험은 다음 위험으로 인한 피보험목적물의 멸실 또는 손상을 담보한다. 다만 아래 제3조와 제4조 규정에 의해 제외되는 위험은 그러하지 아니하다.

1.1 전쟁, 내란, 혁명, 반역, 반란 또는 이로 인해 발생한 국내투쟁, 교전국에 의하거나 또는 교전국에 대하여 가해진 일체의 적대행위

1.2 상기 1.1에서 담보되는 위험으로 인한 포획, 나포, 강류, 억지 또는 억류 및 그러한 행위의 결과, 또는 그러한 행위의 시도

1.3 유기된 기뢰 또는 어뢰, 폭탄 또는 기타의 유기된 전쟁무기

개정 협회전쟁약관의 위험약관은 구협회전쟁약관(적하)의 그것과 표현 문구만 상이할 뿐 내용은 거의 동일하다. 유일한 차이점은 구협회전쟁약관에서는 해적행위(piracy)를 담보하였으나 신협회전쟁약관에서는 해적행위를 담보하지 않는다는 점이다.

ICC(A)의 면책위험에서 이미 살펴보았지만, ICC(A)의 전쟁면책약관에서는 해적행위를 제외시킴으로써 전쟁위험에서 해상위험으로 간주하여 ICC(A)의 담보위험이 되었다. 따라서 개정 협회전쟁약관에서도 해적행위를 해상위험으로 간주하여 담보위험에 포함시키지 않았다.

여기에서 전쟁(war)은 국가 사이의 무력투쟁이며, 내란(civil war)은 동일 국가내의 대립 당파간의 무력투쟁이고, 혁명(revolution)은 동일 국가 내에서 새로 통치자가 되려고 하는 자 및 그 지지자가 당시의 통치자 및 그 국정을 전복하기 위해 강제적으로 행동할 때의 정치·사회적 요란상태를 말한다.

모반(rebellion)은 헌법상 허용된 자유행동의 범위를 넘어서 조직적 무력을 가지고 국권에 반항하는 동일국가내의 정치적 요란을 말한다.

반란(insurrection)은 모반의 전제적 단계나 모반에 이르기 전의 요란이며, 국내투쟁(civil strike)은 국가 내에서의 정치·사회적 갈등상태이고, 교전국에 의하거나 교전국에 대해 가해진 일체의 적대행위(any hostile act by or against belligerent power)는 교전당사국에 의한 적대행위와 교전당사국에 대한 적대행위를 말한다.

또한 포획(capture)은 습격(surprisals)과 동의어로 피보험목적물이 몰수되는 것이며, 나포(seizure)는 해상에서의 점유탈취(takings at sea)와 같은 뜻이고, 강류(arrest), 억지(restraint) 및 억류(detainment)는 동의어로서 통상의 운송과정 중 정치적, 행정적 사유로 피보험목적물이 일시적으로 운송이 제한되고 억류되는 것을 말한다.

그리고 그러한 행위의 결과 또는 기도(the consequences thereof or any attempt thereat)는 포획, 나포, 강류 등을 면하기 위해 도주 중 좌초를 당하거나 도주 기도로 포화를 입는 등의 일체의 위험을 말한다.

유기된 기뢰(derelict mines), 어뢰(torpedoes), 폭탄(bombs) 또는 기타의 유기된 전쟁무기(weapons of war)로 인한 손해는 전쟁시와 평화시를 불문하고 담보된다.

2) 제3조 일반면책약관

제3조 일반면책약관은 보험자가 면책되는 위험을 8가지로 구분하여 열거하고 있다. 그런데 제7항의 항해 또는 해상운송의 상실 또는 중단에 의한 일체의 보상청구를 제외하고는, 개정약관인 ICC(A), ICC(B), ICC(C) 제4조 일반면책약관과 거의 동일하다.

General Exclusion Clause

3 In no case shall this insurance cover

3.1 loss damage or expense attributable to wilful misconduct of the Assured

3.2 ordinary leakage, ordinary loss in weight or volume, or ordinary wear and tear or the subject-matter insured

3.3 loss damage or expense caused by insufficiency or unsuitability or packing of preparation of the subject-matter insured o withstand the ordinary incidents of the insured transit where such packing or preparation is carried out by the Assured or their employees or prior to the attachment of this insurance

3.4 loss damage or expense caused by inherent vice or nature of the subject-matter insured

3.5 loss damage or expense caused by delay, even though the delay be caused by a risk insured against(except expenses payable under Clause 2 above)

3.6 loss damage or expense caused by insolvency or financial default of the owners managers charterers or operators of the vessel where, at the time of loading of the subject-matter insured on board the vessel, the Assured are aware, or in the ordinary course of business should be aware, that such insolvency or financial default could prevent the normal prosecution of the voyage. This exclusion shall not apply where the contract of insurance has been assigned to the party claiming hereunder who has bought or agreed to buy the subject-matter insured in good faith under a binding contract

3.7 any claim based upon loss of or frustration of the voyage or adventure

3.8 loss damage or expense directly or indirectly caused by arising from any hostile use of any weapon or war employing atomic or nuclear fission and/or fusion or other like reaction or radioactive force or matter.

일반면책약관

3. 어떠한 경우에도 이 보험은 다음의 손해를 담보하지 아니한다.

3.1 피보험자의 고의의 불법행위에 기인하는 멸실, 손상 또는 비용

3.2 피보험목적물의 통상적인 누손, 통상적인 중량 또는 용적손 또는 자연소모

3.3 이 보험의 대상이 되는 운송에서 통상 발생하는 사고에 견딜 수 있도록 피보험목적물의 포장 또는 준비를 완전하고 적절하게 하지 않음으로 인하여 발생한 멸실·손상 또는 비용. 다만, 그러한 포장 또는 준비가 피보험자 또는 사용인에 의해 실행되거나 이 보험의 개시 전에 실행되는 경우에 한한다.

3.4 피보험목적물의 고유의 하자, 또는 성실에 기인하여 발생한 멸실, 손상 또는 비용

3.5 지연이 피보험위험에 기인하여 발생한 경우라도, 그 지연에 근인(近因)하여 발

생한 멸실, 손상 또는 비용(다만, 위의 2에 따라 지급되는 비용은 제외한다.)

3.6 본선의 소유자·관리자·용선자 또는 운항자의 파산 또는 재정상의 궁핍으로 인한 멸실·손상 또는 비용. 다만, 피보험목적물을 본선에 적재할 때 피보험자가 그러한 파산 또는 재정상의 궁핍이 그 항해의 정상적인 수행을 방해할 수 있다는 사실을 알고 있었거나 또는 통상의 업무상 당연히 알고 있었을 경우에 한한다.

이 면책규정은 구속력 있는 계약에 따라, 선의로 피보험목적물을 구입한 자 또는 구입하는 것에 동의한 자에, 보험계약이 양도되어, 그 자가 이 보험에 의해 보험금을 청구하는 경우에는 적용되지 아니한다.

3.7 항해 또는 해상운송의 상실 또는 중단에 의한 일체의 보상청구

3.8 원자력 또는 핵의 분열 및/또는 융합 또는 기타 이와 유사한 반응 또는 방사능이나 방사성의 물질을 응용한 무기의 적대적 사용으로 인하여 직접 또는 간접적으로 발생한 멸실, 손상 또는 비용

즉, 개정 협회전쟁약관상의 일반면책약관 3.1~3.6조항까지는 개정약관인 ICC(A)의 조항과 모두 동일하다. 다만, 3.7조항은 ICC(A)에서는 찾아볼 수 없는 조항이다. 이 조항은 피보험화물이 멸실 또는 손상되지는 않았지만 전쟁위험으로 화물이 목적항에 도착하지 못하였을 때 보험자가 전손보험금을 지급한 판결에 근거를 두고 있다.

3) 제5조 운송약관

(1) 운송약관의 내용

운송약관(transit clause)은 보험기간의 시기(始期)와 종기(終期)를 규정한 약관이다. 운송약관에서는 기존의 협회적하약관에서는 명시하지 않았던 피난항에서 양하라는 사항을 새로 도입하여 중간항에서의 환적과 동일하게 취급하고 있으며, 피보험자가 추가보험료를 납부하는 조건을 전제로 담보가 계속 이루어지도록 하고 있다.

(2) 보험자 책임의 시기와 종기 원칙

운송약관에서 보험자 책임은 피보험목적물이 외항선에 적재될 때에 개시된다. 그리고 보험자의 책임은 피보험목적물 또는 그 일부가 최종 양하항 또는 양하장소에서 외항선으로부터 양하된 때, 또는 최종 양하항 또는 장소에 도착한 날의 자정으로부터 기산하여 15일을 경과한 때 중 어느 한쪽이 먼저 발생하면 종료되도록 하고 있다.

Transit Clause

5. 5.1. This Insurance

5.1.1 attaches only as the subject-matter insured and as to any part as that part is loaded on an oversea vessel, and

5.1.2 terminates, subject to 5.2 and 5.3 below, either as the subject-matter insured and as to any part as that part is discharged from an oversea vessel at the final port or place or discharge, or on expiry of 15 days counting from midnight of the day or arrival or the vessel at the final port or place of dis charge whichever shall first occur;

운송약관

5. 5.1 이 보험은

5.1.1 피보험목적물이, 또 피보험목적물의 일부에 대하여는 그 일부가 외항선에 적재된 때에 그 효력이 개시되고, 또

5.1.2 다음 5.2 및 5.3 약관의 경우 피보험목적물이, 또 피보험목적물의 일부에 대하여는 그 일부가 최종 양하항 또는 양하장소에서 외항선으로부터 양하된 때 또는 최종 양하항 또는 장소에 도착한 날의 자정으로부터 기산하여 15일을 경과한 때 중 어느 한쪽이 먼저 발생한 때에 종료한다.

(3) 피보험목적물의 양하 없이 출항

운송약관에서는 피보험목적물을 최종 양하항 또는 장소에서 양하하지 않고 외항선이 거기에서 출항하는 경우에는 지체 없이 보험자에게 통지하고 추가보험료를 지급하는 조건으로 선박이 출항하면 보험은 다시 개시되도록 하고 있다.

nevertheless, subject to prompt notice to the Insurers and to an additional premium, such insurance

5.1.3 reattaches when, without having discharged the subject-matter insured at the final port or place of discharge the vessel sails therefrom, and

위의 규정에 불구하고 지체 없이 보험자에게 통지하고 또 추가보험료를 지급하는 조건으로 이 보험은

5.1.3 최종 양하항 또는 최종 양하장소에서 피보험목적물을 양하하지 않고 선박이 거기에서 출항한 때 다시 효력이 개시되고, 그리고

(4) 환적

환적(transshipment : T/S)은 운송품이 도착항에 도착되기 전에 당초에 선적되었던 운송수단에서 다른 운송수단으로 이동 및 재적재(reloading)되는 것을 말한다.

환적의 경우, 화물이 타 운송수단으로 이동됨으로써 화물의 손상을 초래하고 지연도착의 원인이 될 수 있을 뿐 아니라 환적에 따르는 비용이 발생한다.

따라서 수입자들은 이를 원하지 않는 것이 일반적이기 때문에 환적이 이루어지는 신용장결제의 경우는 신용장에 환적의 금지조항을 미리 약정해 두고 있다.

환적은 위험의 변경을 발생시키는 것이므로 보험자는 원칙적으로 환적이 이루어진 이후에 발생하는 손해로부터 면책된다.

운송약관에서는 피보험항해 중 외항선이 피보험목적물을 양하하여 다른 외항선이나 항공기로 계속 운반할 목적으로 중간항구나 장소에 도착한 경우, 또는 화물이 피난항이나 피난장소에서 양하된 경우에는 보험자에게 추가보험료를 지급하는 조건으로 이 보험은 그러한 항구나 장소에 원래의 외항선이 도착한 날의 자정부터 기산하여 15일을 경과한 때까지 계속되나, 그 후 피보험목적물 또는 그 일부가 계속 운반할 외항선이나 항공기에 적재될 때 다시 효력이 발생하도록 하고 있다.

5.2 If during the insured voyage the oversea vessel arrives at an intermediate port or place to discharge the subject-matter insured for on-carriage by oversea vessel or by aircraft or the subject-matter insured is discharged from the vessel at a port or place of refuse, then, subject to 5.3 below and to an additional premium if required, this insurance continues until the expiry of 15 days counting from midnight of the day of arrival of the vessel at such port or place, but thereafter reattaches as the subject-matter insured and as to any part as that part is loaded on an on-carrying oversea vessel or aircraft.

5.2 피보험항해 중 외항선이 피보험목적물을 양하하여 다른 외항선이나 항공기로 계속 운반할 목적으로 중간항구나 장소에 도착한 경우, 또는 화물이 피난항이나 피난장소에서 양하된 경우에는 다음 5.3의 규정과 보험자가 요구하는 경우에는 추가보험료를 지급하는 조건으로 이 보험은 그러한 항구나 장소에 원래의 외항선이 도착한 날의 자정부터 기산하여 15일을 경과한 때까지 계속되나, 그 후 피보험목적물이나 그 일부에 대하여는 그 해당 부분이 계속 운반할 외항선이나 항공기에 적재될 때 다시 효력을 발생한다.

(5) 목적지 이탈

운송약관에서 운송계약상의 항해가 계약서에 정해진 목적지 이외의 항구나 장소에서 종료될 경우, 그 항구나 장소가 최종 양하항으로 간주되며 이 보험은 종료한다.

그 후, 피보험목적물이 원래의 목적지나 다른 목적지로 운송하기 위해 재선적되는 경우에는 그와 같은 계속운송을 개시하기 이전에 보험자에게 통지하고 추가보험료를 지급하는 조건으로 이 보험은 다시 효력이 발생한다.

그리고 피보험목적물이 양하되지 아니한 경우에는 선박이 최종 양하항으로 간주된 곳으로부터 출항한 때 종료한다.

5.3 If the voyage in the contract of carriage is terminated at a port or place other than the destination agreed therein, such port or place shall be deemed the final port or discharge and such insurance terminates in accordance with 5.1.2.

If the subject-matter insured is subsequently reshipped to the original or any other destination, then provided notice given to the Under-writer before the commencement of such subject to an additional premium, such insurance reattaches

5.3.1 in the case of the subject-matter insured having been discharged, as the subject- matter insured and as to any part as that part is loaded on the on-carrying vessel for the voyage,

5.3.2 in the case of the subject-matter not having been discharged, when the vessel sails from such deemed final port or discharge; thereafter this insurance terminates in accordance with 5.1.4.

5.3 운송계약상의 항해가 계약서에 정해진 목적지 이외의 항구 또는 장소에서 종료될 경우, 그 항구나 장소가 최종 양하항으로 간주되며, 이 보험은 51.2의 규정에 따라 종료한다. 그 후 피보험목적물이 원래의 목적지나 다른 목적지로 재선적되는 경우에는 그와 같은 계속운송의 개시 전에 보험자에게 통지하고, 추가보험료를 지급하는 조건으로 이 보험은 다음 시점부터 다시 효력이 발생한다.

5.3.1 피보험목적물이 양하되었을 경우에는 피보험목적물이 또는 그 일부에 대하여는 그 해당 부분 이 항해를 위하여 계반외항선에 적재된 때,

5.3.2 피보험목적물이 양하되지 아니하였을 경우에는 선박이 최종 양하항으로 간주된 곳으로부터 출항한 때 그 후 이 보험은 5.1.4의 규정에 따라 종료된다.

(6) 운송중의 이로 등

운송약관에서는 이로나 불가피한 하역, 환적과 같은 해상운송계약상 운송인에게 부여된 자유재량권의 행사로부터 발생하는 위험의 변경이 있는 경우, 지체 없이 보험자에게 통지하고 또 추가보험료를 지급하는 조건으로 담보가 계속되도록 하고 있다.

5.5 Subject to prompt notice to Insurers, and to an additional premium if required this insurance shall remain in force within the provisions of these Clauses during any deviation, or any variation of the adventure arising from the exercise of a liberty granted to carriers under the contract of carriage.

5.5 즉시 보험자에게 통지하고 또 추가보험료를 지급하는 조건으로 이 보험은 일체의 이로 또는 해상운송계약상 운송인에게 부여된 자유재량권의 행사로부터 발생하는 위험의 변경기간 중에는 유효하게 계속된다.

(7) 기타 유의사항

운송약관에서 도착이라는 용어는 선박이 항만당국 관할구역 내의 정박묘지(碇泊錨地) 또는 장소의 묘박(錨泊), 계류(繫留), 또는 기타의 방법으로 안정하게 고정되는 것을 의미한다.

(For the purpose or Clause 5 “arrival” shall be deemed to mean that the vessel is anchored, moored or otherwise secured at a berth or place within the harbour Authority area. If such a berth or place is not available, arrival is deemed to have occurred when the vessel first anchors, moors or otherwise secures either at or off the intended port or place of discharge. “oversea vessel” shall be deemed to mean a vessel carrying the subject-matter from one port or place to another where such voyage involves a sea passage by that vessel)

(제5조의 적용상 “도착”이라는 것은 선박이 항만당국 관할구역 내의 정박묘지(碇泊錨地) 또는 장소의 묘박, 계류 또는 기타의 방법으로 안정하게 고정되는 것을 의미하는 것으로 간주한다. 그와 같은 정박묘지 또는 장소를 이용할 수 없는 경우, 도착은 선박이 예정된 양륙항 또는 양륙장소에서 또는 그 밖에서 제일 먼저 묘박, 계류 또는 기타의 방법으로 안전하게 고정될 때 발생된 것으로 간주한다. “외항선”이라는 것은 어느 항구 또는 장소로부터 다른 항구 또는 장소로 피보험목적물을 운송하는 선박으로서, 그 항해가 그 선박에 의한 해상항행을 포함하는 경우의 선박을 의미하는 것으로 간수한다.

제 5 절 개정 협회동맹파업약관

1. 개정 협회동맹파업약관의 개요

협회동맹파업약관(institute strikes clauses : ISC)은 협회동맹파업·폭동·소요약관(Institute Strikes, Riots and Civil Commotions Clause)을 줄여서 부르는 말로 동맹파업 등으로 인한 손해를 보험자가 보상할 것을 규정하고 있는 약관이다.

이러한 위험은 원래 개정 협회적하약관 제7조에서는 면책위험으로 규정하고 있기 때문에 이를 담보받기 위해서는 별도의 협의를 통해 본 약관을 특약해야 한다.

즉, 동맹파업과 관련되는 위험은 협회적하약관의 제7조 동맹파업면책에 의해 보험자의 면책으로 규정되어 있는 위험이므로 협회적하약관에서 부가조건으로 이를 특약해야만 동맹파업과 관련된 화물손해를 보상받을 수 있게 된다.

협회동맹파업약관에서는 동맹파업자·직장폐쇄노동자·노동분쟁·소요 또는 폭동에 가담한 자, 테러리스트 또는 정치적 동기로 행동하는 자로 인해 발생한 손해를 보상하며, 해상위험은 물론 육상위험까지 담보하고, 보험기간(보험자 책임의 시작과 끝)도 협회적하약관(ICC)과 전적으로 동일하다.

개정 협회동맹파업약관의 대부분은 개정약관인 ICC(A), ICC(B), ICC(C)의 규정과 동일한 내용으로 되어 있다.

따라서 해상보험계약을 체결하는 경우 개정약관 ICC(A), ICC(B), ICC(C)의 동맹파업면책약관(제7조)에서 면책위험으로 규정한 사항을 개정 협회동맹파업약관에서는 담보위험으로 규정하고 있기 때문에, 이 개정 협회동맹파업약관을 독립적인 약관으로 사용하여 적하보험에 부보할 수 있다.

개정 협회동맹파업약관에서 담보하는 위험은 제1조 위험약관과 제2조 공동해손약관에서 규정하고 있다. 제2조의 공동해손약관은 협회적하약관의 공동해손약관의 내용과 전적으로 동일하다. 담보되는 위험은 ① 동맹파업자, 직장폐쇄노동자, 노동쟁의, 폭동, 소요 등의 가담자에 의해 발생한 화물의 멸실이나 손상 ② 일체의 테러행위 의해 발생한 화물의 멸실이나 손상 등이다.

개정 협회동맹파업의 위험약관은 보험자가 동맹파업 등의 위험으로 인한 피보험목적물의 멸실 또는 손상만을 담보하며, 일반면책약관이나 불내항 및 부적합 손해를 담보하지 않는다는 내용을 규정하고 있다.

2. 개정 협회동맹파업약관의 구성과 내용

1) 개정 협회동맹파업약관의 구성

개정 협회동맹파업약관(적하)(Institute Strikes Clauses (Cargo) 2009 : ISC (Cargo)은 위험약관, 일반면책약관, 운송약관 등 총 14개 조항으로 구성되어 있는데 2009년에 협회적하약관(ICC)이 개정됨에 따라 이 약관도 일부 개정이 이루어졌다.

개정 협회동맹파업약관에서는 보험자가 동맹파업위험을 담보하는 데에는 필요하지 않은 ICC(A), ICC(B) 및 ICC(C)의 쌍방과실충돌약관, 동맹파업면책약관, 계반비용약관 및 추정전손약관 등 4개 약관을 포함하지 않았고 전쟁면책약관은 일반면책약관(제3조)에 포함되도록 하였다.

즉, 본 약관에서는 동맹파업위험을 담보하는 데에는 필요가 없는 개정 ICC(A), ICC(B) 및 ICC(C)의 쌍방과실충돌약관, 전쟁면책약관, 동맹파업면책약관, 계반신비용약관 및 추정전손 등의 약관을 제외한, 총 14개 조항으로 구성되어 있다.

그러므로 이 개정 협회동맹파업약관은 ICC(A), ICC(B) 및 ICC(C)와 담보위험과 면책위험만이 다를 뿐 다른 약관은 내용이 모두 동일하다.

즉, 개정 협회동맹파업약관의 제4조 불내항·부적합면책약관은 개정약관 ICC(A), (B), (C)의 제5조 불감항·부적합면책약관에서, 제5조 운송약관은 개정약관 ICC(A), ICC(B), ICC(C)의 제8조 운송약관에서, 제6조 운송계약종료약관은 개정약관 ICC(A), ICC(B), ICC(C)의 제9조 운송계약종료약관에서, 제7조 항해변경약관은 개정약관 ICC(A), ICC(B), ICC(C)의 제10조 항해변경약관에서, 제8조 피보험이익약관은 개정약관 ICC(A), ICC(B), ICC(C)의 제11조 항해변경약관에서 동일하게 규정하고 있다.

그리고 개정 협회동맹파업약관의 제9조 증액약관은 개정약관 ICC(A), ICC(B), ICC(C)의 제14조 증액약관에서, 제10조 보험이익불공여약관은 개정약관 ICC(A), ICC(B), ICC(C)의 제15조 보험이익불공여약관에서, 제11조 피보험자의무약관은 개정약관 ICC(A), ICC(B), ICC(C)의 제16조 피보험자의무약관에서 동일한 내용으로 규정하고 있다.

또한 제12조 포기유보약관은 개정약관 ICC(A), ICC(B), ICC(C)의 제17조 포기유보약관에서, 제13조 신속조치약관은 개정약관 ICC(A), ICC(B), ICC(C) 각 조건의 제13조 신속조치약관에서, 그리고 제14조 영국법과 관습약관은 개정약관 ICC(A), ICC(B), ICC(C) 각 조건의 제19조 영국법과 관습약관의 내용과 동일하게 규정하고 있다.

따라서 이 부분은 앞의 제3절 개정 협회적하약관의 각 내용을 그대로 참조하면 되기 때문에 여기에서는 설명을 생략하기로 한다.

〈표 Ⅳ-13〉 ICC(A)와 Institute Strikes Clauses(Cargo)의 조항 비교

약관구성	ICC(A) 조항	Institute Strikes Clauses(Cargo) 조항	내용 비교
• 위험약관(Risks Clause)	1	1	×
• 공동해손약관(General Average Clause)	2	2	△
• 쌍방과실충돌 약관("Both to Blame Collision" Clause)	3	-	-
• 일반면책약관(General Exclusions Clause)	4	3	△
• 불내항 및 부적합면책약관(Unseaworthiness and Unfitness Exclusion Clause)	5	4	○
• 전쟁면책약관(War Exclusion Clause)	6	3	△
• 운송약관(Transit Clause)	8	5	○
• 운송계약종료약관(Termination of Contract of Carriage Clause)	9	6	○
• 항해변경약관(Change of Voyage Clause)	10	7	○
• 피보험이익약관(Insurable Interest Clause)	11	8	○
• 계반비용약관(Forwarding Charges Clause)	12	-	-
• 추정전손약관(Constructive Total Loss Clause)	13	-	--
• 증액약관(Increased Value Clause)	14	9	○
• 보험이익불공여약관(Not to Inure Clause)	15	10	○
• 피보험자의무약관(Duty of Assured Clause)	16	11	○
• 포기약관(Waiver Clause)	17	12	○
• 신속조치약관(Reasonable Despatch Clause)	18	13	○
• 영국법 및 관례약관(English Law and Practice Clause)	19	14	○
유의사항(Note)	Note	Note	○

주 : ×는 상이함. △는 다소 상이함, ○는 동일함을 나타냄

2) 제1조 위험약관

제1조 위험약관(risks clause)은 개정약관 ICC(A), ICC(B), ICC(C)의 제7조 동맹파업면책약관에서 면책되고 있는 동맹파업위험을 담보위험으로 규정하고 있는 약관이다.

즉, 제1조 위험약관은 개정약관 ICC(A), ICC(B), ICC(C)의 제7조 전쟁면책약관에 의해 담보받지 못하는 동맹파업위험 즉, ① 동맹파업자, 직장폐쇄노동자 또는 노동쟁의, 폭동 또는 소요에 가담한 자에 의해 발생한 것 ② 일체의 테러행위 등에 의한 것 즉, 합법적 또는 불법적으로 설립된 일체의 정부를 무력이나 폭력으로, 전복 또는 영향력을 미치기 위해 행동하는 조직을 대신하여 또는 그 조직과 연대하여 행동하는 자의 행위에 의한 것 ③ 정치적, 사상적 또는 종교적 동기를 가지고 행동하는 자에 의해 발생한 피보험목적물의 멸실 및 손상을 보상한다고 규정하고 있다.

그러나 이 위험약관에서도 일반면책약관과 불내항 및 부적합면책약관에서 제외하는 위험은 담보하지 않는다고 규정하고 있다.

1. This insurance covers, except as excluded by the provisions of clauses 3 and 4 below loss or damage to the subject-matter insured caused by

1.1 strikers, locked-out workmen, or persons taking part in labour disturbances, riots or civil commotions

1.2 any act of terrorism being an act of any person acting on behalf of, or in connection with, any organization which carries out activities directed towards the overthrowing or influencing, by force or violence, of any government whether or not legally constituted

1.3 any person acting from a political, ideological or religious motive.

1. 이 보험은 다음 위험으로 인한 피보험목적물의 멸실 또는 손상을 담보한다. 다만 아래 제3조, 제4조 규정에 의해 제외되는 위험은 그러하지 아니하다.

1.1 동맹파업자, 직장폐쇄노동자 또는 노동쟁의, 폭동 또는 소요에 가담한 자에 의해 발생한 것

1.2 일체의 테러행위 즉, 합법적 또는 불법적으로 설립된 일체의 정부를 무력이나 폭력으로, 전복 또는 영향력을 미치기 위해 행동하는 조직을 대신하여 또는 그 조직과 연대하여 행동하는 자의 행위에 의한 것

1.3 정치적, 사상적 또는 종교적 동기를 가지고 행동하는 자에 의해 발생한 것

3) 제3조 일반면책약관

개정 협회동맹파업약관의 제3조에 규정되어 있는 일반면책약관(General Exclusion Clause)의 3.1조항에서 3.6까지, 그리고 3.9조는 개정약관 ICC(A)의 그것과 동일하며 3.8조항은 개정 협회전쟁약관(적하)의 그것과 동일하다. 그러므로 여기에서는 개정약관 ICC(A)의 일반면책약관에서 추가된 내용을 중심으로 살펴본다.

우선 3.7조항은 개정약관 ICC(A)나 개정 협회전쟁약관에서는 없는 조항으로, 동맹파업자 등에 의해 직접적으로 발생한 피보험목적물의 손해는 제1조 위험약관에서 담보하지만 간접적으로 발생한 동맹파업의 손해는 면책됨을 분명히 하고 있다.

즉, 개정약관 ICC(A), ICC(B) 및 ICC(C)의 7.2조항에서 면책으로 규정되었던 동맹파업 등의 간접적 결과손해는 개정 협회동맹파업약관에서도 담보되지 않음을 명시하고 있다.

일반면책약관에서 보험자는 피보험목적물에 대한 포장이나 준비가 피보험자 또는 사용인에 의해 실행되거나 이 보험의 개시 전에 실행되는 경우에 한하여, 이 보험의 대상이 되는 운송 과정 중에 통상적으로 발생하는 사고에 견딜 수 있도록 피보험목적물의 포장이나 준비를 완전하고 적절하게 하지 않아서 피보험목적물에 발생한 멸실, 손상 또는 비용은 면책으로 규정하고 있다.

일반면책약관에서 '포장'에는 컨테이너에 적부하는 것을 포함하고 있다. 이것은 컨테이너를 하나의 운송용기로 해석하여 명시한 정의로 파악되는데, 그것은 차량을 컨테이너에 적입하여 운송을 하는 경우에는 컨테이너 자체가 포장이 되기 때문이다.

3.7조항에서는 동맹파업, 직장폐쇄, 노동분쟁, 폭동, 또는 소요기간 중에 발생한 모든 종류의 노동력의 결핍, 부족 또는 공급방해(absence, shortage or withholding of labour of any description)로 발생한 멸실, 손상 또는 비용 등을 면책으로 규정하고 있다.

3.8조항에서는 항해 또는 해상운송의 상실 또는 중단에 의한 일체의 보상청구(any claim based upon loss of or frustration or the voyage or advanture)를 보험자의 면책으로 규정하고 있다.

그리고 3.10조항에서는 전쟁, 내란, 혁명, 반역, 반란, 또는 이로 인해 발생한 국내투쟁, 또는 교전국에 의하거나 또는 교전국에 대하여 가해진 일체의 적대행위(any hostile act by or against a belligerent power)로 인한 멸실이나 손상 또는 비용 등을 면책으로 규정하고 있다. 이것은 민일 폭동이나 소요가 전쟁, 내린, 혁명, 모반, 반린 등으로 확대될 경우 이와 같은 위험은 면책된다는 것을 분명히 하기 위해 삽입된 것으로 판단된다.

제 5 부 무역관련 보험

제13장 항공화물보험과 컨테이너보험

제14장 선박보험과 P&I 보험

제15장 무역보험제도

제 13 장 항공화물보험과 컨테이너보험

제 1 절 항공화물보험

1. 항공화물보험의 개요

항공사고는 손해가 순간적으로 발생하고, 손해가 발생하였다면 대규모 손해가 되어 손해액도 거액이 된다. 그리고 항공기의 특성상 항공기에 사고가 발생하면 거의 전손이 되는 특수한 성격이 있다.

항공운송 중에 화물에 손해가 발생하면 원칙적으로는 항공운송인이 책임을 부담하지만, 항공운송인의 과실이 없거나 불가항력에 의한 경우는 면책된다. 또한 책임을 지는 경우에도 항공운송인의 책임액에는 일정한 한도로 제한되어 있기 때문에 사고가 발생한 경우 하주로서는 만족한 보상을 받을 수가 없는 경우가 많다.

이러한 항공화물운송의 특수성 때문에 항공화물을 취급하는 하주들은 항공운송 중에 항공위험의 발생으로 인하여 야기된 화물의 손해를 보험자로부터 보상받기 위해 항공화물보험(caviation cargo insurance)에 가입하게 된다.

항공운송의 경우 항공기 사고가 발생하면 전손이 되는 것이 대부분이기 때문에 항공화물보험은 전위험담보조건(All Risks)으로 부보한다. 이 경우 전쟁위험과 동맹파업위험은 면책위험이 되기 때문에 이들 위험을 담보받기 위해서는 특약이 필요하다.

그리고 항공화물은 항공보험의 일종인 하주이익보험으로 인수되는 경우도 있는데, 이 보험은 송하인이 간단한 절차로 가입할 수 있도록 하기 위해 마련된 것이다.

즉, 항공회사와 보험회사 사이에 미리 포괄보험계약을 체결해 두고, 송하인이 화물을 항공회사에 인도할 때 Air Waybill(항공화물운송장)에 필요 사항을 기재하고 보험료를 지급하기만 하면 해당 화물은 자동적으로 보험에 가입하게 된다.

이 보험은 가입절차가 간단하지만 보험조건과 보험료율이 항공회사와 보험회사 사이에 체결된 획일적인 포괄계약의 내용에 따를 수밖에 없으므로 소량화물에 적합하다.

2. 항공화물보험의 계약체결 형태

항공화물보험의 계약체결 형태는 크게 해상보험회사를 통해 협회적하약관(항공)으로 부보하는 방법과 항공운송인이 발행하는 항공화물운송장(AWB)을 이용하는 하주이익보험으로 부보하는 방법이 있다.

1) 협회적하약관(항공)

항공화물의 경우 사고가 발생하면 기체와 함께 화물도 전손이 되는 것이 대부분이므로 항공사고는 해상사고와 달리, 손해발생의 순간성, 손해의 대형성, 손해의 거액성, 전손성 등의 특수한 성격을 가지고 있다.

이러한 항공화물운송의 특수성 때문에 항공화물의 보험조건은 전위험담보조건이다. 그리고 이를 담보하기 위하여 런던 보험업자협회(ILU)는 협회적하약관(항공)(Institute Cargo Clause [air])을 제정하였다.

1963년에 제정된 이 약관은 신협회적하약관이 개정됨에 따라 1982년 Institute Cargo Clause (Air)(excluding sending by post)로 개정되었다. 이 신약관으로 부보하는 경우에도 전쟁위험과 동맹파업위험은 면책되므로 이들 위험을 담보받기 위해서는 1982년 Institute War Clause(Air Cargo) 및 Institute Strikes Clause(Air Cargo)을 별도로 특약해야 한다.

2) 하주이익보험

국제항공화물은 대부분 협회적하약관(항공)에 의한 보험으로 인수되고 있다. 그러나 스스로 보험을 수배할 능력이 없는 일반 하주를 위해 항공회사가 발행하는 항공화물운송장(AWB)을 이용하여 부보하는 하주이익보험(shipper's interest insurance)도 있다.

이 보험은 그 담보내용이 모두 통일되어 있는 것도 아니며 또 모든 항공회사가 이 보험을 제공하는 것도 아니다.

이 보험의 부보절차는 매우 간단하지만, 보험조건 및 요율은 항공회사와 보험회사와의 획일적인 포괄계약의 내용에 따라야 하기 때문에 적은 규모의 소량화물에 적합한 보험이다.

보험조건의 기본적인 내용은 항공화물운송장의 배면약관에 규정되어 있고 그 상세한 것은 하주이익약관에 명시되어 있다. 이 보험은 전위험담보조건(All Risks)으로 부보되며 화물의 종류에 관계없이 담보조건이 동일하다. 그리고 이 보험의 보험기간은 운송장에 화물의 명세를 기입할 때부터 도착지의 수하인에게 인도될 때까지이다.

3. 항공화물보험의 적용약관

1) 구증권의 항공화물에의 적용약관

구증권을 이용하여 항공화물보험에 적용하는 협회적하약관으로서는 Institute Air Cargo Clause(All Risks)(excluding sendings by Post)가 있다.

이 약관으로 부보하는 경우에도 전쟁위험과 동맹파업위험은 면책위험이다. 그러므로 전쟁위험을 담보받기 위해서는 'Institute War Clauses(All Risks)(excluding sendings by Post)'와 같은 별도 약관을 첨부해야 하며, 동맹파업위험을 담보받기 위해서는 Institute Air Cargo Clause(All Risks)의 제10조(동맹파업소요폭동 부담보약관)를 말소해야 한다.

(1) 구협회항공화물약관(우편물 제외)

구 협회항공화물약관(우편물 제외)은 총 4개 조항과 유의사항으로 구성되어 있는데 그 주요 내용을 살펴보면 다음과 같다.

① 담보위험

담보위험은 제5조(전위험 담보약관)에 규정되어 있으며 그 내용은 구협회적하약관(ICC)의 전위험담보조건(All Risks Clause)과 동일하다.

② 보험기간

보험기간은 제1조(운송약관)와 제2조(운송계약종료약관)에 규정되고 있으며 그 내용은 구 협회적하약관과 대동소이하다. 즉, 이 보험은 운송개시와 동시에 시작되고 통상의 운송과정 중 계속되며, 화물이 최종창고에 인도된 때에 종료된다.

다만, 종료기간이 협회적하약관의 경우는 외항선으로부터 양륙완료 후 60일로 제한되었지만, 항공화물약관(우편물 제외)에서는 항공기로부터 양하 완료 후 30일로 제한되어 있다.

(2) 구협회전쟁약관(항공화물)

구협회전쟁약관은 총 7개 조항으로 구성되어 있으며 주요 내용은 다음과 같다.

① 담보위험

담보위험은 협회전쟁약관(institute war clause)과 동일하다.

② 보험기간

구협회전쟁약관(항공화물)의 보험기간은 협회전쟁약관(적하)과 동일하며 단지 표현만 항공운송에 적합하도록 수정되었다.

이 보험은 항공기에 적재된 때에 개시되고, 목적지 공항에서 항공기가 도착한 날의 자정부터 15일을 한도로 거기서 항공기로부터 화물을 양하한 때에 종료된다. 전쟁위험은 항공화물의 경우 항공기에 있는 동안(airborne)만 담보되는 것이 원칙이다.

2) 신증권의 항공화물에의 적용약관

신증권을 이용하여 항공화물보험에 적용하는 협회약관으로서는 1982년과 2009년에 개정된 Institute Cargo Clause(Air)(excluding sendings by Post)가 있다.

이 약관으로 부보하는 경우에도 전쟁위험과 동맹파업위험은 면책위험이기 때문에 이들 위험을 담보받기 위해서는 ① Institute War Clause(Air Cargo) ② Institute Strikes Clause(Air Cargo)를 별도로 특약해야 한다.

구증권을 이용하는 경우 동맹파업위험을 담보하는 특별약관은 별도로 존재하지 않기 때문에 협회항공화물약관 제10조를 말소하면 제11조가 효력을 발휘하여 이 위험을 담보하였다. 그러나 신약관에서는 협회동맹파업약관(항공화물)이 별도로 마련되어 있다. 여기에서는 실무에서 많이 사용되는 1982년 약관을 중심으로 설명한다.

(1) 신협회항공화물약관(우편물 제외)

신협회항공화물약관(우편물 제외)[Institute Air Cargo Clause(excluding sending by post)]은 총 16개 조항으로 구성되어 있다.

담보위험은 제1조(위험약관)에 규정되어 있고, 보험기간은 제5조(운송약관)와 제6조(운송계약종료약관)에 규정되어 있으며 그 내용은 구 협회항공화물약관과 동일하다.

협회항공화물약관(우편물 제외)[IACC(excluding sending by post)]과 관련한 약관은 협회항공화물전쟁약관(우편물 제외)과 우편물보험의 협회전쟁약관이 있다.

협회적하전쟁약관(항공운송 포함)[Institute War Clauses(Cargo)(including on carriage by air)]은 일반 적하를 항공편을 포함하여 운송 중에 발생하는 전쟁위험을 부보하는 경우에 활용하는 약관이다.

협회항공화물(우편물 우송포함) 전쟁약관[Institute War Clauses (Air Cargo) (including sending by post)]은 항공우편물을 포함한 항공화물의 항공운송 중에 발생이 가능한 전쟁위험을 부보할 때에 활용하는 약관이다.

신협회항공화물약관(우편물 제외)은 제1조 담보위험약관과 제2조 일반면책약관만 차이가 있을 뿐, 나머지 약관 즉, 제3조 전쟁면책약관, 제4조 동맹파업면책약관, 제5조 운송약관, 제6조 운송계약종료약관, 제7조 항해변경약관, 제8조 피보험이익약관, 제9조 계반비용약관, 제10조 추정전손약관, 제11조 증액약관, 제12조 보험이익불공여약관, 제13조 피보험자의무약관, 제14조 포기약관, 제15조 신속조치약관, 제16조 영국법 및 관습약관은 약관의 조항과 대상이 항공(air)이라는 것을 제외하고 나머지는 개정약관 ICC(A), (B), (C)에서 설명한 내용과 동일하다.

(2) 신협회전쟁약관(항공화물)과 신협회동맹파업약관(항공화물)

신협회전쟁약관(항공화물)과 신협회동맹파업약관(항공화물)은 모두 12개 조항으로 구성되어 있으며 담보위험과 보험기간 등은 신협회전쟁약관과 신협회동맹파업약관과 대동소이하다. 이하는 신협회전쟁약관(항공화물)을 중심으로 설명한다.

① 제1조 담보위험약관

담보위험약관(risk covered clause)에서는 일반면책약관(제2조), 전쟁면책약관(제3조), 동맹파업면책약관(제4조)에서 규정된 사유를 제외하고, 피보험목적물의 멸실 또는 손상에 관한 일체의 위험을 담보하도록 규정하고 있다.

개정약관 ICC(A)와 같이 신협회전쟁약관(항공화물)과 신협회동맹파업약관(항공화물)도 포괄책임주의를 채택하고 있다.

② 제2조 일반면책약관

본 제2조 일반면책약관에 관한 내용은 개정약관 ICC(A), ICC(B), ICC(C) 제4조 일반면책약관에서의 설명 내용과 거의 동일하다.

즉, 일반면책약관에서는 보험자의 면책위험을 8가지 즉, 피보험자의 고의의 불법행위, 피보험목적물의 통상적인 누손 등, 포장이나 준비의 불완전이나 부적절, 피보험목적물의 고유의 하자나 성질, 항공기나 운송용구 등이 보험목적의 안전운송을 하는데 부적당하여 발생한 멸실, 지연, 항공기의 소유자 등의 파산 등, 그리고 원자력 등으로 인하여 발생한 멸실 등으로 구분하여 명시하고 있다.

다만 2. 5에서 항공기, 운송용구, 컨테이너 또는 리프트 밴이 피보험목적물의 안전운송을 하는데 부적당하여 발생한 멸실, 손상 또는 비용은 보상되지 않도록 하고 있다.

그리고 2.7에서는 본선의 소유자라는 용어 대신 항공기 소유자라는 용어를 사용하고 있다.

제 2 절 컨테이너보험

1. 컨테이너의 의의

컨테이너(container)는 반복적으로 사용이 가능하도록 규격화된 수송도구이며 모든 운송과정에서 육·해·공을 상호 결합하여 운송도중 화물의 이적 없이 일관수송을 실현시킨 혁신적인 운송용구이다.

2. 컨테이너운송의 경제성

컨테이너운송은 재래식 운송에 비해 다음과 같은 장점을 가지고 있다.

첫째, 컨테이너는 그 자체가 외부포장의 역할을 하기 때문에 포장비가 절감된다.

둘째, 컨테이너운송은 선사들에게 화물취급의 편리성을 제공하고 신속한 운송을 가능하게 함으로써 하주들은 할인된 운임을 적용받을 수 있다.

셋째, 컨테이너운송은 하역단계의 간소화에 따른 노동력의 절약과 기계적 처리로 인한 하역비의 절감이 가능하므로 선사는 선박을 효율적으로 운항할 수 있다.

넷째, CY나 CFS 자체가 보세창고의 역할을 하기 때문에 화물의 통관을 위한 별도의 보세창고료가 필요없어 그만큼 창고료가 절감된다.

다섯째, 컨테이너운송은 생산공장이나 송하인의 창고에서 컨테이너에 적입·봉인되어 CY나 CFS에 반입되는 즉시 B/L이 발급되어 매입(네고)할 수 있기 때문에 재래식에 비해 수출대금의 회수가 신속히 이루어진다.

여섯째, 컨테이너운송은 해상운송과 육상운송과의 연결이 쉽고 환적할 때의 지연시간 없이 해륙일관 수송이 가능하기 때문에 수송기간을 단축시킬 수 있다.

일곱째, 컨테이너는 용기 자체가 견고하고 밀폐되어 있어 하역작업상의 안전은 물론, 화물운송 중의 풍랑·풍우, 온도·습도 등 기후상의 변동에도 안전하다.

반면, 컨테이너운송은 다음과 같은 단점을 가지고 있다.

첫째, 컨테이너 자체의 단가가 비싸고 컨테이너로 운송할 수 없는 화물이 있으며 컨테이너는 주로 갑판적재를 하는데 갑판적재 화물은 비싼 보험료를 부담해야 한다.

둘째, 소량화물의 경우에는 혼재(consolidation)가 필요하며, 1척 당 수천만 달러에 이르는 고가의 컨테이너 터미널을 포함하여 각종 장비와 시설을 보유해야 한다.

3. 컨테이너운송의 위험

컨테이너는 튼튼하고 안전한 운송용구이기 때문에, 재래선 운송에 비해 전반적으로 각종 손해를 방지하거나 경감시킬 수 있다.

그러나 컨테이너와 관련하여 발생하는 손해는 있기 마련이며 이러한 손해를 완벽히 방지한다는 것은 사실상 불가능한 일이므로 보험의 필요성이 제기된다.

컨테이너에 의한 운송화물과 관련된 위험들로는 다음과 같은 것들이 있다.

첫째, 컨테이너 터미널(Container Terminal)에서 발생하는 위험이다. 컨테이너 터미널은 컨테이너선에 화물의 적재와 하역을 원활하고도 신속하게 작업하는 장소 및 설비의 전체를 말한다.

즉, 컨테이너 터미널은 컨테이너운송에서 해상과 육상운송의 접점인 부두에 위치하고 본선하역, 화물보관, 육상운송기관에의 컨테이너 하역, 컨테이너화물의 인수와 인도가 이루어지는 장소를 말한다.

컨테이너화(Containerization) 초기부터 현재에 이르기까지 각종 태풍에 의한 손해방지를 위한 기술개발이 현저히 발전하여 현재에는 대형 태풍에 의한 컨테이너 터미널의 손해는 거의 발생하지 않는다. 그러나 일부 외국에서는 대형 태풍이 Container Yard에 내습하여 크레인이나 장치된 컨테이너화물에 막대한 피해를 준 경우도 있다.

둘째, 갑판적재 컨테이너화물의 위험이다. 갑판적재 컨테이너의 투하나 파도에 의해 유실 손해는 발생 빈도는 비교적 낮지만 일단 발생하면 전손이 될 확률이 매우 높다.

갑판적재 화물은 위험 발생의 가능성이 높기 때문에 선주는 그 위험에서 면책되고 있으며, 통상적인 해상보험에서도 이것을 담보하지 않아 이 위험을 담보 받으려면 특약을 하고 할증보험료를 납부해야 한다.

셋째, 컨테이너내의 화물에 발생하는 발열과 발한 등의 위험이다. 컨테이너내의 화물에서 발생하는 발열, 발한, 결로현상은 방습제, 방습포장, 방습 장치부착 컨테이너 등의 기술개발이 컨테이너화 초기 당시부터 추진되어 왔다.

그러나 항해 도중의 온도차이, 기타의 자연조건, 컨테이너화물의 성질과 포장 상태, 컨테이너 내에 적입되는 깔개나 충전물의 수분 함유율 등 여러 요인이 복합적으로 작용하게 되면 컨테이너화물에서 불가피하다고 생각되는 발열, 발한, 결로 등의 손해도 발생하기 쉽다.

특히, 컨테이너에 미세한 틈이 생겨 침수하는 경우, 천공이 있어 빗방울이 침투하는 경우, 내부마루가 많이 젖어 있는 경우, 온도차에 의한 결로현상이 있는 경우에는 이러한 위험들이 발생할 가능성이 매우 높다.

4. 컨테이너보험의 의의와 특징

1) 컨테이너보험의 의의

컨테이너운송에서 운송인은 자기가 소유하거나 임차한 컨테이너 자체의 멸실이나 손상에 대비하여 보험에 가입해야 한다.

또한 컨테이너와 관련된 사고로 인해 발생하는 제3자에 대한 배상책임이나 컨테이너 화물에 대한 운송인의 책임을 보상받기 위해 부보할 필요도 있다.

컨테이너보험은 컨테이너와 관련된 손해의 발생을 대비하기 위해 개발된 것으로 컨테이너 자체보험, 컨테이너 소유자의 제3자에 대한 배상책임보험, 컨테이너 운영자의 화물손해 배상책임보험을 포괄하는 보험을 말한다.

이러한 세 가지 종류의 보험을 일괄하여 하나의 증권(blacket policy)으로 부보할 수도 있지만, 개별 보험을 단독으로 부보할 수도 있다.

2) 컨테이너보험의 발전

컨테이너보험의 출발은 1968년 5월 영국의 P&I club이 TTMM(Through Transit Marine Mutual Assurance Association Ltd.)을 설립하여 컨테이너 수송과 관련하여 발생하는 손해를 포괄적으로 담보하는 체제를 확립한데서 비롯되었다.

우리나라의 손해보험 업계도 TTMM에 대항하기 위하여 컨테이너 자체의 손해보상을 주축으로 컨테이너 수송에 관련하여 발생하는 컨테이너 소유자나 컨테이너 임차인의 배상책임을 포괄적으로 담보하는 컨테이너보험을 개발하여 운영하고 있다.

3) 컨테이너보험의 특징

컨테이너보험은 일반적인 손해보험과 비교하여 다음과 같은 특징들을 가지고 있다.

첫째, 컨테이너보험은 원칙적으로 컨테이너 자체보험, 컨테이너 소유자의 제3자에 대한 배상책임보험, 컨테이너 운항자의 화물손해 배상책임보험을 포괄해서 한 장의 증권으로 인수한다. 그러나 단독으로도 이를 인수한다.

둘째, 컨테이너보험의 담보기간은 원칙적으로 연간을 기준으로 계약이 이루어진다.

셋째, 컨테이너보험의 담보구간은 세계 각지와 각 항구 상호간의 운송뿐 아니라 보관중이거나 수리, 검사를 위한 이동 및 그 기간 중에도 포함된다.

넷째, 컨테이너보험은 소손해면책을 위한 Franchise나 Excess가 첨부된다.

5. 컨테이너보험의 종류

컨테이너보험은 컨테이너 자체보험, 컨테이너 임차인을 포함한 컨테이너 소유자의 제3자에 대한 배상책임보험, 그리고 컨테이너 운영자의 화물손해 배상책임보험 등으로 구분된다.

1) 컨테이너 자체보험

컨테이너 자체보험(container itself insurance)은 피보험목적물인 컨테이너 그 자체의 운송 또는 보관 중의 멸실이나 추락 및 다른 물체와 충돌하여 발생한 손상에 의한 경제적 손실을 보험자가 보상하는 보험이다. 일반적으로 컨테이너보험이라고 하면 이것을 의미하며 이 보험은 다음과 같은 특징을 가지고 있다.

첫째, 컨테이너는 일반용기와 달리 반복적으로 사용되는 것이기 때문에 컨테이너 자체보험에서는 수송 중 뿐만 아니라 보관, 검사 및 수리 중의 손해도 보상된다.

즉, 컨테이너 자체보험은 국제표준화기구(ISO) 규격 및 이에 준하는 외항 컨테이너를 피보험목적물로 하여 이러한 컨테이너가 세계 각지 각항 상호간에 수송되는 기간(보관 중, 수리 중 및 검사를 위한 이동기간도 포함)을 담보하는 것이다. 그러나 컨테이너 본래 목적 이외의 용도로 사용할 때 생기는 손해는 보상하지 않는다.

둘째, 컨테이너 자체보험은 보험계약을 체결할 때 항해를 기준으로 하는 항해구간을 보험기간으로 할 수가 없고, 기간을 기준으로 1년 미만의 기간을 보험기간으로 한다.

셋째, 컨테이너 자체보험에서는 컨테이너 소유자가 보험계약자 또는 피보험자가 되는 것이 일반적이다. 그러나 임차 컨테이너(lease container)의 경우에는 임차인(lessee)이 준소유자로서 컨테이너 자체보험계약을 체결하며 이 경우에 임차인은 컨테이너 소유자에 대한 배상책임보험을 특약하게 된다.

넷째, 컨테이너 자체보험은 런던보험업자협회가 제정한 전위험(A/R) 담보조건에 의거한 협회컨테이너 기간약관(전위험)[Institute Container Clauses Time(all risks)]과 협회컨테이너 기간약관(전손·공동해손·구조료·손해방지비용)[(Institute Container Clause Time (total loss, general average, salvage charges, sue and labour)], 협회컨테이너 기간약관(전손·공동해손·구조료·손해방지비용) 전용 전손[Total Loss Only subject to Institute Container Clause Time(total loss, general average, salvage charges, sue and labour)] 담보조건이 있다. 전위험담보조건은 보험자가 담보하는 모든 손해에 대하여 보상하는 조건이며 전손담보조건은 전손, 구조비 및 손해방지비용만을 보상하는 조건이다.

2) 컨테이너 소유자의 제3자에 대한 배상책임보험

컨테이너 소유자(임차인도 포함한다)의 제3자에 대한 배상책임보험(container owner's third party liability insurance : TPL)은 컨테이너 소유자나 임차인(lessee)이 컨테이너 운송작업 중 혹은 컨테이너와 관련된 사고로 제3자에게 끼친 신체적 손상이나 재산상의 손해를 보상하는 보험으로 간단히 배상책임보험이라고 한다.

즉, 이 보험은 컨테이너 소유자나 임차인이 컨테이너와 관련된 사고 예를 들어, 컨테이너에 대한 보수가 불충분하였거나 수선이 되지 않은 컨테이너를 사용하여 컨테이너의 바닥이 빠지는 등 컨테이너 자체의 하자나 결함으로 말미암아 제3자에 대해 상처나 상해를 입힌 경우 등과 같이 타인의 신체 상해나 재물 손해에 대해 법률상의 배상책임 의무가 발생하였을 때 그 손해를 보상하는 배상책임보험이다.

그러나 이 배상책임보험에서도 피보험자의 고의나 중과실에 의한 손해, 통상의 누손이나 자연소모, 포장이나 준비의 불충분 및 부적합, 피보험목적물의 고유의 하자나 성질, 지연, 전쟁이나 폭동, 천재지변 등에 의한 손해는 보상되지 않는다.

3) 컨테이너 운영자의 화물손해 배상책임보험

컨테이너 운영자의 화물손해 배상책임보험(container operator's cargo indemnity insurance : cargo indemnity)은 컨테이너 운송화물의 손해에 대해 컨테이너 운영자가 법률상 및 운송계약상의 배상책임을 이행함으로써 입는 경제상의 손실을 보상하는 보험을 말하며, 간단히 화물손해 배상책임보험이라고도 한다.

즉, 컨테이너 운영자가 자체소유의 컨테이너에 화물을 적입하여 운송하는 과정 중에 컨테이너 자체 설비의 문제로 컨테이너 내에서 결로, 발열, 발한, 오염 등이 발생하여 화물에 손해를 야기한 경우, 컨테이너 운영자가 화물의 소유권자에게 배상해야 할 책임을 보상하는 보험이 화물손해 배상책임보험이다.

이 배상책임보험에서 담보책임의 범위는 법률상 또는 보험증권에 첨부된 B/L상에 규정된 운송계약상의 배상액 외에 권리보전, 손해방지, 보험자에 대한 협력, 보험자의 동의를 얻기 위한 소송 등에 소요되는 여러 가지 비용도 합리적으로 지출된 범위 내의 것을 담보한다.

이 배상책임보험은 원칙적으로 계약기간을 1년간으로 하고 ISO 규격 및 이에 준하는 외항 컨테이너 내 수용화물을 피보험목적물로 하며 세계 각지 각항 상호간을 수송하는 기간을 담보한다.

제 14 장 선박보험과 P&I 보험

제 1 절 선박보험

1. 선박보험의 개요

선박보험(hull insurance)은 선박이 건조, 운항, 계선 중에 발생하는 크고 작은 가종 위험으로 인해 발생하는 손해를 보상하는 보험으로 해상보험의 일종이다.

선박보험은 ITC-HULLS(Institute Time Clauses : 협회기간약관)을 기본으로 하고 여기에 각종 특별약관을 첨부하여 선체의 물적손해나 선체사고로 인하여 발생하는 비용손해를 담보하고 있으며, 타 선박과의 충돌사고 발생시 상대방에 대한 법적 손해배상책임(충동손해 배상책임)도 담보하고 있다

선박보험은 충돌손해 배상책임을 제외하고, 제3자에 대한 배상책임은 담보하지 않기 때문에 선원, 승객, 화물, 해상오염 등 제3자에 대한 배상책임에 대비하여 선주는 선주상호보험(P&I 보험 : Protection and Indemnity Insurance)에 가입하고 있다.

2. 선박보험의 종류

1) 기간보험과 항해보험

선박보험은 원칙적으로 기간보험(time insurance)으로 부보한다. 그러나 고철선박을 해체하여 용광로에 넣기 위한 항해를 할 때나 특수 작업선이 작업장소나 조업지를 이동하는 항해를 할 때에는 항해보험(voyage insurance)으로 부보되기도 한다.

항해보험은 1항해를 단위로 하여 인수하기 때문에, 항해 개시 시점에서의 선박의 내항성(seaworthiness) 문제가 대단히 중요하다. 따라서 보험자는 항해보험을 인수할 때 항해거리·항로·계절, 예인시에는 예인선의 성능 등을 위험측정의 중요 자료로 삼게 된다.

2) 선체 및 기관보험

선체 및 기관보험(hull & machinery insurance)은 선박 그 자체와 모든 선박자재(materials)·의장선구(outfit)·기관(machineries)과 항해용구(equipment) 및 기타 비품(furniture)을 피보험목적물로 하여 보험기간 중에 담보위험에 근인되어 발생된 피보험 선박의 물적 손해나 비용손해, 그리고 충돌사고가 발생한 경우에는 상대 선박에 대한 법적 충돌배상 책임을 담보하는 보험이다.

3) 선비보험

선비(disbursement)는 선박을 운항하는데 소요되는 비용으로 예를 들어 연료비, 부식비, 항내에서의 관습적인 예인비, 선적비, 항만시설 사용료 등을 말한다.

이러한 비용들은 선주가 예정된 항해를 성공적으로 마치고 운임수익을 획득함으로써 회수된다. 그러나 이러한 비용들은 선박보험가액에 포함되어 있지 않기 때문에 항해 도중 선박이 멸실이나 손상된다면 선주는 이미 지출한 선비를 회수할 길이 없게 된다.

선비보험은 전손사고시에만 담보되는 조건(TLO : Total Loss Only)으로 부보한다. 왜냐하면 분손 사고시는 실제로 상실된 선비를 정확히 산출하기가 현실적으로 어렵기 때문이다.

이와 같이 선주는 선박이 항해 중 보험사고가 발생할 것을 대비하여 이미 지급한 비용을 회수하기 위해 보험에 가입하는데, 이를 선비보험(disbursement insurance)이라고 한다.

선비보험의 가입한도는 선박보험가액의 일정비율(일반적으로 25%)로 제한되고 있다.

4) 증액보험

선박의 가액은 보험기간 내에도 시장상황 등에 따라 급격하게 변동할 뿐만 아니라 지역에 따라서도 차이가 날 수 있는데 증액보험(increase value insurance)은 선박의 가액이 급등할 때 금액을 증액한 보험이다.

보험금은 그 선박의 계약 당시의 가입금액(협정가액)을 기준으로 지급이 된다. 따라서 선체보험 금액이 사고시 선주가 입은 실제 손실금액에 미치지 못하는 경우가 발생할 경우가 있어 선주는 선체 보험금 전액을 보험자로부터 보상받는다 하더라도 보험금과 선가와의 차액만큼 손실을 입게 된다.

선주는 이러한 손실에 대한 담보가 필요하여 일반적으로 증액보험에 부보하게 된다. 실무에서는 선비, 선체 및 기관의 증가액 등을 하나로 묶어서 운용하고 있다.

5) 선박건조보험

선박건조보험(builder's risk insurance)은 선박의 건조에서부터 진수·시운전 및 인도에 이르기까지 이에 따르는 제반 육상 및 해상위험을 담보함으로써 건조자의 경제적 손실을 보험자에게 전가시키기 위한 보험이며, 간단히 건조보험이라고도 한다.

선박의 건조계약은 청부계약이므로, 조선소는 건조한 선박을 인도함으로써 그 대가를 완전히 결제받게 된다. 따라서 조선소는 수주에서 기공, 진수, 의장, 시운전을 거쳐 발주자에게 선박을 인도하기까지 각종 위험에 의하여 손해를 입을 가능성이 있다. 선박건조보험은 이러한 조선소의 피보험이익을 보호하기 위한 보험이다.

선박건조보험에서 보험금액은 완공된 선박의 예상가액으로 하고 보험기간은 보험계약 체결시에 그 시기와 종기가 명시되는데 조기에 완공되어 선주에게 인도되면 그 시점에서 위험이 종료된다.

담보범위는 전위험담보조건으로 해상위험, 육상위험에 의한 전손, 구조비, 수선비, 손해방지비용 외에도 진수에 실패하였을 때의 재진수비용, 다른 선박과의 충돌에 따르는 충돌손해배상금이 보상된다.

그러나 설계나 시방상의 결함개선비용은 보상되지 않는다. 또 지진, 분화 또는 이에 기인하는 화재, 노동쟁의에 의한 손해와 전쟁위험은 특약이 없으면 보상되지 않는다.

6) 예인보험

예인(towage)은 선박의 어느 부분이 손상을 입어 자력으로 항행이 불가능하게 된 경우 이를 구조하기 위해 밀거나 끄는 작업을 말한다.

예인보험(towage insurance)은 해양구조물과 같은 특수구조물을 제작지로부터 목적지까지 운송하는 항행기간 동안 부보하는 형태로 많이 활용하는 보험이다.

예인 실시 전에는 예인선, 피예인선 및 예인방법의 적격 여부 등의 안전도 검사를 받아야 한다. 예인보험은 주로 항해보험으로 인수한다.

7) 전쟁 및 동맹파업보험

전쟁 및 동맹파업보험(War & SRCC insurance)은 전쟁 및 동맹파업 등으로 인해 선박에 발생한 멸실·손상을 담보하는 보험이다.

이 보험의 취지는 평화지역에서는 우발적인 전쟁위험을 담보하는 것이지만 교전지역이나 전쟁의 발발 가능성이 높은 지역은 담보가 제외되는 경우도 있다.

3. 선박보험과 협회기간약관

선박보험은 전형적인 손해보험의 일종이다. 선박보험은 계약당사자의 일방(보험회사)이 보험을 의뢰한 피보험자(선주)의 피보험목적물(선박)이 일정의 우연한 사고로 인해서 발생하는 손해를 보상할 것을 약속하고 선주가 그것의 대가인 보험료를 지불할 것을 약속하는 계약으로 이루어진다.

여타 국가들과 같이, 우리나라 선박보험계약에서는 500톤 미만의 소형 선박을 제외하고는 보험자의 보상조건과 담보의 기본적인 내용은 1888년에 영국의 런던보험업자협회(Institute of London Underwriters : ILU)가 제정한 협회기간약관선박(Institute Time Clauses Hulls : ITC-Hulls)을 사용하고 있다.

이 약관은 선박의 운항과 관련한 위험을 담보하는데 적용하는 약관이며 보험자가 모든 전손과 분손뿐 아니라 구조비, 손해방지비용을 보상하는 조건이다.

협회기간약관은 선박보험에서 가장 기본이 되는 약관으로 우리나라의 경우에도 피보험자의 특별한 요구가 없으면 ITC-Hulls를 그대로 사용하거나 내용을 일부 수정하여 사용하고 있다. 런던보험자협회가 제정한 다른 선박보험약관들은 모두 ITC-Hulls를 기본으로 하여 일부 내용을 변경한 것이다.

협회기간약관은 1970년 약관, 1983년 약관, 1995년 약관, 1983년 약관, 2009년 약관 등으로 개정이 되었으나 현재 1983년 약관과 2009년 개정약관이 보편적으로 사용되고 있다.

우리나라 손해보험시장에서는 예전부터 사용하고 있던 1970년 ITC Hulls를 폐기하고 1983년 ITC-Hulls를 주로 사용하고 있다.

1983년 ITC-Hulls는 27개 약관으로 구성되어 있으며 약관에는 항해의 개념, 항해종료의 조건, 공제금액, 담보내용 및 면책위험 등이 상세하게 명시되어 있다.

한편, 협회기간약관에서 면책위험은 상대적인 면책위험과 절대적인 면책위험으로 구분된다. 상대적인 면책위험은 피보험자가 추가보험료를 지불함으로써 선택담보가 가능한 위험으로 대표적인 위험은 전쟁위험, 동맹파업과 폭동위험 등이다.

이에 반해, 절대적인 면책위험은 어떠한 경우에도 담보될 수 없는 성격의 위험으로 그 대표적인 위험은 피보험자의 고의적인 불법행위, 통상의 누손, 중량 또는 용적의 통상적인 감소 또는 자연소모나 마모, 피보험목적물의 고유의 하자나 성질 등이다.

협회기간약관에서는 기관손상에 대해 통상적인 마모와 원인 불명사고는 보상하지 않으며 잠재하자(latent defect)로 인한 손상의 경우 결과손해는 보상하나 자체손해는 보상하지 않도록 규정하고 있다.

제 2 절 P&I 보험

1. P&I 보험과 P&I 클럽

1) P&I 보험

P&I 보험(Protection and Indemnity Insurance)은 선박보험과 더불어 선사에게 매우 중요한 해상보험의 일종이다. 선박보험이 선박이라는 피보험목적물을 대상으로 한 보험인데 반하여, P&I 보험은 선박회사의 배상책임을 대상으로 한 보험이다.

즉, 선박의 운항과 관련하여 발생한 사고로 인하여 제3자가 입은 손해에 대한 선주의 배상책임을 선주 상호간에 담보하는 보험이 P&I 보험이다.

여기에서 'Protection'은 충돌배상책임과 인명에 관한 배상책임 및 제3자에게 끼친 손해에 대한 배상책임보험을 의미하고, 'Indemnity'는 적하물품에 대한 해상운송인의 배상책임보험을 의미한다.

선박의 운항과 관련하여 선주는 해상오염 등으로 인한 제3자에 대한 책임, 상대 선박이나 인명손해에 대한 책임, 적재화물에 대한 운송책임 등을 부담한다. 인명이나 선원의 과실에 의한 선주들의 손해는 일반 보험회사들이 보상하려 하지 않고 보상하더라도 보험가입시 높은 보험료를 요구한다. 따라서 이러한 손해를 보상하기 위해 선사가 회원이 되고 상호보험제도의 형태로서 조합원의 손해를 보상하는 것을 P&I 보험이다.

2) P&I 보험과 P&I 클럽

해상운송 중 적하보험에 부보한 화물이 불내항이나 화물을 취급할 때의 부주의를 원인으로 손해가 발생하는 경우 선주가 책임을 부담해야 한다. 이에 따라 보험자는 하주에게 보험금을 지급하고 선주에게 대위권을 행사하게 된다.

그런데 선주가 단독으로 그 금액을 부담하기는 어렵기 때문에 충분한 손해배상액을 확보하기 위해 선주는 P&I 클럽에 가입하게 된다. P&I 클럽(club)은 주로 선주의 제3자에 대한 손해배상책임을 담보하는 일종의 선주상호공제조합으로 비영리단체이다.

선주가 P&I 클럽에 가입되어 있으면, P&I 클럽이 선주가 하주에서 보상해야 하는 손해배상액을 보상하여 준다. 따라서 선주는 P&I 클럽에 가입함으로써 하주 및 적하보험자로부터 제기된 손해배상청구를 쉽게 해결할 수 있다.

2. P&I 클럽의 구성과 한국의 P&I 클럽

1) P&I 클럽의 구성

최근 선박운항에 따른 위험이 다양화되고 이에 따른 배상책임이 강화되는 국제적인 추세에 맞추어 P&I 보험의 담보범위가 더욱 확대되는 한편 P&I club에 가입하는 선주들도 점차 증가하고 있다.

P&I 클럽은 역사적으로 19세기 전후부터 20세기에 걸쳐 영국을 위주로 발달하였으며 현재에는 국제적으로 런던(London)과 뉴캐슬(New Castle) 등 20개 이상의 대형 P&I 클럽이 구성되어 있다.

1855년 영국에서 설립된 Britannia Club이 그 시초이며, 1998년 현재 세계에서 가장 큰 규모의 P&I는 총톤수 1억 톤, 약 5,000여 척이 가입하고 있는 영국의 UK Club이다.

해운산업이 발전해감에 따라 아시아에서는 1950년에 일본에서 최초로 도입하였으며 1984년과 1997년에 중국과 이란이 각각 도입하였다.

선주가 선박을 P&I 클럽에 가입할 때는 가입신청서를 작성하고 선박에 관한 기본적인 정보를 제공해야 한다. P&I 클럽의 가입은 증권의 발행이 전제되는 것이 아니고 신청서를 제출함으로써 이루어진다. P&I 클럽에서는 가입을 거절할 수도 있다.

P&I 클럽의 회원은 선주 또는 관리주 등이다. 왜냐하면 선박 자체를 직접 소유하는 선주도 회원이 있으나 타인 소유의 선박을 임대하여 운영하는 자도 회원이 될 수 있기 때문이다. 나용선은 나용선자가 P&I 클럽의 회원이 될 수 있다.

2) 한국의 P&I 클럽

우리나라에서는 1999년 법률 제5804호로 선주상호보험조합법이 제정·공포되어 1999년 8월 5일부터 시행되었다.

우리나라에서 P&I 보험을 취급하는 기관으로는 한국선주상호보험조합(The Korea Shipowner's Mutual Protection & Indemnity Association ; the Korea P&I Club 또는 KP&I)과 이보다 훨씬 오래전부터 P&I 보험을 취급하여 온 한국해운조합에 의해 창설된 선주배상책임공제(KS P&I)가 있다.

즉, 한국선주상호보험조합(Korea P&I Club)과 한국해운조합에서 업무를 수행하고 있는 것이다. 이들은 조합원들의 기금을 중심으로 운영이 되고 있지만 일부는 정부에서 지원을 받고 있다. KP&I에는 국제적인 P&I 클럽으로부터 가입이 거절된 소규모 선박과 원양어선이 주로 가입하고 있는 실정이다.

제 15 장 무역보험

제 1 절 무역보험제도의 개요

1. 무역보험제도의 의의

무역과 기타의 해외거래는 국내거래와는 다른 많은 위험들이 발생할 가능성이 높다. 그러한 위험 중에는 전쟁, 수입제한 법령의 제정 등과 같이 당사자의 책임과는 관계없는 사유로 이행을 불가능하게 하는 비상위험과 당사자의 파산 등과 같은 신용위험이 있는데, 이들 위험은 일반의 사보험(私保險)으로는 보상받기 어렵다.

따라서 무역거래의 건전한 발전을 도모하기 위해 많은 국가에서는 국내의 수출입계약 당사자를 위해 국가가 보험자가 되어 이들 위험을 책임지는 제도를 마련하고 있는데 그 대표적인 것이 무역보험제도(trade insurance system)이다.

무역보험제도는 WTO 체제의 출범 이후 조세와 금융 등 직접수출 지원제도의 축소 및 철폐가 불가피해짐에 따라 간접적으로 수출기업과 수입기업을 지원하는 정책으로 국제적으로 널리 인정되고 있는 제도이다.

우리나라 무역보험은 수출보험제도 및 수입보험제도로 구분된다. 수출보험은 수입자의 계약파기, 파산, 대금지급 지연 또는 거절 등의 신용위험과 수입국에서의 전쟁, 내란 또는 환거래 제한 등의 비상위험 등으로부터 수출자나 수출금융을 제공한 금융기관이 입게 되는 손실을 보상하는 등의 수출지원제도이다.

수입보험은 원유, 철, 시설재 등 국민경제에 중요한 자원이나 물품을 수입하는 경우, 국내기업이 부담하는 선급금 미회수 위험을 담보하거나 국내기업에 대한 수입자금 대출지원이 원활하도록 지원하는 제도이다.

우리나라는 무역보험제도를 효율적으로 운영하기 위해 1992년 수출보험공사를 설립하였다. 이 공사는 수출보험제도를 효율적으로 운영함으로써 무역과 해외투자촉진을 통해 국민경제발전에 이바지할 목적으로 설립되었다. 이후 수입보험 측면을 강화하기 위해 2010년 기관명을 한국수출보험공사에서 한국무역보험공사(K-sure)로 변경하였다.

2. 무역보험의 특징

1) 위험의 동시다발성 및 민간 보험자의 인수 불가능

무역거래에서 발생하는 위험은 무역계약 당사자가 계약상품을 인도, 인수, 운송하는 과정 중에서 발생하는 위험들이 대부분이다. 이러한 위험들은 해상보험이나 운송보험 등과 같은 통상의 보험으로 커버할 수 있다.

그런데 전쟁, 내란, 외환거래의 제한 또는 금지 등 비상위험으로 인한 손해들은 위험을 예측하기 어렵고 다수의 거래에 대해 위험이 동시에 발생하게 된다. 따라서 민간 보험자가 이러한 위험들을 인수한다는 것은 거의 불가능하다.

2) 정부책임하에 운영

대부분의 국가에서 무역보험은 정부가 직접 운영하거나 공기업체에게 대행시켜 운영하고 있다. 이와 같이 무역보험의 운영기구는 정부가 직간접으로 관여하는 것이므로 궁극적으로는 정부책임 하에 비영리로 이 보험이 운영되고 있는 것이다.

우리나라도 정부가 직접 또는 간접적으로 무역보험의 운영에 관여하고 있다. 이와 같이 무역보험을 정부의 책임하에 운영하는 이유는 다음과 같다.

첫째, 무역보험제도의 목적이 국가의 무역진흥정책에 있다는 점이다. 즉, 민간 보험자들이 무역보험을 운영하면 수출입의 지원이라는 무역정책의 효과를 거두기가 매우 어렵기 때문에 정부가 직·간접적으로 운영에 개입하고 있는 것이다.

둘째, 무역보험의 주된 담보위험이 비상위험이라는 점이다. 비상위험은 보험사고 발생확률을 예측하기 곤란하여 적절한 보험료율을 산정하기가 어렵다.

또한 비상위험으로 인한 사고는 동시에 다수의 보험계약에 발생하고 피해 규모도 매우 크기 때문에 보험자의 거대한 자금조달능력을 필요로 한다. 이러한 위험들을 민간 보험자가 인수하기에는 거의 불가능하기 때문에 정부가 직·간접적으로 무역보험의 운영에 개입하게 된다.

셋째, 신용위험을 담보하려면 거액의 자본투하가 필요할 뿐 아니라 대규모의 해외신용조사 기구를 두어야 하는데 이것은 사기업으로는 채산을 맞추기 곤란하다.

넷째, 민간 보험자들의 운영목적이나 운영체계 측면에서 볼 때 무역보험은 실행하기 어려운 대상이라는 점이다. 설령 민간 보험자들이 무역보험을 운영한다고 하여도 이윤추구를 위해 과다한 보험요율을 책정하는 경우에는 무역상품의 원가에 직접적 상승요인으로 작용하여 수출입자들에게 부담을 안겨 주게 된다.

3) 거액의 보험사고

거액의 손해가 발생한 경우, 보험자가 지불해야 할 보험금은 엄청난 금액이 되며, 비상위험에 의한 사고는 그 다발성으로 인해 일시에 보험금 청구가 집중되기 때문에 이 경우 역시 대규모의 보험금 지급이 불가피하게 된다. 따라서 이러한 규모의 보험사고를 민간 보험자들이 단독으로 부담하기에는 어려운 측면이 있다.

4) 독립채산제의 채택

무역보험은 원칙적으로 보험사업의 수입으로 지출을 충당하는 방식을 채택하고 있다. 우리나라 무역보험법 제4조에도 '무역보험의 보험료율은 무역보험 사업의 수입과 지출의 균형이 유지되도록 한국무역보험공사가 산업통상자원부 장관의 승인을 받아 정한다.'고 규정하여 독립채산의 원칙을 채택하고 있다.

5) 비영리 정책보험

민간기업이 무역보험을 운영하게 되면 무역을 지원하는 정책 측면에서 보다는 이윤추구의 입장에서 채산에 맞는 위험유형만을 선택하여 운영하게 될 가능성이 높다.

그렇게 되면 담보위험의 범위가 극히 제한될 수밖에 없으므로 무역지원의 정책적 효과를 거두기가 매우 어렵게 된다.

또한 수지균형을 위해 과다한 보험요율을 책정할 경우 이는 무역원가의 직접적 상승효과로 작용하여 무역진흥에 역행하는 결과를 초래하게 된다.

이렇기 때문에 정부가 무역보험 운영에 관여하거나 직접 운영하는 이유가 여기에 있는 것이다. 즉, 무역보험은 경제정책적인 차원에서 정부 또는 정부로부터 위탁받은 기관이 위험의 빈도나 위험의 강도라는 측면에서 불가항력적인 거대한 위험을 보험으로 인수하여 무역을 진흥시키고 국민경제의 발전에 기여하기 위해, 통상의 보험에서 취급하지 않는 비상위험, 신용위험, 기업위험 등을 담보함으로써 무역업자의 불안을 제거하고 무역진흥을 도모하는 비영리 정책보험의 성격을 가지고 있다.

6) 제도의 유동성

무역보험은 국가의 무역진흥을 궁극적인 목표로 하고 있으므로 국제무역환경의 변화에 따라 수출입자가 부담하게 될 다양한 위험을 담보해야 할 운명에 있다. 따라서 제도의 운영이나 담보위험은 국가의 정책적 판단에 따라 매우 유동적이다.

3. 무역보험의 기능

1) 손실보상과 불안제거 기능

수출보험은 수입국에서 발생하는 비상위험이나 신용위험 등으로 선적불능이나 대금회수 불능 등 수출에 따른 불안을 해소시켜 주는 제도이다. 즉, 수출보험은 수입국에서 발생하는 비상위험 또는 신용위험 등으로 수출자가 입는 경제적 손실을 국가가 보상해 줌으로써 수출자가 안심하고 수출활동을 할 수 있도록 도와준다.

수입보험은 해외수출자의 계약불이행으로 국내 수입업자가 제때에 물품을 인도받지 못하거나 선불금을 회수하지 못했을 경우의 손실을 보상해 주는 제도이다.

따라서 무역보험은 수출입자 모두에게 손실을 보상함으로써 불안을 제거하여 준다.

2) 수출입진흥의 기능

무역보험은 무역진흥을 위한 비영리 정책보험이다. 따라서 수출입자는 저렴한 보험료 부담으로 실손해를 보상받을 수 있게 되어 수출입 경쟁력을 강화할 수 있다. 따라서 무역보험은 결과적으로 수출입진흥의 기능을 수행한다.

3) 금융보완적 기능

무역보험은 수출입대금의 미회수위험을 담보하기 때문에 금융기관으로 하여금 수출입 지원금융을 안심하고 제공해 줄 수 있게 한다. 또한 보험사고가 발생하였을 때에는 기업이 받는 손실을 보상함으로써 자금면의 유동성을 제고시켜 사업을 계속 유지할 수 있게 도와준다.

4) 해외 수입자에 대한 신용조사 기능

무역보험의 운영주체는 효율적인 보험인수나 관리에 최선을 다하는 한편, 업무상 보험사고를 미연에 방지하기 위해 다양한 채널을 통해 해외 수입자의 신용상태와 수입국의 정치·경제 등 제반환경에 관한 조사활동을 전개한다.

이러한 신용조사의 결과는 수출자로 하여금 수출불능이나 대금회수 불능위험을 예방할 수 있도록 해 주는 한편, 수입국에 관한 신용정보를 제공하여 수출자로 하여금 효과적으로 활용할 수 있도록 함으로써 수출자의 신규 거래처 확보와 수출확대에 기여함과 동시에 건전한 수출거래를 유도하는 기능을 수행한다.

제 2 절 무역보험의 담보위험과 계약

1. 무역보험의 담보위험

1) 비상위험

비상위험(emergency risk or political risk)은 수입국에서의 수입금지나 제한조치, 환거래의 제한이나 금지조치, 전쟁, 내란, 파업과 같은 비상사태 등 당사자에게 책임지울 수 없는 사유로 인한 수출의 불능위험이나 대금회수의 불능위험을 말한다.

협의의 개념으로 비상위험은 수입국의 전쟁, 폭동 등 정치적 사태로 손실이 발생할 위험을 말하지만, 광의의 개념으로는 비상업적 위험(non-commercial risk)과 동일한 개념이다.

2) 신용위험

신용위험(credit risk)은 수입자의 일방적인 계약파기나 수입자의 파산 등으로 인한 선적불능과 대금회수불능의 위험, 수입자의 재정상태 악화로 인한 대금결제 지연의 위험 등 수입자가 당연히 이행해야 할 채무를 이행하지 않거나 태만히 함으로써 발생되는 위험을 말한다.

3) 기업위험

기업위험(management risk)은 기업의 활동과정에서 발생하는 위험으로 기업가의 판매예측이나 경영예측이 어긋남으로 인해 발생하는 위험을 말한다.

4) 환위험

환위험(exchange rate floating risk) 혹은 환변동 위험은 수출가격의 표시를 외화표시로 정하는 경우 수출자는 화환(貨換)을 취결(就結)할 때 그때의 시세로 환산한 자국화폐를 은행에서 받게 되므로 매매계약 당시와 환입금(換入金)의 시기 사이에 일어나는 환시세 변동의 위험을 말한다.

또 수입가격을 외화표시로 정하는 경우 수입자는 화환의 기한에 자국화폐로 환산하여 대금을 지급하게 되므로 어음 인수시부터 지급시까지 일어나는 환시세 변동의 위험 부담을 말한다.

5) 이자율위험

이자율위험(interest rate risk) 혹은 이자율 변동위험은 금융기관이 고정금리로 대출을 한 후에 차주(borrower)로부터 받은 이자금액과 변동금리로 대출받았을 때의 이자금액을 비교하여 발생하는 그 차액에 대한 위험을 말한다.

즉, 금융기관이 무역업자에게 무역금융을 하는 경우에 그 자금을 외부기관에서 변동금리로 대출을 받아 무역업자에게 고정금리로 대출을 하게 되면 이자율의 차이가 발생한다. 이와 같이 변동금리로 이자를 지급해야 하는 금융기관이 무역업자로부터 변동금리보다 낮은 고정금리로 이자를 받게 되면 이자손실이 발생하게 된다.

2. 무역보험의 계약방법

1) 개별보험

개별보험은 무역보험의 계약자가 개개 피보험목적물마다 청약하는 보험방식이다. 이 방식에서 보험계약의 양당사자는 보험부보와 보험인수를 각자 선택할 수 있다.

즉, 보험계약자는 자신의 판단과 책임으로 부보여부와 부보조건 등을 자유롭게 선택할 수 있고, 보험자도 보험계약자의 청약을 반드시 승낙해야 할 의무가 없기 때문에 보험인수의 자유로운 선택이 가능하다.

그러므로 수출입자로서는 위험이 크다고 생각되는 거래만을 선택해서 부보할 수 있는 한편, 보험자로서도 자신이 부담하는 위험이 크다고 판단되는 거래에 대하여는 인수를 거절할 수 있다.

2) 포괄보험

포괄보험은 사전에 보험계약자와 보험자가 포괄보험계약을 체결하여 일정기간 동안의 수출입거래를 의무적으로 포괄 부보하고 보험자도 이를 자동적으로 포괄 인수하는 방식이다. 따라서 이 방식에서는 보험계약자에게 부보선택의 자유가 없다.

이 보험에서 수출입자는 미리 체결된 특약에 따라 보험청약서만 제출하면 보험의 인수가 보장된다. 그러므로 보험자가 보험의 인수를 거절할 우려가 없기 때문에 안정적이고 적극적인 수출입전략을 견지할 수 있고 부보절차의 간편화로 인한 부대비용 절감 등의 이점이 있다.

제 3 절 무역보험의 종류

현재 한국무역보험공사(K-SURE)가 각종 대외거래와 관련하여 운영하고 있는 보험제도와 보증제도 및 기타 서비스는 다음과 같은 것들이 있다.

첫째, 단기성 종목은 결제기간 2년 이내의 수출거래를 대상으로 하며, 단기수출보험(선적후, 포페이팅, 수출채권유동화, 농수산물패키지)와 중소중견 Plus+보험 등이 있다.

둘째, 신용보증에는 수출신용보증(선적전, 선적후, Nego)가 있고 수입보험에는 수입자용 수입보험과 금융기관용 수입보험이 있다. 신용보증과 수입보험은 단기성 종목이다.

셋째, 중장기성 종목은 결제기간이 2년을 초과하는 수출거래를 대상으로 하며, 중장기수출보험(선적전 공급자신용, 구매자신용·표준/표준이상형, 구매자신용·채권), 해외사업금융보험, 해외투자보험(주식, 대출금, 보증채무), 해외투자보험(투자금융), 해외공사보험, 서비스종합보험(일시결제방식), 서비스종합보험(연불방식), 수출보증보험, 이자율변동보험, 수출기반보험(선박), 수출기반보험(제조설비) 등이 있다.

넷째, 환변동보험이 있고, 다섯째, 기타 보험 종목과 서비스로는 탄소종합보험, 녹색산업종합보험, 그리고 부품·소재 신뢰성보험, 국외기업 신용조사 서비스, 해외채권 추심대행 서비스 등이 있다.

1. 단기성 종목

1) 단기수출보험(선적후)

이것은 수출자가 결제기간 2년 이하의 수출계약을 체결하고 물품을 수출한 후, 수입자(신용장거래의 경우 발행은행)로부터 수출대금을 받을 수 없게 된 때에 입게 되는 손실을 보상하는 제도이며 대금 미회수위험(신용위험 및 비상위험)을 담보하기 위한 제도이다.

선적전 위험에 있어서 비상위험은 외국에서 실시되는 환거래의 제한·금지, 외국에서의 전쟁·혁명·내란·천재지변으로 인한 환거래의 불능, 수입국에서 실시되는 수입의 제한·금지, 수입국에서의 전쟁·혁명·내란·천재지변으로 인한 수출불능, 대한민국 밖에서 발생한 사유로 인한 수입국으로의 수출불능 등이 있다.

단기수출보험의 대상은 첫째, 국내에서 생산되거나 가공 또는 집하된 물품을 수출하는 일반수출거래 둘째, 국내기업의 해외 현지법인이 생산하거나 가공한 물품 또는 국내기업이 위탁하여 외국에서 가공한 물품을 수출하는 위탁가공무역 셋째, 수출업자가 수출할 목적으로 물품을 수입한 후 이를 제3국에 수출하는 중계무역 넷째, 수출업자의 현지법인을 포함한 해외지사에 물품을 수출하고 동 해외지사가 현지 또는 제3국에 판매하는 재판매거래 등이다.

2) 단기수출보험(포페이팅)

이 보험은 은행이 포페이팅 수출금융 취급 후 신용장 발행은행으로부터 만기에 수출대금을 회수하지 못하여 입게 되는 손실을 담보하는 제도이다.

신용장에 의한 수출채권을 매입한 은행의 미회수위험을 담보한다. 이 보험에서 보험계약자는 금융기관이며 결제기간은 2년 이내이고 수출대금이 미결제 된 경우 은행이 보험금을 지급한다.

3) 단기수출보험(수출채권유동화)

이 보험은 은행이 수출입자간 거래에서 발생한 수출채권을 매입한 후 매입대금을 회수할 수 없는 손실을 담보하는 제도이다. 이 보험에서 보험계약자는 금융기관이다.

4) 단기수출보험(농수산물패키지)

이 보험은 농수산물의 수출시 발생하는 All-Risk(대금 미회수 위험, 수입국 검역위험, 클레임 비용위험)를 보장하는 농수산물 수출기업용 맞춤 제도이다. 주로 농산물, 수산물, 축산물, 임산물 및 그 가공식품의 수출에 부보하고 있다.

5) 중소중견 플러스 보험

이 보험은 보험계약자인 수출기업이 연간 보상한도에 대한 보험료를 납부하며 수입자 위험, 수입국 위험 등 보험계약자가 선택한 담보위험으로 손실이 발생할 때 책임금액 범위 내에서 손실을 보상하는 제도이다.

현행 단기수출보험이 개별 수출거래 건별루 보험계약이 체결되는 반면, 이 보험은 수출기업의 전체 수출거래를 대상으로 위험별 책임금액을 설정하여 운영하고 있다. 일반 손해보험(자동차보험 등)의 개념을 도입한 것이다.

2. 신용보증

1) 수출신용보증(선적전)

이 보증은 수출거래와 관련하여 외국환은행이 중소 수출자에게 수출신용보증서를 담보로 대출해 주었으나 수출자가 수출대금을 회수하지 못하는 경우 한국무역보험공사가 외국환은행에 대해 그 지급을 연대보증을 하는 제도이다.

즉, 수출신용보증은 수출기업이 수출계약에 따라 수출물품을 제조, 가공하거나 조달할 수 있도록 외국환은행 또는 수출유관기관들이 수출신용보증서를 담보로 대출 또는 지급보증(수출용 원자재 수입신용장 발행 포함)을 실행함에 따라 기업이 은행에 대해 부담하게 되는 상환채무를 한국무역보험공사가 연대 보증하는 제도이다.

수출용 원자재 수입신용장 발행은 중소, 중견 수출기업의 경우 담보능력이 부족하여 수출용 원자재 확보를 위한 수입신용장을 개설하는데 어려움이 있는 바, 이들 수출업체에 대하여 수출용원자재 수입신용보증을 제공함으로서 수입신용장 발행의 원활화를 통하여 수출을 증대하기 위한 취지에서 운용하고 있다.

2) 수출신용보증(선적후)

이 보증은 수출자가 계약물품을 선적하고 구비한 화환어음을 외국환은행이 매입하였으나 수입업자의 무역대금 미결제로 인하여 외국환은행에 발생하는 손해를 한국무역보험공사가 보전해주는 제도이다.

수출신용보증에서는 수입자가 무역대금을 결제하지 않았을 때 한국무역보험공사가 외국환은행 앞으로 무조건 지급한다.

이와 같은 수출신용보증서의 담보기능 때문에 외국환은행은 안심하고 수출금융을 하게 된다. 중소기업 수출자도 수출신용보증을 활용하면 별도의 담보제공 없이 수출금융을 원활하게 이용할 수 있다.

일반적인 보증과는 달리, 수출신용보증은 수출자에게 책임사유가 있을 경우에만 구상권을 행사하기 때문에 수출자가 과감하게 신시장을 개척할 수 있게 된다. 다만 이 보증은 중소기업 전용 신용보증제도이기 때문에 중소기업 수출자만 이용할 수 있다.

이 보증에서 담보위험은 수입기업(또는 발행은행)의 지급불능, 지급지체, 수입화물에 대한 인수거절 등의 신용위험과 전쟁위험, 송금위험, 환거래 제한 등의 비상위험이며, 보증비율은 중소기업의 경우는 99%, 중견기업의 경우는 95%가 적용된다.

3) 수출신용보증(NEGO)

이 보증은 수출기업이 수출계약에 따라 물품을 선적한 후 금융기관이 환어음과 선적서류를 근거로 수출채권을 매입(Nego)하는 경우 한국무역보험공사가 연대 보증하는 제도이다. 이 보증의 대상거래는 결제기간이 180일 이내인 무신용장 결제방식이며 신용에 문제가 없는 수출기업이면 누구나 이용할 수 있다.

3. 수입보험

1) 의의와 기능

수입보험은 철, 동, 아연, 석탄, 원유, 가스 등 중요한 자원이나 물품을 수입하는 국내 수입기업이 선급금을 지급하는 조건으로 하는 수입거래에서 비상위험이나 신용위험으로 인해 선급금을 회수할 수 없게 된 경우에 발생하는 손실을 보상하는 제도이다.

즉, 원유이나 철과 같이 국민경제에 중요한 자원이나 물품을 수입하는 경우 국내기업이 부담하는 선급금 미회수 위험을 담보하거나 국내기업에 대한 수입자금 대출지원이 원활하도록 지원하는 제도가 수입보험이다.

2) 수입보험의 종류

수입보험은 두 가지로 구분된다. 첫째, 수입자용 수입보험은 국내기업이 주요자원의 수입을 위해 해외에 소재하는 상대방에게 선금을 지급하였으나 비상위험이나 신용위험으로 인하여 선급금이 회수되지 못함에 따라 발생하는 손실을 보상하는 것이다.

둘째, 금융기관용 수입보험은 금융기관이 주요 자원의 수입을 위해 필요한 자금을 국내 수입기업에 대출하였으나 국내기업의 파산 등으로 대출금이 회수되지 못함에 따라 발생하는 손실을 보상하는 보험이다.

(1) 수입보험(수입자용)

이 보험은 국내 수입기업이 선지급을 하는 조건으로 수입거래를 하는 경우 비상위험이나 신용위험으로 인해 선급금을 회수할 수 없게 된 때에 발생하는 경제적 손실을 보상하는 제도이다. 이 보험의 대상거래는 주요 원자재, 시설재, 첨단제품, 외화획득용 원료 등이다.

즉, 이 보험의 주요 대상거래는 철, 동, 아연, 석탄, 원유 등 국민경제에 중요한 자원이나 오염물질 배출방지·처리물품 및 폐기물처리 물품, 공장자동화 물품, 산업기술연구·개발용 물품 등의 시설재, 그리고 산업발전법 제5조의 첨단제품과 외화획득용 원료, 대외무역관리규정의 외화획득용 원료를 선급금 지급 후 2년 이내에 선적해야 하는 수입거래(중계무역 제외)이다.

(2) 수입보험(금융기관용)

이 보험은 금융기관이 자원이나 물품의 수입에 필요한 자금을 수입기업에 대출(지급보증)한 후 대출금을 회수할 수 없게 된 경우에 발생하는 손실을 보상하는 제도이다.

주요 대상거래는 철, 동, 아연, 석탄, 원유 등 한국무역보험공사가 인정하는 주요자원, 시설재 및 첨단제품을 선급금 지급 후 2년 이내에 선적해야 하는 수입거래(중계무역 제외)이다.

4. 중장기성 보험

중장기성 보험은 수출거래에 수반되는 여러 가지 위험에 대비하는 보험제도로 수출자, 생산자 또는 수출자금을 대출해 준 금융기관이 입게 되는 불의의 손실을 보상함으로 수출진흥을 도모하기 위한 보험이며 총 16가지 유형이 있다.

1) 중장기수출보험(선적전)

이 보험은 수출대금의 결제기간이 2년을 초과하는 중장기 수출거래에서 수출 또는 결제자금 인출불능으로 인한 수출기업의 손실을 보상하는 제도이다.

즉, 이 보험은 중장기 수출계약의 경우 수출 또는 결제자금 인출불능 위험의 발생으로 인한 수출자의 손실을 담보함으로써 수출자의 적극적인 수출추진을 지원하고자 마련된 제도이다. 자본재 상품의 중장기 수출계약시 수출물품의 제작기간 중 발생하는 비상위험이나 신용위험으로 인하여 수출자체가 불가능하게 되거나, 수출을 이행했으나 수입자가 금융계약상의 인출선행조건을 충족하지 못하여 수출대금을 지급하지 못하는 경우 수출자는 손실을 입게 된다.

이 보험의 주요 담보위험은 수입자의 파산, 수입국 법원의 채무동결로 인한 수입자의 지급불능 등의 신용위험과 전쟁, 혁명, 수입국의 모라토리움 선언, 수입자의 일방적인 계약파기로 인한 계약의 해제 및 해지 등의 비상위험이다.

2) 중장기수출보험(공급자신용)

이 보험은 수출대금의 결제기간이 2년을 초과하는 중장기 수출계약에서 결제자금 인출불능으로 인한 수출기업의 손실을 담보하는 제도이다.

산업설비나 선박, 플랜트(plant) 등은 계약금액이 거액이고 대금의 회수기간이 장기간에 걸쳐 이루어지며 수입국이 정치경제적으로 불안전한 경우에는 수출대금의 미회수 위험이 항상 존재한다.

이 보험에서 보장하는 위험은 신용위험(수입자의 파산, 수입국 법원의 채무동결 또는 채권단과의 채무조정 협약으로 인한 수입자의 지급불능), 비상위험(전쟁, 혁명, 수입국의 모라토리움 선언, 송금지연조치, 수입자의 일방적인 계약파기 또는 특별한 사유로 인한 계약의 해제) 등이다.

3) 중장기수출보험(구매자신용, 표준/표준이상형)

이 보험은 자본재상품 등 중장기수출과 관련하여 국내외 금융기관이 수입자 또는 수입국 은행 앞으로 결제기간 2년을 초과하는 연불금융을 제공하는 구매자 신용방식에 대하여 대출 원리금 회수불능을 담보하는 제도이다.

여기에서 구매자신용은 수출계약(또는 공급계약)과 별도로 금융기관이 수입자 앞으로 금융을 제공하며 금융기관이 보험계약자가 되는 구조이다.

4) 중장기수출보험(구매자신용, 채권)

이 보험은 수출대금의 결제기간이 2년을 초과하는 중장기 수출거래에서 수입자가 자금조달을 위해 발행하는 채권에 대해 공사가 원리금 상환을 보장하는 제도이다.

채권이 발행되었으나, 보험계약자가 채권 조건상 상환기일에 당해 채권의 원금 또는 이자를 회수할 수 없게 된 경우에 입게 되는 손실로서 보험계약자가 채권조건상 상환기일에 회수할 수 없는 원리금 혹은 미상환 원리금 잔액에 대해 상환기일 후 보험금 지급일까지 발생한 이자금액에 대하여 보장한다.

5) 해외사업금융보험

이 보험은 국내외 금융기관이 외국인에게 외화획득 효과가 있을 것으로 예상되는 해외사업에 필요한 자금을 상환기간 2년 초과 조건으로 공여하는 금융계약을 체결한 후 대출 원리금을 상환 받을 수 없게 되어 입게 되는 손실을 보상하는 제도이다.

6) 해외투자보험(주식, 대출금, 보증채무)

이 보험은 대한민국 기업이나 금융기관이 해외투자를 한 후 투자대상국에서의 수용위험, 전쟁위험, 송금위험 등의 발생으로 원리금, 배당금, 지분(주식) 등을 회수할 수 없게 되는 손실을 보상하는 제도이다.

7) 해외투자보험(투자금융)

이 보험은 국내기업이 해외 자원개발이나 해외인수합병(M&A) 등에 필요한 소요자금을 대출하는 경우 비상위험 또는 신용위험으로 인한 금융기관의 대출금 미회수위험을 담보하는 제도이다. 우리나라 기업의 해외투자를 보호함으로써 적극적인 해외투자를 촉진시키기 위하여 도입하였다. 해외투자보험의 담보위험은 해외투자를 한 자가 수용위험이나 전쟁위험 및 비상위험으로 인해 받을 손실을 보상한다.

8) 해외공사보험

이 보험은 해외건설공사이나 해외건설용역을 제공한 후 비상위험이나 신용위험으로 인하여 해외공사 대금을 회수할 수 없게 되거나 해외건설에 따른 수출불능으로 입게 되는 손실을 보상하는 보험제도이다.

비교적 공사기간이 길고 공사금액이 거액인 해외 건설업체의 공사대금 회수를 보장해 줌으로써 안심하고 공사에 임할 수 있도록 하여 해외건설 활동의 건전한 발전과 경제의 안정적 성장을 도모하기 위해 마련된 제도이다.

9) 서비스종합보험(일시결제방식)

이 보험은 국내에 주소를 둔 기업이 외국기업에게 운송이나 관광 등의 용역 서비스를 제공하고 서비스제공 상대방으로부터 서비스 대금을 지급받지 못하게 됨으로써 발생하는 손실을 보상하는 제도이다.

10) 서비스종합보험(연불방식)

이 보험은 국내 수출업체가 시스템통합(SI), 기술서비스, 콘텐츠, 해외엔지니어링 등의 서비스 거래를 수출하였으나 이에 따른 지출비용 또는 확인대가를 회수하지 못함으로써 입게 되는 손실을 보상하는 제도이다.

11) 수출보증보험

이 보험은 금융기관이 수출거래와 관련하여 수출보증서를 발행한 후 수입자(발주자)로부터 보증채무 이행청구를 받아 이를 이행함으로써 입게 되는 금융기관의 손실을 보상하는 제도이다.

최근 Plant 수출 및 중동지역 등에 대한 해외건설수출이 점차 증대되고 있다. 그런데 Plant 수출이나 해외건설수출의 경우 약속된 대로 성능을 갖춘 기계를 납품할 것인지 공사를 완공할 것인지 불안을 느껴 공신력 있는 은행 등의 수출보증서(export bond)를 요구하게 된다. 무역거래에서 수입자는 자신의 대금결제에 대한 담보로서 신용장을 제공하고, 반대로 수출자의 수출이행에 대한 담보로서 수출자로 하여금 금융기관의 수출보증서를 제출하도록 요구한다.

그러나 수출보증서를 발행한 은행은 해외발주자로부터 부당한 지불청구를 받아 손해를 입게 될 위험이 있다. 따라서 정부가 이러한 손해의 위험을 담보할 뿐 아니라 수출업자나 해외건설업자의 보증서 조달을 용이하게 하고 간접적으로는 해외건설수출 등을 지원하기 위한 정책보험이 수출보증보험이다.

12) 이자율변동보험

이 보험은 상환기간 2년 이상의 수출금융을 제공하고 한국무역보험공사의 중장기 수출보험(구매자신용)에 부보한 금융기관이 이자율 변동에 따라 입게 되는 손실을 보상하고 이익을 환수하는 제도이다.

이 보험에서 수출기업은 외국환은행으로부터 중장기 수출금융을 받아 자금의 유동성을 제고하여 수출경쟁력을 강화시키는 역할을 한다. 또한 외국환은행들도 중장기 수출금융에 참여하여 금융기관의 국제화와 안정적 영업기반 마련에 기여한다.

13) 수출기반보험(선박)

이 보험은 금융기관이 국적 외항선사나 국적 외항선사의 해외 현지법인에게 상환기간 2년 초과의 선박 구매자금을 대출하였으나 대출 원리금을 회수할 수 없게 된 경우에 발생하는 손실을 보상하는 제도이다.

이 보험에서 보험계약자는 금융기관이며 제도의 운영방식은 건별 심사방식이다. 지원대상 프로젝트는 사업성, 수출기반 조성 효과가 양호한 프로젝트, 사업성 및 수출기반 조성 효과를 검토하기 위해 제3의 기관이 작성한 사업성 검토보고서 징구 등이다.

14) 수출기반보험(제조설비)

이 보험은 금융기관이 중소중견 수출기업에게 시설자금을 대출하였으나 원리금을 회수하지 못하게 된 경우 이에 대해 보상하는 제도이다.

이 보험에서 보험계약자는 금융기관이며 자금용도는 수출기반 조성을 위한 제조설비 투자자금(토지, 건물, 기계설비)이다.

지원대상은 프로젝트사업성, 수출기반 조성 효과가 양호한 프로젝트, 사업성 및 수출기반 조성 효과를 검토하기 위해 제3의 기관이 작성한 사업성 검토보고서 징구이다.

15) 해외자원개발펀드보험

이 보험(overseas exploitation of resources fund insurance)은 해외자원개발법상의 자원개발펀드가 해외 자원개발 사업에 투자하여 손실이 발생하는 경우 손실액의 일부를 보상하는 제도이다.

이 보험은 해외자원개발 투자거래의 안정성을 제고함으로써 펀드에 대한 민간자금의 유입을 촉진하고 활성화하여 주요 전략자원의 장기적이고 안정적인 확보를 통해 국민경제발전에 이바지하고자 도입한 제도이다.

이 보험의 지원대상은 펀드의 주식, 수익권, 융자방식에 의한 투자거래이며 담보위험은 비상위험, 신용위험, 사업위험 등이다.

16) 환경심사

한국무역보험공사는 우리나라 기업이 수출하고 있는 중장기 프로젝트에 대해 금융을 지원하고 있다.

한국무역보험공사가 금융을 지원하는 중장기 프로젝트는 수입국에 경제적 이익을 가져다 주기도 하지만, 사회와 환경에 영향을 미칠 수도 있다.

이에 한국무역보험공사는 OECD 환경권고(Recommendation of The Council on Common Approaches for Officially Supported Export Credits and Environmental and Social Due Diligence)에 따라 중장기 프로젝트에 대한 금융지원시 사회와 환경적 영향을 평가하고 저감 대책을 마련하도록 하여 궁극적으로는 지속가능한 발전에 기여하고 있다.

사회와 환경영향평가(Environmental and Social Impact Assessment) 보고서 및 사회와 환경관리계획(Environmental and Social Management Plan) 등을 바탕으로 영향평가와 저감 대책의 적정성 등을 평가하는 일련의 과정을 환경심사라고 한다.

5. 환변동보험

이 보험(exchange floating insurance)은 환차손을 제거할 목적으로 사전에 외화금액을 원화로 확정시킴으로써 환율변동에 따른 위험을 헷지(hedge)하는 제도이다.

이 보험은 환위험 관리여건이 취약한 중소와 중견기업이 환위험을 손쉽게 헷지할 수 있도록 지원해 주는 보험이다.

6. 기타 보험종목과 서비스

1) 탄소종합보험

이 보험은 교토의정서에서 정하고 있는 탄소배출권 획득사업을 위한 투자, 금융, 보증 과정에서 발생할 수 있는 손실을 종합적으로 담보하는 보험이다.

2) 녹색산업종합보험

이 보험은 녹색산업에 해당되는 경우 기존이용 보험약관에 수출기업이 선택한 특약을 추가하여 우대하는 보험이다.

3) 부품·소재 신뢰성보험

이 보험은 부품·소재 신뢰성을 획득한 부품·소재 또는 소재·부품 전문기업이 생산한 부품·소재가 타인에게 양도된 후 부품·소재의 결함으로 인하여 발생된 사고에 대하여 피보험자가 부담하는 손해배상책임을 담보하는 보험이다.

4) 국외기업 신용조사 서비스

이것은 K-SURE의 해외지사 및 전 세계 신용조사기관과 연계하여 해외소재 기업의 기본정보, 재무정보 등의 신용조사를 실시한 후 의뢰인에게 신용조사 보고서를 제공하는 서비스이다.

5) 해외채권 추심대행 서비스

이것은 국내기업의 수출 또는 기타 대외거래와 관련하여 발생한 해외 미수채권에 대하여 K-SURE가 해외 네트워크를 통해 채권회수를 대행하는 서비스이다.

제 6 부 무역거래와 해상보험

제16장 정형거래조건과 해상보험

제17장 신용장통일규칙과 해상보험

제18장 국제운송과 해상보험

제 16 장 정형거래조건과 해상보험

제 1 절 무역거래조건과 해상보험의 관계

오늘날 운송, 금융, 보험은 무역거래에서 빠질 수 없는 세 기둥이다. 그 중에서 화물의 국제운송은 선박회사 등 운송회사가 담당하고, 대금결제는 보통 운송서류를 담보로 환어음의 매입이라는 형태로 은행을 통해 이루어지며, 운송 중에 화물에 빌생하는 예측불허의 손해는 보험회사를 통해 보상받는 구조로 되어 있다. 이들 세 가지 기능이 유기적으로 결합되어야만 비로소 무역거래가 원활히 이루어지는 것이다.

특히 해상보험은 하주인 매도인이나 매수인의 이익을 보호뿐 아니라 CIF계약의 무역거래는 보험회사가 운송의 위험을 담보함으로써 은행도 안심하고 무역금융을 가능하게 하기 때문에 무역거래에서 필수불가결한 것이 되어 있다.

그런데 무역거래에서 운송의 위험을 매매당사자 중 어느 쪽이 부담하며 그 위험을 보험에 부보할 당사자가 누구인가, 또한 어떠한 보험조건을 선택하느냐 하는 문제도 수출입계약을 체결할 때에 매매당사간의 합의에 의해 결정된다.

이와 같이 무역거래에서 해상보험을 언제 가입할 것인가 하는 시기선택과 누가 보험에 가입할 것인가에 대한 문제는 매매당사자간에 체결되는 정형화된 무역거래조건(trade terms)에 달려있는 것이다.

왜냐하면 FOB나 CIF 등 정형화된 무역거래조건은 매매당사자간의 비용과 위험부담에 대한 책임분기점을 규정하고 있는데 위험부담의 분기점을 기준으로 위험을 부담하는 당사자가 보험에 가입하여야 하며 사고가 발생하였을 경우 소유권 유무(피보험이익의 유무)로 보험금이 지급되기 때문이다.

한편, 매매당사자간에 합의된 보험조건의 구체적인 내용들은 계약서나 신용장 등에 기재되는데, 어떠한 기본조건을 선택하고 또 화물과 수송의 특수사항을 고려하여 어떠한 부가위험을 추가할 것이며 전쟁위험과 동맹파업위험 등은 어떻게 할 것인가는 화물의 종류, 포장, 운송방법 등을 감안하여 결정하게 된다.

제 2 절 정형거래조건과 국제규칙

1. 정형거래조건의 통일화

무역거래는 국가에 따라 법률과 관습에 차이가 있기 때문에 매도인과 매수인 어느 쪽 국가의 법률과 관습에 따를 것인가가 문제가 된다.

이러한 문제를 해소하기 위해 국제적으로 널리 인정된 정형거래조건들에 대한 해석의 통일이 이루어졌는데 그 대표적인 규칙들은 다음과 같은 것들이 있다.

◉ Warsaw-Oxford Rules for CIF Contract, 1932
국제법협회(The International Law Association : ILA) 제정

◉ Revised America Foreign Trade Definition, 1941
미국상업회의소(Chamber of Commerce of the United State)
전 미국수입업자협회(American Importers Association)
전 미국무역협회(the National Foreign Trade Council) 공동채택

◉ International Rules for the Interpretation of Trade Terms, 1936
(약칭 : INCOTERMS) 국제상업회의소(ICC) 제정

여기에서 정형거래조건(trade terms)은 이 규칙에 규정되어 있는 FOB나 CIF와 같은 약어를 말하며, 무역거래조건 또는 무역조건이라고도 부른다.

이러한 규칙은 모두 강제적인 것은 아니지만, 무역에 관계하는 매도인과 매수인은 사실상 이러한 규칙에 따르고 있다.

이러한 규칙들 중에서 가장 중요한 것이 INCOTERMS이고 이 인코텀즈 중에서 우리나라에서 특히 많이 사용되는 조건은 FOB, CFR, CIF조건이다.

이 조건에는 위험과 비용의 분기점과 아울러 매도인과 매수인의 의무가 상세히 정해져 있어 매매당사자들이 간결하고도 안전하게 거래할 수 있노록 도와주고 있다.

운송중인 화물에 사고 발생시 보험금의 청구권자는 누구인가, 위험의 이전 장소는 어느 시점인가 등은 정형화된 무역조건의 내용에 의해 결정된다.

2. INCOTERMS

INCOTERMS(International Rules for the Interpretation of Trade Terms, International commercial terms, 인코텀즈)는 무역조건의 해석에 관한 국제규칙이다.

인코텀즈는 세계 각국에서 관용되고 있는 무역조건의 용어나 약어가 잘못 해석함으로써 당사자 사이에 발생하는 오해나 분쟁과 마찰을 미연에 방지함으로써 국가마다 다른 거래관행에 대한 불안전성을 해소하고 무역거래의 관습과 용어의 국제적 통일을 기하기 위한 목적으로 제정되었다. 인코텀즈는 정형화된 무역조건별로 매매계약의 당사자 즉, 매도인과 매수인이 각각 무엇을 해야 하는지, 위험부담을 포함하여 상대방에 대하여 어떠한 의무를 부담하는지 등을 상세하게 규정하고 있다.

인코텀즈는 1920년에 창설된 국제상업회의소(ICC)가 1936년에 최초로 11종류의 무역조건을 제정한 이후, 국제무역환경의 변화와 운송기법 및 거래관행의 변화에 부응하여 1953년, 1967년, 1976년, 1980년, 1990년, 2000년, 2010년에 각각 개정되었으며 현재는 INCOTERMS 2020이 사용되고 있다.

1990과 2000년 인코텀즈는 전체 13가지 거래조건을 공통적인 사항을 중심으로 E그룹, F그룹, C그룹, D그룹 등 네 가지 그룹으로 분류하였다.

그러나 2010년과 2020년 인코텀즈는 전체 11개 거래조건을 운송수단에 따라 단수나 복수의 어떠한 운송수단에도 사용이 적합한 규칙(즉 복합운송조건)과 해상이나 내수로 운송을 위한 전용규칙(즉 해상운송조건)으로 구분하고 있다.

〈표 Ⅵ-1〉 인코텀스 2020의 구성과 비교

<table>
<tr><th colspan="2">2000년 INCOTERMS</th><th colspan="2">2010년 INCOTERMS</th><th colspan="2">2020년 INCOTERMS</th></tr>
<tr><td>E그룹(출발지인도)</td><td>EXW</td><td rowspan="2">복합운송조건</td><td rowspan="2">EXW, FCA, CPT, CIP, DAT, DAP, DDP</td><td rowspan="2">복합운송조건</td><td rowspan="2">EXW, FCA, CPT, CIP, DAT, DPU, DDP</td></tr>
<tr><td>F그룹(주운송비 미지급인도)</td><td>FCA, FAS, FOB</td></tr>
<tr><td>C그룹(주운송비 지급인도)</td><td>CFR, CIF, CPT, CIP</td><td rowspan="2">해상운송조건</td><td rowspan="2">FAS, FOB, CFR, CIF</td><td rowspan="2">해상운송조건</td><td rowspan="2">FAS, FOB, CFR, CIF</td></tr>
<tr><td>D그룹(도착지인도)</td><td>DAF, DES, DEQ, DDU, DDP</td></tr>
</table>

제3절 인코텀즈 2020과 해상보험

1. 모든 운송방식에 적용되는 규칙

1) EXW [Ex Works (insert named place of delivery)]

'공장인도'는 매도인이 다음과 같이 한 때 매수인에게 물품을 인도하는 것을 의미한다. ▷ 매도인이 물품을 (공장이나 창고와 같은) 지정장소에서 매수인의 처분하에 두는 때, 그리고 ▷ 그 지정장소는 매도인의 영업구내일 수도 있고 아닐 수도 있다.

인도가 일어나기 위하여 매도인은 물품을 수취용 차량에 적재하지 않아도 되고, 물품의 수출통관이 요구되더라도 이를 수행할 필요가 없다.

본 규칙은 선택되는 어떤 운송방식이 있는 경우에 그것이 어떠한 단일 또는 복수의 운송방식인지를 불문하고 사용될 수 있다.

2) FCA [Free Carrier (insert named place of delivery)]

'운송인인도'는 매도인이 물품을 매수인에게 다음과 같은 두 가지 방법 중 어느 하나로 인도하는 것을 의미한다. 첫째, 지정장소가 매도인의 영업구내인 경우, 물품은 다음과 같이 된 때 인도된다. ▷ 물품이 매수인이 마련한 운송수단에 적재된 때 둘째, 지정장소가 그 밖의 장소인 경우, 물품은 다음과 같이 된 때 인도된다. ▷ 매도인의 운송수단에 적재되어 ▷ 지정장소에 도착하고 ▷ 매도인의 운송수단에 실린 채 양하준비된 상태로 ▷ 매수인이 지정한 운송인이나 제3차의 처분하에 놓인 때.

3) CPT [Carriage Paid to (insert named place of destination)]

'운송비지급인도'는 매도인이 다음과 같이 매수인에게 물품을 인도하는 것을 -그리고 위험을 이전하는 것을 - 의미한다. ▷ 운송인에게 물품을 교부함으로써 ▷ 매도인에 의해 계약이 체결된 ▷ 또는 그렇게 인도된 물품을 조달함으로써. 매도인은 사용되는 운송수단에 적합한 방법으로 그에 적합한 장소에서 운송인에게 물품의 물리적 점유를 이전함으로써 물품을 인도할 수 있다. CPT에서는 두 곳이 중요하다. 물품이 인도되는 장소 또는 지점(있는 경우)이 그 하나이고, 물품의 목적지로서 합의된 장소 또는 지점이 다른 하나이다(매도인은 이 지점까지 운송계약을 체결하기로 약속하기 때문이다).

4) CIP [Carriage and Insurance Paid to (insert named place of destination)]

'운송비·보험료지급인도'는 매도인이 다음과 같이 매수인에게 물품을 인도하는 것을 - 그리고 위험을 이전하는 것을 - 의미한다. ▷ 운송인에게 물품을 교부함으로써 ▷ 매도인에 의해 계약이 체결된 ▷ 또는 그렇게 인도된 물품을 조달함으로써.

매도인은 사용되는 운송수단에 적합한 방법으로 그에 적합한 장소에서 운송인에게 물품의 물리적 점유를 이전함으로써 물품을 인도할 수 있다.

매도인은 물품을 인도지로부터 합의된 목적지까지 운송계약을 체결해야 한다.

본 규칙은 어떠한 운송방식이 선택되는지를 불문하고 사용할 수 있고 둘 이상의 운송방식이 이용되는 경우에도 사용될 수 있다.

CIP에서는 두 곳이 중요하다. 물품이 (위험이전을 위하여) 인도되는 장소 또는 지점이 그 하나이고, 물품의 목적지로서 합의된 장소 또는 지점이 다른 하나이다(매도인은 이 지점까지 운송계약을 체결하기로 약속하기 때문이다).

매도인은 또한 인도지점으로부터 목적지까지 매수인의 물품의 멸실이나 손상 위험에 대하여 보험계약을 체결하여야 한다. 이는 목적지 국가가 자국의 보험자에게 부보하도록 요구하는 경우에는 어려움을 야기할 수 있다. 이러한 경우 당사자들은 CPT로 매매하는 것을 고려해야 한다.

또한 매수인은 인코텀즈 2020 CIP하에서 매도인은 협회적하약관 C약관에 의한 제한적 담보조건이 아니라 협회적하약관 A약관이나 그와 유사한 약관에 따른 광범위한 담보조건으로 부보하여야 한다는 것을 유의해야 한다. 그러나 당사자들은 여전히 더 낮은 수준의 담보조건으로도 합의할 수 있다.

5) DAP [Delivered at Place (insert named place of destination)]

'도착지인도'는 다음과 같이 된 때 매도인이 매수인에게 물품을 인도하는 것을 - 그리고 위험을 이전하는 것을 - 의미한다.

▷ 물품이 매수인의 처분상태로 놓인 때 ▷ 도착운송수단에 실어둔 채 양하준비된 상태로 ▷ 지정목적지내에 또는 ▷ 어떠한 지점이 합의된 경우에는 그 지점에서.

매도인은 물품을 지정목적지까지 또는 지정목적지 내의 합의된 지점까지 가져가는데 수반되는 모든 위험을 부담한다. 따라서 본 인코텀즈 규칙에서 인도와 목적지의 도착은 같은 것이다.

본 규칙은 어떠한 운송방식이 선택되는지를 불문하고 사용할 수 있고 둘 이상의 운송방식이 이용되는 경우에도 사용될 수 있다.

6) DPU [Delivered at Place Unloaded (insert named place of destination)]

'도착지양하인도'는 다음과 같이 된 때 매도인이 매수인에게 물품을 인도하는 것을 - 그리고 위험을 이전하는 것을 - 의미한다. ▷ 물품이 ▷ 도착운송수단으로부터 양하가 완료된 상태로 ▷ 매수인의 처분상태로 놓인 때 ▷ 지정목적지 내에 또는 ▷ 어떠한 지점이 합의된 경우에는 그 지점에서.

매도인은 물품을 지정목적지까지 가져가서 그곳에서 물품을 양하는데 수반되는 모든 위험을 부담한다. 따라서 본 인코텀즈 규칙에서 인도와 목적지의 도착은 같은 것이다.

DPU는 매도인이 목적지에서 물품을 양하하도록 하는 유일한 인코텀즈 규칙이다. 따라서 매도인은 자신이 그러한 지정장소에서 양하를 할 수 있는 입장에 있는지를 확실히 하여야 한다. 당사자들은 매도인이 양하의 위험과 비용을 부담하기를 원하지 않는 경우에는 DPU를 피하고 그 대신 DAP를 사용하여야 한다.

7) DDP [Delivered Duty Paid (insert named place of destination)]

'관세지급인도'는 다음과 같이 된 때 매도인이 매수인에게 물품을 인도하는 것을 의미한다. ▷ 물품이 매수인의 처분상태로 놓인 때 ▷ 수입통관을 필하여 ▷ 도착운송수단에 실어둔 채 ▷ 양하준비된 상태로 ▷ 지정목적지에서 또는 지정목적지내의 어떤 지점이 합의된 경우에는 그 지점에서.

매도인은 물품을 지정목적지까지 또는 지정목적지 내의 합의된 지점까지 가져가는데 수반되는 모든 위험을 부담한다. 따라서 본 인코텀즈 규칙에서 인도와 목적지의 도착은 같은 것이다. 본 규칙은 어떠한 운송방식이 선택되는지를 불문하고 사용할 수 있고 둘 이상의 운송방식이 이용되는 경우에도 사용될 수 있다.

DDP에서는 인도가 도착지에서 일어나고 매도인이 수입통관과 해당되는 세금의 납부책임을 부담하므로 DDP는 11개의 모든 인코텀즈 규칙 중에서 매도인에게 최고수준의 의무를 부과하는 규칙이다.

여기에 '조달한다(procure)'고 규정한 것은 특히 일차산품거래에서 일반적인 수차의 걸쳐 연속적으로 이루어지는 매매(연속매매, string sale)에 대응하기 위함이다.

DDP에서는 매도인은 해당되는 경우에 물품의 수출통관 및 수입통관을 수행하여야 하고 또한 수입관세를 납부하거나 모든 통관절차를 수행하여야 한다. 따라서 매도인은 수입통관을 완료할 수 없어서 차라리 이러한 부분을 수입국에 있는 매수인의 손에 맡기고자 하는 경우에 인도는 여전히 목적지에서 일어나지만 수입통관은 매수인이 하도록 되어 있는 DAP나 DPU를 선택하는 것을 고려해야 한다.

2. 해상운송이나 내수로 운송에 적용되는 규칙

1) FAS [Free Alongside Ship (insert named port of shipment)]

'선측인도'는 다음과 같이 된 때 매도인이 물품을 매수인에게 인도하는 것을 의미한다. ▷ 물품이 선박의 선측(예컨대 부두 또는 바지선)에 놓인 때 ▷ 매수인에 의해 지정된 ▷ 지정된 선적항에서 ▷ 또는 이미 그렇게 인도된 물품을 조달한 때.

물품의 멸실 또는 손상의 위험은 물품이 선측에 놓인 때에 이전하며 매수인은 그러한 시점 이후의 모든 비용을 부담한다.

본 규칙은 당사자들이 물품을 선측에 둠으로써 인도하기로 하는 해상운송이나 내수로 운송의 경우에만 사용되어야 한다. 따라서 FAS규칙은 물품이 선측에 놓이기 전에 운송인에게 교부되는 경우, 예컨대 물품이 컨테이너터미널에서 운송인에게 교부되는 경우에는 적절하지 않다. 이러한 경우에 당사자들은 FAS규칙 대신에 FCA규칙을 사용하는 것을 고려하여야 한다. FAS규칙에서 매도인은 해당되는 경우에 물품의 수출통관을 하여야 한다. 그러나 매도인은 물품을 수입통관하거나 또는 제3국 통관을 위한 통관을 하거나 수입관세를 납부하거나 수입통관절차를 수행할 의무는 없다.

2) FOB [Free on Board (insert named port of shipment)]

'본선인도'는 매도인이 다음과 같이 물품을 매수인에게 인도하는 것을 의미한다.

▷ 본선상에 적재함 ▷ 매수인에 의해 지정된 ▷ 지정된 선적항에서 ▷ 또는 이미 그렇게 인도된 물품을 조달함.

본 규칙은 당사자들이 물품을 선박에 적재함으로써 인도하기로 하는 해상운송이나 내수로 운송의 경우에만 사용되어야 한다. 따라서 FOB규칙은 물품이 선박에 적재되기 전에 운송인에게 교부되는 경우, 예컨대 물품이 컨테이너터미널에서 운송인에게 교부되는 경우에는 적절하지 않다. 이러한 경우에 당사자들은 FOB규칙 대신에 FAC규칙을 사용하는 것을 고려하여야 한다. 매도인은 물품을 선박에 적재하여 인도하거나 선적을 위하여 이미 그렇게 인도된 물품을 조달하여야 한다.

여기에 '조달한다'(procure)고 규정한 것은 특히 일차산품거래에서 일반적인 수차의 걸쳐 연속적으로 이루어지는 매매(연속매매, string sale)에 대응하기 위함이다.

FOB규칙에서 매도인은 해당되는 경우에 물품의 수출통관을 하여야 한다. 그러나 매도인은 물품을 수입통관하거나 또는 제3국 통관을 위한 통관을 하거나 수입관세를 납부하거나 수입통관절차를 수행할 의무는 없다.

3) CFR [Cost and Freight (insert named port of destination)]

'운임포함인도'는 매도인이 다음과 같이 물품을 매수인에게 인도하는 것을 의미한다. ▷ 본선상에 적재함 ▷ 또는 이미 그렇게 인도된 물품을 조달함.

CFR에서 매도인은 매수인에 대하여 부보의무가 없다. 따라서 매수인은 스스로 부보하는 것이 좋다. 본 규칙은 해상운송이나 내수로 운송의 경우에만 사용되어야 한다.

물품이 컨테이너터미널에서 운송인에게 교부되는 경우와 같이 둘 이상의 운송방식이 사용되는 경우에 적합한 규칙은 CFR이 아니라 CPT이다. CFR에서는 두 항구가 중요하다. 물품이 선박에 적재되어 인도되는 항구와 물품의 목적항으로 합의된 항구가 그것이다. 위험은 물품이 선적항에서 선박에 적재됨으로써 또는 이미 그렇게 인도된 물품을 조달함으로써 매수인에게 인도된 때 매도인으로부터 매수인에게 이전된다. 그러나 매도인은 물품을 인도지부터 합의된 목적지까지 운송하는 계약을 체결해야 한다.

4) CIF [Cost, Insurance and Freight (insert named port of destination)]

'운임·보험료포함인도'는 매도인이 다음과 같이 물품을 매수인에게 인도하는 것을 의미한다. ▷ 본선상에 적재함 ▷ 또는 이미 그렇게 인도된 물품을 조달함.

본 규칙은 해상운송이나 내수로 운송의 경우에만 사용되어야 한다. 물품이 컨테이너터미널에서 운송인에게 교부되는 경우에 일반적으로 그러하듯이 둘 이상의 운송방식이 사용되는 경우에 적합한 규칙은 CIF가 아니라 CIP이다.

CIR에서는 두 항구가 중요하다. 물품이 선박에 적재되어 인도되는 항구와 물품의 목적항으로 합의된 항구가 그것이다. 위험은 물품이 선적항에서 선박에 적재됨으로써 또는 이미 그렇게 인도된 물품을 조달함으로써 매수인에게 인도된 때 매도인으로부터 매수인에게 이전된다. 그러나 매도인은 물품을 인도지부터 합의된 목적지까지 운송하는 계약을 체결해야 한다.

매도인은 또한 선적항으로부터 적어도 목적항까지 매수인의 물품의 멸실이나 손상위험에 대하여 보험계약을 체결하여야 한다. 이는 목적지 국가가 자국의 보험자에게 부보하도록 요구하는 경우에는 어려움을 야기할 수 있다. 이러한 경우 당사자들은 CFR로 매매하는 것을 고려해야 한다.

또한 매수인은 인코텀즈 2020 CIF하에서 매도인은 협회적하약관 (A)약관에 의한 보다 광범위한 담보조건이 아니라 협회적하약관 (C)약관이나 그와 유사한 약관에 따른 제한적인 담보조건으로 부보해야 한다는 것을 유의해야 한다.

3. 인코텀스 2020상 매도인의 부보의무 규칙

1) 운임보험료포함인도규칙(CIF)

CIF규칙은 그 매매가격이 선적지에서 물품의 원가에 도착지까지의 적하보험료 및 운임이 가산된 것을 의미한다.

이 규칙은 매도인이 물품을 자기의 위험과 비용으로 약정된 기간 내에 지정 선적항에서 매수인이 지정한 본선 갑판 위에서 인도할 때까지의 원가 즉, FOB 가격에 지정 목적항까지 물품을 운송하기 위한 해상운임과 보험료가 가산된 거래규칙이다.

따라서 CIF규칙에서 매도인은 자신의 비용과 위험으로 운송계약을 체결하고 계약에 정해진 전 운송구간에 대해서 적하보험을 부보하여 선하증권 등의 다른 선적서류와 같이 보험증권을 매수인에게 제공할 의무가 있다.

이 규칙은 물품을 본선에 적재하거나 적재된 상태를 조달하기로 하는 해상운송이나 내수로운송의 경우에만 사용되어야 한다.

CIF규칙하에서 인코텀즈에 규정되어 있는 매도인의 부보의무는 ICC(C) 조건이나 이와 유사한 조건이기 때문에 이것보다 범위가 넓은 조건으로 부보를 희망하는 경우에는 이를 매매계약서 등에 명확히 규정해 두는 것이 필요하다.

2) 운송비보험료지급인도규칙(CIP)

CIP규칙은 CPT규칙에 운송도중의 위험에 대비한 적하보험계약을 체결하고 보험료를 지급하는 것을 매도인의 의무에 추가한 규칙이다.

즉, 이 규칙에서 매도인은 지정목적지의 합의점까지 통상의 운송경로와 관습적인 방법에 의한 운송계약을 체결하여야 하고, 또한 평판이 좋은 보험자와 보험계약을 체결하고 보험료를 지급하여야 한다. 또한 매도인은 자기의 비용으로 매수인에게 통상의 운송서류와 보험증권 또는 기타 부보증명서류를 제공하여야 한다.

그런데 인코텀즈 2020에 규정된 매도인의 부보의무는 이전의 인코텀즈 규정과 달리 매도인이 ICC(C)나 이와 유사한 조건이 아니라 ICC(A) 조건이나 이와 유사한 조건에 따른 광범위한 담보조건으로 부보하도록 규정하고 있다. 그러나 당사자들은 더 낮은 수준의 담보조건으로 합의할 수도 있다.

CIP규칙은 운송도중에 발생될 수 있는 물품의 멸실이나 손상에 대한 위험에 대비하여 매도인이 매수인을 위하여 적하보험에 부보할 의무를 진다는 것 이외에는 CPT규칙과 동일하다. 따라서 CFR과 CIF의 관계는 CPT와 CIP규칙의 관계와 같다.

제 17 장 신용장통일규칙과 해상보험

제 1 절 신용장과 해상보험

1. 화환어음과 신용장

오늘날 무역거래에서 대금결제는 일반적으로 환어음 결제방식으로 이루어지고 있다. 예를 들어, CIF수출의 경우 수출자가 화물의 선적을 완료한 후, 수입자나 빌행은행을 지급인으로 하는 화환어음(documentary bill)을 발행한 뒤 선하증권과 보험증권 및 관련서류를 은행에 제시하고 매입을 받아 무역대금을 결제받고 있다.

이때 화환어음을 매입하는 환은행은 무조건 매입에 응하는 것이 아니라 신용장(L/C)에 규정되어 있는 조건과 제시서류가 일치해야만 매입에 응하게 된다.

CIF계약과 같이 수출자가 부보하는 조건의 경우, 화환어음을 매입할 때 필수적으로 첨부되어야 하는 서류가 보험서류이다. 보험서류는 정당한 보험서류의 소지인이 입게 될 금전적 손해를 보험자로부터 보상받는데 필요한 서류이다.

2. 보험서류의 의의와 종류

1) 보험서류의 의의

무역조건이 FOB나 FCA인 경우는 매수인이 부보하기 때문에 보험관련 서류의 제공이 필요하지 않다. 그러나 CIF계약이나 CIP계약은 보험서류가 운송서류와 마찬가지로 필수적으로 구비해야 하는 신용장의 기본서류가 된다. 보험서류의 종류와 담보위험은 매매당사자간의 합의에 따라 신용장에 명시되어 있는 것이 보통이다.

◉ 신용장에서 일반적으로 요구하는 보험관련 문언

• Insurance policy or certificate in duplicate endorsed in blank for 110% of Invoice value.

2) 보험서류의 종류

보험서류(insurance document)는 보험자와 피보험자가 보험계약 내용과 담보범위 등에 관하여 합의한 사항들을 명시하고 있는 서류를 말한다.

(1) 보험증권

보험증권(insurance policy)은 보험계약자가 매 건별로 보험회사나 보험자와 보험계약을 체결할 경우에 보험회사 및 보험자가 발급하는 보험계약 증명서류이다.

보험증권은 보험계약 성립의 증거이며 보험자가 피보험자의 청구에 의해 교부하는 것이지만 법적으로는 계약서나 유가증권은 아니고 단지 증거증권의 성격을 가지고 있으며 배서나 인도에 의해 양도된다.

(2) 보험증명서

보험증명서(insurance certificate)는 매번 보험계약을 체결해야 하는 번거로움을 피하고 보험비용도 절감하기 위하여 그 업체의 일정기간 동안(6개월이나 1년)의 보험가입 예상 물량을 추산하여 보험자와 포괄보험계약을 체결한 후, 실제로 보험가입 필요가 발생할 때마다 보험에 가입한 사실을 증명하여 보험자가 발급한 보험서류이다. 이 서류의 효력은 보험증권과 동일하다.

(3) 보험승인서

보험승인서 혹은 부보각서(cover note)는 피보험자 또는 보험계약자가 직접 보험자를 상대하지 않고 보험중개인(insurance broker)를 통하여 보험에 가입할 경우에 발행되는 서류이다. 즉, 보험중개인이 피보험자로부터 보험료를 받았다는 사실과 보험자와 보험계약을 피보험자가 요청한 대로 체결하겠다는 것을 증명하여 발급하는 각서이다.

이 서류는 보험자로서의 정당한 자격이 없는 보험중개인이 정식의 보험계약이 체결되기 이전에 발급한 것이기 때문에, 이것만 가지고는 보험계약이 확실히 체결되었는지의 여부도 확인할 수 없다.

또한 보험승인서는 이미 발급되었으나 보험중개인이 아직 보험계약을 체결하지 못하여 보험자로부터 정식의 보험증권을 발급받지 못한 사이에 사고가 발생하면 보상을 받지 못하는 문제가 발생한다. 따라서 은행은 특별한 약정이 없는 한, 이러한 종류의 보험서류는 원칙적으로 수리하지 않고 있다.

제 2 절 신용장통일규칙과 보험서류

1. UCP 600에서 보험서류의 규정 내용

UCP 600에서는 제시되어야 할 각종 서류에 관한 규정을 두고 있다. 그 중 보험서류는 기존 UCP 500 제34조, 제35조 및 제36조를 통합하여 UCP 600 제28조에 규정을 두고 있다. 이들 조문에 규정되어 있는 보험서류의 내용을 살펴보면 다음과 같다.

1) 보험서류의 발행자 및 서명자(제28조 a항)

> a. an insurance document, such as an insurance policy, an insurance certificate or a declaration under an open cover, must appear to be issued and signed by an insurance company, an underwrite or their agents or their proxies.
>
> a. 보험증권, 포괄예정보험에 의한 보험증명서 또는 확정통지서와 같은 보험서류는 보험회사, 보험자 또는 그들 대리인 또는 그들 대리업자에 의해 발행되고 서명된 것으로 나타나야 한다.

제28조 a항은 보험서류는 그것이 어떤 자에 의해 발행되고 누가 그 보험서류에 서명되어 있어야 하는 것인지에 대한 상세한 내용들이 규정되어 있다.

이 규정에 의하면 보험서류(보험증권, 포괄예정보험에 의한 보험증명서 또는 확정통지서)의 발행인과 서명권자는 보험회사, 보험자 또는 그들 대리인(agents) 또는 그들 대리업자(proxies)로서 보험서류는 이들에 의하여 발행되고 서명된 것으로 보여야 한다.

UCP 600에서는 보험서류의 발행인 및 서명자로서 보험회사, 보험자(underwriters), 대리인(agents) 외에 대리업자(proxies)가 새롭게 추가되었다.

여기에서 'Declaration'은 포괄예정보험 확정통지서이다. 즉, 수입자가 FOB, CFR조건으로 계속해서 수입을 하기 위하여 수입지의 보험자와 포괄예정보험계약을 체결하고 있는 경우, 수출자가 선적할 때 선적내용을 보험자의 수출지 대리점에 확정 통지하는 서류를 포괄예정보험 확정통지서(declaration under open policy)라 하고 이것을 받은 보험자가 이 취지를 확인하기 위해 발행하는 것이 Declaration이다.

2) 보험서류의 제시통수(제28조 b항)

b. when the insurance document indicates that it has been issued in more than one original, all original must be presented

b. 보험서류가 2통 이상의 원본으로 발행되었다고 표시하고 있는 경우에는 모든 원본이 제시되어야 한다.

제28조 b항은 보험서류 원본이 2통 이상 발행된 경우에 발행된 원본 전통이 제시되어야 하는 요건을 규정하고 있다.

이 요건은 보험서류가 유가증권성을 지니고 있기 때문에 특히 중요하다. 보험서류의 원본이 복수로 발행된 경우에는 보험금 청구를 위해 그 전통을 보험자에게 인도할 필요는 없고 그 중 1통을 인도하면 보험금을 지급 받을 수 있으므로 발행된 전통을 제시하도록 규정하고 있는 것이다. 이 규정은 원본 1통은 보험금을 청구하기 위해 사용되고 나머지 원본 1통은 다른 용도로 사용되는 것을 방지하기 위한 것이다.

3) 보험승인서의 수리불능(제28조 c항)

c. cover notes will not be accepted.

c. 보험승인서는 수리되지 아니한다.

제28조 c항은 보험중개인이 발행한 보험승인서 혹은 부보각서(cover note)는 수리하지 않는다는 것을 규정하고 있다.

Cover Note는 보험중개인(insurance broker)이 피보험자로부터 보험료를 징수하는 경우 보험료를 받았다는 사실을 증명하고 보험자와 피보험자가 요청한대로 보험계약을 체결하겠다는 각서로서 발급하는 서류이므로 피보험자와 보험자 사이에 보험계약이 체결되었음을 나타내는 증거서류가 아니다.

Cover Note는 보험증권과 달리, 이 서류를 가지고 보험자에게 직접 보상청구를 할 수 없다. 따라서 이 서류는 정규의 보험서류로 인정하지 않는다는 것을 여기에 규정한 것이다.

4) 수리가능한 보험서류의 종류(제28조 d항)

d. an insurance policy is acceptable in lieu of an insurance certificate of a declaration under an open cover.

d. 보험증권은 포괄예정보험에 의한 보험증명서 또는 확정통지서를 대신하여 수리될 수 있다.

제28조 d항은 신용장거래에서 수리 가능한 보험서류의 종류로 보험증권뿐 아니라, 보험증명서 및 포괄예정보험 확정통지서(a declaration)를 규정하고 있다.

신용장에서 보험증권 또는 보험증명서를 요구한 경우에는 보험증권 또는 보험증명서 중 어느 것이 제시되어도 무방하다.

그러나 신용장에서 '보험증권'을 요구했음에도 불구하고 '보험증명서'가 제시된다면 이것은 신용장 조건과 일치하지 않는 것이 되기 때문에 수리되지 않게 된다.

그런데 신용장에서 보험증명서를 요구하고 있는데 보험증권이 제시된다면 이 서류는 수리될 수 있다. 왜냐하면, 보험증권이 보험증명서 또는 확정통지서 대신에 수리될 수 있다는 것은 보험증권이 이들 서류보다 더 완전한 보험서류이기 때문이다.

5) 선적일보다 늦은 일자의 보험서류는 수리불가능(제28조 e항)

e. The date of the insurance document must be no later than the date of shipment, unless it appears from the insurance document that the cover is effective from a date not later than the date of shipment.

e. 보험서류에서 담보가 선적일보다 늦지 않은 일자로부터 유효하다고 표시되어 있지 않는 한, 보험서류의 일자는 선적일보다 늦어서는 안 된다.

제28조 e항은 보험서류의 일자가 선적일보다 늦은 보험서류는 수리가 불가능하다는 것을 규정하고 있다. 이것은 물품의 선적일과 보험가입일 사이의 위험부담의 공백을 없애기 위한 것이다. 그러나 소급보험의 명시적인 문언이 있는 경우와 같이, 보험서류상에 보험담보가 선적일로부터 유효하다고 표시되어 있는 경우에는 이들 선적일보다 늦게 기재된 보험서류도 수리가 가능하다.

6) 보험서류의 부보통화 및 담보금액(제28조 f항)

f. i . The insurance document must indicate the amount of insurance coverage and be in the same currency as the credit.

ii . A requirement in the credit for insurance coverage to be for a percentage of the value of the goods, of the invoice value or similar is deemed to be the minimum amount of coverage required. If there is no indication in the credit of the insurance coverage required, the amount of insurance coverage must be at least 110% of the CIF or CIP value of the goods.

When the CIF or CIP value cannot be determined from the documents, the amount of insurance coverage must be calculated on the basis of the amount for which honour or negotiation is requested or the gross value of the goods as shown on the invoice, whichever is greater.

iii. The insurance document iii must indicate that risks are covered at least between the place of taking in charge or shipment and the place of discharge or final destination as stated in the credit.

i . 보험서류는 보험담보의 금액을 표시해야 하고 신용장과 동일한 통화이어야 한다.

ii . 보험담보가 물품가액 또는 송장가액 등의 비율이어야 한다는 신용장의 요건은 최소담보금액이 요구된 것으로 본다. 요구된 보험담보에 관하여 신용장에 아무런 표시가 없는 경우에는, 보험담보의 금액은 적어도 물품의 CIF 또는 CIP가격의 110%이어야 한다. CIF 또는 CIP가격이 서류로부터 결정될 수 없는 경우에는, 보험담보금액은 지급이행 또는 매입이 요청되는 금액 또는 송장에 표시된 물품 총가액 중에서 보다 큰 금액을 기초로 하여 산정되어야 한다.

iii. 보험서류는 위험이 적어도 신용장에 명기된 대로 수탁 또는 선적지에서 양하 또는 최종목적지 사이에 담보한다는 것이 표시되어야 한다.

(1) 보험서류의 부보통화

보험서류는 보험담보의 금액을 표시해야 할 뿐 아니라 신용장의 통화와 동일한 통화로 표시되어야 한다. 예컨대, 신용장 표시통화가 미화(US Dollar)인 경우에는 보험서류상의 표시통화도 반드시 미국 통화로 기재되어야 한다. 따라서 미국 통화 이외의 통화가 표시된 경우에는 신용장조건이 불일치한 것으로 간주될 수 있다.

그것은 보험서류의 통화가 신용장의 통화와 서로 다른 경우에는 보험가액의 110%를 보상받더라도 이는 환율변동에 따라 신용장 금액과 차이가 발생할 수 있기 때문이다.

(2) 보험서류의 담보금액

신용장에서 보험담보가 물품가액 또는 송장가액의 비율이어야 한다는 요건이 있는 경우에는 이러한 요건은 최소담보금액이 요구된 것으로 보며 요구된 보험담보에 관하여 신용장에 아무런 표시가 없는 경우에는 보험담보의 금액은 적어도 물품의 CIF가격 또는 CIP가격의 110%이어야 한다.

그러나 서류로부터 CIF가격이나 CIP가격을 결정할 수 없는 경우에는, 보험담보의 금액은 지급이행 또는 매입이 허용되는 금액(환어음의 청구금액 등) 또는 송장에 표시된 총 물품가액 중에서 큰 금액을 기초로 산정된다.

(3) 보험기간(제28조 f항 iii호 ; 신설)

이 조항은 보험서류에는 위험이 적어도 신용장에 명기된 수탁 또는 선적지에서 양하 또는 최종목적지 사이를 담보한다는 것이 표시되어야 한다는 것을 규정하고 있다.

7) 보험조건의 명시와 부정확한 용어의 사용(제28조 g항)

g. A credit should state the type of insurance required and, if any, the additional risks to be covered. An insurance document will be accepted without regard to any risks that are not covered if the credit uses imprecise terms such as 'usual risks' or 'customary risks'.

g. 신용장은 요구된 보험의 종류를 명기하여야 하고 만일 부보되어야 하는 부가위험이 있다면 이것도 명기해야 한다.

신용장이 '통상적 위험(usual risks)' 또는 '관습적 위험(customary risks)'과 같은 부정확한 용어를 사용하는 경우에는, 보험서류는 부보되지 아니한 어떠한 위험에 관계없이 수리되어야 한다.

제28조 g항은 신용장에 보험의 종류와 그 밖에 필요한 추가위험을 명기할 것을 규정하고 있다.

즉, 신용장에는 부보하는 보험조건의 종류와 필요하다면 부가위험도 명기해야 하며, 신용장에서 '통상적 위험(usual risks)' 또는 '관습적 위험(customary risks)'과 같은 부정확한 용어가 사용되는 경우에는 이러한 용어는 무시되기 때문에 보험서류는 부보되지 아니한 어떠한 위험에도 관계없이 수리된다는 것이다.

8) 전위험담보조건(제28조 h항)

h. When a credit requires insurance against 'all risks' and an insurance document is presented containing any 'all risks' notation or clause, whether or not bearing the heading 'all risks', the insurance document will be accepted without regard to any risks stated to be excluded.

h. 신용장이 '전위험'에 대한 보험을 요구하는 경우, '전위험'이라는 표제를 기재하고 있는지의 여부와 관계없이 '전위험'의 표기 또는 조항을 포함하고 있는 보험서류가 제시된 경우에는 그 보험서류는 제외되어야 한다고 명기된 어떠한 위험에 관계없이 수리되어야 한다.

제28조 h항은 신용장에서 담보조건으로 'all risks(전위험)'를 명시하고 있는 경우에 은행은 'all risks'라는 표기 또는 조항만 포함하고 있는 보험서류는 수리되어야 한다는 것을 규정하고 있다. 즉, 신용장에서 A/R 또는 ICC(A) 조건을 요구하는 것이 아니라 단지 '전위험'의 조건을 명시하고 있는 경우에는 은행은 ICC(A/R) 또는 ICC(A)의 어떠한 조항의 보험서류도 수리할 수 있다는 것이다.

9) 면책조항의 참조(제28조 i항)

i. An insurance document may contain reference to any exclusion clause.

i. 보험서류는 모든 면책조항의 참조를 포함할 수 있다.

제28조 i항은 보험서류는 모든 면책조항의 참조를 포함할 수 있다고 규정하고 있다. 즉, 면책조항의 참조를 포함하고 있는 보험서류가 제시된 경우 그러한 면책조항이 특정 보험조항에 직접적으로 연결되지 않았다면, 그 보험서류는 수리된다는 것이다.

예로 신용장에 요구된 대로 송장가액의 110%로 부보되고 ICC(A), 협회전쟁약관(적하)을 명기하고 있는 보험증명서에 협회방사능오염면책조항이라는 추가조항이 명기된 경우 협회방사능오염에 관한 면책조항이 요구된 담보위험의 하나에 직접적으로 관련되지 않았다면, 그 서류는 불일치가 아니라는 것이다.

10) 면책비율조항의 보험서류(제28조 j항)

j. An insurance document may indicate that the cover is subject to a franchise or excess (deductible).

j. 보험서류는 담보가 소손해면책비율 또는 소손해공제비율을 조건으로 한다는 것을 표시할 수 있다.

제28조 j항은 면책비율조항의 보험서류에 대해 규정하고 있다. 이 조항은 보험서류는 담보가 소손해면책비율(franchise) 또는 소손해공제비율(excess)을 조건으로 한다는 것을 표시할 수 있다고 규정하고 있다.

보험자의 적절한 보험인수나 피보험자가 부담하는 보험료율면에서 볼 때 적어도 부가위험에 대하여는 소손해(petty claim) 면책비율을 적용하는 특약이 필요한 경우가 있다. 이러한 경우에는 해당 화물 전체나 일정한 수량단위별(예 : on each 5 packages)로 일정비율의 Franchise나 Excess를 적용하는 조건으로 보험계약을 체결한다.

여기에서 Franchise는 손해가 일정비율 또는 일정액에 이르지 않는 경우는 전혀 보상하지 않으나 이것을 초과하면 손해액 전체를 보상하는 방식이다.

이에 반해, Excess는 면책비율이 적용되는 경우 어느 % 이상의 손해가 발생하면 공제하여야 되는 비율을 공제하고 보상하는 면책비율을 말하며 공제면책비율이라고도 부른다. 예컨대, excess of 3%로 부보된 경우 4%의 손해가 발생하면 4%에서 3%를 공제한 초과하는 1%에 대해서만 보상하는 방식이다.

이와 같이 보험서류에 소손해는 보상받을 수 없는 소손해면책비율 또는 소손해공제비율 등의 면책비율조항(memorandum clause)은 표시될 수 있기 때문에 이러한 면책율조항이 명기된 보험서류도 수리하게 된다.

그러나 신용장이 소손해도 보상받을 수 있는 면책비율부적용(irrespective of percentage : IOP)을 요구하고 있는 경우에는 이러한 면책비율조항을 포함하고 있는 보험서류는 당연히 수리되지 않게 된다.

즉, 신용장에서 면책비율 부적용 조건으로 부보할 것을 요구하고 있으면 면책비율부적용조건으로 보험서류가 발행되어야 한다. 그러나 이러한 조항이 없으면 면책비율이 적용되는 보험서류도 수리될 수 있다.

2. 신용장상의 보험서류 요건의 예

1) "MARINE INSURANCE POLICY OR CERTIFICATE FOR 110% OF INVOICE VALUE, BLANK ENDORSED COVERING INSTITUTE WAR CLAUSE, INSTITUTE CARGO CLAUSE(A), INSTITUTE STRIKE, RIOTS AND CIVIL COMMOTIONS CLAUSES, WAREHOUSE TO WAREHOUSE CLAUSES, IRRESPECTIVE OF PERCENTAGE, WITH CLAIMS PAYABLE AT DESTINATION IN CURRENCY OF CREDIT."

2) MARINE INSURANCE POLICY OR CERTIFICATE FOR 110% OF INVOICE VALUE, BLANK ENDORSED(송장금액의 110% 보험금액으로 하여 발행되고 백지배서된 해상보험증권 또는 보험증명서)

3) COVERING INSTITUTE WAR CLAUSES, INSTITUTE CARGO CLAUSES(A), INSTITUTE STRIKE, RIOTS AND CIVIL COMMOTIONS CLAUSES, WAREHOUSE TO WAREHOUSE CLAUSE, IRRESPECTIVE OF PERCENTAGE(협회전쟁약관, 협회적하약관(A), 협회동맹파업, 폭동 및 소요약관, 창고간약관 그리고 소손해면책비용 부적용 조건에 의거하여 부보되어야 함)

3. 신용장에서 요구하는 보험서류의 요건

1) 보험서류의 종류와 발행통수

해상보험에서 유효한 보험서류는 보험증권과 보험증명서 등이 있는데, 이는 각기 문면상 반드시 보험회사(insurance company), 보험자(underwriter) 또는 그 대리인(agent)이나 대리업자(proxies)가 발행하고 서명한 것이어야 한다.

보험서류는 일반적으로 2통의 원본으로 발행되는데 신용장에 별도의 규정이 없는 한, 반드시 그 전통이 제시되어야 한다. 그 가운데 1통으로 보험채무(보험금의 지급)가 이행되면 나머지는 자동적으로 무효가 된다.

2) 보험서류의 발급일자

신용장에 별도의 명시가 없는 한, 은행은 물품을 본선적재, 발송 또는 수탁한 선적일자보다 늦은 일자의 보험서류는 거절하여야 한다. 이것은 물품의 본선적재, 발송 또는 수탁일과 가입일 사이의 위험부담의 공백을 없애기 위함이다.

3) 보험금액

보험금액(sum insured, insurance money)은 실제 보험계약 체결시 보험에 가입한 피보험목적물의 보험가입 금액 즉, 보험자가 보상해 주는 최고 책임한도액을 의미하며 부보금액이라고도 부른다.

신용장에는 유효한 보험서류의 부보금액을 대부분 상업송장 금액의 110%(110% of Invoice Value)로 부보할 것을 명시하고 있다.

그러나 서류상으로 CIF가액이나 CIP가액을 결정할 수 없을 경우에는 보험금액 산정의 기초가 되는 금액은 지급이나 매입이 요청되는 금액 또는 상업송장에 표시된 물품의 총가액 중에서 보다 큰 금액이 된다.

여기에서 보험금액을 피보험목적물 가액의 100%로 하지 않고 10%를 더 가산하여 110%로 한 이유는 만일 보험사고가 발생하지 않아 정상적인 매매가 이루어졌으면 수입자가 최소한 10%의 이익을 보았을 것으로 추정하여 이 희망이익금(expected profit)까지 보전해 준다는 취지이다.

4) 부보통화

은행은 보험서류상의 통화가 신용장의 표시통화와 동일한 통화가 아니면 수리를 거절한다. 왜냐하면 보험서류와 신용장에 표시된 통화가 서로 다르면 CIF조건에 의해 계약가액의 110%를 보상받더라도 환율에 따라 신용장 금액과 차이가 발생하는 등과 같은 통화가치의 변화에 따른 불편함이 있기 때문이다.

그러므로 신용장거래에서 은행은 보험서류에 기재된 부보통화가 신용장에 표시된 통화와 동일한 화폐가 아니면 수리를 거절하게 된다.

5) 보험기간

보험기간(duration of insurance)는 보험자의 책임이 시작되는 때로부터 종료될 때까지의 기간을 말한다. 보험자가 책임을 부담하는 기간은 원칙적으로 화물이 선적항에서 본선에 적재되는 때부터 목적항에 도착하여 육지에 양하된 때까지이다.

그러나 계약자가 보험기간 연장을 위하여 “Warehouse to Warehouse” 조건으로 부보하는 경우에는 수출지의 창고로부터 수입지의 창고뿐 아니라 도착지의 본선으로부터 양하된 후 최장 60일까지도 손해를 보상받을 수 있다. 왜냐하면 협회적하약관의 창고간 약관이나 제8조 운송약관에 의하여 전 운송구간을 적하보험으로 커버하기 때문이다.

6) 백지배서와 보험금 청구권의 양도

보험서류는 보험계약의 성립을 증명하는 증서로서 피보험자의 청구에 따라 발행되며 원칙적으로 양도 가능한 유통증권이다.

따라서 신용장에는 보험서류에 양도인의 서명만이 기재되는 백지배서(endorsed in blank, blank endorsement)를 하도록 명시하고 있는 것이 일반적이다. 백지배서는 배서인이 피배서인의 이름을 기재하지 않고 단순히 배서에 의하여 이 서류를 유통시킨다는 취지만 기재하여 배서하는 형식을 말하며 무기명식배서 또는 약식배서라고도 한다.

실무적으로는 아무런 조건 없이 서류 뒷면에 서명함으로써 권리를 양도하는 것이 백지백서이기 때문에 실제 서명을 하거나 등록된 명판 또는 서명을 날인하면 된다.

백지백서는 CIF계약이나 CIP계약의 경우에 보험금 청구의 특성에 따라 청구권자의 편리를 높이기 위함이다. 예를 들어 CIF계약에서는 매도인이 매수인을 위해 보험계약을 체결하지만, 선적항에서 목적항까지의 위험은 매수인이 부담한다.

통상적으로 매도인은 매수인을 피보험자로 하지 않고 자기 자신을 피보험자로 하여 보험계약을 체결하고 보험자로부터 교부받은 보험증권을 매수인에게 배서 양도한다.

즉, 매도인이 자기 자신의 구간(선적 전) 이후에서 보험사고가 발생했을 때에는 매도인이 보험증권을 매수인에게 배서 양도함으로써 매수인이 손해를 보험회사로부터 보상받을 수 있다.

이에 따라 신용장에 '…… endorsed in blank'라는 조건이 설정되어 있으면 수출지에서 본선적재 이전(위험부담의 분기점 이전)에 사고가 발생한 경우에는 수출자가 보험청구권을 행사하고, 본선적재 이후(위험부담의 분기점 이후)의 사고인 경우에는 수입자가 대금결제를 마치지 아니하였으면 발행은행이 보험청구권을 행사하고, 대금결제를 마치고 난 후에는 수입자가 보험청구권을 행사하게 된다.

7) 보험금의 지급지 표시

CIF계약에서 보험금 청구권자는 보험계약지(수출국)가 아닌 수입국에 소재하는 발행은행이나 수입자가 되는 것이 대부분이다. 따라서 사고가 발생했을 때 보험금 청구의 편의를 위해 신용장에는 일반적으로 'claims to be payable in Korea in currency'와 같이 지급통화와 함께 보험금 지급지를 수입국으로 기재하고 있다.

수입국에서 보험금을 청구할 경우 업무편의를 위해 보험청구 업무를 대행해 줄 보험금 결제대리인도 지정해 두고 있는데, 이를 Claims Setting Agent라고 한다.

제 18 장 국제운송과 해상보험

제 1 절 해상운송과 해상보험

1. 해상운송과 해상보험계약 및 국제협약

무역거래가 원활하게 이루어지기 위해서는 운송인과 운송계약을 체결해야 할 뿐 아니라 화물이 매수인에게 인도될 때까지의 운송도중에 발생할 수 있는 예기치 못한 여러 가지 위험에 대비하여 보험계약도 체결해야 한다.

만일 해상운송계약을 체결한 경우에, 해상운송인이 운송 도중에 발생한 화물의 멸실이나 손상 등의 손해에 대하여 하주에게 신속하게 전액을 배상해 준다면 하주로서는 별도로 보험계약을 체결할 필요는 없을 것이다.

그러나 운송계약에 따른 운송인의 책임은 여러 가지로 제한되어 있어 해상사고에 대한 대부분의 책임을 운송인이 부담하지 않기 때문에, 별도로 보험계약을 체결하는 것이 필요하다. 즉, 운송인의 책임에는 한도가 있고 더욱이 불가항력이나 법률 또는 특약에 의해 면책되는 손해는 운송인에게 책임이 없으므로 보상을 받을 수 없게 된다.

따라서 운송인이 면책되는 위험은 결국 하주가 부담해야 하는데 이들 하주가 부담하는 위험들은 적하보험에서 담보하고 있다.

해상운송인의 책임이 확대되면 하주에 의해 부담되거나 적하보험에 부보되는 위험은 감소되며 운송인이 부보하는 손해배상책임보험에 의해 담보되는 책임은 증가하게 된다. 특히 선주와 하주들의 이해관계를 조화시키고 선하증권 거래의 안전성을 확보하기 위해서는 면책약관을 중심으로 한 선하증권의 국제적인 통일규칙이 필요하였다. 이에 1924년 국제법협회(ILA)는 헤이그 규칙(Hague Rules)을 제정하였다.

헤이그 규칙 제정 후, 컨테이너선 취항 등에 의한 국제해운사정이 크게 변화함에 따라 헤이그 규칙의 개정이 필요하게 되었고, 그 결과로서 헤이그-비스비 규칙(Hague-Visby Rules)이 제정되었다. 또한, 헤이그-비스비 규칙과는 별도로 1978년에는 함부르크 규칙(Hamburg Rules)이 발효되었고 2008년에는 로테르담 규칙이 제정되었다.

2. 해상운송의 국제협약과 운송인의 책임

1) 해상운송에 관한 국제통일협약

(1) Hague Rules

① 제정과정

17세기경부터 해상운송의 중심지인 영국에서는 선하증권에 면책약관을 삽입하는 관행들이 생겨났다. 면책약관(exemption clause)은 선주가 자기 책임을 한정하여 후일 하주로부터의 손해배상청구를 면하기 위하여 기재하는 것으로 선하증권의 표면약관이나 이면약관에 작은 글씨로 인쇄되어 있었고, 천재, 전쟁, 화물고유의 하자, 포장의 불완전 및 부적합, 투하 등이 주요 면책사항이었다.

19세기 후반에 들어 이러한 면책약관이 더욱 급속하게 증가되어 선원의 악행이나 불내항도 면책사항들에 포함되었다. 따라서 1880년경에는 하주, 은행, 보험회사 측에서 다 같이 면책약관의 제한운동이 일어나게 되었다.

이에 미국에서는 1893년 2월 13일에 하터 법(Harter law)을 제정하여 선박의 내항성 등에 대해 '상당한 주의'를 게을리 하지 않으면 선원의 항해과실은 면책되지만 상업상의 과실은 면책되지 않게 하였다. 이 원칙들은 나중에 Hague Rules에 도입되어 세계적인 해상물품운송법의 기본원칙이 되었다.

1924년 8월 벨기에 브뤼셀(Brussels)에서 채택된 '선하증권에 관한 통일규칙을 위한 국제협약(International Convention for the Unification of Certain Rules of Law Relating to Bills of Lading, 헤이그 규칙)은 선주와 하주의 이해관계를 적절히 조정하고 해상운송에 관해 국제적인 통일을 기하기 위해 국제법협회(International Law Association : ILA)와 국제해사위원회(International Maritime Committee : IMC)가 중심이 되어 제정한 국제통일규칙이다.

현재 90개국 이상이 비준하였거나 가입하여 해상운송의 준거법으로 널리 채택되고 있으며 우리나라 법도 이 규칙의 중요한 원칙들을 그대로 수용하고 있다.

② 적용범위와 공헌

헤이그 규칙은 선하증권이 발행되는 해상운송계약만을 대상으로 하고 용선운송계약서가 발행되는 용선운송계약에는 적용되지 않기 때문에 해상운송계약 전체를 포괄한 국제통일규칙은 아니다. 그러나 선하증권에 의한 개품운송계약의 중요한 문제들은 모두 규정하고 있기 때문에 국제통일 준거법으로써 지대한 공헌을 하였다.

(2) Hague-Visby Rules

① 제정과정

Hague Rules는 1924년 제정되어 1931년부터 발효된 이래 개품운송계약을 규율하는 유일한 국제협약으로서 각국에서 널리 수용되었고 그 기능들을 충분히 발휘하여 왔다.

그러나 제2차 대전 이후 1950년대를 걸쳐서 25년을 경과한 이 규칙은 무역과 해운실정에 맞지 않는 문제들이 발생하였다.

이에 1963년에 국제해사위원회(Committee Maritime International)에서 Hague Rules의 개정안이 작성되어 1968년에 Brussels에서 개최된 해사법 외교회의에서 개정의정서로서 채택되었고 이것은 1977년 6월에 발효되었다.

본 개정의정서의 정식명칭은 'Protocol to Amend the International Convention for the Unification of Certain Rules of Law relating to Bills of Lading, 1924년 선하증권통일협약을 개정하기 위한 의정서'이고 약칭은 Hague-Visby Rules 또는 Visby Protocol 또는 Visby Rules로 불리고 있다.

현재 헤이그 규칙과 헤이그-비스비 규칙을 비준한 국가는 영국, 프랑스 등 총 90개국 이상이 된다.

② 목적과 적용범위

이 규칙은 헤이그 규칙의 해석상의 문제점을 제거하기 위해 일부를 개정한 것이지 헤이그 규칙의 근본적인 개정을 의도한 것은 아니었다.

헤이그 규칙은 선하증권이 발행되었을 경우 그 법률관계에 관한 규정의 통일을 목적으로 한 것으로 용선운송계약에는 적용되지 않았다.

그러나 헤이그-비스비 규칙에서는 용선운송계약에서도 선하증권이 발행된 경우에는 운송인과 선하증권의 소지인과의 관계를 규정하는데 적용되도록 개정되었다.

③ 주요 내용

이 규칙의 주요 내용은 운송인의 책임에 관하여 선장, 선원, 기타 운송인 및 그 고용인의 항해(navigation)나 선박의 관리에 관한 행위, 태만 또는 과실 등 항해과실은 운송인의 면책을 규정하고 있는 반면, 운송물품의 선적, 수급, 적부, 운송, 보관, 관리, 양륙 등에 관한 과실 등 상업과실은 면책특약을 무효로 한 것이다.

이 규칙은 운송인의 대리인 또는 사용인의 고의나 과실에 기인하지 않는 모든 사유는 면책으로 하고 있으나 면책의 이익을 주장함에 있어 운송인은 멸실 또는 손상이 고의 또는 과실에 기인하지 않았다는 것을 입증해야 한다.

(3) Hamburg Rules

① **제정과정**

1970년대 중후반 국제무대에서 발언권이 강해진 개발도상국들은 과거의 선하증권에 관한 국제통일협약들이 선주 위주로 편제되어 하주들의 권익은 제대로 반영되어 있지 않았다고 UN무역개발회의(UNCTAD)에서 강력하게 주장함에 따라, 1969년 국제해운입법 작업부회가 설치되어 새로운 선하증권 협약안이 마련되었다.

이 협약안은 1976년 뉴욕에서 개최된 UN국제무역법위원회(UNCITRAL)에서 심의되어 1976년 UN 총회에 상정되었고 1978년 3월 Hamburg에서 개최된 유엔외교회의에서 채택되었다. 정식의 명칭은 '유엔해상물품운송협약(United Nations Convention on Carriage of Goods by Sea, 1978)'이고 약칭은 Hamburg Rules이며 1992년 11월 1일 발효되었다.

② **의의와 특징**

Hague-Visby Rules는 헤이그 규칙의 결함을 보완하고 시대에 적합하도록 개정한 개정판이지만, Hamburg Rules는 UNCTAD가 중심이 되어 선진해운국 중심의 헤이그 규칙이나 헤이그-비스비 규칙을 폐지하고 하주국인 개발도상국의 이익을 충분히 반영하는 새로운 법질서를 창출하려는 의도에서 제정된 협약이다.

Hamburg Rules의 특징은 해상운송에서 약자의 위치에 있는 선박을 소유하거나 운영하고 있지 아니하는 개도국인 하주들의 입장을 강화함으로써 운송인의 책임을 무겁게 하고 있다는 점이다.

이 협약은 헤이그 규칙에 비해 운송인의 책임구간을 화물수취로부터 인도시까지 확대하였고 인도지연에 대해 운송인이 책임지도록 하였으며 운송인의 책임한도를 인상하였고 운송인의 항해과실면책과 면책카달로그 등을 폐지하였다.

③ **발효와 적용**

본 협약은 하주국인 개발도상국들의 주도하에 작성되었기 때문에 선주 국가들의 비준이 지연되어 그 발효요건인 가입국 20개국을 충족하지 못해 발효되지 못하였다.

그러나 1991년 10월 말 잠비아(Zambia)가 20번째로 가입함으로써 1년 경과기간을 거쳐 1992년 11월 1일 정식으로 발효하게 되었다.

현재 전 세계적으로 통용되고 있는 헤이그 규칙이나 헤이그-비스비 규칙에 비해 선주의 책임이 상대적으로 강화된 본 규칙의 발효로 동 규칙에 가입한 국가 선주들의 보험료가 현재보다 인상되고 있다.

(4) Rotterdam Rules

① 제정과정

이 협약은 CMI가 주도하여 제정한 해상운송과 관련된 국제규칙으로 UNCITRAL 위원회의 승인을 거쳐 2008년 12월 비엔나에서 개최된 제63차 UN 총회에서 성립되었다.

정식명칭은 '전부 혹은 일부 국제해상물품운송계약에 관한 UN협약(UN Convention on Contracts for the International Carriage of Wholly or Partly by Sea)'이며, 약칭으로 '로테르담 규칙(The Rotterdam Rules)'이라고 부른다.

② 목적과 특징

이 협약의 제정 목적은 헤이그-비스비 규칙이나 함부르크 규칙을 최근의 무역관행에 맞게 수정·보완하는 것을 핵심으로 하고 있다. 따라서 주요 내용들은 적용 범위를 확장하거나 책임한도를 인상하는 것이 대부분이다.

③ 주요 내용

첫째, 이 협약은 복합운송도 이 협약이 적용되도록 하는 등 협약의 적용범위를 확대하였으며 운송인이 운송물에 대한 책임을 수령한 시점에서 수하인에게 인도한 시점까지 규정하여 운송인의 책임기간을 기존 협약보다 확대시켰다.

둘째, 이 협약은 기존 협약에 비해 내항성을 확보해야 하는 기간을 크게 확대하였고 항해과실 면책조항을 폐지함으로써 하주들은 지금까지 운송인에게 구상할 수 없었던 항해과실에 의한 적하손해를 청구할 수 있게 되었다.

셋째, 선사가 부담해야 하는 배상책임 한도가 기존 협약보다 상당히 높아졌다. 즉, 선사는 운송 중인 화물이 멸실이나 손상된 경우 하주에게 화물 포장단위 당 875 SDR이나 중량당 3 SDR 가운데, 높은 금액으로 배상해야 한다.

넷째, 이 협약은 현행 상법이나 함부르크 규칙에서는 인정하고 있으나 헤이그-비스비 규칙에서 허용하지 않는 운송지연 손해배상에 관한 규정을 두고 있다.

다섯째, 대량화물 정기운송계약 제도(Volume Contract)를 도입하였다. 이것은 우리나라 상법이나 헤이그-비스비 규칙 등에는 없는 것으로 미국의 강력한 요청에 따른 것이다. 이 조항은 운송계약에서 대형 하주의 우월적 지위를 강화시킨 것이다.

④ 발효와 적용

협약이 국제적으로 발효하기 위해서는 20개국 이상이 비준한 뒤 1년이 경과해야 하는데 이 협약은 아직은 발효가 되지 않은 상태이다.

2) 운송인의 책임 비교

(1) 적용대상

헤이그 규칙에서는 선하증권이 발행되지 않는 운송계약, 용선운송계약, 동물, 갑판적 화물의 운송, 특수화물의 비상업적 운송은 적용되지 않았다. 그런데 헤이그-비스비 규칙에서는 용선운송계약도 적용되도록 개정되었다.

함부르크 규칙은 그 적용대상을 선하증권이 발행되는 운송계약에 한정하고 있지 않기 때문에 해상화물운송장(SWB)이 발행되는 경우에도 적용된다. 그러나 헤이그 규칙이나 헤이그-비스비 규칙은 그 적용에 관한 규정이 없다. 로테르담 규칙은 해상운송이 포함된 복합운송에도 적용되도록 하였다.

(2) 운송인의 책임기한

헤이그 규칙에서는 'Tackle to Tackle'의 원칙에 따라 운송인의 책임을 물품의 선적시점에서부터 양륙시점까지만 적용되도록 하였고 그 전후 단계의 운송은 특약에 의해 운송인의 책임을 면책시킬 수 있도록 하였다.

그러나 함부르크 규칙과 로테르담 규칙은 운송인이 선적항에서 하주로부터 물품을 수령한 때부터 양륙항에서 이를 인도한 때까지의 전 기간 혹은 전 운송구간을 운송인의 책임기간으로 설정하였다. 또한 헤이그 규칙은 과실책임주의에 입각하여 선박의 내항성과 물품의 취급, 보관 등에 관한 주의의무 운송인의 책임을 규정하고 있으나 항해과실과 화재 등 17개 항목은 면책카탈로그라고 하여 면책되었다.

그러나 함부르크 규칙은 과실책임주의를 유지하고 있지만 해난구조 행위를 제외한 면책카탈로그 규정을 폐지하였다. 로테르담 규칙은 내항성 주의의무를 항해 전과 항해기간 동안까지 확대하였고 운송인의 항해과실 면책조항을 폐지하였다.

(3) 운송인의 책임한도액

헤이그 규칙에서 운송인의 책임한도액은 포장물 또는 단위(package or unit)당 100파운드이며, 헤이그-비스비 규칙은 포장물 또는 단위당 10,000 포앙카레 프랑(Poincaré Francs)과 총중량 1kg당 30 포앙카레 프랑 중 큰 금액으로 제한하고 있다.

함부르크 규칙은 멸실이나 손상의 경우 한 개의 짐짝이나 선적단위에 대한 835 SDR과 1kg에 대한 2.5 SDR(로테르담 규칙은 875 SDR이나 중량당 3 SDR)의 합계액 중 많은 금액, 지연손해의 경우는 운송계약상의 운임총액을 상한으로 하여 지정물품 운임의 2.5배로 제한하고 있다.

제 2 절 항공운송과 해상보험

1. 항공운송과 해상보험계약

항공운송 중에 발생한 화물의 손해는 원칙적으로 항공운송인이 책임을 부담한다. 그러나 항공운송인이 무과실을 입증하거나 협회적하약관(항공)의 일반면책약관에 해당하는 경우에는 항공운송인의 책임이 면제된다.

게다가 국제항공협약상 항공운송인의 책임한도는 1kg당 미화 20달러 등으로 제한되어 있다. 따라서 주로 고가품인 항공화물을 고려할 때 하주로서는 만족할 만한 보상을 받을 수가 없는 것이 사실이다.

이러한 항공화물운송의 특수성 때문에 항공화물을 취급하는 하주들은 항공운송과 관련한 화물의 손해를 보상받기 위해 항공보험에 가입할 필요가 있다.

항공화물보험의 계약체결형태는 항공운송인이 발행하는 항공화물운송장(AWB)을 이용하여 하주이익보험(shipper's interest insurance)에 부보하는 방법과 협회적하약관(항공)으로 부보하는 방법이 있다.

항공사고는 해상사고와 달리 손해발생의 순간성, 손해의 대형성, 손해의 거액성 등과 같은 특수한 성격을 가지고 있다. 또한 항공화물의 경우 사고가 발생하면 기체나 화물도 전손이 되는 것이 대부분이기 때문에 항공화물의 부보조건은 협회적약관(항공)의 All Risks 조건으로 가입하는 것이 일반적이다.

2. 항공운송인의 책임과 국제협약

1) 항공운송인의 책임

항공운송과 관련한 국제협약으로는 1929년 바르샤바 협약(Warsaw Convention), 헤이그 의정서, 과다라하라 협약, 몬트리올 협정, 몬트리올 협약 등이 있다. 바르샤바 협약은 항공화물과 관련된 가장 기본적인 국제규칙으로 항공화물운송장(AWB)의 법적 성질과 기재사항, 항공운송인의 책임관계, 운송관계인의 권리와 의무사항 등을 규정하고 있다.

바르샤바 협약은 운송인에 대한 책임을 강화하기 위해 1963년 헤이그 의정서, 1963년 헤이그 의정서, 1966년 몬트리올 협정, 2003년 몬트리올 협약 등으로 개정되었다.

2) 국제협약

(1) 바르샤바 협약

바르샤바 협약(Warsaw Convention)은 항공운송인의 책임에 대하여 통일된 규칙을 제정하여 항공기 사고로 인해 여객과 화물에 미친 손해배상의 범위와 책임한도를 설정하고 운송인과 여객 또는 하주의 이익을 조정하는 공평의 원칙을 견제하기 위한 목적으로 1929년 10월 바르샤바에서 체결된 것이다.

이 협약은 바르샤바 조약이라고 부르며 1933년 발효되었다. 이 협약에서는 송하인이 신고를 하지 않는 한 운송인의 책임은 항공화물의 파손, 멸실, 분실, 훼손 또는 지연 등에 대하여 화물 1kg당 250 금프랑 또는 US＄20을 초과하지 않는 것으로 하였다.

(2) 헤이그 의정서

헤이그 의정서(Hague Protocol)는 바르샤바 조약 체결 후 25년이 지나는 동안 항공기술 등의 발달로 안전도가 많이 향상되어 운송인의 책임한도액을 현실에 적응시킬 수 있도록 바르샤바 조약을 개정하여 1963년 8월 1일부터 발효된 국제규칙이다.

이 협약에서는 여객에 대한 책임한도액을 100% 인상하였고 협약과 의정서를 합쳐 하나의 단일문서로 본다는 규정을 두고 있다.

(3) 과다라하라 협약

과다라하라 협약(Guadalajara Agreement)은 다수 항공사들에 의한 공동운항 등 변화된 항공운송 실태를 반영하기 위해 바르샤바 협약의 일부 내용을 보충하여 1961년에 국제민간항공기구(ICAO)가 멕시코의 과다라하라에서 채택한 협약이다.

(4) 몬트리올 협정

몬트리올 협정(Montreal Agreement)은 여객이나 화물에 대한 운송인의 책임제한을 규정한 항공사간 협정이다. 1966년 발효되었고 우리나라는 2007년에 가입하였다.

(5) 몬트리올 협약

몬트리올 협약(Montreal Convention)은 바르샤바 협약과 관련 협약을 통합하기 위해 1999년에 채택되어 2003년 11월에 발효되었다. 이 협약은 바르샤바 협약의 기본구조는 유지하면서 항공운송인의 손해배상책임을 보다 강화하였다.

제 3 절 복합운송과 해상보험

1. 의의

운송과정에서 발생 가능한 위험을 커버하기 위해 화물을 적하보험에 부보하는 것은 복합운송이 발달하기 이전부터 이루어진 기본적인 위험관리 방식이었다.

복합운송이 발전하는 현재에서도 복합운송인이 모든 책임을 부담하는 것은 아니기 때문에 하주들은 복합운송과정에서 발생 가능한 위험에 대해 부보하는 것이 필요하다.

2. 필요성

복합운송에서도 해상적하보험이 필요한 이유는 다음과 같다. 첫째, 손해배상 청구절차가 복잡하여 신속한 손해배상이 이루어지지 않는다. 즉, 복합운송인의 책임구간 내에서 손해가 발생한 경우 복합운송인은 운송계약에 따라 손해를 배상해야 하지만, 손해배상 청구절차가 복잡하여 손해가 발생한 시점부터 배상금을 수령하는 시점까지 단일운송보다 상당한 시간이 소요되기 때문에 신속한 손해배상이 이루어지지 않고 있다.

둘째, 복합운송인의 귀책사유로 인한 손해발생인 경우에도 운송인의 책임부담액이 일정한 한도로 제한되어 있다.

셋째, 복합운송인의 면책사유에 의한 손해 발생시 복합운송인에게는 손해배상의무가 없기 때문에 하주는 그 배상을 복합운송인 이외의 자로부터 받아야 한다.

넷째, 신용장통일규칙상 무역금융제도의 담보기능을 위해서는 해상보험증권이 첨부된 선하증권을 사용할 수 밖에 없다.

컨테이너운송은 재래식 운송에 비해 안정성, 신속성, 경제성 등 여러 면에서 획기적인 발전을 이룩하였다. 그러나 일단 컨테이너에 화물이 적입된 다음 최종목적지에 도착하여 확인할 때까지 컨테이너 내적화물의 손해를 확인할 수 없으며 손해 발생구간도 확인하기 어려움으로 컨테이너에 적입시 충분한 손해방지수단을 강구하지 않으면 컨테이너운송의 장점을 살릴 수 없게 된다.

이와 같은 이유로 재래식운송과 마찬가지로, 컨테이너에 의한 복합운송에서도 하주는 복합운송인에 의한 귀책사유의 손해이든 면책사유의 손해이든 상관없이 손해발생시 보상 받을 수 있도록 적하보험을 별도로 부보하는 것이 바람직하다.

3. 복합운송인의 책임원칙과 체계

1) 복합운송인의 책임원칙

(1) 과실책임원칙

과실책임(liability for negligence) 원칙은 운송인이 선량한 관리자로서의 적절한 주의의무를 전제로 성립되는 책임원칙이다.

이 원칙에서는 운송인이 주의의무를 태만히 하여 야기시킨 손해는 당연히 운송인이 책임을 부담하여야 하기 때문에 화물의 멸실이나 손상이 운송인의 과실에 기인하였음을 하주가 입증하면 운송인은 책임을 면할 수 없게 된다.

(2) 무과실책임원칙

무과실책임(liability without negligence) 원칙은 운송인의 과실유무를 불문하고 배상을 책임지는 원칙이다. 이 원칙에서는 엄격책임원칙과는 달리 포장의 부적절이나 부적합, 통상의 소모나 누손 등은 운송인의 면책사유로 인정된다.

(3) 엄격책임원칙

엄격책임(strict liability) 원칙은 과실의 유무를 불문하고 운송인이 결과에 대한 모든 책임을 부담하며 면책을 인정하지 않는 책임원칙이다. 이 원칙은 손해의 결과에 대해 절대적으로 책임을 지는 동시에 면책의 항변이 일체 용인되지 않는 원칙이기 때문에 절대책임원칙 또는 결과책임원칙이라고도 한다.

2) 복합운송인의 책임체계

복합운송인은 하주에 대하여 단일책임을 부담하지만, 각 운송구간에 대하여 또 다시 어떠한 책임을 부담하느냐에 따라 다음의 세 가지 이론이 있다.

(1) 단일 책임체계

단일 책임체계(uniform liability system)는 전 운송구간에 걸쳐 모두 동일한 내용의 책임을 단일 복합운송인이 부담한다는 원칙이다. 이 체계에서는 화물의 멸실, 훼손, 지연손해가 복합운송의 어느 구간에서 발생하였느냐를 가리지 않고 복합운송인이 모든 책임을 부담하기 때문에 통합 책임체계라고도 한다.

이 원칙은 책임소재가 매우 간결하고 분명하기 때문에 하주와 운송인 사이에서 발생할 수 있는 분쟁을 줄일 수 있는 장점이 있다.

그러나 복합운송인으로서는 여전히 하청운송인과의 구상관계가 남아 있기 때문에 오히려 절차가 복잡하게 될 뿐만 아니라 비용도 증가하고, 복합운송인에게 충분한 배상능력과 업무능력이 요구되기 때문에 결국 복합운송인은 거대자본과 기술축적을 이른 다국적기업이 될 수밖에 없다는 단점이 있다.

단일 책임체계는 법리적인 측면에서 다분히 이상적인 책임원칙이기 때문에 실무적인 입장에서는 Network Liability System이 환영받고 있다.

(2) 이종 책임체계

이종 혹은 분할 책임체계(network liability system)는 복합운송인이 부담하는 책임이 각 운송계약에 적용되는 기존의 국제협약이나 법규에 따라 결정된다는 원칙이다.

이 원칙에서 복합운송인의 책임은 운송화물의 멸실이나 훼손이 발생한 운송구간이 확인된 경우(known damage)와 미확인의 경우(concealed damage)로 구분된다.

전자의 경우, 운송인의 책임은 운송물의 멸실 또는 훼손이 생긴 해상, 육상, 항공 등의 운송구간에 적용될 국제협약(해상의 경우는 헤이그 규칙, 항공의 경우는 바르샤바 협약 등)이나 국내법에 따라 결정된다. 후자의 경우, 운송인의 책임은 그 손해가 운송구간이 가장 긴 해상구간에서 발생한 것으로 추정하여 Hague Rule이나 멸실, 훼손된 운송물의 중량 kg당 일정액의 책임한도 금액을 기본책임으로 적용한다.

이 책임체계는 1975년 ICC 복합운송증권통일규칙을 비롯하여 주요 선사의 컨테이너 B/L이나 FBL(FIATA Combined Transport Bill of Lading)에서 채택하고 있다.

(3) 절충형 책임체계

절충형 책임체계(modified uniform liability system)는 단일 책임체계와 이종 책임체계를 절충한 원칙으로 변형 통일책임체계 또는 수정단일 책임체계라고도 한다.

이 체계는 손해발생구간의 확인여부와 관계없이 동일한 책임규정을 적용한다는 면에서는 단일책임체계를 반영하였고, 예외적으로 손해발생구간이 확인되고 그 구간에 적용될 법규에 규정된 책임한도액이 UN 국제물품복합운송협약의 책임 한도액보다 높을 경우에는 그 구간의 법규를 적용하는 이종책임체계를 반영하였다.

이 책임체계는 1992년 UNCTAD/ICC 복합운송증권규칙, 1980년 UN 국제복합운송협약, 그리고 1978년 Hamburg Rules에서 채택하고 있다.

부 록

The Insurance Act 2015

The Insurance Act 2015

PART 1 Insurance contracts : main definitions

1. Insurance contracts: main definitions

In this Act (apart from Part 6)—

- "consumer insurance contract" has the same meaning as in the Consumer Insurance (Disclosure and Representations) Act 2012 ;
- "non-consumer insurance contract" means a contract of insurance that is not a consumer insurance contract ;
- "insured" means the party to a contract of insurance who is the insured under the contract, or would be if the contract were entered into ;
- "insurer" means the party to a contract of insurance who is the insurer under the contract, or would be if the contract were entered into ;
- "the duty of fair presentation" means the duty imposed by section 3(1).

PART 2 The duty of fair presentation

2. Application and interpretation

(1) This Part applies to non-consumer insurance contracts only.

(2) This Part applies in relation to variations of non-consumer insurance contracts as it applies to contracts, but—

(a) references to the risk are to be read as references to changes in the risk relevant to the proposed variation,

(b) references to the contract of insurance are to the variation.

3. The duty of fair presentation

(1) Before a contract of insurance is entered into, the insured must make to the insurer a fair presentation of the risk.

(2) The duty imposed by subsection (1) is referred to in this Act as "the duty of fair presentation".

(3) A fair presentation of the risk is one—

(a) which makes the disclosure required by subsection (4),

(b) which makes that disclosure in a manner which would be reasonably clear and accessible to a prudent insurer, and

(c) in which every material representation as to a matter of fact is substantially correct, and every material representation as to a matter of expectation or belief is made in good faith.

(4) The disclosure required is as follows, except as provided in subsection (5)—

(a) disclosure of every material circumstance which the insured knows or ought to know, or

(b) failing that, disclosure which gives the insurer sufficient information to put a prudent insurer on notice that it needs to make further enquiries for the purpose of revealing those material circumstances.

(5) In the absence of enquiry, subsection (4) does not require the insured to disclose a circumstance if—

(a) it diminishes the risk,

(b) the insurer knows it,

(c) the insurer ought to know it,

(d) the insurer is presumed to know it, or

(e) it is something as to which the insurer waives information.

(6) Sections 4 to 6 make further provision about the knowledge of the insured and of the insurer, and section 7 contains supplementary provision.

4. Knowledge of insured

(1) This section provides for what an insured knows or ought to know for the purposes of section 3(4)(a).

(2) An insured who is an individual knows only—

(a) what is known to the individual, and

(b) what is known to one or more of the individuals who are responsible for the insured's insurance.

(3) An insured who is not an individual knows only what is known to one or more of the individuals who are—

(a) part of the insured's senior management, or

(b) responsible for the insured's insurance.

(4) An insured is not by virtue of subsection (2)(b) or (3)(b) taken to know confidential information known to an individual if—

(a) the individual is, or is an employee of, the insured's agent; and

(b) the information was acquired by the insured's agent (or by an employee of that agent) through a business relationship with a person who is not connected with the contract of insurance.

(5) For the purposes of subsection (4) the persons connected with a contract of insurance are—

(a) the insured and any other persons for whom cover is provided by the contract, and

(b) if the contract re-insures risks covered by another contract, the persons who are (by virtue of this subsection) connected with that other contract.

(6) Whether an individual or not, an insured ought to know what should reasonably have been revealed by a reasonable search of information available to the insured (whether the search is conducted by making enquiries or by any other means).

(7) In subsection (6) "information" includes information held within the insured's organisation or by any other person (such as the insured's agent or a person for whom cover is provided by the contract of insurance).

(8) For the purposes of this section—

(a) "employee", in relation to the insured's agent, includes any individual working for the agent, whatever the capacity in which the individual acts,

(b) an individual is responsible for the insured's insurance if the individual participates on behalf of the insured in the process of procuring the insured's insurance (whether the individual does so as the insured's employee or agent, as an employee of the insured's agent or in any other capacity), and

(c) "senior management" means those individuals who play significant roles in the making of decisions about how the insured's activities are to be managed or organised.

5. Knowledge of insurer

(1) For the purposes of section 3(5)(b), an insurer knows something only if it is known to one or more of the individuals who participate on behalf of the insurer in the decision whether to take the risk, and if so on what terms (whether the individual does so as the insurer's employee or agent, as an employee of the insurer's agent or in any other capacity).

(2) For the purposes of section 3(5)(c), an insurer ought to know something only if—

(a) an employee or agent of the insurer knows it, and ought reasonably to have passed on the relevant information to an individual mentioned in subsection (1), or

(b) the relevant information is held by the insurer and is readily available to an individual mentioned in subsection (1).

(3) For the purposes of section 3(5)(d), an insurer is presumed to know—

(a) (a) things which are common knowledge, and

(b) things which an insurer offering insurance of the class in question to insureds in the field of activity in question would reasonably be expected to know in the ordinary course of business.

6. Knowledge : general

(1) For the purposes of sections 3 to 5, references to an individual's knowledge include not only actual knowledge, but also matters which the individual suspected, and of which the individual would have had knowledge but for deliberately refraining from confirming them or enquiring about them.

(2) Nothing in this Part affects the operation of any rule of law according to which knowledge of a fraud perpetrated by an individual ("F") either on the insured or on the insurer is not to be attributed to the insured or to the insurer (respectively), where—

(a) if the fraud is on the insured, F is any of the individuals mentioned in section 4(2)(b) or (3), or

(b) if the fraud is on the insurer, F is any of the individuals mentioned in section 5(1).

7. Supplementary

(1) A fair presentation need not be contained in only one document or oral presentation.

(2) The term "circumstance" includes any communication made to, or information received by, the insured.

(3) A circumstance or representation is material if it would influence the judgement of a prudent insurer in determining whether to take the risk and, if so, on what terms.

(4) Examples of things which may be material circumstances are—

(a) special or unusual facts relating to the risk,

(b) any particular concerns which led the insured to seek insurance cover for the risk,

(c) anything which those concerned with the class of insurance and field of activity in question would generally understand as being something that should be dealt with in a fair presentation of risks of the type in question.

(5) A material representation is substantially correct if a prudent insurer would not consider the difference between what is represented and what is actually correct to be material.

(6) A representation may be withdrawn or corrected before the contract of insurance is entered into.

8. Remedies for breach

(1) The insurer has a remedy against the insured for a breach of the duty of fair presentation only if the insurer shows that, but for the breach, the insurer (a) would not have entered into the contract of insurance at all, or (b) would have done so only on different terms.

(2) The remedies are set out in Schedule 1.

(3) A breach for which the insurer has a remedy against the insured is referred to in this Act as a "qualifying breach".

(4) A qualifying breach is either— (a) deliberate or reckless, or (b) neither deliberate nor reckless.

(5) A qualifying breach is deliberate or reckless if the insured —

(a) knew that it was in breach of the duty of fair presentation, or

(b) did not care whether or not it was in breach of that duty.

(6) It is for the insurer to show that a qualifying breach was deliberate or reckless.

PART 3 Warranties and other terms

9. Warranties and representations

(1) This section applies to representations made by the insured in connection with—

(a) a proposed non-consumer insurance contract, or

(b) a proposed variation to a non-consumer insurance contract.

(2) Such a representation is not capable of being converted into a warranty by means of any provision of the non-consumer insurance contract (or of the terms of the variation), or of any other contract (and whether by declaring the representation to form the basis of the contract or otherwise).

10. Breach of warranty

(1) Any rule of law that breach of a warranty (express or implied) in a contract of insurance results in the discharge of the insurer's liability under the contract is abolished.

(2) An insurer has no liability under a contract of insurance in respect of any loss occurring, or attributable to something happening, after a warranty (express or implied) in the contract has been breached but before the breach has been remedied.

(3) But subsection (2) does not apply if—

(a) because of a change of circumstances, the warranty ceases to be applicable to the circumstances of the contract,

(b) compliance with the warranty is rendered unlawful by any subsequent law, or

(c) the insurer waives the breach of warranty.

(4) Subsection (2) does not affect the liability of the insurer in respect of losses occurring, or attributable to something happening (a) before the breach of warranty, or (b) if the breach can be remedied, after it has been remedied.

(5) For the purposes of this section, a breach of warranty is to be taken as remedied—

(a) in a case falling within subsection (6), if the risk to which the warranty relates later becomes essentially the same as that originally contemplated by the parties,

(b) in any other case, if the insured ceases to be in breach of the warranty.

(6) A case falls within this subsection if—

(a) the warranty in question requires that by an ascertainable time something is to be done (or not done), or a condition is to be fulfilled, or something is (or is not) to be the case, and

(b) that requirement is not complied with.

(7) In the Marine Insurance Act 1906—

(a) in section 33 (nature of warranty), in subsection (3), the second sentence is omitted,

(b) section 34 (when breach of warranty excused) is omitted.

11. Terms not relevant to the actual loss

(1) This section applies to a term (express or implied) of a contract of insurance, other than a term defining the risk as a whole, if compliance with it would tend to reduce the risk of one or more of the following—

(a) loss of a particular kind,

(b) loss at a particular location,

(c) loss at a particular time.

(2) If a loss occurs, and the term has not been complied with, the insurer may not rely on the non-compliance to exclude, limit or discharge its liability under the contract for the loss if the insured satisfies subsection (3).

(3) The insured satisfies this subsection if it shows that the non-compliance with the term could not have increased the risk of the loss which actually occurred in the circumstances in which it occurred.

(4) This section may apply in addition to section 10.

PART 4 Fraudulent claims

12. Remedies for fraudulent claims

(1) If the insured makes a fraudulent claim under a contract of insurance—

(a) the insurer is not liable to pay the claim,

(b) the insurer may recover from the insured any sums paid by the insurer to the insured in respect of the claim, and

(c) in addition, the insurer may by notice to the insured treat the contract as having been terminated with effect from the time of the fraudulent act.

(2) If the insurer does treat the contract as having been terminated—

(a) it may refuse all liability to the insured under the contract in respect of a relevant event occurring after the time of the fraudulent act, and

(b) it need not return any of the premiums paid under the contract.

(3) Treating a contract as having been terminated under this section does not affect the rights and obligations of the parties to the contract with respect to a relevant event occurring before the time of the fraudulent act.

(4) In subsections (2)(a) and (3), "relevant event" refers to whatever gives rise to the insurer's liability under the contract (and includes, for example, the occurrence of a loss, the making of a claim, or the notification of a potential claim, depending on how the contract is written).

13. Remedies for fraudulent claims: group insurance

(1) This section applies where—

(a) a contract of insurance is entered into with an insurer by a person ("A"),

(b) the contract provides cover for one or more other persons who are not parties to the contract ("the Cs"), whether or not it also provides cover of any kind for A or another insured party, and

(c) a fraudulent claim is made under the contract by or on behalf of one of the Cs ("CF").

(2) Section 12 applies in relation to the claim as if the cover provided for CF were provided under an individual insurance contract between the insurer and CF as the insured; and, accordingly—

(a) the insurer's rights under section 12 are exercisable only in relation to the cover provided for CF, and

(b) the exercise of any of those rights does not affect the cover provided under the contract for anyone else.

(3) In its application by virtue of subsection (2), section 12 is subject to the following particular modifications—

(a) the first reference to "the insured" in subsection (1)(b) of that section, in respect of any particular sum paid by the insurer, is to whichever of A and CF the insurer paid the sum to; but if a sum was paid to A and passed on by A to CF, the reference is to CF,

(b) the second reference to "the insured" in subsection (1)(b) is to A or CF,

(c) the reference to "the insured" in subsection (1)(c) is to both CF and A,

(d) the reference in subsection (2)(b) to the premiums paid under the contract is to premiums paid in respect of the cover for CF.

PART 5 Good faith and contracting out

14. Good faith

(1) Any rule of law permitting a party to a contract of insurance to avoid the contract on the ground that the utmost good faith has not been observed by the other party is abolished.

(2) Any rule of law to the effect that a contract of insurance is a contract based on the utmost good faith is modified to the extent required by the provisions of this Act and the Consumer Insurance (Disclosure and Representations) Act 2012.

(3) Accordingly (a) in section 17 of the Marine Insurance Act 1906 (marine insurance contracts are contracts of the utmost good faith), the words from ", and" to the end are omitted, and (b) the application of that section (as so amended) is subject to the provisions of this Act and the Consumer Insurance (Disclosure and Representations) Act 2012.

(4) In section 2 of the Consumer Insurance (Disclosure and Representations) Act 2012 (disclosure and representations before contract or variation), subsection (5) is omitted.

15. Contracting out: consumer insurance contracts

(1) A term of a consumer insurance contract, or of any other contract, which would put the consumer in a worse position as respects any of the matters provided for in Part 3 or 4 of this Act than the consumer would be in by virtue of the provisions of those Parts is to that extent of no effect.

(2) In subsection (1) references to a contract include a variation.

(3) This section does not apply in relation to a contract for the settlement of a claim arising under a consumer insurance contract.

16. Contracting out: non-consumer insurance contracts

(1) A term of a non-consumer insurance contract, or of any other contract, which would put the insured in a worse position as respects representations to which section 9 applies than the insured would be in by virtue of that section is to that extent of no effect.

(2) A term of a non-consumer insurance contract, or of any other contract, which would put the insured in a worse position as respects any of the other matters provided for in Part 2, 3 or 4 of this Act than the insured would be in by virtue of the provisions of those Parts (so far as relating to non-consumer insurance contracts) is to that extent of no effect, unless the requirements of section 17 have been satisfied in relation to the term.

(3) In this section references to a contract include a variation.

(4) This section does not apply in relation to a contract for the settlement of a claim arising under a non-consumer insurance contract.

17. The transparency requirements

(1) In this section, "the disadvantageous term" means such a term as is mentioned in section 16(2) [F3or 16A(4)]

(2) The insurer must take sufficient steps to draw the disadvantageous term to the insured's attention before the contract is entered into or the variation agreed.

(3) The disadvantageous term must be clear and unambiguous as to its effect.

(4) In determining whether the requirements of subsections (2) and (3) have been met, the characteristics of insured persons of the kind in question, and the circumstances of the transaction, are to be taken into account.

(5) The insured may not rely on any failure on the part of the insurer to meet the requirements of subsection (2) if the insured (or its agent) had actual knowledge of the disadvantageous term when the contract was entered into or the variation agreed.

18. Contracting out: group insurance contracts

(1) This section applies to a contract of insurance referred to in section 13(1)(a); and in this section—

· "A" and "the Cs" have the same meaning as in section 13,

· "consumer C" means an individual who is one of the Cs, where the cover provided by the contract for that individual would have been a consumer insurance contract if entered into by that person rather than by A, and

· "non-consumer C" means any of the Cs who is not a consumer C.

(2) A term of the contract of insurance, or any other contract, which puts a consumer C in a worse position as respects any matter dealt with in section 13 than that individual would be in by virtue of that section is to that extent of no effect.

(3) A term of the contract of insurance, or any other contract, which puts a non-consumer C in a worse position as respects any matter dealt with in section 13 than that person would be in by virtue of that section is to that extent of no effect, unless the requirements of section 17 have been met in relation to the term.

(4) Section 17 applies in relation to such a term as it applies to a term mentioned in section 16(2), with references to the insured being read as references to A rather than the non-consumer C.

(5) In this section references to a contract include a variation.

(6) This section does not apply in relation to a contract for the settlement of a claim arising under a contract of insurance to which this section applies.

19. Power to change meaning of "relevant person" for purposes of 2010 Act

For section 19 of the Third Parties (Rights against Insurers) Act 2010 (power to amend sections 4 to 6 of the Act) substitute "19Power to change the meaning of "relevant person"

(1) The Secretary of State may by regulations make provision adding or removing circumstances in which a person is a "relevant person" for the purposes of this Act, subject to subsection (2).

(2) Regulations under this section may add circumstances only if, in the Secretary of State's opinion, the additional circumstances (a) involve actual or anticipated dissolution of a body corporate or an unincorporated body, (b) involve actual or anticipated insolvency or other financial difficulties for an individual, a body corporate or an unincorporated body, or (c) are similar to circumstances for the time being described in sections 4 to 7.

(3) Regulations under this section may make provision about—

(a) the persons to whom, and the extent to which, rights are transferred under section 1 in the circumstances added or removed by the regulations (the " affected circumstances "),

(b) the re-transfer of rights transferred under section 1 where the affected circumstances change, and

(c) the effect of a transfer of rights under section 1 on the liability of the insured in the affected circumstances.

(4) Regulations under this section which add or remove circumstances involving actual or anticipated dissolution of a body corporate or unincorporated body may change the cases in which the following provisions apply so that they include or exclude cases involving that type of dissolution or any other type of dissolution of a body—

(a) section 9(3) (cases in which transferred rights are not subject to a condition requiring the insured to provide information or assistance to the insurer), and

(b) paragraph 3 of Schedule 1 (notices requiring disclosure).

(5) Regulations under this section which add circumstances may provide that section 1 of this Act applies in cases involving those circumstances in which either or both of the following occurred in relation to a person before the day on which the regulations come into force— (a) the circumstances arose in relation to the person; (b) a liability against which the person was insured under an insurance contract was incurred.

(6) Regulations under this section which—

(a) add circumstances, and

(b) provide that section 1 of this Act applies in a case involving those circumstances in which both of the events mentioned in subsection (5)(a) and (b) occurred in relation to a person before the day on which the regulations come into force, must provide that, in such a case, the person is to be treated for the purposes of this Act as not having become a relevant person until that day or a later day specified in the regulations.

(7) Regulations under this section which remove circumstances may provide that section 1 of this Act does not apply in cases involving those circumstances in which one of the events mentioned in subsection (5)(a) and (b) (but not both) occurred in relation to a person before the day on which the regulations come into force.

(8) Regulations under this section may—

(a) include consequential, incidental, supplementary, transitional, transitory or saving provision,

(b) make different provision for different purposes, and

(c) make provision by reference to an enactment as amended, extended or applied from time to time, (and subsections (3) to (7) are without prejudice to the generality of this subsection).

(9) Regulations under this section may amend an enactment, whenever passed or made, including this Act.

(10) Regulations under this section are to be made by statutory instrument.

(11) Regulations under this section may not be made unless a draft of the statutory instrument containing the regulations has been laid before, and approved by a resolution of, each House of Parliament."

20. Other amendments

Schedule 2 amends the Third Parties (Rights against Insurers) Act 2010 in relation to the insured persons to whom the Act applies.

PART 7 General

21. Provision consequential on Part 2

(1) The provision made by this section is consequential on Part 2 of this Act.

(2) In the Marine Insurance Act 1906, sections 18 (disclosure by assured), 19 (disclosure by agent effecting insurance) and 20 (representations pending negotiation of contract) are omitted.

(3) Any rule of law to the same effect as any of those provisions is abolished.

(4) In section 152 of the Road Traffic Act 1988 —

(a) in subsection (2)— (i) in paragraph (a), for "it either under the Consumer Insurance (Disclosure and Representations) Act 2012 or, if that Act does not apply," substitute " the policy under either of the relevant insurance enactments, or the security ", (ii) in paragraph (b), for "or security under that Act or" substitute " under either of the relevant insurance enactments, or the security ";

(b) in subsection (3), after "specifying" insert " the relevant insurance enactment or, in the case of a security,";

(c) after subsection (4) add— "(5) In this section, "relevant insurance enactment" means the Consumer Insurance (Disclosure and Representations) Act 2012 or Part 2 of the Insurance Act 2015."

(5) In Article 98A of the Road Traffic (Northern Ireland) Order 1981 —

(a) in paragraph (2)— (i) in paragraph (a), for "it either under the Consumer Insurance Act (Disclosure and Representations) Act 2012 or, if that Act does not apply," substitute " the policy under either of the relevant insurance enactments, or the security "; (ii) in paragraph (b), for "or security under that Act or" substitute " under either of the relevant insurance enactments, or the security ";

(b) in paragraph (3), after "specifying" insert " the relevant insurance enactment or, in the case of a security,";

(c) after paragraph (4) add— "(5)In this Article, "relevant insurance enactment" means the Consumer Insurance (Disclosure and Representations) Act 2012 or Part 2 of the Insurance Act 2015."

(6) In section 11 of the Consumer Insurance (Disclosure and Representations) Act 2012 (consequential provision), subsections (1) and (2) are omitted.

22. Application etc of Parts 2 to 5

(1) Part 2 (and section 21) and section 14 apply only in relation to—

(a) contracts of insurance entered into after the end of the relevant period, and

(b) variations, agreed after the end of the relevant period, to contracts of insurance entered into at any time.

(2) Parts 3 and 4 of this Act apply only in relation to contracts of insurance entered into after the end of the relevant period, and variations to such contracts.

(3) In subsections (1) and (2) "the relevant period" means the period of 18 months beginning with the day on which this Act is passed.

(4) Unless the contrary intention appears, references in Parts 2 to 5 to something being done by or in relation to the insurer or the insured include its being done by or in relation to that person's agent.

23. Extent, commencement and short title

(1) This Act extends to England and Wales, Scotland and Northern Ireland, except for (a) section 21(4), which does not extend to Northern Ireland; and (b) section 21(5), which extends to Northern Ireland only.

(2) This Act (apart from Part 6 and this section) comes into force at the end of the period of 18 months beginning with the day on which it is passed.

(3) In Part 6— (a) section 19 comes into force at the end of the period of two months beginning with the day on which this Act is passed; and (b) section 20 and Schedule 2 come into force on the day appointed under section 21(2) of the Third Parties (Rights against Insurers) Act 2010 for the coming into force of that Act.

(4) This section comes into force on the day on which this Act is passed.

(5) This Act may be cited as the Insurance Act 2015.

참고문헌

▣ 국내문헌

구종순, 해상보험, 유원북스, 2016.
권　오, 국제무역보험론, 도서출판 두남, 2014.
김병기, 해상보험, 도서출판 두남, 2001.
김정수, 해상보험론(이론과 실제), 박영사, 2003.
남풍우, 무역상무론, 도서출판 두남, 2003.
박명섭·한낙현·허재창 외, 해상보험론, 아카데미프레스, 2013.
박정수, 무역보험론, 씨엠미디어, 2005.
보험연수원, 해상보험이론, 청설출판사, 2003.
삼성화재, 적하보험 안내서, 1995.
송채헌, 국제운송보험론, 탑북스, 2015.
송채헌·이정호·박종은, 무역보험론, 삼영사, 2008.
양승규, 국제무역보험론, 신영사, 2000.
오원석, 국제운송보험론, 법문사, 2002.
오원석, 해상보험론, 삼영사, 2002.
이기수, 보험 해상법, 박영사, 2003.
이시환, 신무역보험론, 대왕사, 2016.
이원근, 보험학입문, 도서출판 두남, 1999.
이은섭, 위기관리와 보험이론, 세종출판사, 1999.
이은섭, 해상보험론, 신영사, 1996.
이응권 외, 최신 무역보험 입문, 도서출판 두남, 2002.
이재복·허연 외, 해상보험과 리스크관리, 박영사, 2009.
최병수 역, 영국해상보험법, 보험연수원, 1980.
최준선, 보험법 해상법, 삼영사, 2005.
최준호 외, 국제무역보험론, 도서출판 두남, 2006.
한낙현, 국제운송과 해상화물보험, 도서출판 두남, 2005.
한상현, 국제무역보험론, 도서출판 두남, 2017.
한상현, 국제운송론, 도서출판 두남, 2018.
한상현, 국제운송·해상보험, 도서출판 두남, 2018.
한상현 외, 새로운 패러다임의 무역보험론, 도서출판 두남, 2000.
한창희, 영국보험론, 국민대학교 출판부, 2018.
현대해상(주), 해상적하보험실무, 1994.

▣ 외국문헌

Anthony Rogers·Jason Chuah·Martin Dockray, *Cases and Materials on the Carriage of Goods by Sea*, 4th Edition, Routledge, 2016,03.

Bahaeddin Saffarini, *The Marine Insurance Handbook: An Exploration and In-Depth Study of Marine Insurance Law and Clauses Paperback,* 1 edition, Create Space Independent Publishing Platform, 2016,12.

E. R. Hardy Ivamy, C*halmers' Marine Insurance Act 1906*, Bloomsbury Professional, 1993,01.

Francis Rose, *Marine Insurance: Law and Practice*, 2nd Edition, Informa Law from Routledge, 2012.05.

Howard Bennett, *Law of Marine Insurance*, 2nd Edition, 2 edition, OUP Oxford, 2006,06.

John Dunt, *Marine Cargo Insurance*, Informa Law from Routledge, 2009,08.

John Wilson, *Carriage of Goods by Sea,* 7th Edition, Longman, 2010,06.

N. Geoffrey Hudson·Michael Harvey, *The York-Antwerp Rules: The Principles and Practice of General Average Adjustment*, 4th Edition, Informa Law from Routledge, 2017,08.

Ozlem Gurses, *Marine Insurance Law*, Routledge, 2015,02.

Sudhir Kumar Jain·Sanjay Gupta, *Practical Aspect of Marine Cargo Insurance Paperback*, Jaybee Softtech, 2017,05.

Yvonne Baatz, *Maritime Law,* 4th Edition, Maritime and Transport Law Library, 2017,08.

Barrie G. Jervis・大谷孝一・中出 哲(翻訳), 現代海上保険, 成山堂書店, 2013,11.

加藤修, 国際貨物海上保険実務 新訂版, 成山堂書店, 1991,01.

大谷孝一, 2009年新協会貨物約款 A・B・C, 早稲田商学第 422号, 2009,12.

東京海上日動火災保険, 貨物保険の損害対応実務, 保険毎日新聞社, 2017,01.

東京海上日動火災保険株式会社, 損害保険の法務と実務(第2版), きんざい, 2016,07.

東京海上火災保険株式会社, 貨物海上保険の理論と実務, 海文堂出版, 2002,12.

藤沢順, 海上保険のABC, 成山堂書店, 1994,07.

藤沢順·小林卓視·横山健一, 海上リスクマネジメント(2訂版), 成山堂書店, 2014,07.

木村榮一・大谷孝一・落合誠一, 海上保険の理論と實務, 弘文堂, 2011,08.

木村栄一・平澤敦·野村修也, 損害保険論, 有斐閣, 2006,04.

三井住友, 外航貨物海上保険, 2011,04.

石原伸志・土屋爲由・水落敬太郎 外, 貿易と保険実務マニュアル, 成山堂書店, 2018,05.

松島恵, 貨物海上保険概説, 成文堂, 1991,01.

安田火災海上保険, やさしい貨物保険, 有斐閣ビジネス, 1988,01.

日本興亞損保, 2009年協会約款のご案内(外航貨物海上保険), 2009,06.

篠田治彦, 外航貨物海上保険協會貨物約款の改訂, 日本海運集會所, 海運, 2009,02.

周詠棠, 貿易貨物保険(修訂四版), 三民, 2005,04.

찾아보기

| 가 |

가족단체설 ……58
감항성 ……188
갑판유실 ……86, 175
갑판적 약관 ……89
강도 ……164
강류 ……166
개별예정보험증권 ……72
개별책임주의 ……168
검정보고서 ……108
경과보험료 ……122
계반비용약관 ……304
계속계약 ……79
고유의 하자 ……182
고지의무 ……94, 131
곡손 ……88
곰팡이손 ……87
공동보험 ……39, 75
공동손해 희생손해 ……217
공동해손 ……208, 217
공동해손 비용손해 ……217, 220
공동해손 희생손해 ……175, 219
공동해손분담금 ……217
공동해손약관 ……284
공동해손행위 ……217
공보험 ……38
공제 ……31
관세담보약관 ……89
교사 ……161
교사약관 ……249
구속약관 ……245
구조물(救助物)차감 보상방식 ……110
구소비 ……220
구조료 ……222
구협회적하약관 ……85
국제표준화기구 ……334
근인주의 ……205
급부와 반대급부 균등의 원칙 ……27
기간보험 ……43
기타 일체의 위험 ……167

| 나 |

니포 ……166
낙성계약 ……77
난외약관 ……239, 249
내륙보관 확장담보조건 ……89
내륙운송 확장담보조건 ……89
내항성 ……188
내항성담보약관 ……265
냉동창고보관특별약관 ……90
녹손 ……88

| 다 |

단기보험 ……38
단기수출보험(농산물패키지) ……352
단기수출보험(선적후) ……351
단기수출보험(수출채권유동화) ……352
단기수출보험(포페이팅) ……352
단독해손 ……208, 217
담보 ……141
담보위반 ……149
담보위험 ……170
담보위험약관 ……280, 314
대부금형식 보상방식 ……110
대수의 법칙 ……26
대위 ……214
대체비용 ……221
도박 ……31

도적적 해이 ······30
동맹파업·폭동 및 소요 부담보약관 ······248
동맹파업위험면책약관 ······191, 294
동종제한의 원칙 ······233

| 라 |

로이즈 ······60
로이즈검정인 ······63

| 마 |

면책위험 ······179
명시담보 ······143
모험대차 ······57
몬트리올 협정 ······392
무역보험 ······345
묵시담보 ······146
물적손해 ······209

| 바 |

바르샤바 협약 ······392
발하(拔荷) ······86
백지배서 ······384
보험가액 ······119
보험계약자 ······33, 70
보험금 지급의무 ······93
보험금액 ······119
보험금 지급지 ······83
보험기간 ······383
보험대리인 ······62
보험대리점 ······34
보험료 ······121
보험료 납부의무 ······94
보험료 반환의무 ······93
보험모집인 ······36
보험서류 ······373
보험설계사 ······36
보험수익자 ······33
보험승인서 ······374
보험업법 ······52
보험요율 ······123
보험이익불공여약관 ······266, 308
보험자 ······33, 70
보험중개인 ······35
보험증권 ······374
보험증명서 ······72
보험청약서 ······77
보험청약자 ······82
복합운송조건 ······365
본문약관 ······239, 251
부가보험료 ······121
부보각서 ······374
부보금액 ······383
부보통화 ······383
부실고지 ······136
부합계약 ······78
분손 ······208, 217
분손담보조건 ······85, 171
분손부담보조건 ······85, 171
불고지 ······136
불요식계약 ······77
불착 ······86
비상위험 ······21, 349
비영리보험 ······37
비전속대리점 ······34

| 사 |

사보험 ······38
사행계약 ······79
상당안전담보 ······145
상업위험 ······22
상표약관 ······90
상호보험 ······37
생명보험 ······41
선박보험 ······42, 339
선비 ······113
선비담보 ······145
선비보험 ······340
선서약관 ······246, 253
선장이나 선원의 악행 ······163
선적선하증권 ······388, 389, 390, 394
선주책임 상호보험 ······339
선체 및 기관보험 ······340

선하증권 ············108
소급보험 ············73
소급약관 ············240
소손해 면책률약관 ············246
소손해면책 ············91
손해검정을 위한 지침 ············254
손해방지 및 손해경감의 의무 ············95
손해방지비용 ············223
손해방지약관 ············243
손해방지조항 ············309
손해배상책임 ············226
손해보험 ············39
손해사정사 ············66
손해율 ············129
손해통지약관 ············249
수기문언의 우선원칙 ············232
수입보험료 ············122
수입세 ············113
수지상등의 원칙 ············26
수출기반보험(선박) ············358
수출기반보험(제조설비) ············359
수출보증보험 ············358
수출신용보증(NEGO) ············354
수출신용보증(선적전) ············353
수출신용보증(선적후) ············353
수취선하증권 ············388, 389, 390, 394
수탁자약관 ············266
순보험료 ············121
순수위험 ············17
신디케이트 ············62
신속조치약관 ············269, 310
신용위험 ············21, 349
신용장통일규칙 ············375
신해상보험증권 ············250
신협회적하약관 ············85
실손보상의 원칙 ············76
실손보험 ············39
쌍방과실충돌약관 ············267, 285

| 아 |

악의행위 면책약관 ············196
악천후 ············162
약인약관 ············245, 253
양도약관 ············240
억류 ············166
억압 ············166
억지 ············166
영국법과 관례약관 ············311
영리보험 ············37
영업보험료 ············121
예정보험 ············71
외적 ············165
요식증권 ············231
요인증권 ············230
요크-앤티워프 규칙 ············54
운송계약종료약관 ············260
운송보험 ············40
운송비보험료지급인도조건 ············371
운송약관 ············258, 295, 317
운송위험 ············22
운임보험 ············42
운임보험료포함조건 ············371
원산지손해약관 ············90
원수보험 ············39
원자핵 면책약관 ············196
위부 ············161
위태 ············16
위험보험료 ············122
위험약관 ············170, 243
유의사항 ············311
유인계약 ············78
유인증권 ············231
유한책임계약 ············78
육상보험 ············38
은폐 ············136
이득금지의 원칙 ············27
이로 ············198
이자율 변동위험 ············350
이탤릭서체약관 ············239
인과관계 ············204
인지첨부약관 ············249
인코텀즈 ············365

일반면책약관 ······185, 286, 315
일반책임주의 ······168
일부보험 ······120
임의보험 ······37

| 자 |

자가보험 ······32
자금조달비용 ······337, 386, 394
자동차보험 ······41
자연발화 ······88
자연소모 ······180
자유요율 ······123
장기보험 ······38
재래화물선 ······390, 394
재보험 ······39, 74
재산보험 ······37
저축 ······20
적법성 ······116
적법성 담보 ······148
적하보험 ······42
적합성 ······188
전복 ······162
전부보험 ······120
전속대리점 ······34
전손 ······208, 209
전위험담보조건 ······85, 171
전쟁위험 ······165
전쟁위험면책약관 ······190, 292
정액보험 ······39
정형거래조건 ······364
제한책임주의 ······168
조선화재해상보험주식회사 ······65
좌초 ······161
준거법약관 ······251
중복보험 ······39
중요성 불문의 원칙 ······149
중요약관 ······254
중장기수출보험(공급자신용) ······356
중장기수출보험(선적전) ······355
증거증권 ······230
증액보험 ······340
증액약관 ······306
질병보험 ······41

| 차 |

책임보험 ······41
천몰 ······161

초과보험 ······120
촉초 ······162
총보험료 ······121
최대선의계약 ······79
최대선의의 원칙 ······76
추가보험료 ······122
추정전손 ······208, 211
추정전손약관 ······264, 305
출항의 지연 ······181
충돌 ······162
충돌손해배상책임 ······226
침몰 ······161

| 카 |

커피전문점 ······60
컨테이너 ······334
컨테이너 자체보험 ······337
컨테이너보험 ······336

| 타 |

타보험약관 ······249, 252
터미널화물처리비 ······386, 387, 388, 389
통관거부위험담보약관 ······90
통상의 누손 ······182, 194
통상의 자연소모 ······181, 194
통상의 파손 ······182
통지의무 ······94

투기위험 ······17
투하 ······86, 163, 175
특례지급 ······110
특별비용 ······224

파

파손 ··· 87
포괄예정보험계약 ··· 72, 154
포기약관 ··· 244, 310
포장명세서 ··· 108
포획 ··· 165
포획·나포 부담보약관 ··· 247
표도 ··· 164
피난항비용 ··· 220
피보험위험 ··· 157
피보험이익 ··· 111
피보험이익약관 ··· 303
피보험자 ··· 70
피보험자의무약관 ··· 309

하

한정책임주의 ··· 168
함부르크 규칙 ··· 389
항공화물보험 ··· 329
항해개시의 지연 ··· 199
항해담보 ··· 145
항해변경약관 ··· 261, 302
항해보험 ··· 43
항해보험증권 ··· 43
항해사업 ··· 207
항해의 변경 ··· 198, 202
항해의 지연 ··· 181, 200
항해중절 부담보약관 ··· 248
해난보고서 ··· 109
해상고유의 위험 ··· 161
해상보험 ··· 38, 40
해상보험계약 ··· 69, 80
해상보험법 ··· 49
해상보험증권 ··· 229
해상위험 ··· 157, 163
해상위험의 변혁 ··· 202
해상탈취 ··· 166
해외공사보험 ··· 357
해외사업 금융보험 ··· 356
해외자원개발펀드보험 ··· 359
해적행위 ··· 164
허위진술 ··· 136
헤이그 의정서 ··· 392
현실전손 ··· 208, 210
협정요율 ··· 123
협회담보 ··· 144
협회대체약관 ··· 90
협회동맹파업약관 ··· 322
협회상품동업자약관 ··· 279
협회선급약관 ··· 128
협회약관 ··· 257
협회위험약물약관 ··· 249
협회적하약관 ··· 257
협회적하약관(항공) ··· 330, 391
혼합보험 ··· 43
혼합보험증권 ··· 43
화물수취증 ··· 109
화재보험 ··· 40
화주이익보험 ··· 330
확정보험 ··· 71
확정성 ··· 117
환경심사 ··· 359
환변동보험 ··· 360
환변동위험 ··· 349
환위험 ··· 22
환적 ··· 129, 201
후불운임 ··· 113
희망이익 ··· 112
희망이익보험 ··· 42

| A |

A/R ······263
abandonment ······161
acceptance ······80
accident insurance ······41
actual total loss ······208, 210
additional premium ······122
adhesive contract ······78
adverse selection ······30
aleatory contract ······79
all other perils ······167
All Risks ······85
All Risks Clause ······263
alteration of risk ······202
applicant ······82
application ······81
arrests ······166
assignment clause ······240
assured ······82
assurer ······33
attestation clause ······246, 253
auto insurance ······41

| B |

Bailee Clause ······309
Bending ······88
beneficiary ······33
bilateral contract ······77
bill of lading ······108
binding clause ······245
body clause ······106, 251
both to blame collision clause ···267, 285
bottomry ······57
breach of warranty ······149
Breakage ······87

| C |

cancellation ······98, 100
capsize ······162
capture ······165
cargo boat note : B/N ······109
cargo form ······170
cargo indemnity ······338
cargo insurance ······42
causal contract ······78
causation ······204
CFR ······370
change of marine risk ······197
change of vessel ······202
change of voyage ······99, 198, 202
change of voyage clause ······261, 302
CIF ······370
CIP ······367
claim adjuster ······66
claim notice clause ······249
co-insurance ······39
coinsurance ······75
collision ······162
Commenda ······58
commercial insurance ······38
commercial invoice ······108
commercial risk ······22
compulsory insurance ······37
concealment ······136
consensual contract ······77
consideration clause ······245, 253
constructive total loss ······208, 211
constructive total loss clause ······264, 305
container ······334
continuous contract ······79
contract for consideration ······77
COOC ······87
Country Damage Clause ······90
cover note ······81, 374
CPT ······366
craft & c. clause ······261
credit risk ······21, 349

| D |

DAP ······367
DDP ······368
definite policy ······71

delay in voyage ······200
Denting ······88
detainment ······166
deviation ······198
disbursement ······113, 340
disbursement warranty ······145
doctrine of proximate cause ······205
documentary bill ······373
double insurance ······39
Duty Clause ······89
Duty of Assured Clause ······309
duty of disclosure ······131
duty to sue and labour ······105

| E |

earned premium ······122
Edward Lloyd's Coffee House ······60
emergency risk ······21
endorsement ······82
enemies ······165
excess ······91
exchange risk ······22
excluded perils ······179
expect profit ······112
explosion ······174
express warranty ······143
extraneous risks ······85
EXW ······366

| F |

FAS ······369
FCA ······366
fire ······163
fire insurance ······40
fitness ······188
fixed return insurance ······39
floating insurance ······71
floating policy ······72, 154
FOB ······369
forwarding charges clause ······304
foundering ······161
FPA ······85, 262
Free from Particular Average ······85
Free from Particular Average Clause ··262
freight ······113
freight collect ······113
freight insurance ······42
frustration clause ······248
full insurance ······120

| G |

gambling ······31
general average ······208, 217
general average act ······217
general average clause ······265, 284, 285
general average contribution ······217
general average deposit ······104
general average expenditure ······217, 220
general average sacrifice ······175, 217, 219
general exclusion clause ······185, 286
governing law clause ······251
gross negligence ······137
gross premium ······121
Gross Term ······390, 394
grounding ······161
grounding clause ······249

| H |

Hague Protocol ······392
Hamburg Rules ······389
Hazard ······16
health insurance doctor ······33
heat damage ······87
heavy weather ······162
hull form ······170
hull insurance ······42, 339

| I |

implied warranty ······146
import duty ······113
Importance Clause ······106
income premium ······122

INCOTERMS ··· 364
Increased Value Clause ··· 306
indemnity ··· 76
indemnity insurance ··· 39
informal contract ··· 77
inherent defect ··· 182
inherent vice ··· 182
Inland Storage Extension ··· 89
Inland Transit Extension ··· 89
Institute Cargo Clause ··· 257
Institute Classification Clause ··· 128
institute clause ··· 257
Institute Commodity Trade Clauses ··· 279
institute dangerous drugs clause ··· 249
Institute Replacement Clause ··· 90
institute strikes clauses ··· 322
Institute Time Clauses ··· 339
institute warranty ··· 144
Instruction for Survey ··· 254
insurable interest ··· 111
insurable interest clause ··· 303
insurance agent ··· 34
insurance broker ··· 35
insurance certificate ··· 72, 374
insurance on expected profits ··· 42
insurance policy ··· 374
insurance system ··· 23
insured amount ··· 119
insurer ··· 33
invalidity ··· 101
ISE ··· 89
ITE ··· 89

| J |

jettison ··· 175
jettisons ··· 163
JWOB ··· 86

| L |

Label Clause ··· 90
land insurance ··· 38
letter of indemnity: L/I ··· 107
liability insurance ··· 41
life insurance ··· 41
limited liability contract ··· 78
Lloyd's ··· 60
Lloyd's S.G. Policy ··· 239
Lloyd's Surveyor ··· 63
LO/LO선 ··· 390, 394
loading premium ··· 121
loan form payment ··· 110
Lombard Street ··· 60
long-term insurance ··· 38
losing ··· 98
loss ratio ··· 129
lost or not lost ··· 114
lost or not lost clause ··· 240

| M |

malicious acts exclusion clause ··· 196
management risk ··· 349
marginal clause ··· 249
marine insurance ··· 38, 40
Marine Insurance Act ··· 49
marine insurance policy ··· 229
marine perils ··· 157
marine risks ··· 157
maritime perils ··· 163
mates receipt : M/R ··· 109
memorandum clause ··· 246
men-of war ··· 165
MIA ··· 49
misrepresentation ··· 136
mixed insurance ··· 43
mixed policy ··· 43
Montreal Agreement ··· 392
mutual aid system ··· 31
mutual insurance ··· 37

| N |

negligence ··· 137
net premium ··· 121

Non-Delivery ·····86
non-disclosure ·····136
nonprofit insurance ·····37
Not to Insure Clause ·····308

| O |

offer ·····80
On-deck Clause ·····89
Open Contract ·····72
open cover ·····72
ordinary leakage ·····182, 194
ordinary tear and wear ·····181, 194
original insurance ·····39, 74
other insurance clause ·····249, 252
over insurance ·····120

| P |

P&I보험 ·····343
P&I클럽 ·····343
packing list ·····108
partial loss ·····208, 217
particular average ·····208, 217
particular charges ·····224
Peril ·····16
peril clause ·····170
perils of the seas ·····161
period of insurance ·····99
personal insurance ·····38
petty claim ·····91
Pilferage ·····86
pirates ·····164
policy holder ·····33
political risk ·····349
port of refuge expenses ·····220
premium ·····121
premium rate ·····123
principle of non-materiality ·····146, 149
principle of utmost good faith ·····76
private insurance ·····38
profit insurance ·····37
property damage ·····209
property insurance ·····39
Protection and Indemnity Insurance ···339
provisional policy ·····72
public insurance ·····38
pure risk ·····17

| R |

re-insurance ·····74
Reasonable Despatch Clause ·····310
red line clause ·····106
Refrigerating Machinery/Cargo Clauses ·90
reinsurance ·····39
Rejection Clause ·····90
restraints ·····166
retroactive insurance ·····73
revocation ·····101
RFWD ·····86
right of subrogation ·····214
Risk ·····15
risk covered ·····280
risk premium ·····122
risks covered ·····170
rovers ·····164
Rust ·····88

| S |

salvage ·····220
salvage charges ·····222
salvage loss settlement ·····110
savings ·····20
Schedule ·····250
sea protest ·····109
seaworthiness ·····188
seizure ·····166
self-insurance ·····32
shippers's interest insurance ·····330
short-term insurance ·····38
sickness insurance ·····41
sinking ·····161
slip ·····77
speculative risk ·····17

stamp clause ······249
stowage plan ······109
stranding ······161
Strikes Exclusion Clause ······294
submersion ······161
subrogation ······214
substituted expense ······221
Sue and Labour Clause ······309
sum insured ······119
surety insurance ······41
survey report ······108
surveyor's report ······103
syndicate ······62

| T |

T/S ······201, 319
taking at sea ······166
termination ······100
termination of adventure clause ······260
the law of large numbers ······26
Theft ······86
thieves ······164
time insurance ······43
time policy ······43
total loss ······208, 209
touch and go ······162
towage insurance ······341
TPND ······86
trade insurance ······345
trade terms ······364
Transit Clause ······295
transportation insurance ······40
transportation risk ······22
transshipment ······129

| U |

under insurance ······120
underwriter ······33, 70
underwriting agent ······62
underwriting member ······62
unearned premium ······122
utmost good faith contract ······79

| V |

valuation clause ······242
variation of risk ······197
voluntary insurance ······37
voyage insurance ······43
voyage policy ······43
voyage warranty ······145

| W |

WA ······263
Waiver Clause ······310
War Exclusion Clause ······292
war perils ······165
warranty ······141
warranty of good safety ······145
warranty of legality ······148
warranty of neutrality ······144
warranty of seaworthiness ······147
Warsaw Convention ······392
washing overboard ······175
wear and tear ······180
With Average ······85
With Average Clause ······263
without prejudice settlement ······110

| Y |

YAR ······54
York-Antwerp Rules ······54

저자 소개

한 상 현 (韓祥鉉)

- 건국대학교 무역학과 졸업(상학사)
- 건국대학교 대학원 무역학과(경제학 석사)
- 건국대학교 대학원 무역학과(경제학 박사)
- 강남대학교 경제통상학부 조교수(겸임)
- 건국대학교 상경대학 국제무역학과 교수(강의)
- 남서울대학교 국제통상학과 부교수, 교수
- Indiana University-Purdue University Fort Wayne, Indiana, Visiting Professor
- 중앙인사위원회 관세직 5급, 7급, 9급 공무원시험 출제위원, 선정위원, 면접위원
- 기획재정부 세제발전심의위원회 위원
- 산업통상자원부 전문임기제 공무원 심사위원
- 관세사자격심의위원회 위원
- 관세청 품목분류위원회 위원
- 관세청 전문경력관 공무원 출제위원
- 일반관세사, 특별관세사시험 출제위원, 선정위원
- 관세청 전문관시험 출제위원 및 선정위원
- 관세청 관세공무원 자격시험 출제위원, 선정위원
- 인천공항본부세관 과세전적부심사위원회 위원
- 서울본부세관 이의신청심의위원회 위원
- OECD 관세청 외부평가 위원(관세행정)
- 평택지방해양항만청 심사위원
- 충남도청 정책자문위원, 공무원 면접시험위원
- 관세국경관리연수연 운영심의회 위원
- 사)한국관세학회 논문편집위원장
- 사)국제e-비즈니스학회 논문편집위원장
- 사)한국무역연구원 국문논문편집위원장
- 사)한국관세학회 회장, 명예회장

[현재]

- 남서울대학교 글로벌무역학과 교수
- 관세청 심사위원회 위원
- 관세인재개발원 운영심의회 위원
- 수원세관 정책자문위원, 심사위원
- 평택세관 심사위원회 위원
- 천안세관 심사위원회 위원
- 한국관세사회 위원회 위원
- 사)한국관세학회 고문
- 사)한국무역학회 부회장
- 사)한국통상정보학회 부회장
- 사)국제e-비즈니스학회 부회장
- 사)한국국제상학회 부회장
- 사)한국무역금융보험학회 부회장

국제무역보험론 – 전정2판

초　판 1쇄 발행 —— 2017년 3월 4일
전 정 판 1쇄 발행 —— 2018년 8월 30일
전정2판 1쇄 발행 —— 2020년 1월 20일
전정2판 2쇄 발행 —— 2021년 2월 10일
전정2판 3쇄 발행 —— 2022년 2월 1일
전정2판 4쇄 발행 —— 2023년 8월 10일
지은이 —— 한 상 현
펴낸이 —— 전 두 표
펴낸곳 —— 도서출판 두남
서울시 강동구 성내로 6길 34-16 두남빌딩
신 고 : 제25100-1988-9호
TEL : 02) 478-2065~7, 2311
FAX : 02) 478-2068
E-mail : dnbooks@dunam.co.kr
http://www.dunam.co.kr

정가 28,000원

ISBN 978-89-6414-860-0 93320